江月 老A 编著

申论实战指南

苏州大学出版社

图书在版编目(CIP)数据

申论实战指南/江月，老A 编著.—苏州：苏州大学出版社，2018.9
ISBN 978-7-5672-2635-7

Ⅰ.申… Ⅱ.①江…②老… Ⅲ.①公务员-招聘-考试-中国-自学参考资料 Ⅳ.①D630.3

中国版本图书馆CIP数据核字(2018)第208651号

申论实战指南

江 月 老A 编著

责任编辑 史创新

苏 州 大 学 出 版 社 出 版 发 行
(地址：苏州市十梓街1号 邮编：215006)
苏州市深广印刷有限公司印装
(地址：苏州市高新区浒关工业园青花路6号2号楼 邮编：215151)

开本 787mm×1092mm 1/16 印张 21.75 字数 412 千
2018年9月第1版 2018年9月第1次印刷
ISBN 978-7-5672-2635-7 定价：80.00元

苏州大学版图书若有印装错误，本社负责调换
苏州大学出版社营销部 电话：0512-67481020
苏州大学出版社网址 http://www.sudapress.com

前言 Preface

"写作一直被说成是可以学会但不能教会的",这是《牛津高校写作指南》一书中"致学生"的一句话。这句话说得很精到,我们拆解开来,能更好地理解其含义:写作是可以学会的,但如果只是"教"是教不会的。它强调的是主动学习、自主学习的重要性。

有人曾分别统计《论语》中的"教"和"学",发现"学"字出现了56次,如"学而时习之""吾十有五而志于学",而"教"字只出现了7次。由此可见,"学"比"教"更紧要。从某种意义上说,一切"教"都是为了"学","学"才是根本。

要学申论,自然离不开模仿。模仿被看作是提高写作能力的一条"捷径"。想要模仿,最重要的一点是选好范文,所谓"取法乎上,仅得乎中"。范文选得不好,就像练书法,临摹的不是名家的字帖,而是对着"蟑螂爬的字",一笔一画地描红,其结果,只能是越学越走形变样。

我们发现,现在流行的一些申论范文,有失风"范",不合乎申论的写作章法,有的甚至是"病例",如果不加以分辨,认作"范本",奉为圭臬,则无异于走向了申论写作的死胡同。

关于写作能力的培养和训练,常见的一种说法是"少慢差费",意思是收效少、进步慢、质量差、费时费力。它体现了写作活动和写作学习的特殊规律,即具有综合性,因此要多管齐下,尤其要注意"诗外功夫"的修炼。如果所选择的"范本"实际上是"病例",也就是"取法乎下",就不仅是"少慢差费"的问题了,而是会自废武功,一无所成。

基于这样的认识,我们精选了80篇左右申论范文或学员习作,从"文章要有时代感""强化问题意识""在'不为人识'上下功夫""贵在讲清楚'为什么'"

"确立一个'小目标'""文章不写半句空""力求叙事精简""搭好文章的架子""提高'易读性',优化'用户体验'"等九个方面,以"专家眼光,权威视角",对这些范文进行具体解析,指出其存在的硬伤,提出应该怎样写的建议。其中,前六章突出内容上的要求,后三章强调形式上的注意事项。每一章收录五六篇范文(习作),它们各有疏漏,综合起来就是申论写作的常见病、常见问题。我们据此提出的"文章要有时代感"等,意在纠偏、校正,指明申论写作的正途。

需要进一步说明的,这些范文都刊发在相关公众号上,可以在网络上检索。(为了符合出版规范,我们对范文作了些文字方面的修改。)有的范文还配有推介的文字,对比阅读,能够加深理解文章的成败得失。为了直观体现我们对相关范文的评价,每篇范文我们都给出了具体的分数(满分40分。如果是货真价实的范文,应该在35分以上,但我们所评定的成绩,常常只有20多分,甚至还有10多分的。可以想见,错把10多分的"病例"当作范文膜拜,后果该有多严重)。

有的范文,好像一个病例标本,信息量大,认识价值高。比如第七章"力求叙事精简"中的《选择目标　坚持前行》,还可以收录到"在'不为人识'上下功夫""文章不写半句空""文章要有时代感"等不同章节中,我们"择其要",偏重于叙事精简,解析其不足,以引起警示。

所谓"文无第一,武无第二",在对相关文章的评鉴上,难免存在差异性。但基于我们十几年的一线阅卷经验,我们认为,我们给出的成绩,是客观的、公允的、切合实际的,即便偶有误差,误差也一定在3分以内。在这个意义上,我们也是给出了一个评价的尺度和模板,有利于同学养成实战意识,拿捏好、掌控好相关标准。

第十章"适合的才是最好的",主要阐明不是所有的文章都能成为申论范文。有的文章,孤立地看也许无懈可击,但它们根本就不是申论,不能成为申论的范本,只能充当申论写作的素材。要成为申论范文,最基本的条件是"公共性原则",它不是个人话题而是公共性议题。申论的生命力在于其公共性,是"经国之大业"。

第十一章"巧借他山之石",选编了22篇文章,它们不一定特别"经典",但一定会特别"有用"。其有用之处,主要体现在认识写作的重要性、培养兴趣、积累素材、学会方法等方面。相比其他章节,这部分内容能起到拓宽视野、激发阅读兴趣的作用。

第十二章"功夫在'诗外'",强调要写好申论,必须了解社会热点,洞察世相人心,熟悉政策法规,做到"世事洞明""人情练达"。如果忽略"立德""读书""阅历"等方面的修养,只在操作层面的"怎样写"上下功夫,就会出现舍本逐末的问题。

第十三章"真题解析",我们从实战出发,以"权威眼光、独家方法"解析了四套真题。解析力求深入浅出,有易读性、可读性。现在市面上的申论写作的真题解析,一定程度上存在着套路化、模式化、大同小异等问题,我们的解析追求庖丁解牛的境界,尽可能清晰地展示其骨骼、脉络和风采。考虑到体例的统一,我们只就真题中的作文展开解析,未涉及其他小题目。

总之,跟着范文学写作,这"范文"应该是货真价实的范文。如果所面对的范文缺斤少两,而我们还苦心孤诣地学习、践行其章法和套路,那么只能是越学越走样;要悟出申论写作的得失和甘苦,必须了解相关的评判尺度,善于取长补短;另外,要注重诗外功夫的修炼,明了"真题"的"真意",这样才有望化繁为简,四两拨千斤。

目录 Contents

第一章　总论:文章要有时代感……………………………………… 1

第二章　总论:强化问题意识………………………………………… 15

第三章　总论:在"不为人识"上下功夫…………………………… 34

第四章　总论:贵在讲清楚"为什么"……………………………… 51

第五章　总论:确立一个"小目标"………………………………… 68

第六章　总论:文章不写半句空……………………………………… 84

第七章　总论:力求叙事精简………………………………………… 102

第八章　总论:搭好文章的架子……………………………………… 117

第九章　总论:提高"易读性",优化"用户体验"……………… 131

第十章　总论:适合的才是最好的…………………………………… 146

第十一章　巧借他山之石…………………………………………… 162

第十二章　功夫在"诗外"………………………………………… 219

第十三章　真题解析………………………………………………… 241

第一章
总论：文章要有时代感

网上有个帖子："时代感、紧迫感、责任感、使命感、危机感、安全感、优越感、存在感、归属感等词语的意思是什么？"其中，有关"时代感"给出的"最佳答案"是："时代感就是真实地反映当时发生的某一社会现象。"

我们这里引用网上的这个帖子，不是说它有多权威，而是这个问题是个"真问题"（不是"伪问题"），问得非常有必要。

申论写作也要思考并且回答"时代感"的问题。关于什么是时代感，不好用一句简单的话概括清楚，网上帖子的解释"时代感就是真实地反映当时发生的某一社会现象"，更是皮毛化，没有抓住问题的要害。

我们认为，文章的时代感，主要是指立足现实，有时代精神。所谓"文章合为时而著，歌诗合为事而作"，文章脱离了"时"和"事"，就失去了现实的根基，也就失去了生命力。尤其是申论写作，要针对具体问题"开药方"，所以更要讲求时代感，打上时代的烙印。

具体说来，就是所反映的问题（成绩、经验、教训）是在当下社会发生的，甚至只能在当下社会才可能出现；用现代人的胸怀和见识去看问题；所采用的解决问题的措施或办法，也是新时代、高科技时代人们才会想到的对策。换言之，如果题材内容是"陈芝麻烂谷子"，看问题的思想观念滞后于时代，所采用的办法也是"土办法"，那么就是欠缺时代感、没有时代感，甚至给人恍如隔世的感觉。

新时代、新思想、新目标、新矛盾、新方略、新要求、新气象、新作为……如果要梳理现阶段的高频汉字，"新"一定名列前茅。在日新月异的现实生活中，许多普通群众都能顺口说出许多新名词，如蓝天保卫战、河长制、经济新常态、"一带一路"、八项规定、新时代等。这些深入人心的新名词中包含着新方略，体现着新思想，也给整个社会带来了新气象。如河长制（无锡是"河长制"的发源地），现在正发展为"河长治"，而且不只有"河长"，还有"湖长"，一改以往"九龙治水"的局面。正是发端于建设美丽中国的新思想，得益于制度创新，江河湖水的生态得到了明显改观。我国第二大淡水湖洞庭湖，湖区过去处处可见网箱养殖、采砂，还有生活污水排放和垃圾污染，珍稀动物江豚和麋鹿难觅踪迹。今天的洞庭湖通过全面治理整顿，湖区再现了天蓝水清、江豚再现、水鸟翩翩、麋鹿群在大片湿地中奔跑的美丽景象……所有这些变化，展现了时代的新气象、新面貌。

为了说清问题，我们举一个具体例子。

"平安徐州"微博发布的一则视频在网络上热传：今年5月7日，江苏徐州，男子尹某使用工具，一连撬开三户居民的房门。由于在居民家中没有找到大额现金，最后把存钱罐里的硬币和一些零钱总共20元偷走。被抓后，他对民警说：这一行不好干了，都玩微信，家里谁还放现金。

这听起来就像一则笑话。曾经有人调侃，或许公交车上"掏包"的小偷会成为首先"失业"的群体：小偷苦练偷盗技术，但他怎么也没想到，因为移动支付，自己这个行当即将"被消失"。

这则"笑话"的背后，是一个关于社会变迁与时代特性的"进化论"。它就像一个标签一样，显示着社会历史的进程。移动支付，让小偷面临失业，这是倒退几年想都不能想的事情。只有在当下这个时间节点上，它才可能发生，它才是一种"新常态"，所以只需写出这具有标志意义的问题（成绩、经验、教训），文章的时代面貌就会显露出冰山一角。

我们再举个例子。

媒体报道："现代办公工具"已成为基层干部的"坑"。

手机App、微信群等"现代办公工具"为什么会成为基层干部的"坑"呢？原来微信工作群的信息已经爆炸了。一位基层干部说，他的工作群有乡镇工作群、乡村工作群、某县医保群、某县农保工作群、某县卫生计生群、秀美某县群、某县环境卫生群、某县扶贫攻坚群、某乡党建工作群、某县扶贫第一书记群、某村村民群、某村党支部交流学习群……由于每天应付手机App系统和各种各样的"微信工作群"，部分基层干部将主要精力放在了应付手机上，工作沉不下去。这位干部这样描述他们的下乡状况：现在下乡，进村第一件事，不是去村委会布置工作，而是先到定点的贫困户家去和他合个影，然后再找手机信号、找GPS信号，因为要到手机扶贫App上签到，上传帮扶日志和照片。这叫"工作留痕"。凡事要求"工作留痕"其实是一种形式主义，其结果，"文山会海"抬头，"材料政绩"盛行，不仅消耗了基层大量的财力、人力，而且拖累了做实际工作的一线干部，让群众无法及时办事。

用于提高工作效率的工具反而成为对基层干部的一种绑架，成为一种负担，这个问题带有鲜明的"时代性""现实感"。我们所强调的时代感，正是这种题材内容上的"新脉动""新常态"，它不是空喊几句口号或者引用几句流行语，像贴膏药一样贴上去的，而是"内生"的。它离不开"时"和"事"，离不开现代意识和现代精神的观照。

申论所强调的时代感，要求我们关注社会热点。申论的"给定资料"，常常就是一份社会问题清单（当然，不限于具体的社会问题，还有成就、经验等），对社会问题了解多少、了解多深，常常决定了文章内容的广度、深度。

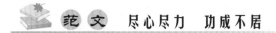

范文　尽心尽力　功成不居

于成龙"尽心尽力，未能十分尽职；任劳任怨，不敢半点任功"的联语成为修身自省的名言警句，也成为为人为官的道德准则，更成为谋事创业的价值根基。尽心尽力是能够尽职工作的基本底线，唯有以尽心的态度和尽力的行为不断进取，方能使尽职履责真正落到实处。功成不居是能够尽职工作的超越与升华，唯有以追求功成的决然和成而不居的坦然砥砺前行，方能让尽职履责深入骨髓、形成品格。因此，若要尽职，则必尽心尽力，功成不居。

尽心尽力是能够尽职的底线要求。常以"我尽力了"作为推诿搪塞者，必不能真正理解尽力的内涵。尽力是对个体能力的充分挖掘，然而每个人在衡量自身潜力的时候又会受到很多客观性因素的影响，相对于自己而言，降低要求和标准就会导致出力而非"尽力"。然而，我们在分析尽力与否的话题时，不可避免地要探究其背后的原委，而这与是否尽心则有不可分割的关联，唯有以"尽心"的态度去看待问题，分析问题，解决问题，才能真正从主客观进行全面把握，进而将自身潜力无限挖掘，从而达到"尽力"的效果。由此，"尽心"是"尽力"的前提要件，而"尽力"又是"尽心"的目标引领，两者统一于尽职的要求中。"尽职"既是对本职工作的责任担当，也是对达成最优工作效果的目标追求，更是将个体价值和社会价值达成统一的行为实践，因此，只有尽心尽力才能认清本职并钻研本职，才能界定卓越并追求卓越，才能把握价值并实现价值。

功成不居是可以尽职的升华表现。渴望成功是每个人包括每个领导干部应有的价值信念，而我们需要更加深刻地认识到，评判成功的标准是多元化的，不是以简单的夸奖、认可和物质为标准。对于"尽职"者而言，始终把人生每一个节点的成功都当成尽职履责的一部分，不以默默无闻而懊恼，只因碌碌无为而悔恨。唯如此，才能让"尽职"不止于对职位的简单认知，更应发挥职位应有的价值，在不同的位置做出对人民有益的事业，所谓"金杯银杯不如百姓口碑"，当回忆自己的人生和事业时，可以有"尽心尽力"的释怀，也可以有"功成不居"的豁达。只有这样，才能让自己的人生充满无尽的挑战，获得一个又一个成功，功未必要在当代，亦可在"尽职"的过程中利在千秋。

从戎岁月我们"尽心尽力"，犹怀"功成不居"之心，转业地方我们依然要将"尽心、尽力、尽职"的关系处理当成人生和事业发展的课题，时时警醒，处处思考，将为民之心化作一片尽职的赤诚。

评析：

这篇"范文"，顶多是二等文。主要问题是其泛泛而谈，缺少时代感。

我们采用寻章摘句的方式，摘引出文章的"精华"：

> 尽心尽力是能够尽职工作的基本底线；
>
> 功成不居；
>
> 出力而非"尽力"……
>
> 评判成功的标准是多元化的；
>
> 可以有"尽心尽力"的释怀，也可以有"功成不居"的豁达；
>
> 尽心、尽力、尽职。

上述相关论断，不可谓不正确，也做到了言简意明，但致命问题是：缺少针对性，缺少具有时代感的问题、成绩、经验或教训，通篇从头至尾都是大道理，不接地气。

其实，"尽心尽力，功成不居"，胡适早在1932年的《独立评论》中就曾指出："功成不必在我，而功力必不唐捐。"简言之，功绩、事情、事业的成功，没有必要看我一个人，成功的必然因素不在于我。每个人要为革命事业做出最大的贡献，但革命事业的成功未必能在我手中、在我任期内看到实现。这是人生的崇高境界，体现了宽广的胸襟和高尚的情怀。只有一个人达到为事业而忘我、为"大我"而弃"小我"时，才能做到"功成不必在我"。从某种意义上来看，这要求我们尤其是领导干部淡泊名利，正确看待政绩。

习总书记讲话中也多次提及"功成不必在我"。比如2018年3月8日，习总书记在参加全国政协会议山东代表团讨论时对"功成不必在我"就做过深入的阐释："'功成不必在我'不是消极、怠政、不作为，而是要牢固树立正确政绩观，既要做让人民群众看得见、摸得着、得实惠的实事，也要做为后人做铺垫、打基础、利长远的好事，既要做显绩，也要做潜绩。"

2018年4月13日，习近平总书记在庆祝海南建省创办经济特区30周年大会上的讲话中指出，要以"功成不必在我"的精神境界和"功成必定有我"的历史担当，保持历史耐心，发扬"钉钉子"精神，一张蓝图绘到底，一任接着一任干。

由此可见，"尽心尽力，功成不居"，或者说"功成不必在我"和"功成必定有我"，其核心要义是实干精神、有作为、有正确的政绩观。顺着实干精神、有作为、有正确的政绩观的思路，现实生活中，有太多的正反两方面的成绩、问题或经验、教训了。如果结合相关案例，关于环境治理、精准扶贫、食品安全、群众看病难看病贵等问题，都可以信手拈来，进而阐释"啃下硬骨头"，又淡泊名利，正确看待政绩的现实意义……这样"对号入座"，才充实，文章内容才有鲜明的时代特色。

我们再换个角度理解这个问题。上文我们采用寻章摘句的方式，摘引了文章的"精华"，包括尽心尽力、功成不居等，这些论断，是不是可以跨越时空，具有"普适性"？也就是说，如果是三年前、八年前这样写，是不是也说得通，甚至三年后、八年后这样写，是不是仍然成立？那么问题来了，既然前后若干年都说得通、都成立，那么这篇文章的特殊性在哪里？针对性在哪里？文章没有特殊性，没有针对性，也就是没有时代感，没有现实感。

解决这个问题的办法是：我们尽可以反复强调"尽心尽力，功成不居"，强调"功成不必在我"和"功成必定有我"，但强调这些道理时，一定不能脱离现实，不能脱离实际。因为道理可能是尽人皆知了，但实际问题却是常新的，那些常新的现实问题以及对它们的独特解读，从某种意义上说就是时代的风向标，给文章以新意。

成绩：28分。

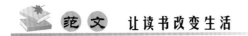 范 文　让读书改变生活

李克强总理在国务院常务会议上说："一个国家养成全民阅读习惯非常重要，这直接影响着国民的整体素质，体现着国民的生活方式。"2015年3月，在第十二届全国人民代表大会第三次会议上，李克强总理提出倡导全民阅读、建设书香社会。目的是为了让优质出版物供给更加丰富，社会基础阅读设施更加完善，特殊群体基本阅读需求得到更好满足，社会主义核心价值观深入人心，在全社会形成爱读书、读好书、善读书的良好风尚。

然而，据第十四次全国国民阅读调查显示，2016年我国国民人均纸质图书阅读量为4.65本，在国民对个人阅读数量评价中，只有1.7%的人认为自己的阅读数量

很多，45.2%的人认为自己的阅读数量很少或比较少。与西方国家相比，我国的国民整体阅读量相形见绌。在技术发展日新月异的今天，国民该如何认识读书的价值？该养成怎样的阅读习惯呢？该怎样安排好读书生活？如何让书籍助力我们前行的脚步？书籍会给我们深刻的启迪。

爱读书，让读书改变生活方式。最近，《朗读者》这档节目，受到广大观众的喜爱和推崇。借用主持人董卿的一句话，"朗读，是一种习惯，也是对于生命进行升华，以文学的汁液浸透生命的深度"。读书很多时候被很多人认为只是学生时代的必修课，它只属于一小部分的人，然而事实上，读书应该属于所有的人。"一物不知，深以为耻，便求知若渴。"正如青年时代的习近平，对知识有着发自心底的热切向往。上山下乡的日子里，他随身带了满满一箱子书。为了借阅一本书，他不惜走了30里地去借。书本的滋养，对扣好人生的第一粒扣子有着潜移默化的作用。在经济高速发展的加急时代，很多人只顾脚步匆匆，步履不停，忘却了生活的本真，要学会用读书来装饰生活，让读书来改变生活的方式。

读好书，让读书展现生活内涵。"最是书香能致远，腹有诗书气自华。"读好书可以丰富人的思想内涵，提升生活品质，延展生活内涵，弘扬人性的真善美，传递社会正能量，实现积极的教育作用和社会意义。书单是一面镜子，照出一个人的人生意趣、精神境界，更照出其理想信念、价值追求。从经史子集到马列经典，从唐诗宋词到中外文学名著，从汤显祖到莎士比亚，读一本好书，既是折射出个人读书生活的一种写照，同时也为人们充实生活内涵、品味生活滋味提供了一份"阅读指南"。很多时候，我们能够在跳动的文字里，感受文学大家的激情与洒脱；我们能够体会哲学家、思想家的睿智和超然；我们还能够领略到历史的云烟、人情的冷暖、世事的变迁……让书香尽情地滋养心灵，展现生活的内涵。

读书是一种享受，是一种幸福，是一种境界。"立身以立学为先，立学以读书为本。"读一本好书，就像结交一位良师益友，在读书中汲取百家精华，汇集厚重思想，启迪创新智慧，品味平凡人生。

评析：

说这篇文章缺少时代感，很多人会不赞同。它开篇部分就引用总理的话"倡导全民阅读，建设书香社会"，而"倡导全民阅读，建设书香社会"不正是时代特点的一个鲜明表征吗？怎么会缺少时代感？

这是相对说来更有难度的一个问题。

我们在前文曾经提到，文章的时代感就是"所反映的问题（成绩、经验、教训）是在当下社会发生的，甚至只能在当下社会才可能出现；用现代人的胸怀和见识看问题……"对照"用现代人的胸怀和见识看问题"这个尺度，我们就会发现，《让读书改变生活》属于老生常谈，了无新意，因此缺少时代感。

开篇部分，文章引用总理的话"倡导全民阅读，建设书香社会"，并进一步提出"在全社会形成爱读书、读好书、善读书的良好风尚"这个核心观点，这是可圈可点的。但非常遗憾，行文过程中脱离了这条主线，跑偏了。比如第二自然段末尾："在技术发展日新月异的今天，国民该如何认识读书的价值？该养成怎样的阅读习惯呢？该怎样安排好读书生活？如何让书籍助力我们前行的脚步？"这明显是在谈读书的价值和必要性，关注点是"个体"，而不是"全民"（全民阅读），所以它偏离了大方向。

也许有人会说，倡导全民阅读，建设书香社会，离不开对读书价值和必要性的认识。我们也承认这一点，它并非完全的节外生枝、不搭界，相反与全民阅读、书香社会有关联。那么我们又为什么说它脱离了主线呢？

我们这里所说的主线，指的是"在全社会形成爱读书、读好书、善读书的良好风尚"，而不是个人的读书兴趣、读书价值。有关个人的读书兴趣、读书价值问题，是一个传统的老话题，历代读书人谈读书的文章，可以车载斗量。而如何倡导全民阅读、如何建设书香社会，才是当下最鲜活的、最有现实意义的话题。

简单说来，开展全民阅读活动是我国构建公共文化服务体系的一项重要部署，它是政府行为；个人的读书兴趣、读书价值，只涉及一己的利益（当然也可以说，我通过读书，提升了境界，增长了本事，对社会对他人更有助益，所以不完全是自己的事……但这样推演下去，就有点像"杠精"了）。文章应该顺着全民阅读、书香社会的思路，谈政府的作为，比如如何引导、保障、服务等，但这篇文章写着写着却偏向了谈论个体阅读上来，重复强调"腹有诗书气自华"的道理。

一句话：写倡导全民阅读、建设书香社会才有时代感；写培养个人读书兴趣、"腹有诗书气自华"，没有时代感。

成绩：27 分。

范文 上善若水彰显智慧与情操

上善若水,厚德载物。这句话深刻地诠释了中华民族的大美之德,更是古往今来各位仁人志士不断追求的最高境界。古人为何以水这一物质来隐喻善呢?因为水的特性使得古人对于水有了更加抽象和深层次的解读,也给水赋予了生命和灵魂,水具备了许多值得我们学习的品质,这一品质包含了真善美,包含了道德,包含了智慧。当今社会,各个领域的发展节奏都在不断加快,而快节奏的背后往往伴生着精神领域的缺失。所以我们要静下心来冷静思考。

学习水的优秀品质,让我们的智慧和情操得到更高的提升。学水之真善美,提升我们的智慧和情操。水之所以真,真在水不会撒谎。水无论以什么样的形态展现在我们的面前,都是最真切的、最自然的。清澈则美,污秽则丑。水之所以善,善在水至软至柔。水不争,但水却能包容万物,让人感受到水温软的一面。水之所以美,美在小河之水的温婉细腻、大江大海的壮美气魄。学习水的真善美,将真善美植根于我们前进与发展的血液当中,不仅有助于个人的事业发展,受人尊重并获得合作的机会,也有助于社会的文明进步。

学习水的道德,提升我们的智慧和情操。水是柔性的,这种柔性也体现在水的修养和情操上。水能养育和滋生万物,水能让世界变得更美好。择水而居正是人类生存的本能,因为水的大美之德就在于此。从现实角度出发,当我们懂得了水是道德的载体之后,我们就要利用水的品德,来帮助我们进行水环境治理。水环境的治理靠的是城市的管理者,而治理的程度如何考验的是执政者和治理者的抱负,就像某著名剧作家所说:山水者,情怀也;情怀者,心中之山水也。顾名思义,治理者如果具备了像水一样的修养和情操,那么城市的风景所展现的则是一种大美。

学习水的智慧,提升我们的智慧和情操。我们之所以说水是智慧的展现,源自水懂得包容外物即强大自己。不仅如此,水还具有持久的耐性,相信我们都知道滴水穿石的典故,意思就是一滴水力量微小,但通过持久的聚一点而发力则会产生巨大的力量。现实社会亦是如此。正是水的存在,调节了城市内部的气候;也正是因为水的存在,让城市繁荣发展具备了灵气。如果说水成就了城市的美丽与和谐,那么反观之,城市的魅力与和谐也印证了水的价值。这难道不是水的智慧所在吗?

如今,我国经济社会等诸多领域都在不断发展。我们追求经济增速,我们加快城市建设,我们追求物质丰腴。然而飞速发展的背后我们是否要静下心来认真思考,如何健康、和谐地发展?这是一个深刻而又现实的话题。绿水青山何以保护?民生何以问计？这些问题更考验着执政者的智慧和情操。从何而来？那就是静下心来向水学习，以大智慧和大情怀作为推动我国各项事业健康发展、实现社会文明和谐、百姓安居乐业的重要力量。

评析：

我们先理一理文章的思路。

开头亮明观点：水具备真善美等品质，值得我们学习。

正文部分有三个分论点：学习水的优秀品质，让我们的智慧和情操得到更高的提升；学习水的道德，提升我们的智慧和情操；学习水的智慧，提升我们的智慧和情操。

结尾突出"一个深刻而又现实的话题"：如何健康、和谐地发展。具体说来，"绿水青山何以保护？民生何以问计？"这些问题考验着执政者的智慧和情操，因此，要静下心来向水学习。

经过梳理，我们发现：最有价值的"如何健康、和谐地发展"，被淹没在文章结尾，未及展开，就草草收场了。

更可取的写法，是推倒重来，把结尾当作开头，由结尾写起，比如：

> 如何健康、和谐发展，考验着执政者的智慧和情操（"情操"改为"情怀"更好）。我们应该向水学习，学习水的真善美，让天更蓝、水更绿，让社会更文明，让群众更有获得感。

为什么要这样开头呢？我们将之和原文的开头简单对比，就能发现利弊得失：原文的开头太空泛了，缺少有效信息，缺少时代感。我们曾说，文章脱离了"时"和"事"，就失去了现实的根基，失去了生命力。我们所突出的"如何健康、和谐发展"，仿佛像文章的"魂儿"。有了它，文章才会有精气神，有生机活力。

原文的三个分论点，也是老气横秋，如果穿越到一百年前甚至五百年前（假如那时也有公务员考试），有人考申论，写一篇向水学习的文章，照搬这篇文章的三个分论点，大概也不会有违和感吧。它们几乎是组成文章的标准部件，是通用的、万能的。事实上，越是通用的、万能的，越缺少针对性，缺少时代感。

用"如何健康、和谐发展"领起全文，在回答这个问题的过程中，讲清楚"向水学习"究竟要学什么，文章的现实意义才能得以体现，文章的时代风采和面貌才会跃然纸上。

另外，这篇文章的三个分论点，关系混乱，比如先说"学习水的优秀品质"

（指的是学习水的真善美），又说"学习水的道德"，那么水的"真善美"和水的"道德"是什么关系？难道水的"真善美"和水的"道德"不是一回事吗？

综上，该文内容太空泛，没有时代感；三个分论点之间的关系剪不断理还乱。该文无论是内容还是形式方面，都存在着明显的问题。

成绩：30分。

范文　静以修身　俭以养德

中国雄踞在世界的东方，这里幅员辽阔，地大物博。长江、黄河气势磅礴，奔腾不息，印证着中华民族五千年来的源远流长；喜马拉雅山脉峰峦叠嶂，绵延起伏，支撑着华夏儿女傲然挺立的民族脊梁。中国这片神秘的土地，蕴藏着难以计数的财富，尤其自然资源之丰富，更是在世界上首屈一指。

然而，当今社会奢靡享乐之风盛行，"追求排场""面子工程"等一系列恶劣行径导致资源浪费现象极其严重，部分国人对勤俭节约传统美德的漠视，有时简直让人不忍直视。长此以往，可持续发展的健康道路无异于空谈。而究其根本，在于国民忧患意识的缺失，以及生活习惯的失衡。因此，我们必须充分认识当前我国资源方面的现状，树立起忧患意识，并且在生活工作中不断践行勤俭节约，真正做到知行合一。

厉行勤俭节约，首先是"知"，须树立忧患意识。中国物产之富庶，确实是很多国家难以比拟的，这也导致了很多国人缺乏对资源的保护理念，更疏于对现有一切的珍惜。但是中国人口众多，其实人均资源占有量十分有限，而多数人对此却懵然无知。古人讲："人无远虑，必有近忧。"为此，我们必须充分认清当前我国在自然资源方面的国情，树立起忧患意识，切记莫要"亡羊"才"补牢"，或许唯有居安思危，方能处变不惊。

厉行勤俭节约，关键在"行"，要养成节约习惯。"思想上的巨人，行动上的矮子"，一直以来此类人群都是被人所唾弃和嗤笑的对象。所以勤俭节约，也决不能仅仅停留在"空谈"的层面，更要"甩开膀子"，在生活和工作中去践行。这就需要我们政府和群众都能够养成良好的习惯，发扬节约作风。政府作为标杆应起带头作用，认真落实中央有关规定，节俭办事，不铺张浪费；群众也须积极响应，于细微之处见精神，就餐坚持光盘，巧用生活小窍门节约能源。

"夫君子之行，静以修身，俭以养德，非淡泊无以明志，非宁静无以致远。"君子依靠内心的宁静来修身养性，以俭朴的作风来培养德行，如此才能明志和致远。

如果把目前资源上的困难比作中国经历的又一次风雨征程，那么我想，或许阳光总在风雨之后。只要亿万国人齐心协力，做到知行合一，将节约之风始终如一地践行下去，中华这片土地在风雨之后又定是一片艳阳百花开。

评析：

看了这样的范文，不由得生出喜忧参半的感慨。

能够看得出，作者不甘平庸，有"笔墨当随时代"（清初画家石涛的名言）的自觉追求，文章有时代印记，比如"当今社会奢靡享乐之风盛行，'追求排场''面子工程'""可持续发展""忧患意识""甩开膀子""就餐坚持光盘"等，它们是现实社会的具体问题或风尚。从这个意义上说，是喜。

忧的是，这种时代面貌、时代特色，失之于标签化、皮相化。打一个比方，就像是贴膏药，这些彰显时代面貌和特色的名词与短语，就像膏药，贴了一块又一块，疗效却相当有限。

为什么说既有时代印记，但时代面貌、时代特色又不是很鲜明呢？

我们在关于时代感的总论里说：用现代人的胸怀和见识看问题；所采用的解决问题的措施办法，也是新时代、高科技时代人们才会想到的对策。如果文章只是题材和内容新，但看问题的思想观念滞后于时代，所采用的办法也是"土办法"，那么仍然缺少时代感。

上文中，相关短语的确体现了时代气息，但它们被淹没在陈旧、老套的思想观念和措施办法里。比如，文章强调："厉行勤俭节约，首先是'知'，须树立忧患意识。""厉行勤俭节约，关键在'行'，要养成节约习惯。"如果说那些彰显时代面貌的名词和短语还有几分风采，这两个陈旧老套的分论点，立刻让文章黯然无光了。这是因为，这种"见识"、眼光相当陈旧古老，它们几乎与"勤俭节约"一样具有光荣的传统。也就是说，"知"和"行"这种判断，是具有悠久历史的百试不爽的断言。人们常说一把钥匙开一把锁，但"知"和"行"这把钥匙，几乎是从有锁那天起，就在广泛使用的钥匙。工具、手段落后，思想观念也是停滞不前。

为了开阔思路，我们援引《人民日报》（2017年8月8日）一篇题为《如何遏制机关浪费》的文章，看看眼光、见识有什么差别。

该文从会场上到处可见喝剩下的半瓶水说起："'半瓶水'浪费只不过是某些机关单位内部浪费的一个缩影。晚上办公室无人加班却灯火通明，热水器插上就不拔，自来水跑冒滴漏，办公电话公私通用，印刷纸张单面使用，逢会便发笔记本，办公用品'只买贵的，不买对的'……这些细节方面的资源浪费，日积月累就是一个惊人的数字。"

之后，着眼"建设资源节约型、环境友好型社会"背景，提出"遏制机关浪费，离不开精细化、科学化管理"，"浪费还具有顽固性、反复性，得一抓到底"。结尾："党政机关干部身体力行，从每一件小事做起……促进绿色、共享、可持续发展。"

我们不难发现申论范文和《人民日报》文章的不同：一个是照搬了套路化的规定动作："知"和"行"（先"知"后"行"）；一个是结合社会背景，针对机关资源浪费方面的细节，强调实行精细化、科学化管理，要一抓到底……两篇文章的短长，立竿见影。

做好哪一项工作不需要"知"和"行"（先"知"后"行"）呢？比如创建文明城市，治理环境污染，落实安全生产……无一例外，这些工作都离不开"知"和"行"。可以说，"知"和"行"是做好工作的最低门槛，也是最为传统的工作程序、工作方法，所以它了无新意。因为了无新意，从来便如此，所以这篇范文自然就没有时代感。

建议：从题材内容出发、从思想认识和措施办法出发，去体现时代感，不要贴标签，不要空喊口号。

成绩：27 分。

范文　青年与青春

"喊破嗓子不如甩开膀子"，任何美好的理想，都不会唾手可得，其实现背后必定承载着自强不息、艰苦奋斗的卓绝精神。青春是青年的理想信念，青春是青年对于生活的热爱和向往，青春更是摆在众多青年面前的一道沟壑，青年强则国强，青年兴则国兴。青年对梦想的追逐，印刻着社会发展的脚步，标注着历史前行的轨迹，让时代洋溢着青春的能量，挥洒年轻的汗水成为发展之要。

当下青年遇到的问题：青年成长成才，自强不息是前提。一位哲人说过，任何事情的美好，都是需要交换的。富足的生活不会轻易到来，需要经过不懈的努力，滴自己的汗，吃自己的饭，自己的事情自己干。然而，令人遗憾的是，物质充裕的生活也滋长了年轻人没付出就想去享受，不付出就想去啃老的不良思想。大学生嫌生活费太少而抱怨母亲虽是个例，却暴露出艰苦奋斗、顽强拼搏传统美德的缺失。仰望星空更要脚踏实地去努力走好人生路。

青年对于创新的作用：青年成长成才，开拓创新是主旋律。苟日新，日日新，又日新,机会总会留给有准备的并且勇于创新的人们。尕松成林是一位冲破世俗藩篱的年轻人,凭借着创业的决心和拼搏的韧性,从一个年轻的志愿者,蜕变成一位成功的企业家。然而,他创业的激情始终没有变,他正用更多的方法,吸引更多创业者抱团发展。今天的中国比以往任何时候都更需要创新驱动,正如习总书记强调的,创新是民族进步的灵魂,是一个国家兴旺发达的不竭源泉,也是中华民族最深沉的民族禀赋。青年渴望创新,时代需要创新。中国的未来就是创新,创新,再创新。

对青年、青春做一总结:天下大事必作于细,天下难事必作于易,青年一代,要把艰苦的环境当成磨炼自己的机遇,一步一个脚印往前走,坚韧不拔,百折不挠,锐意进取,做开拓创新的时代先锋,实现自身的社会价值。

评析:

"谁的青春不迷茫",而且不同年代的青春有不同的迷惘。

2018年"两会"时,政协委员白岩松接受《中国青年报》记者采访,白岩松关注的问题之一就是"这一代年轻人的焦虑"。在他看来,焦虑和"不容易"从来就不是哪一代年轻人独有的(他此前说过的"没有一代人的青春是容易的"曾广为流传),战争年代,年轻人奋斗的关键词是生命力,要解放全中国,那是要付出生命代价的!建设年代,年轻人奋斗的关键词是体力和毅力,要去很多艰苦的地方,为祖国献石油、种粮食,没有体力和毅力,那些苦是吃不了的,成果也是不会取得的。当代年轻人身处互联网时代,有自己的话语空间,他们的焦虑和"不容易"在某种程度上被放大了。但不可否认的是,这一代年轻人面临的焦虑可能是新时代背景下全新的课题。白岩松认为,这一代年轻人奋斗的关键词是"想象力"和"创造力"。(见《全国政协委员白岩松:奋斗是青春永恒的主题》,载《中国青年报》2018年3月15日)

我们引述这则新闻,旨在说明:"青年与青春"永远是时代和社会最新鲜的话题。围绕"青年与青春"做文章,要紧随时代,不能不辨古今、不问西东。

按照这样的标准,我们试着从上述范文中找出时代的标记。在我们看来,范文最鲜明的时代标签是"啃老",但有关"啃老"的说明,又仅限于"大学生嫌生活费太少而抱怨母亲……"我们反问一句:"大学生嫌生活费太少而抱怨母亲……"这不是"自古以来"就如此吗?哪里是今天的大学生才开始抱怨的?所以,相对说来,这更有时代气息的内容,也显得相当微弱和模糊。谈"青年与青春"的文章,居然这样暮气沉沉。在历史的灰烬中，在故纸堆里，是书写不出青春的激情、锐气和风采的。

值得深思的是，相关公众号在推介这篇文章时，还让"大家可以识记或背下来"，这分明是害死人不偿命的节奏。如果真有人听信这个建议，去死记硬背，就好像一堆过了保质期的食材，经地沟油烹制后，被端上了餐桌……坏了胃口和肠胃不说，更大的坏处可能是浪费了你的"青年与青春"。

写《青年与青春》就要研究"青年与青春"的问题，因为现实的具体问题更能体现时代特色。2017年5月10日，《中国社会科学报》有一篇文章《社会变迁背景下中国青年问题研究》，文章指出：近十年里，中国社会经济高速发展，青年人群获得了前所未有的发展机遇，同时也面临着前所未有的挑战以及新的问题。比如"父母逼婚"和"剩女现象"导致了青年人的"婚恋焦虑"。这是一种"中国式的婚姻焦虑"，是社会发展到一定阶段由于各种原因导致的代与代之间关于婚姻问题的一种冲突。与"婚恋焦虑"相伴的是单身青年在适婚青年中的比例日益上升，大龄青年的"不婚"情况引起了广泛的社会关注。这种现象在北京、上海等大城市更为突出，"剩女"和"剩男"数量都很庞大。"婚恋焦虑"现象出现的背后，有着人口结构、经济条件、社会观念、交际方式、家庭压力等多重因素的影响。此外，还有独生子女问题、青年价值观和政治态度等方面的问题。

当然，这些问题不必都写进文章中，但总要结合现代社会背景，结合相关问题。如果脱离具体的时空，在真空里谈"青年与青春"，那么所谓的"青年与青春"，就被抽离了生机、活力与激情，而只剩下空洞洞的符号了。

另外，以"青年与青春"作为标题，失之于笼统；"青春更是摆在众多青年面前的一道沟壑"等语句，不合逻辑，让"众多（无辜的）青年"躺着也中枪；没有具体的分析说理，文中充斥的是一些大而空的陈词。

最后想说明的，提高申论写作能力，不一定要多研究文章做法，而要多研究社会现象和问题。或者所谓的文章做法，就是发表对社会现象和问题的看法，而要发表对社会现象和问题的看法，自然不能只钻研文章学、写作学。本书的第十一章"巧借他山之石"，我们专门选编了一组文章，可供参考。

成绩：21分。

第二章
总论：强化问题意识

"强化问题意识"与上一章的"文章要有时代感"有密切的关联。马克思曾说过："问题就是时代的声音"。这句话高度概括了问题与时代这两者之间的密切关系，它们如影随形。

"问题就是事物的矛盾。哪里有没有解决的矛盾，哪里就有问题。既有问题，你总得赞成一方面，反对另一方面，就得把问题提出来。"这是毛泽东在《反对党八股》中的一段阐释。在当下社会，人民对美好生活的向往和"不充分的发展"之间的矛盾，还时有所见，尤其是反腐倡廉、环境保护、食品安全以及群众在住房、教育、求学等方面需求与现实的矛盾和问题，更加集中和尖锐，成为民生的堵点、痛点和难点。申论的给定资料，通常说来是取材于一定时期里的社会热点事件，这些热点事件中不乏具体的社会问题。它们有的是外在的、直观的，有的隐含在具体材料中，需要进一步分辨、辨析。但不管是"隐性问题"还是"显性问题"，其相关问题都是议事说理的出发点，是靶子。"发现问题是好事，解决问题是大事，回避问题是蠢事，没有问题是坏事。"（石平《问题是时代的声音》，载《求是》2013年第9期）申论写作也是这个道理，写文章如果不善于发现问题，内容上就会缺少针对性、建设性，整篇文章就会无的放矢、无病呻吟，丧失存在的价值。

上文提到，给定资料中的"问题"，有的是外显的、明摆着的，比如2013年江苏省公务员考试申论真题"给定资料9"中的一个段落：

> 中央八项规定公布后公款吃喝得到一定的遏制。据称，团体餐一桌的标准最低也要2000元，而请领导吃饭至少要达到500元一位的标准，基本上"800元一位的才像个样"。媒体探访到了一桌宴请，标准每位800元，桌上放的是每瓶2180元的茅台及每瓶1080元的广西特色白酒丹泉，香烟是每包108元的软中华和每包150元的真龙。国家统计局1月18日发布的数据显示，2012年全国

城镇居民人均可支配收入24565元，农村居民人均纯收入7917元。城镇居民辛苦工作一年，只不过一顿公款吃喝；而农村居民一年收入，竟然吃不到一桌公务宴，让人情何以堪。

上述材料用具体数据说明了公款吃喝问题的严重性，是属于"显性问题"——明摆着的问题。面对这样的"给定资料"，如果小心翼翼地绕过具体问题，空泛地谈论干部作风，文章就会无的放矢、无病呻吟。

善于发现问题，尤其是发现那些隐而不显的问题，需要我们强化问题意识。所谓问题意识，是"指人以质疑索解的态度审视主客观世界所形成的一种思维方式和文化观念"。其内容包括"需要研究和解决的矛盾和疑难；大自然和社会向人类提出的新课题；事物发展中的关键环节和潜在的危机"（李思民《问题意识的理论阐释》，载《哈尔滨学院学报》2002年第1期）。也有学者指出，"问题意识，说到底就是人们的怀疑精神、探索精神、求真精神、求实精神。问题意识就是要解决矛盾"（方延明《媒介传播的社会责任与"问题意识"》，载《南京社会科学》2010年第7期）。我们认为，申论写作中的问题意识就是直面现实，善于发现问题、回答问题，探求解决问题的路径，而不是单纯地唱赞歌，报喜不报忧。

据中新网报道，一种"共享护士"的医疗模式悄然兴起，只要打开手机App，手动下单，即可呼叫护士到家中提供打针、输液、换药等服务。

当下，共享单车、共享汽车、共享雨伞乃至共享男（女）友等一系列共享模式层出不穷，有网友不禁调侃："现在还有什么东西是不能共享的吗？"显然，此次"共享护士"模式的出现也是搭乘了这班共享经济的快车。

"共享护士"的医疗模式是喜是忧？是利是弊？一篇《"共享护士"医疗模式是否可行》的时评，对此做了很好的解析。文章说：

> 任何一项新事物的出现都有其自身存在的背景和利弊。据全国老龄工作委员会办公室的数据显示，到2020年，全国60岁以上老年人口将增加到2.55亿人，占总人口比重提升到17.8%左右。独居和空巢老年人呈增加的趋势，到2020年将增加到1.18亿人左右。"共享护士"医疗模式的出现，是我国长期医疗资源欠缺、分配不均，无法满足老龄患者"看病不出门"需求下的产物，在一定程度上可以发挥自身的价值。
>
> 另一方面，目前，"共享护士"这种医疗模式处于政策的真空区，医疗风险大且责任难以界定。对此专家呼吁，要尽早制定行业规范。但只要一天没有明确的行业规范政策出台，"共享护士"的存在就是一个潜在的隐患。这种类

似于滴滴顺风车的医疗模式，不排除护士和患者双方会利用平台的漏洞进行犯罪的可能。2018年5月的空姐遇难案显然是一个血淋淋的教训。因此，有关部门尽早落实行业规范，理清平台、患者和护士三方应负责任刻不容缓。

更为重要的是"共享护士"医疗模式还存在制度障碍。2008年实施的《护士职业注册管理办法》第二条规定：护士经执业注册取得护士执业证书后，方可在注册的执业地点从事护理工作。而"共享护士"网约平台的签约护士，接受平台派单为公众提供上门服务，往往属于在注册的执业地点以外从事护理工作。2017年3月上海市卫计委就曾明确表示，护士跟网约平台签约涉嫌违规。

总之，"共享护士"是共享经济浪潮下衍生的医疗模式，在尚未发生严重事故、各方都是获利者的现状下，势必会在灰色地带继续野蛮生长。而对于未来"共享护士"模式的可行性，我们寄希望于相关职能部门进行明确规范与监管，使之合法化和透明化。

很明显，上述文章具有可贵的"怀疑精神、探索精神"，即问题意识。它开宗明义："共享护士"医疗模式"是我国长期医疗资源欠缺、分配不均，无法满足老龄患者'看病不出门'需求下的产物……""共享护士"的背后是"问题"，这就找准了基调，定好了调门；另外，这种医疗模式处于政策的真空区，还存在着制度障碍。也就是说，它先天不足，存有隐患。不是说只要发明了这个新名词，就万事大吉了。正因为文章具有问题意识，所以它更能发挥社会预警的作用，更能体现建设性。如果改换思路，见到"共享护士"这个新名词，就高唱赞歌，赞美相关部门急群众之所急，说民生又得到了进一步改善，群众生活越来越幸福……那么，文章的价值就会大打折扣。

简单地说，被评为一等文的，几乎没有缺少问题意识的；缺少问题意识的，几乎或根本就没有可能被评为一等文。它是文章不同档次的一个重要分水岭。问题意识能彰显文章的锋芒和锐气；而一团和气，"你好我好大家好"，除了文章缺少社会价值，作者自己可能也会觉得越写越没趣。

范文　新时代属于每一个人

"新时代属于每一个人，每一个人都是新时代的见证者、开创者、建设者。只要精诚团结、共同奋斗，就没有任何力量能够阻挡中国人民实现梦想的步伐！"铿锵有力，激情洋溢，信心满满，国家主席习近平的讲话，激荡在亿万人民的脑海，扎根在无数奋斗者的心田。

（第一段：开篇点题。由习近平的讲话引出主题，新时代属于每一个人，每一个人都是新时代的见证者、开创者和建设者。）

新时代有着极为丰富的内涵。如习近平总书记所强调的："这个新时代是中国特色社会主义新时代，而不是别的什么新时代。"历史和实践得出的结论是，只有社会主义才能救中国，只有坚持和发展中国特色社会主义才能实现中华民族伟大复兴。而在百姓最直观最直接的认知中，中国特色社会主义进入新时代，就意味着自己的生活会变得更幸福。

（第二段：新时代的丰富内涵。新时代是中国特色社会主义的新时代，只有坚持和发展中国特色社会主义才能实现中华民族的伟大复兴，让百姓的生活变得更幸福。）

新时代，正是百姓迎来好日子的时代。这5年多来，成功脱贫，腰包越来越鼓，找了一份好工作，获得新的发展机会……亿万个体的亲历见证、真切感受，汇成新时代好日子的集体印象，彰显新时代的万千气象。新时代属于每一个人，就是因为它承载着每一个人的未来和希望，与每一个人的生活乃至命运息息相关。走进日子变得更好、社会变得更好、国家变得更好的新时代，我们没有理由不同心同向，没有理由不凝心聚力。

（第三段：分论点一——新时代，正是百姓迎来好日子的时代。新时代，贫困地区成功脱贫，百姓腰包越来越鼓……新时代承载着每一个人的未来和希望，与百姓的生活息息相关，我们要同心同力，才能让日子更好，国家更强。）

新时代是奋斗者的时代。好日子是奋斗出来的。固然，奋斗是艰辛的、曲折的、长期的，但恰如习近平总书记所说："世界上没有坐享其成的好事，要幸福就要奋斗。"回望历史，正是中国人民焕发的伟大奋斗精神，在革故鼎新、自强不息的奋斗实践中，熔铸成伟大民族精神的一部分，激励推动中华民族迎来从站起来、富起来到强起来的伟大飞跃。迈向新时代，开启新征程，没有艰辛的奋斗，没有那么一种胼手胝足、筚路蓝缕的实干精神，就没有蓝图的实现，就没有梦想的成真。于个人如此，于家庭如此，于国家更是如此。

（第四段：分论点二——新时代是奋斗者的时代。回望中国的奋斗史，是艰辛的、曲折的、长期的。没有艰辛的奋斗和实干精神，就实现不了伟大复兴的中国梦，进入不了新时代。）

新时代是梦想成真的时代。中国共产党是最伟大的造梦者，又是最务实的筑梦人。党的十九大报告中，以习近平同志为核心的党中央，用"到那时，我国经济实力、科技实力将大幅跃升……""到那时，我国物质文明、政治文明、精神文明、社会文明、生态文明将全面提升……"豪迈描绘了新时代的"两步走"蓝图。于每个人而言，把个人梦汇入实现中国梦的洪流中，在实现中国梦的进程中成就个人梦想，终必如习近平总书记所言："有梦想，有追求，有奋斗，一切都有可能""山再高，往上攀，总能登顶；路再长，走下去，定能到达"。

（第五段：分论点三——新时代是梦想成真的时代。新时代，只要我们有梦想，有追求，继续奋斗，就没有到达不了的高山，没有到达不了的远方。）

抚今追昔，不禁想起方志敏同志1935年在狱中写下对"可爱的中国"的憧憬："到那时，到处都是活跃的创造，到处都是日新月异的进步，欢歌将代替了悲叹，笑脸将代替了哭脸，富裕将代替了贫穷……"当年的激情畅想，今天已是"进行时"乃至"完成时"。新时代再出发，乘着浩荡东风，不忘初心、牢记使命、奋发有为，我们必将以中国梦的灿烂抵达告慰无数先烈，以实现"人的全面发展"成就中华民族的光辉未来。

（第六段：总结全文。新时代再出发，只要我们不忘初心、牢记使命，必将以中国梦的灿烂抵达告慰无数先烈，以实现"人的全面发展"成就中华民族的光辉未来。）

【文章结构】

一、开篇点题——新时代属于每一个人，每一个人都是新时代的见证者、开创者、建设者。

二、新时代的丰富内涵。

三、详细论证部分：

（一）新时代，正是百姓迎来好日子的时代；

（二）新时代是奋斗者的时代；

（三）新时代是梦想成真的时代。

四、结尾：总结全文。新时代，我们必将以中国梦的灿烂抵达告慰无数先烈，以实现"人的全面发展"成就中华民族的光辉未来。

【积累】

1. 好的句式：

走进……的……，我们没有理由不……，没有理由不……

没有……，没有……，就没有……，就没有……

2. 好句：

走进日子变得更好、社会变得更好、国家变得更好的新时代，我们没有理由不同心同向，没有理由不凝心聚力。

中国人民焕发的伟大奋斗精神，在革故鼎新、自强不息的奋斗实践中，熔铸成伟大民族精神的一部分，激励推动中华民族迎来从站起来、富起来到强起来的伟大飞跃。

迈向新时代，开启新征程，没有艰辛的奋斗，没有那么一种胼手胝足、筚路蓝缕的实干精神，就没有蓝图的实现，就没有梦想的成真。

评析：

为了体现原汁原味，我们把某公众号推举这篇范文时的赏析文字，也一并照抄照引下来。

在我们看来，这样的文章充其量是二等文，远远达不到"范文"的标准。它最主要的问题是没有"问题"，缺少问题意识。

我们可以简单梳理一下文章脉络：新时代属于每一个人—新时代是奋斗者的时代—要奋斗就要有实干精神。

这是我们拎出来的文章脉络（之所以没有摘录文章的分论点，依次罗列，是因为那些分论点有些是静态、横向展开的，信息量也不大）。顺着这样的脉络，我们如果进一步思考：为什么要奋斗？怎样实干？实干什么？文章中并没有给出答案。也就是说，该文大而空，缺少实实在在的内容，缺少具体的"问题"。

内容上苍白乏力，引用再多的"好句"，也只能像在木乃伊的面孔上涂抹了化妆品。一些人死记硬背一些"金句"，试图以不变应万变，实际上这些"金句"所能发挥的作用微乎其微。评价文章得失的硬杠杠，是文章的内容、文章的思想性，而不是外包装，不是个别"金句"。相关公众号的评介文字，只是在简单地归纳这篇文章的内容，最后又梳理文章结构、建议"积累""好句"，却并没有指出该文章的缺陷，这属于"抓小放大"，关注细节而忽略了大局。

我们常说改革进入深水区，要啃硬骨头。不是说进入新时代就处处莺歌燕舞了。我们可以在网上检索：新时代、新矛盾、新问题……再比较上述范文的"喜歌""赞歌"，能进一步发现上述范文的软肋。

成绩：27分。

下文是一篇谈新时代社会治理的文章片段，重点关注其问题意识。

人民日益增长的美好生活需要对社会治理提出新问题、新挑战。随着基本物质生活需要得到满足，人们对生活质量有了更高的要求。比如，更需要多样化、个性化、高性价比的消费产品，不再满足于大批量、排浪式的大众消费；更加重视与健康有关的食品安全和医疗安全，食品安全感和医疗安全感已经成为影响总体安全感的重要因素；更加渴望看得见蓝天、呼吸清新的空气、饮用清洁的水，生态环境污染和恶化成为社会关注的焦点问题；等等。这些社会生活层面的新变化，也对以解决民生问题为重点的社会治理提出新问题、新挑战。

人们对主观感受和价值追求的重视给社会治理提出新问题、新挑战。随着物质需要逐步得到满足，人们有了更高的社会心理需要。面对快节奏、工作压力大、存在未知风险、由陌生人构成的现代社会，人们的心理孤独、抑郁、压力、焦虑需要疏导和释放渠道，也更希望有获得感、幸福感、安全感、公平感。而且，随着经济发展和社会进步以及教育文化水平的普遍提高，人们的民主意识、法治意识、权利意识、社会参与意识都在日益增强。这些社会心态层面的变化，也对社会治理提出新问题、新挑战。

网络社会的兴起对社会治理提出新问题、新挑战。互联网的快速发展造成无限扩展的虚拟社会空间，在给人们生活带来无限方便的同时也带来新的社会治理问题和挑战。特别是以手机为基本平台的网络社会，使人们的生活步入实时、交互、快捷、高频的"微时代"，自主开放的自媒体话语权，隐蔽性的信息源，交互快速的传播方式，碎片化、泛娱乐化、真假难辨的海量信息等，使网络社会与现实社会高度互动。这使社会舆论、社会情绪甚至社会行为以新的机制形成，传统的社会管理已难以奏效。尤其是网络犯罪已成为第一大犯罪类型，"暗网"成为毒品、色情、暴力泛滥的黑色空间。网络社会治理成为考验社会治理体系和治理能力的热点、焦点与难点问题。

新型社会风险对社会治理提出新问题、新挑战。当今世界，现代化的推进特别是新科技的不断产生，在推动经济社会发展的同时，也使人类社会进入现代"风险社会"。现代风险不同于传统风险的最大特征就是不确定性和难以预测性，其迅速而广泛的传播可能造成大范围社会恐慌……新型社会风险带来的新问题、新挑战，考验着各国的社会治理。

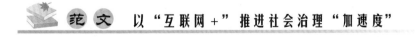

范 文　以"互联网+"推进社会治理"加速度"

中国免费午餐基金的成功，源于"互联网+社会组织"的新思维；新加坡民情收集工作的顺畅，源于"互联网+群众路线"的新模式；杭州市提升政府服务的成绩，源于"互联网+社会治理"的新平台……一系列成功案例让"互联网+"的话题成为焦点。我想，"互联网+"对于社会治理的重大意义清晰可见，是推进社会治理的"加速器"。

"互联网+"激发社会治理主体多元化。互联网的迅猛发展，给社会组织提供了线上大规模孕育和超常规成长的机遇。如果说"互联网+传统产业"激发的是产业变革的活力，那么"互联网+社会组织"激发的是社会治理的活力。以"免费午餐"为代表的有组织的公益项目正在不断深化与互联网的融合，实现了公开化、透明化，把知情权、治理权和监督权更彻底地交给社会，越来越多的公益慈善组织通过互联网汇聚点滴爱心，促进社会善治。因此，"互联网+"充分发挥了社会组织在社会治理方面的作用，通过互联网集聚能量，应对公共事件。

"互联网+"创新社会治理模式民主化。温家宝曾指出："知屋漏者在宇下，知政失者在草野。"李克强总理也曾提出"高手在民间"的鲜明观点。两代总理的论述异曲同工、殊途同归，充分体现了群众在社会治理中的重要地位，也贯彻落实了"发展依靠人民"的执政理念。而新加坡政府在民情收集工作方面的成功经验告诉我们，互联网是政府与人民沟通互动的最佳平台，新加坡利用网络社交媒体广开言路、倾听民意，大大激发了民众参与社会治理的积极性。由此可见，"互联网+群众路线"模式让社会治理的民主化得以体现。

"互联网+"促进社会治理方式智能化。"问计于民、问需于民"是执政兴国的基础和前提。近年来随着互联网的发展以及群众民主意识的进步、参政意愿的增强，网络问政已成时尚。"互联网+社会治理"的模式不仅切实提高了民众参政的参与度，更打破了渠道的限制。正如杭州市富阳区以手机App为抓手，打造了"互联网+社会治理"新平台，智能化的渠道让群众随时随地接收信息、发送信息，有效调动了社会力量参与社会治理，从而提高了社会治理的信息化水平。所以，"互联网+"的方式让社会治理更加智能化、现代化。

"互联网+"深刻地改变着社会，也深刻地改变了人们的生活和思维方式，甚至开启了社会治理现代化的新时代。但互联网本身也存在一些问题，为此必须进一步提升互联网治理水平，做好网络舆论引导工作，让网络空间清朗起来，让"互联网+"真正为国家富强、民族振兴、人民幸福插上腾飞的翅膀。

评析：

该文章文笔非常流畅，表达技法娴熟。但文章单侧面聚焦，谈"互联网+"激发社会治理主体多元化、创新社会治理模式民主化、促进社会治理方式智能化，避而不谈"问题",内容显得单薄,缺少针对性,缺少启示意义。

我们精选了一篇《发展"互联网+"智能养老的问题与建议》,对比着阅读会发现两篇文章的不同境界。

成绩:31分。

发展"互联网+"智能养老的问题与建议

推动积极老龄化、鼓励养老及老年健康相关产业发展,是应对我国当前不断加速的老龄化进程的重要政策举措和治理实践。"互联网+"智能养老模式利用"O2O"互联网经济模式,力图大力推动养老服务的智能化,提高老年人利用养老服务的便利性。政府和企业作为养老服务提供的两个主体,政府负责政策的制定和完善,企业负责养老服务产品的推出和更新。但当前政府和企业在实际运作中均存在相应的缺位和改进的余地,其中政策规范的缺位是核心的问题。解决政策缺位和标准缺失,可以更好地规范、引领智能养老这一朝阳产业的发展。

当前"互联网+"智能养老模式普遍面临一些问题。首先,互联网养老企业主要依靠政府输血,自身造血能力不足。互联网养老企业主营业务单一,增长潜力有限;对政府购买社会服务依赖较多,部分企业的主要营收来源为政府购买社会服务,缺少多元化发展的思路和产品设计。其次,智能养老不智能,企业统筹运营比较差。多数养老机构中,智能养老设备的使用存在"一高三低"的现状:设备安装、普及成本较高;设备普及率较低、利用率较低、政府和公众对智能化认识较低,且智能化程度不高。再次,传统养老机构对于智能养老的认识程度相对落后。他们普遍认为,智能养老无非就是购买一些智能设备,并把这些智能设备应用到养老服务中。但应明确,智能养老的本质应该在服务而不是产品,传统智能产品的设计仅仅实现了功能,未能结合专业服务,只是停留在"伪"智能的阶段。第四,市场发展失序,政策制定滞后。采用互联网思维的智能养老企业通过提供信息共享的平台,将提供垂直服务的养老机构和需要养老服务的老年人个体紧密结合起来。但发展智能养老产业相关政策规范和标准的缺乏与滞后,导致市场缺乏规范,产品参差不齐,企业发展无序。第五,部门协调存在阻力。智能养老产业涉及多部门参与,不同服务项目归口管理,服务门槛的界定不同。第六,专业队伍严重缺乏。国家缺乏养老陪护的专业标准;类似医疗护理等专业服务的提供仍然需要职业资格的专业医师,特定的心理辅导和陪护也需要有特定资质的心理咨询师、社工师等,现有的服务队伍专业性明显欠缺。

"互联网+"养老作为一项蕴涵着巨大发展潜力的朝阳产业，其发展还离不开各界的支持，更需要转变观念、廓清市场、培育社会组织和企业、加强协调、打造专业服务队伍。

智能养老的本质是服务而非产品，政府需要转变观念，加强对智能养老服务体系的统筹安排，需增强政策的时效性和针对性，有效规约服务产品市场，为企业提供有力的政策依托，廓清市场发展中的无序乱象，为智能养老发展保驾护航。

针对智能养老背后体现的"互联网+"思维，可以考虑借鉴已有的网约车等规范政策，确保智能养老这一市场的平稳发展。同时，还应考虑政策的前瞻性，为"互联网+"智能养老提供充足的发展空间。智能养老产业作为朝阳产业，借鉴了诸多当下"互联网+"思维中的成功要素，并吸纳了较多的社会资本，但也离不开政策的推动和扶持，须以信息建设为基础，以政府购买社会服务为主要推动力，大力培养社会组织和社会企业，增强其造血功能。

考虑到采用"互联网+"思维的智能养老企业所涉及的服务项目较为广泛，其中不乏非常专业化的医疗卫生服务等领域，在监督和规范过程中，难免涉及诸多部门间的职责重叠。因此，在政策实践中，需要统筹安排，完善顶层设计，避免出现部门间权责不清的问题。同时，加强服务队伍的建设，确保一支服务水平过硬的智能养老专业队伍。

（文/田丰，选自光明网，2017-07-06）

范文　激发群众热情，创新文化服务

《周易·传易》：观乎天文以察时变，观乎人文以化成天下。文化，是一个民族的精神和灵魂，是一个民族真正有力量的决定性因素，是决定一个民族能否对内滋养民众，对外赢得尊重的决定性指标。创新文化服务，是时代发展供给侧改革赋予我们的重任，也是民众对美好生活向往的基本诉求。而文化能否好起来，取决于群众能否激发热情活起来。因此，必须激发群众热情，助力文化服务方式的创新。

激发群众热情，为创新文化服务方式提供主体力量。文化服务方式的创新不是海市蜃楼、空中楼阁，是现实存在的，这就必须依靠现实主体力量来完成。纵观历史，物质和精神文化的创造者，是人民群众。因此，只有人民群众发力，激发创造热情，才能为创新文化服务方式提供主体力量。为群众需求而奔走，为精神食粮而劳作，这是基层文化人的真实写照。他们数十年如一日地扎根于基层文化，对基层文化的传承和发展饱含热情，因而具有极强的文化创造和传播力，因此基层文化服务体系的建设应该依托于基层群众，鼓励新鲜血液不断注入，保证基层文化建设主体力量生生不息。

激发群众热情，为创新文化服务方式提供新思路。创新文化服务方式必须有新思路，这种新思路肯定不是政府领导或者相关部门在办公室闭门造车拍脑袋做决定造出来的，而是基于群众现实生活需要酝酿出来的，这种酝酿还依赖于激发群众，把现实诉求和文化服务相关联，以及提升文化诉求。群众只要充满热情地开始把自己的现实生活需求和文化相关联，就会主动寻找满足自己需求的途径，创新文化服务方式的新需求也就酝酿其中。农家书屋和电商的结合改变了传统农家书屋资金短缺、资源闲置、政府单向管理的旧思路，为创新文化服务方式创建了农村书屋带动电商销售，电商反哺书屋建设的双向互补新思路。阅读空间的建立、网红直播的兴起亦如此。正是群众热情的激发，带来了创新文化服务方式新思路。

激发群众热情，为创新文化服务方式提供效果保障。创新文化服务方式，方式创新不是目的，效果保障是重点，而效果的评价者就是群众。因此，要想给群众提供针对性强、喜闻乐见的文化服务，还需要激发百姓自己的文化热情，让他们从生活中发现新素材，创新文化作品，进行地方本土特色节目的打造，挖掘本地人才。越是接地气的生活作品，越能满足百姓的现实文化需求，越有群众影响力和市场号召力。

文化是一个国家和民族在历史洪流中屹立不倒、奋勇向前的支撑，文化服务方式的创新是文化发展的基础。只有地基打牢了，文化才能延续下去。在大力推进文化供给侧改革的当下，激发群众热情、创新文化服务方式，才能真正夯实民族文化传承和创新的地基，绽放文化魅力。

评析：

这篇文章，冷眼一看，写得相当好，但经不住琢磨，越看越觉得其有问题。

我们先说冷眼一看，写得相当好：标题照搬"主题句"，得来全不费工夫。这种"走捷径"的做法，无可争议，无可挑剔。与其绞尽脑汁，拟制一个有得有失的标题，还不如这样直接摘引，清爽利落。

开头说不上如何好，但由文化的重要性说起，再过渡到创新文化服务方式，也是中规中矩。

三个分论点，"激发群众热情，为创新文化服务方式提供主体力量""激发群众热情，为创新文化服务方式提供新思路""激发群众热情，为创新文化服务方式提供效果保障"，看着堂堂正正，有条不紊。

结尾又扣到文化和文化服务上，一脉相承，首尾呼应。

不排除一瞥之间，阅卷老师大笔一挥给出34分的可能。

但稍加注意，不是那样走马观花、一目十行，就会发现该文经不住琢磨，而且越看越觉得有问题。

最主要的问题，是缺少问题意识。文章中，涉及"问题"的，只有一句话："农家书屋和电商的结合改变了传统农家书屋资金短缺、资源闲置、政府单向管理的旧思路"，而且这里的"问题"还是犹抱琵琶半遮面，是在谈成绩的时候连带出来的"问题"，"问题"置身于幕后。如果按照这篇文章的做法，该文的存在价值和意义就大打折扣了，甚至完全没必要庸人自扰而写这样一篇文章。原因很简单，几乎看不到现实中的问题，何苦要激发群众热情，创新文化服务方式？

实际上，给定资料中有实实在在的具体问题：

> 农村大多数地区基层文化活动都缺乏新意，总是停留于传统的唱唱跳跳，搞活动就是喊一喊、凑一凑，花灯、小戏、广场舞居多；国家启动了一些文化下乡工程，但内容存在雷同、低质的现象。仔细分析一些农家书屋的书籍，会发现不少都是当地出版企业的库存书。"农村电影放映"工程放映的也多是上不了院线播映的影片。"配送错位，也是农村基层文化中一个潜在的问题。"
>
> 一些农民工大量聚集的社区、城乡接合部的公共文化服务严重不足，成为"真空地带"。在这些地区，资源配置需要重新定位。

文章有意无意中跳过了这些问题，泛泛地谈激发群众热情，好像在发动一场没有敌人的战争，白白地耗费了武器弹药。

换句话说，正是因为现实中存在着一系列的问题，才需要我们思考如何激发群众热情，创新文化服务方式，没有了"问题"，文章就成了无源之水、无本之木。

该文的另一个不足，是没有摆正"激发群众热情"与"创新文化服务方式"的轻重关系。二者之中，后者更重要，就是越往后越重要，句子的语义重心，在句尾（参见本书第十三章"真题解析"）。但该文却用一半，甚至更多的笔墨谈"激发群众热情"，用我们常用的一句话概括，就是详略不得当，或者说主次不分。

基层文化的特点体现得不够充分，也是该文的一个欠缺。

综上所述，该文外在轮廓很好，但细节粗糙，不耐看，经不住端详。

成绩：29分。

习作　惠民政策永不止步

"我们伟大的发展成就由人民创造，应该由人民共享。"习总书记在2018新年贺词中指出伟大发展成就之利应该由人民共享，人民是社会改革、社会发展、社会创造的主体。近年来国家政府制定实施一系列可行的人性化的惠民政策，让广大百姓切切实实体会到发展带来的红利，享受到改革结出的甜美果实。十九大报告中明确指出，在新时代下，伟大斗争、伟大事业、伟大工程、伟大梦想继续奋力开进，由此党和国家为人民谋幸福的步伐永不停歇，有利于提升人民生活水平的各项惠民政策永不止步。

惠民政策的初心是切实解决百姓后顾之忧。一个"惠"字指出惠民、便民、利民的本质属性。如若制定的各项政策违背民意，不能解决百姓平日生活中的烦恼，那么表明这项政策称不上"惠"字。综观当前，"二孩政策"全面普及给众多独生子女家庭消除了许多顾虑，给众多家庭增添了幸福喜悦之感；住房历来都是每个普通家庭的重中之重、头等大事，"经济适用房政策"解决了诸多普通百姓的住房难题，能看得到百姓脸上洋溢着"俱欢颜"的喜悦之情。党的初心就是为人民，随着社会继续发展，改革继续深入，民生工程会将百姓中间出现的方方面面的难题一一解决，并使自身得以完善。不忘初心的使命是将惠民政策进行到底。

惠民政策的宗旨是促进社会更加公平公正。社会曾经在户口、教育、就业等领域出现或多或少不公平不公正的现象：城乡因户口不同导致城镇与农村居民享受的福利待遇不同，户口犹如一道隐形结实的鸿沟，拉开城乡生活水平差距，孩子因户口地区的差异出现教育不均现象；就业更是因性别、学历、年龄、身体健康等而隐含就业歧视。如今，户籍制度的改革填满了城乡差距的沟壑，城镇与农村居民均能享受各种福利待遇；教育部门颁布"小升初免试入学"的政策维护了公平起点，使广大适龄儿童在教育中处于平等地位；劳动部门也早已禁止因性别、学历、年龄等而限制公民就业平等的条件。大多数民生问题基本被解决，然而，社会还有许多隐藏的不公平现象尚未被发现，随着改革深入进行，必然会消除更多的不公平，各项惠民政策得到进一步完善。相信假以时日，社会会更加公平公正，社会风气必能更加海清月朗。

惠民政策的使命是让百姓成为社会发展改革中的参与者、受惠者。一项项政策的制定离不开深入民间调查，听取千千万万百姓心中的忧愁烦恼，一项项政策的实施离不开党民合力，民心党力拧成一股绳，心往一处想，劲往一处使，汗往一处流；

一项项政策的评定离不开千千万万百姓的真实反响。唯有百姓参与到政策中来，广大百姓方能享受政策的反哺，过上好日子。

近年来，政府推出的一系列惠民政策提高了百姓的生活水平，解决了百姓的后顾之忧，被百姓津津乐道。未来，随着改革步伐的前进，更多更完善的惠民政策将为百姓谋求更多更大的幸福，惠民政策的制定落实紧随党为民谋幸福的初心信念永不止步。

评析：

读这样的文章，给人一种如履薄冰、如临深渊的感觉。为什么这样说呢？就是写得太谨小慎微了，作者小心翼翼地，好像要避开"雷区"一样。

能够看出，文章要小心避开的"雷区"是具体的"问题"，也就是文章不敢直面"问题"，闪烁其词，像温暾水一样。例如"社会曾经在户口、教育、就业等领域出现或多或少不公平不公正的现象"，用语上多重限定、反复修饰，好像生怕冒犯什么。再如"综观当前，'二孩政策'全面普及给众多独生子女家庭消除了许多顾虑，给众多家庭增添了幸福喜悦之感；住房历来都是每个普通家庭的重中之重、头等大事，'经济适用房政策'解决了诸多普通百姓的住房难题，能看得到百姓脸上洋溢着'俱欢颜'的喜悦之情"，这明显是正面报喜，捎带上"问题"，"问题"是打包赠送的。另外，第三自然段中的"户籍制度的改革填满了城乡差距的沟壑，城镇与农村居民均能享受各种福利待遇；教育部门颁布'小升初免试入学'的政策维护了公平起点，使广大适龄儿童在教育中处于平等地位；劳动部门也早已禁止因性别、学历、年龄等而限制公民就业平等的条件"，也给人"溢美"的感觉，而不完全合乎事实。总之，好像作者心中有很多戒律，如钝刀子割肉，欲言又止，不明快。

成绩：29分。

为了说明问题，我们援引人民网上的一篇申论范文，读者可以在对比中体会所谓的"明快"指的是什么。

好政策贵在科学性与有效性兼具

一项好的政策既能坚定行业、公众迎战困难的信心与决心，也能让政府的改革成果值得期待。然而，无论是"限塑令"的名存实亡，还是"禁电令"的饱受争议，抑或是"限娱令"的"好心办坏事"，无不源于政策本身的不合理、不合法与

"最后一公里"困境。因此，好政策要想令行禁止、掷地有声，那就必须做到制定的科学性和推行的有效性。

管理就是决策。政府的管理工作实际上都是围绕着制定和执行政府政策展开的，制定与执行政府政策这两者是政府管理和服务社会的手段。政府管理的有效性、服务的针对性首先源于能制定深刻反映民意、广泛集中民智的科学政策；其次体现在政策公布、政策实验、政策推广实施这些必要环节。由此可见，只有将政策的合理制定与扎实推行相结合，才能实现其惠及民生的本意。

政策制定的科学性是政府各项管理、服务工作开展的前提。政府科学管理、高效服务离不开一个好政策。而这便在于政策的合理合法性，以人民的根本利益和长远利益作为出发点、归宿和最终检验标准。正如"限娱令"只限制娱乐节目的出品和公众的选择权，却不在娱乐节目的净化上下功夫，导致"限娱令"抵制低俗的初衷并未实现。因此，政策的制定既要遵循人民利益至上这一价值取向，也要因地制宜、合情合法。

政策推进的有效性是政府各项管理与服务工作开展的关键。当前一些政府政策、规章制度的执行存在"挂在墙上""念在稿上"的形式主义和"为官不为""雷声大雨点小"的执行真空现象。不仅不能通过政策向公众传达清楚政府的管理和服务理念、惠民利好消息及回应公众急切诉求，更严重损害政府公信力，甚至为民的政策会衍变为害民的政策，如房价调控政策，就因落实执行不到位使得房企对中央及地方政府的调控政策视而不见，导致"房价越调越涨"。因此，只有切实打破政策落实"最后一公里"难题，执行到公众心坎上，才能更好地体现政府为民、利民的服务初心。

好政策不仅要有好的内核，更要有好的落实。只有杜绝"一刀切"式的武断决策和"说一套、做一套"的落实方式，让好政策贴合民意、符合实情并落到实处、掷地有声，才能真正实现政策的"言必信，行必果"。

能够看出，二者论题相近，但写作风格迥异。刚才我们说，上述习作如钝刀子割肉，而"人民时评"的范文则是快刀斩乱麻，它毫不拖泥带水，比如"无论是'限塑令'的名存实亡，还是'禁电令'的饱受争议，抑或是'限娱令'的'好心办坏事'，无不源于政策本身的不合理、不合法与'最后一公里'困境"，每句话、每个词语，都好像板上钉钉，果断有力。再如"当前一些政府政策、规章制度的执行存在'挂在墙上''念在稿上'的形式主义和'为官不为''雷声大雨点小'的执行真空现象"，它着眼的是"当前"的问题、眼下的问题，不像前面习作盯着的是历史上的问题，是已经改正了的问题。

两相比较，其利弊得失尽显无遗。

 范 文 以标准化生产推动"互联网+农业"发展

在十九大报告中，习近平总书记充分强调了互联网的重要作用。李克强总理也在政府工作报告中强调要大力推动互联网和其他产业的健康融合与发展，为产业创新加油。这不仅为其他产业带来了商机，更是为农业发展带来了机会。不过，"互联网+农业"也不能仅仅简单地拿来便用，它不仅仅是把互联网和农业简单相加，更多的是实现标准化的生产。

当前诸多电商已经看到农村所蕴含的巨大商机，农村网购市场规模将呈爆发式增长。不论是阿里巴巴还是苏宁、京东，都准备在后期大力进驻农村。但是电商进入农村的同时，我们确实看到"互联网+农业"正面临着挑战。

缺少物流运输支持。农业产品，首先新鲜是保障，这是消费者购买农产品的首要考虑。可是农产品本身就有保存困难、容易变质的特点。再加上对于发货量少的农民，不论是使用冷藏货车或是冷库、保鲜库等，不仅他们一般排不上，而且使用成本也较高。而究其根本还是在于当前农村的果蔬冷链物流建设的缺乏，这对于农民来说很难真正实现将新鲜的农产品送到消费者手中。而对于冷链物流的建设，电商也面临着建设成本高、标准不统一等问题，导致盈利少、亏损多。

缺少专业人才支持。当诸多电商进驻农村后，必然面临着网点经营与维护的需求，所以对电商人才的需求量将大大增加。在现实中我们看到，许多农业大户在看到网络销售商机后，也跃跃欲试。然而，网店的开设运营等需要科技知识，普通农民也许拥有丰富的务农知识，但一般对网络懂得不多。想要找有专业能力的大学生来予以支持和帮助，又面临着农村大学生流失的困境，所以最终往往无法找到合适人员，只能让自己的电商梦想搁置。

缺失资金观念支持。"互联网+农业"是必须使用先进技术的产业发展模式。可是在运用技术进行数据收集、建立农产品追溯体系方面，前期资金投入就很大，对于普通企业和农户来说都是不小的压力。所以这些技术更多只是在大中型企业中运用，这也使得"互联网+农业"发展受限。同时，农民的观念也是阻碍"互联网+农业"发展的一大"短板"，传统农民都拥有丰富的种植、养殖经验，会形成不借助信息技术依旧能够做好农业生产的理念，而这种理念一旦形成往往很难改变，也阻碍了"互联网+农业"的发展。

"互联网+农业"并不只是把农产品挂到网上那么简单，更多的应该是标准化的生产，将"互联网+"融入生产加工、物流运输、市场销售的所有环节中，从而让消费者享受到高品质的农产品，也提升了农民收入，推动农村产业经济发展，真正实现农村发展的强富美。

评析：

这是一篇比较另类的申论范文。它不一定能成为申论写作的模板，但许多方面值得借鉴。

最值得借鉴的是它的问题意识。围绕"'互联网+农业'发展"，文章从"缺少物流运输支持""缺少专业人才支持""缺失资金观念支持"等方面，依次展开。其鲜明特征是：报忧不报喜，指出了"'互联网+农业'发展"的短板、弱项。我们可以设身处地思考，如果我们正在进行"互联网+农业"的项目攻坚，请大家集思广益，有人歌唱赞歌，形势大好、越来越好，有人着眼人才、资金等问题，指出必须补齐的短板。谁的发言更有价值、更有现实意义，不言自明。

另外一个值得借鉴的地方是，这篇文章相当平实，不像其他范文那样，华丽炫目，引用那么多古诗词、名言警句。这篇文章通篇都在一五一十地进行解释和说明，非常接地气。实际上，这样本本分分的文章，比那种花里胡哨的文章，不知道要好多少倍。遗憾的是，一些人偏爱拽大词儿，凌空蹈虚，将很简单的事情和道理写得神乎其神。所谓淡妆浓抹总相宜，素面朝天也是一种审美境界，而且，在我们看来是更高的境界。只有那些"底子"特别好、充满自信的人，才敢于素面朝天。古人说，平淡是"绚烂之极也"。小学生写作文才更喜欢拽词，不会整饬的人，才更爱浓妆艳抹。

上述文章也有不足。不足之处是没有正面回应标题中所说的"标准化生产"，或回应得不够充分。

成绩：35分。

为了防止剑走偏锋，我们这里引述一篇时评《你是否有资格大喊"救救北极熊"？》，旨在说明：强化问题意识中的"强化"，是个模糊词语，比如"强化"到什么程度才恰到好处？这需要结合不同论题，具体问题具体分析。不是"问题意识"越突出越好或者非要鸡蛋里头挑骨头。

你是否有资格大喊"救救北极熊"？

连日来，"救救北极熊"的文章在朋友圈和微博里刷了屏。因为全球变暖态势加剧，北半球的高温甚至影响到了大家印象里常年冰封的北极，憨态可掬的北极熊正面临着灭顶之灾。让人哭笑不得的是，那些敲击键盘为北极熊大放悲声的人中，又有多少做到了保护环境，减少温室气体排放？

有多少人一面把空调温度调到24摄氏度以下，一面又为北极熊的未来忧心忡忡？有多少人连少开一天车都不肯，却为了北极熊流下不少同情泪？有多少人一面对清洁能源不屑一顾，一面又在朋友圈里大声疾呼'救救地球'？这不是口是心非又是什么？这不是"说一套做一套"又是什么？这不是语言上的巨人行动上的矮子又是什么？这不是百无一用只会嘴炮的"键盘侠"又是什么？

你我须知，发再多的朋友圈也无法让北极的冰川停止融化，在微博上蹦跳得再厉害也无法让北极熊多出哪怕一寸栖息之地。冰冻三尺非一日之寒，北极熊之所以有今日之灾难，地球之所以"发烧"到了这样的地步，我们没有一个人是"无辜"的。

那些肆无忌惮浪费资源，破坏环境的人或许没有意识到，他们伤害的不仅仅是北极熊这样的动物，更是在进行慢性自杀。一旦自然环境被破坏到一定程度，大自然的报复会只针对野生动物吗？人类很有可能是自己搬起石头砸了自己的脚，所谓的自掘坟墓不过如是。一时的任性妄为，付出的可能是我们人类根本无法承受的代价，可惜很多人还没有认识到后果的严重性。希望每一个人在为北极熊心痛的同时都好好反省一下，自己是否真的有资格和立场去痛斥别人，是否真的有资格和立场去大呼小叫。不要做宽以律己严于待人的人，不要只是在网络里义正辞严。如果真的有心帮帮那些面临灭绝的生灵，也想帮帮即将身陷险境的人类自己，请你做一点儿有实际意义的事吧！哪怕是把空调多关一小时，哪怕是少开一天车，哪怕是多用一点清洁能源，哪怕是临出门时关掉家里所有的灯……

这篇文章的"问题意识"，太过了。针对"救救北极熊"的文章在朋友圈里刷屏，我们认为，更可取的立论是：坐下说，何如起来行。也就是先肯定"刷屏"，再提出进一步的要求：付诸行动。不要满足于"说"，而要落实在行动上。

简单说来，呼吁"救救北极熊"没有错，只不过这样做得还不到位，可能是一种"次优"选择（但生活中哪有那么多十全十美？多少事都是面对现实的无奈、无助，只好退而求其次，做"次优"选择。"次优"选择是因为受现实的困扰，做不到"最优选择",所以,那种"救救北极熊"的呼吁,就算你不点赞,但至少不该大加讨伐)。

此外,该文有多处逻辑谬误。比如作者认为:"那些敲击键盘为北极熊大放悲声的人中,又有多少做到了保护环境,减少温室气体排放?"依照作者的逻辑,那些"环保"人士,才有资格为北极熊大放悲声。其实,这是一种非常典型的逻辑谬误——"反问谬误"。

具体说来,它是以"言行不一"来反问(反驳)别人,即以别人行为的不当来推出其观点的错误,是"以人为据"的谬误,是"因人废言"。

这种谬误的本质,是论据不相关或论证不充分。比如,该文第二自然段,一连串用了7个反问句:"有多少人一面把空调温度调到24度以下,一面又为北极熊的未来忧心忡忡?有多少人连少开一天车都不肯,却为了北极熊流下不少同情泪?有多少人一面对清洁能源不屑一顾,一面又在朋友圈里大声疾呼'救救地球'?这不是口是心非又是什么?这不是'说一套做一套'又是什么?这不是语言上的巨人行动上的矮子又是什么?这不是百无一用只会嘴炮的'键盘侠'又是什么?"

这七个反问看似咄咄逼人,实际上因为没有确实的根据或与论题不相关,而显得苍白无力。我们按照该逻辑也可以反问作者:"你有什么资格大喊刷朋友圈的人没有资格?"(也就是"你怎么证明刷屏者是你指责的那样言行分裂?")退一步讲,那些人行为上没有"环保",朋友圈里的呼吁也没有错。这就像吸烟的人也有资格写一篇呼吁烟民戒烟的文章一样,像肥胖者也有权利倡导人们减肥一样。

该文之所以出现"问题意识"太过的情况,是因为作者太追求完美了,太理想化了。我们举这个例子是想说明,既要强化问题意识,但也不能走极端,非要挑出什么毛病来不可。一般说来,申论给定资料中的"问题",都是显在的(当然也可能有隐在的),只要我们有这方面的意识,写作时就不难有所发现。

第三章
总论：在"不为人识"上下功夫

申论写作的基本要求之一，是观点正确，言之有理。

在具体的写作实践中，做到观点正确，言之有理，是相当容易的。它只是及格的门槛。

在确保"正确"的基础上，写出新意，也就是在"不为人识"上下功夫，甚至是见人所未见，才是立意上的高境界。

"不为人识"中的"识"，是"知"的升华。我们常说的"知识"，是由两个层面组成的，即"知"和"识"。其中"知"是指学习到的理论、信息，所掌握的资料等；"识"是指对所知的东西进行分析、研究、批判、再创造，即理性思维产生思想的过程。"知"和"识"有密切的关联，但有知不一定有识。生活中，有知无识的人并不少见，人们习惯上将这些人称作书呆子，空有许多知识，但见识少，思想陈旧。在二者之间，我们历来崇尚"有识之士"，而不是"有知之士"。成功者不一定是"有知之士"，但一定是"有识之士"。是否有见识是衡量一个人思想认识成熟与否的重要标志。

刚才我们提到申论写作做到观点正确，言之有理，是没有什么难度的，许多题目本身已经告诉我们文章的主要观点了，也就是说，不存在跑题的风险。比如2017年国家地市级公务员考试申论所考的"以水为师"这个题目，我们总不会故意和它唱反调，说不该向水学习吧？

既然不存在跑题的风险，那么写这样的文章难度又在哪里呢？

难在"自圆其说"上。在众口一词，都谈论向水学习的时候，就看谁谈得好了。谈得好的标志之一是向水学习什么，有没有新意。

我们以两个文章片段为例说明问题：

> 向水学习，学习水至清。水至清顾名思义，就是清澈如明镜。我们为

人处世要以水为师，学习它的清如明镜，经常反思自己。然而，现实生活中许多人骄傲、固执，为人处世常常以自我为中心，不但不承认自己的错误，还要将错误坚持到底，长此以往必然损人不利己。我们要向水学习，以水为师，经常像照镜子一样反思自己，好的坚持下去，不好的要敢于承认不足，做到有错就改，秉承精益求精的做事原则，失败是成功之母，我们敢于承认不足，改正了，才是做到了成功的第一步。

这个片段，主要问题是写得浅，所阐发的道理是不言自明的，做的是"表面文章"。

为政者以水为师，就是要学习水的创新精神。水无常势，水能以柔克刚，这就是创新精神的体现。世间的万物都是发展变化的，如果没有创新精神，不会因地制宜，顺势而为，只会以固有的思维不变应万变，显然是不够的。大禹治水之所以能够成功，就是因为创新了方法，变堵为疏，把大江里的洪水疏导到了大海，他也因此得到人民的爱戴。因此，为政者只有具备创新意识，出台创新政策，才能让不断出现的社会新矛盾迎刃而解，既维护社会稳定，又推动社会进步。

第二段话，和上一段的"学习水至清"相比，迈上了一个新台阶。尽管"水的创新精神"这个说法不是十分严密，所引用的大禹治水的例子也显得太陈旧，但在"不为人识"上，却是胜出一筹。也就是说，面对"以水为师"这一题目，一般人本能的思考就是学习水的真善美，学习水的"至清"，学习水的激情澎湃或者是滴水穿石，但这些想法，因为太简单、太容易想到，因此也显得平庸、大众化，也就是"已为人识"，而不是"不为人识"。

当然，绝对意义上的"不为人识"是不存在的，也是做不到的。我们应该追求的是相对意义上的"不为人识"，即在一定程度上显现了新意。

这需要我们养成深入思考的好习惯，面对相关题目，善于具体问题具体分析，防止思维的粗疏化。

我们再以媒体上公开发表的一篇新闻评论为例，简要说明问题。它不是申论，但所体现的问题，对申论写作也具有启示意义。

文章的题目是《高校"禁止叫外卖"背离时代》，所选的靶子是武汉几所高校"限制外卖车辆进入公寓区"，禁叫外卖。文章认为："'以堵代疏'的'禁止叫外卖'，背离了时代潮流。"

高校"禁止叫外卖"背离时代

在高校云集的武汉地区,华中科技大学、华中农业大学、武汉理工大学、武汉体育学院等高校,最近都纷纷划立了"禁区"——限制外卖车辆进入公寓区。这条禁令在高校引发热议:有同学为政策维护校园安全叫好,而热衷叫外卖的同学则期待学校能理解和大学融为一体的叫外卖生活。

换口味也好,节省时间也罢,外卖得到了许多大学生的青睐。这边厢,一些大学生乐此不疲地叫外卖,享受"互联网+餐饮"带来的便利与好处;那边厢,一些学校管理者忧心忡忡,采取了"因噎废食"的办法来"禁止叫外卖"。

不论是送外卖的电动车犹如脱缰野马,还是外卖的食品存在安全卫生问题,抑或外卖配送员鱼龙混杂,在风险社会,网络外卖难免会给大学校园带来安全和卫生隐患。只不过,面对校园治理的新情况、新问题,简单、生硬地"以堵代疏"不仅是一种懒政,也是对大学生利益诉求的忽略甚至漠视。美国社会学家乔治·里茨尔在其名著《社会的麦当劳化》中指出,社会的麦当劳化不仅体现在日常生活的方方面面,还影响了人们的价值观念和思维方式。在一个讲究效率、追求精准的快餐社会里,"禁止叫外卖"本质上是价值取向上的错位。事先没有深入地了解实际情况,没有充分地吸纳大学生意见,导致"禁止叫外卖"缺乏社会基础,最终进入"初衷良善,方法僵化,效果适得其反"的治理怪圈。

大学生热衷于叫外卖,说到底也是一种"用手投票"。一旦学校食堂的饭菜质量、就餐环境不尽如人意,大学生只能通过叫外卖来进行"自我救赎"——当下的一些高校食堂,饭菜不仅价格偏贵,而且品质也不尽如人意。只能让学生"吃饱",却难以让学生"吃好"。那些一成不变、缺乏新意的食物,显然难以满足大学生日益多元化、个性化的用餐需求。

大学生在学校食堂的就餐体验,在某种意义上也是他们是否拥有足够体面和尊严的一面镜子。在大学生的消费观念发生转变的格局下,如果学校食堂依然固步自封地在原地打转,依然在改革创新中停滞不前,依然在批评质疑中自说自话,那么叫外卖的大学生只能越来越多。

伴随着社会变迁,社会治理观念逐渐从强硬、直接的震慑模式向柔和、间接的教化模式过渡;"以堵代疏"的"禁止叫外卖",背离了时代潮流。一方面,要将叫外卖纳入治理轨道,给电动车、配送员、食品安全戴上"紧箍咒";另一方面,要提升学校食堂的餐饮品质,吸引更多大学生前来就餐。

"背离时代"的这个认识（结论），在我们看来，是难以成为评判文章的盖棺定论式的结论的。这是因为，它几乎是所有社会问题的成因，是一个大得不能再大的筐，可以装得下数不清的认识成果，比如牺牲环境片面发展经济是背离了时代，享乐至上、未富先奢是背离了时代，单打独斗、缺少团队意识是背离了时代……任何一种错误的决断和行为都能找到背离时代的成因，因此背离时代不能作为探讨某一具体问题的结论，也就是说它的帽子太大了。

议事说理的文章贵在发现问题的来龙去脉、前因后果、左右关系，能够具体问题具体分析，做到对症下药。如果说一般的叙事文章解决"不为人知"的问题，那么评论文章（包括申论）要致力于解决"不为人识"的问题，就是能看到普通读者看不到的，能够"高看一眼"或能够入木三分。

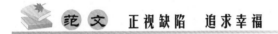

范文　正视缺陷　追求幸福

人人渴望幸福，却对幸福的理解千差万别。有人认为衣食无忧就是幸福，有人认为家财万贯才是幸福，还有人认为功成名就才是幸福……殊不知，正如"文王拘而演周易，仲尼厄而作春秋"的幸福，虽与苦难、艰辛相伴，却也别有一番滋味在心头。正所谓：艰难困苦，玉汝于成。

我们处在社会转型期，市场经济快速发展，人们生活节奏加快，大家的目光越来越关注物质的增长和富足，对利益的盲目追求遮挡了寻找幸福的双眼，急功近利的浮躁心态蒙蔽了眺望幸福的视线。央视发起的一场关于"你幸福吗？"的调查，开启了人们对当前生活幸福指数的叩问：到底什么才算幸福？怎样才能拥有幸福？归根到底，幸福不是一条单行线，它不仅需要物质上的满足，更需要精神上的富有；它不只在于结果的完满，还在于追逐的过程。那么如何才能在幸福缺失的年代召回我们的幸福感呢？

幸福不会从天而降，成功不会自动生成，就像今天每一部呈现在我们面前的完美作品都有其创作者背后数不尽的艰辛和汗水，只有经历过风雨才能见到绚丽的彩虹，只有走过挫折才能更加清晰地体会到幸福的味道。这也是每个社会成员需要明白的道理，不要一味试图走捷径，努力克服浮躁心理，戒骄戒躁，培养良好的心境，树立正确的价值观，在全社会形成一种通过自身努力收获成功的良好社会风气。

屈原放逐，乃赋离骚；左丘失明，厥有国语；孙子膑脚，兵法修列……他们在作品完成那一刻的幸福感是我们难以体会的，就像我们无法体会他们的痛苦一样。虽然我们不必像古人那样遭受各种常人难以想象的折磨，但也告诉我们，成功往往与艰辛相连，幸福常常与苦难相伴。当我们用这些事例时常敲打一下自己的灵魂，必会为自己当前的碌碌无为而感到悔恨和自责，或许也会找到那份为幸福去奋斗的动力与激情。

以积极乐观的心态去面对所有的问题与困惑，保证自己的价值观不受社会物欲横流之风的影响，并且以更加阳光的心态去影响身边的人。不断激发自己的潜力，努力使自己的价值得到最大限度的发挥。

处于"改革"深水区、"转型"攻坚期的我们，要敢于接受缺陷，乐于享受挫折，只有经历过风雨的洗礼，才能对幸福做出正确的诠释。只有如此，当幸福来敲门之时，我们才能寻找到幸福的真谛，才能实现自己的梦想，才能实现我们的民族之梦！

评析：

这是某公众号推出的"原创"申论。在我们看来，它观点正确，但缺少新意，需要在"不为人识"上下功夫，强化问题意识。

文章的主要观点是："它（幸福）不仅需要物质上的满足，更需要精神上的富有；它不只在于结果的完满，还在于追逐的过程。"为了说清这个道理，又进一步从两方面加以阐释："幸福不会从天而降，成功不会自动生成"，"成功往往与艰辛相连，幸福常常与苦难相伴"，结尾时强调"要敢于接受缺陷，乐于享受挫折"。

比较说来，上述观点中，最有亮点的是结尾时的那句话："要敢于接受缺陷，乐于享受挫折。"其他观点失之于一般化，属于老生常谈。也就是说，文中有关什么是幸福、如何获得幸福这些大道理，没有超出一般人的认识程度、认识水平。尽管第三自然段中强调这是"每个社会成员需要明白的道理"，但实际上，没有这篇文章的这样阐释，一般人仍然会明白这个道理。

令一般人有可能感到困惑的是"敢于接受缺陷，乐于享受挫折"，它超越了一般人的认识水准。生活中好像没有谁愿意面对缺陷和挫折，文章中的这个结论与一般人的现状和想法不一样，所以我们说它是文中最闪光的一句话。

文章标题是《正视缺陷 追求幸福》，结尾时强调"要敢于接受缺陷，乐于享受挫折"，可见这需要正视并且要接受下来的"缺陷"，是一个重要的关键词。但如果我们顺着"正视缺陷"的思路，想要找出缺陷时，会发现，根本找不到所谓的"缺陷"。文中所列举的"文王拘而演周易，仲尼厄而作春秋""屈原放逐，乃赋离骚；左丘失明，厥有国语；孙子膑脚，兵法修列"都属于古人的缺陷，不是正在寻找幸福的现代人的缺陷。如果我们根据文章内容，出一个阅读理解的题目，问：

《正视缺陷　追求幸福》中的"缺陷"指的是什么？请你列举出来，估计会难住答题的人，因为文章中根本就没有列举什么"缺陷"。

换个角度看这个问题，我们面对《正视缺陷　追求幸福》，正常的思路是：有什么缺陷？为什么要正视？正视缺陷和追求幸福是什么关系？……"缺陷"是个绕不开的关键词，无论我们怎样去写。

我们挑选出的最闪光的那句话，即"要敢于接受缺陷，乐于享受挫折"，实际上在文章中因缺少根基而打了很大的折扣。这给我们一个启示：越独特的、越有新意的、越超出大众一般认知的，越难以证明。相反，越是常识性的、妇孺皆知的，越容易证明。比如我们要证明"地球是圆的"，就更为容易（甚至不需要我们再去证明，人尽皆知了），而要证明"地球是三角形的"，就非常难，甚至没有办法证明。越是新颖的，越有挑战性。在这个意义上说，写文章，确立论点，仿佛是在"约架"，也就是你要挑选一个对手。对手越强大，越难以战胜。而真能战胜强大的对手，自己也随着强大起来了。当然还是要讲求量力而行，这里的"力"指的是自己的功力。写文章也讲求功力，写文章的功力包括思想认识、材料积累、语言表达等。功力没到家，就不好挑战那些"高精尖"的。功力到家了，已然成为武林高手，却偏要"约架"儿童妇女，即便大获全胜，也是胜之不武。

我们还是回到所评析的范文上来，它文笔很好，表达力强，但在认识的独到性上还有欠缺，尚须在"不为人识"上下功夫，强化问题意识。

成绩：24 分。

范文　民富以顺治　民乐以和静

秦朝不惜民力，穷兵黩武，最终走向亡国，淡出历史舞台；汉朝吸取教训，重视民生，爱惜民力，与民休息，成就"文景之治"。国民党骄奢淫逸，沉迷糖衣炮弹，被人民遗弃；中国共产党建党之初就将全心全意为人民服务作为党的宗旨，坚持不拿群众一针一线，建立了伟大的新中国。如是可见，轻民生者失天下，重民生者得天下！保障和改善民生乃国之根本！

保障和改善民生需要切实让人民群众富起来，增强群众的物质获得感。我国是社会主义国家，社会主义的本质即解放生产力，发展生产力，消灭剥削，消除两极分化，最终达到共同富裕。而我国目前仍处于社会主义初级阶段，人民对美好生活的向往同不平衡不充分的发展间的矛盾是我国的主要矛盾，虽然扶贫工作取得了实质性的进展，但仍旧有很多基层群众难以解决或基本解决温饱问题。而且，马斯洛需求层次理论告诉我们，人只有在满足生理需求和安全需求之后才能得到其他更高层次的满足。故此，无论是从基本国情还是人的发展规律来看，让群众富起来依然是保障和改善民生工作的重点内容。

保障和改善民生问题需要切实让人民群众乐起来，增强群众的精神获得感。金杯银杯不如老百姓的口碑，民之所望，施政所向。垃圾遍地、污水横流的人居环境影响了群众的身心健康，而叶县通过改造工程，不仅改善了生态环境，更让人民群众感受到生活的惬意；阅读本是人民群众的基本需求，然而却缺乏场地，扬州城市书房的建成，让人民享受到了阅读的乐趣；博物馆本是公共服务的重要场所，却因开放时间问题而没有发挥作用，成都部分博物馆实行延时服务，让人民群众享受优质的公共服务。物质利益满足后，精神需求便是人民群众进一步的需求，因此，要保障民生，还要改善人居环境，提供优质的公共服务。

习总书记强调，"人民对美好生活的向往，就是我们的奋斗目标"。在新的历史时期，始终坚持以民生为本，忠诚践行全心全意为人民服务的根本宗旨，是对执政能力的一个考验。民生工作无小事，责任重大，意义深远，改善民生是实现民富和民乐的基本保障，是实现天下顺治、天下和静的根本途径。

评析：

1. 开头给人恍如隔世的感觉，太陈旧了，而且内容上了无新意，要毫不犹豫地删除，换一种写法（不排除阅卷老师看了这样的开头，马上给出20分的成绩）。

2. 第一个分论点"富起来""获得感"，言之在理。但接下来，思考的重点应该是怎样让群众"富起来"，有"获得感"。没必要对此做静态的解析，也就是说，让群众"富起来"，有"获得感"，没有人有疑义，已经达成了共识，无须再讨论了（这篇文章，围绕让群众"富起来"，有"获得感"，讲的都是空洞的大道理，严重减分——这样写也就是20分的水平）。

3. 第二个分论点"让人民群众乐起来"，太口语化了，减分。两个分论点都比较啰嗦，应该简化为：保障和改善民生，增强群众的物质获得感；保障和改善民生，增强群众的精神获得感。

围绕"增强群众的精神获得感"，给出了原因和措施，内容比较具体，加分（第三自然段比第二自然段好很多。如果全文都像第三自然段这样写，可以得32、33分）。

成绩：26分。

 **范文** 以法治为盾护佑"三农"发展

　　古语有云：奉法者强则国强，奉法者弱则国弱。法律，是危机社会健康运行的元素，法律在哪一部分失去功效，哪一块的肌肉就会腐烂甚至埋下病灶。而农村，恰是法律知识欠缺、法治建设滞后的一环，农民不懂法、不用法、不知法、不尊法的情况频频出现，基层村干部法律知识不完善，人治大于法治。这严重影响了法治建设的步伐，是"三农"建设的进步屏障。所以，必须以法治为盾牌，正确认识法治的护佑作用。

　　法治是农业持续发展的稳定器。伴随我国农业技术水平的不断提高，部分农村为增加产量而漠视国家法律条令，肆意使用高度农药，纵然可能盈利一时，但势必难以持久。湖南的镉大米，山东的硫黄生姜，海南的毒豇豆……一系列食品安全事件的不断出现就是对农业发展敲响的警钟。缺乏了法律约束和保护的农业发展很容易事与愿违，让百姓的健康受损，使农业产品口碑变差，让农业市场秩序混乱，让农业发展停滞不前，只有依法进行农业生产，才能确保农业发展健康长久。

　　法治是农民权益的保护伞。"不以规矩，不能成方圆"，规矩即是规则，是条文，是法律，法律的公平性、强制性特点正是其权威和价值所在。而当下农民权益的保护正需要发挥法律的作用。走进农村，我们会发现农民法律意识淡薄，征地款被占通常采用暴力手段讨要，土地流转遇到问题也会大打出手，欠薪问题得不到解决势必归咎政府而不关注合同方面的问题。故此，有必要在农村开展法制教育，落实"一村一法律顾问"的体制，在农民心中树立法治信仰，保障农民权益。

　　法治是确保农村美丽的定盘星。2015年的中央"一号文件"再次聚焦"三农"问题，大力打造农村"四美"，美丽乡村是重中之重。美丽乡村的建设不仅仅是指农村风光的秀美宜人，更包括农村的和谐之美，正如部分地区在普法的基础上通过村规民约自治，不仅打造了美丽的自然环境，同时还促进了乡村的有序发展，实现了新农村建设中居民望得见山、看得见水、记得住乡愁的愿望。只有加强法治建设，让群众办事有章可循、有法可依、按法办事，让农村有序发展才能不是空话，建设美丽农村才会变成现实。

　　"农，天下之大本也"，农村是我国社会的组成，也关系到我国法制社会的构建。在解决"三农"问题日渐紧迫的今天，要用法制进行保障，加快科学立法的步伐，树立法治思维，唯有如此才能让农民真正收获发展成果，确保传统农民迈上健康可持续发展的坦途。

评析：

文章的主要内容是：要以法治为盾牌，正确认识法治的护佑作用。法治是农业持续发展的稳定器，法治是农民权益的保护伞，法治是确保农村美丽的定盘星。要加快科学立法的步伐，树立法治思维。

上面的每一句话，都无可争议，合乎正确性的要求。而我们所说的"不为人识"，是在确保"正确"的基础上，努力写出新意，甚至是见人所未见。按照这个高标准，这篇文章还存在着明显的差距。具体说来，是它写得浅，水过地皮湿，所讨论的是人们耳熟能详的大道理。另外，对相关要点（分论点）的阐释不到位，比如"法治是农业持续发展的稳定器"，只涉及"食品安全事件"，视野太窄，事例类型太单一。影响农业持续发展的，不光是"食品安全事件"，还有很多更重要、更关键的问题。就好像一个人戴了一顶很大的帽子（"法治是农业持续发展的稳定器"），但身子骨却非常瘦小、单薄。换句话说，只注重"食品安全"是撑不起"农业持续发展"的。

那么，关于"法治""三农"的文章，究竟怎样写才有新意？才表明在"不为人识"方面下了功夫呢？我们精选了一篇"新华网评"，大家对比阅读，看看能不能发现两者在"层次、境界"上有什么不同。

成绩：30分。

让法治为"三农"问题保驾护航

近年来，农村实现农民收入增长"十一连快"，城乡居民收入差距逐渐缩小，在经济发展的同时，农民对农村、农业实现公平法治的呼声也日益高涨。

农村改革要取得成功，应以法治为保障。因此，加强农村法治建设成为此次《关于加大改革创新力度加快农业现代化建设的若干意见》（以下简称《意见》）的一大重点。要实现农村的法治化，首先要"有法可依"，建立健全农村法律制度是做好"三农"工作的第一步。

随着农业经营方式的变化，农村产权保护制度要与时俱进，健全农村产权保护法律制度，界定、协调农村土地集体所有权、农户承包权、土地经营权之间的权利关系。《意见》明确指出要"保障好农村妇女的土地承包权益"，更加细致地将保护农民切身权益落到实处，提高农民生产积极性，为"三农"工作的进一步开展排除"安全隐患"。

由于近年来一些食品安全事故的曝光，百姓对国内口粮的不信赖，给我国农产品市场带来极大考验。怎样才能让老百姓"买得放心，吃得舒心"？建立一套完善的农业市场规范运行法律制度势在必行。通过加强对农产品法律监督力度，为我国的农产品市场树立一个"好口碑"，让百姓"信得过"，为农产品的流通提供一个干净的、法治化的环境，才能扩大农产品销售量，进而推动农村的经济发展。

经济发展了，农民富裕了，对环境质量的要求也更高了。如果再一味地追求经济发展而放松环境监管执法力度，无异于饮鸩止渴。在发展农村现代化建设的同时，要健全农业资源环境保护方面的法律法规，保护农村生态系统，合理安排农业生产的农业模式，协调效益与环境之间的关系，从而实现农业的可持续发展。

当然，做好"三农"工作，仅仅依靠建立健全法律制度是不够的。法的根本生命力还是在于它的执行力，如果执法人员"认认真真走过场"，那么再完整周全的法律也终将变成一纸空文。因此，必须加强基层执法队伍的建设，明确执法人员的职责，合理配置执法力量，增强法律的实力，提高法律执行的效率，让执法者真正为农民服务，做农民权益的"守护神"。

做好"三农"工作，告别农村"法律短腿"的前提是让法治思想深入基层、深入人心。在建立健全农村法律制度的同时，积极开展农村法治宣传教育，加强各级领导、涉农部门和农村基层干部的法治观念，引导农民增强学法尊法守法用法意识。只有农民从思想深处认识到法律对于自身的重要性，并且懂得如何理性表达合理诉求，才能从根本上实现农村的法治建设。

"三农"问题是全党工作重中之重。应以法治保障实现农民增收、农业增长、农村稳定，从实际出发，加快完善农业农村法律体系，让法治为"三农"问题保驾护航。

（文/张倩，选自新华网，2015年2月7日）

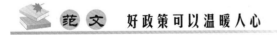

范文　好政策可以温暖人心

"政策好不好，要看乡亲们是哭还是笑。"习近平总书记这句朴实的话语道出了好政策的重要标准。政策引领发展，政策关乎民生。作为党委政府，出台科学合理、惠及民生的好政策，群众才会交口称赞。一个好政策，不仅是经济社会发展的重要保障和制度支持，也可以温暖人心，正确引领人们前行。

"人民对美好生活的向往就是我们的奋斗目标"，群众合理合法的愿望诉求，是出台好政策的直接动因。从1977年恢复了中断10年之久的高考，到"全面二孩"

政策的实施；从鼓励私营经济、个体工商户发展，到全面减免农业税，这些新政策无不是顺民心、合民意的好政策。

好政策是弘扬善举的道德"风向标"。好政策鼓励真善美，抵制假丑恶，在人们心中树起了一座座道德的"风向标"。近年来，为了让见义勇为者不能"流血又流泪"，各地出台了一系列鼓励见义勇为行为的政策，旨在解决见义勇为者的后顾之忧，让面对违法犯罪的人们"该出手时就出手"。针对路边看到跌倒老人"扶不扶"的尴尬，有的地方甚至出台了保护扶人者的"举证责任倒置"相关规定。正如小品《扶不扶》中的一句台词："人跌倒了可以扶起来，人心倒了可就扶不起来了。"这些政策的出台，都是为了"扶起"人心，让崇德向善成为人们的自觉追求。

好政策是正确处事的行为"刻度尺"。政策不是法律，但是可以起到法律的规范约束功能，而且可以推动法律的不断完善。前几年，立法机关根据"严厉打击危险驾驶行为，保护人民生命安全"的政策导向，及时制定了"醉驾入刑"的相关法律规定，就是增加违法者违法成本、预防犯罪的一种有效措施。实践证明，醉驾者数量明显减少，足见政策的威力。中央出台"八项规定"以后，党内政风带动了民风和社会风气进一步好转，移风易俗、"光盘行动"、厉行节约等已经成为人们的新风尚、新习惯，也证明了好政策对规范公民行为的重要作用。

好政策是完善自我的动力"倍增器"。好政策通过正确的制度导向和合理的措施激励，让人们正视自身不足，不断提升自我。改革开放的政策让人们眼界大开，"外语热"拉近了国人和世界沟通的距离，"语言关"已不是难题；科教兴国、人才强国的政策让尊重人才、重视科技蔚然成风，激励广大学子刻苦学习、学有所成、建功立业；《全民健身计划纲要》的颁布实施，让"健康中国"的理念深入人心，火热的"广场舞""万步走"凸显了人民群众强身健体、增强体质的雄心壮志。

好政策不会凭空而降，它来源于科学的决策和规划，来源于对民众智慧的充分尊重和广泛吸纳，来源于立足长远的考量。只有心里真正装着群众，一切为了群众，从群众中来，到群众中去，才会制定出好的政策。那种"事前拍脑袋决策、事中拍胸脯表态，事后拍屁股走人"的"三拍干部"，只会让群众反感，与为民务实的宗旨格格不入。

好政策温暖人心。群众期待好政策不断出现，这不仅是他们过上幸福生活的向往，更是党委政府肩上一份沉甸甸的责任。

评析：

这篇文章与《以法治为盾护佑"三农"发展》非常相像。在解析讨论"法治、三农"的那篇文章《以法治为盾护佑"三农"发展》时,我们曾说,主要观点无可争议,合乎正确性的要求,但缺少新意,写得太浅。《好政策可以温暖人心》也存在着这样的问题。

"政策好不好,要看乡亲们是哭还是笑",好政策是弘扬善举的道德"风向标",好政策是正确处事的行为"刻度尺",好政策是完善自我的动力"倍增器",好政策不会凭空而降……

这是文章的主要内容,它们"板上钉钉",没有人对此有疑义,或者说对此已经达成了共识。

既然已经达成了共识,那么还有什么意义和作用,非要再做一篇文章,再次证明这些道理颠扑不破呢?文章的着力点不该是泛泛地证明这些道理正确(这些道理正确不用我们再去证明),文章的着力点应该是怎样制定、落实好"好政策"。

从这个角度说,《好政策可以温暖人心》范文最精华的部分是倒数第二自然段:

> 好政策不会凭空而降,它来源于科学的决策和规划,来源于对民众智慧的充分尊重和广泛吸纳,来源于立足长远的考量。只有心里真正装着群众,一切为了群众,从群众中来,到群众中去,才会制定出好的政策。那种"事前拍脑袋决策,事中拍胸脯表态,事后拍屁股走人"的"三拍干部",只会让群众反感,与为民务实的宗旨格格不入。

这一段写得相当精彩,针对具体问题,提出了相关对策,而且行文流畅自然,有概括力。但遗憾的是,它犹抱琵琶半遮面,藏身在幕后了。这一段应该被推到"前台",在聚光灯下亮相,就是把它作为开头(可简单修饰),围绕着怎样制定、落实"好政策"做文章。原文中的那三个分论点,可以组合到"怎样制定、落实'好政策'"这个框架里。经过这样的"乾坤大挪移",所写的文章才不至于仅仅是水过地皮湿。

我们说过,这篇谈"好政策"的文章,和《以法治为盾护佑"三农"发展》非常相像。相像之处,除了缺少新意,写得太浅,还体现在都把"精华内容"放到了篇末。《以法治为盾护佑"三农"发展》的结尾是:

> "农,天下之大本也",农村是我国社会的组成,也关系我国法制社会的构建。在解决"三农"问题日渐紧迫的今天,要用法制进行保障,加快科学立法的步伐,树立法治思维,唯有如此才能让农民真正收获发展成果,确保传统农民迈上健康可持续发展的坦途。

这个结尾是该文最大的亮点，同样的修改方法：推到"前台"，做开头，同时将几个分论点组合到解决"三农"问题要科学立法、树立法治思维这个框架里。

成绩：32分。

 范 文　正视青春不易，活出精彩人生

"这是一个最好的时代，也是一个最坏的时代。"与老一辈相比，现在的年轻人生活在中国发展最快、最好的年代，他们摆脱了物质的贫困、信息的闭塞和精神的匮乏，在生活和成长中享受着发展带来的红利。但与此同时，现在的年轻人在生活中还普遍面临生活压力大、晋升渠道不畅、精神疲惫迷茫等一系列的问题。但正如白岩松所言，没有一代人的青春是容易的。不易是青春最显著的特征，只有正视青春的不易，才能活出精彩的人生。

正视青春不易，需要勇于追求理想。无论是毛泽东"孩儿立志出乡关，学不成名誓不还。埋骨何须桑梓地，人生何处不青山"的理想，还是周恩来"为中华之崛起而读书"的信念，都充分表现出在那个波诡云谲的革命战争年代的青年，勇于追求人生理想的魄力和豪迈。反观当代的一些青年，时时刻刻把"佛系""随缘"等挂在嘴边，以"佛系青年"自居，对于生活和工作毫无热情，毫无理想追求，遇到一点点挫折就要"逃离""逃避"。因此，青年要摆脱负面情绪，树立正确的价值观念，迎难而上，勇于追求自己的人生理想，在追求理想中活出精彩。

正视青春不易，需要持续艰苦奋斗。毫无疑问，现代青年在追求自己人生理想的过程中，面临着很多的压力，"蚁族""房奴""卡奴""车奴"等都是当代大多数青年人的真实写照。但越是面临压力，越是会凸显出艰苦奋斗的重要性。如果没有老一辈革命家的艰苦奋斗，就没有今天的幸福生活；如果没有当代青年的艰苦奋斗，也就没有未来的美好生活。因此，青年应该保持艰苦奋斗的激情，用艰苦奋斗在人生舞台活出精彩。

正视青春不易，需要甘于无私奉献。鲁迅先生曾对青年寄予厚望，希望青年积极向上，发光发热，做出自己的贡献。无论是被授予"中国青年五四奖章集体"荣誉称号的鹦哥岭自然保护区工作站青年团体，还是毕业于耶鲁大学的大学生村官小秦，抑或是带领群众脱贫致富的"村民贴心人"小程，都在基层的无私奉献中，活出了精彩。因此，青年人应该具备"先天下之忧而忧，后天下之乐而乐"的奉献精神，将人民群众的利益放在心中的重要位置，将生命的温度注入实际工作生活，以百姓之心为己心，以他人之心为己心，扎根基层，在无私奉献中享受快乐，活出

精彩。

青年是祖国的未来，是民族的希望。当代青年只有正视青春的不易，勇于追求人生理想，保持艰苦奋斗的精神，甘于默默无私奉献，才能紧紧把握时代的脉搏，活出精彩的人生。

评析：

我们在"力求叙事精简"那一章里，举过一篇《选择目标　坚持前行》的范文，说它就像一个标本，信息量大，认识价值高。它可以归类到"文章要有时代感""在'不为人识'上下功夫""文章不写半句空""力求叙事精简"等不同章节中。

现在解析的《正视青春不易，活出精彩人生》，也是这种情况，存在着多方面的问题。其中最大的问题，是陈旧、老套，大而空。比如三个分论点：

正视青春不易，需要勇于追求理想。
正视青春不易，需要持续艰苦奋斗。
正视青春不易，需要甘于无私奉献。

我们拎出其中的关键词：追求理想、艰苦奋斗、无私奉献，是不是马上就能发现，它们是万能的、"通吃"的、所向披靡的？任何人、任何事，都涉及追求理想、艰苦奋斗的问题。比如，我们把"正视青春不易"替换为大学生创业、干部转变作风、治理环境污染……是不是也说得通？差不多可以"包治百病"了。而"包治百病"的药，一定是假药。

换个角度说，这样空发议论也是缺少"见识"的表现。因为不能具体问题具体分析，所以只好确立一个终极目标，用这些具有终极意义的大目标，反证文章中提出的某个"小目标"。上面的文章是用追求理想、艰苦奋斗、无私奉献，来证明青春不易，人生精彩。实际上，倘若颠倒过来，用青春不易，人生精彩来证明追求理想、艰苦奋斗、无私奉献，可能更适合。

考生作文中，习惯于假大空表述的，数量相当多，常见的是"有助于构建和谐社会""有助于编织中国梦""有利于打造小康社会""有助于发展经济""有利于实现共同富裕"……比《正视青春不易，活出精彩人生》更加大而空，更加不着边际。

写文章就是在"说话"，只不过是有别于口语表达，是把要说的话写在了纸面上。我们结合日常生活经验，就能深切地体会到这样满嘴大话、空话，该有多让人生厌。

需要进一步说明的，文章标题是《正视青春不易，活出精彩人生》，这两句话，一句表明思想态度，一句表达行动结果。仔细辨析文章内容，会发现，应该分析"活出精彩人生"的内容，少而又少。是不是只要（只有）正视了青春不易，就（才）能活出精彩人生呢？文中说"青年应该保持艰苦奋斗的激情，用艰苦奋斗在人生舞台活出精彩"，据此，那些没有奋斗，或者奋斗了但不够艰苦，艰苦了却没有激情的人生，是不是就不精彩了呢？

成绩：26分。

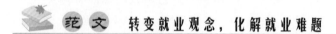
范文 转变就业观念，化解就业难题

中国高等教育规模居世界首位，已经实现从精英教育到大众化发展阶段的历史跨越。但与此相伴的是部分大学生"毕业即失业"的现实。就业是民生之本，保障和改善就业问题需政府拓宽就业渠道等一系列有力作为，但也需要大学生自身志存高远又脚踏实地，关键是要转变就业观念，方能够化解就业难题。

从实际出发，找准择业"坐标"。习总书记勉励大学生既要志存高远又要脚踏实地，首要一点就是希望大学生能够认清自身，从而确定好择业的"坐标"。为什么会出现大学生频繁跳槽的窘境呢？为什么会出现大学生"毕业即失业"的困境呢？究其原因还在于部分大学生择业方向的迷失，不能够发现自身的特质，不能够挖掘内在的潜质，不能够正确把握就业方向，从而使就业成了大学生的难题。因此，化解就业难题需要青年能够从自身实际情况出发，一方面要对自身特质、潜力以及就业意愿和方向做出明确定位，把握好就业的"横向坐标"；另一方面又要做好长远的职业规划，针对职业特点，确立短中期的职业规划，不断沉淀和提升，掌握好就业的"纵向坐标"。

从基层出发，放低从业"姿态"。基层是锻炼青年最好的"熔炉"，能够锻炼我们的意志，让我们更加刚强；能够凝聚我们的力量，让我们更能奋进；能够实现我们的价值，让我们更加优越。小岗村的沈浩扎根基层，砥砺奉献，将基层作为人生的事业坚守下去，我们新一代年轻人更应该秉承先进人物的精神，放低从业姿态，切勿好高骛远，既要仰望星空又要脚踏实地。因此，在择业时应该拓宽就业渠道，放眼基层工作，将基层工作作为一项事业去坚持、努力、奋斗。在基层工作时要密切与群众的关系，切实为群众办好事、办实事，做到眼往下看、脚往下走、劲往下使，真正做好基层工作。

从岗位出发，创造就业"业绩"。平凡的岗位依然可以创造出不平凡的业绩，最美司机吴斌在平凡中诠释了何为安全"责任"，最美女教师张丽莉在平凡中演绎了何为师者"奉献"，最美警卫战士高铁成在平凡中塑造了何为保卫"义务"……他们都在平凡的岗位上找到了人生的定位，让自己的人生闪光。因此，作为新一代的青年应该真正地从岗位责任出发，明确岗位责任，将岗位责任与人生信念相结合，将奉献、责任、善良的人生信念融入平凡的工作岗位，只有这样才能在平凡中发现闪光点，更加明确责任与义务，在平凡中演绎不平凡的人生。

就业是民生之本，促进就业是安国之策。对于大学毕业生来说，尤其如此。十年寒窗苦读，亲人殷切期盼，如果毕业换来的是失业，让人情何以堪！对于大学生来说，实现就业是一生幸福的起点，因此真正地化解就业问题还需要从扭转就业观念做起，找准择业"坐标"，放低就业"姿态"，创造就业"业绩"，才能够让就业不再是难题。

评析：

化解就业难题，作者开出的"药方"是："从实际出发，找准择业'坐标'""从基层出发，放低从业'姿态'""从岗位出发，创造就业'业绩'"。这个"药方"会有一定的疗效，要想取得更好的治疗效果，还需要在"中西医结合"上下功夫。

文章开头讲，就业是民生之本，化解就业难题需要政府拓宽就业渠道，需要大学生转变观念，脚踏实地。这句话是说，政府和大学生的共同努力，才有望解决问题。

但在文章展开过程中，完全撇开了"政府拓宽就业渠道"这层意思，单独探讨大学生应该如何如何了。当然，从围绕标题做文章这个角度讲，这样写无可非议。但如果文章所拟制的标题失之于片面，那么，就难免犯盲人摸象的错误了。

解决大学生就业难题，需要政府有所作为，需要大学生转变观念，也就是要在"中西医结合"上下功夫。只强调大学生放低身段，这种"治疗"方法，手段单一，疗效也有限。政府搭建就业平台，积极拓宽就业门路，进行综合治理，才是抓住了"牛鼻子"。

有分析认为当今社会离婚率居高不下的原因有性格不合、身体疾病、两地分居、一方犯罪、不良嗜好、经济原因、家庭暴力、婚外情及家庭琐事等。其中家庭暴力、婚外情成为离婚的重要原因。——我们引述这一分析，是想说明：有些社会问题的成因是复杂的、多样化的，其中既有客观原因，也有主观原因；既有现实原因，也有历史原因；既有主要原因，也有次要原因……解决问题需要对症下药，不能眉毛胡子一把抓，也不能只盯着次要原因而忽略了主要原因。如果只是扬汤止沸，而不善于釜底抽薪，则表明文章缺少"见识"，需要在"不为人识"上下功夫。

另外，文章的第三个分论点，即"从岗位出发，创造就业'业绩'"，略显牵强。原因是：文章的主要观点是"化解就业难题"，既然要"就业"，就意味着没有相关的"岗位"，所以"从岗位出发"就成了一句空话。换言之，它已经超越了"就业"的范畴，而跨界到"骑马找马"的话题上了。

"从实际出发，找准择业'坐标'"，也不够严谨。常见的说法是"先就业再择业"，现在很多年轻人正困扰于"就业"问题，谈"择业"显得太超前，有点"何不食肉糜"的意思。

成绩：32分。

第四章
总论：贵在讲清楚"为什么"

说理就是明是非、辨真伪，通俗地说，就是要讲清楚"为什么"。

表面上看，讲清楚"为什么"，好像是无所谓的事情，实际上，它是申论写作中的一个难点、关节点。

我们先从一句名言入手，尽量回答什么是"讲清楚'为什么'"的问题。

"幸福的家庭都是相似的，而不幸的家庭各有各的不幸。"这是托尔斯泰的一句名言。为什么是这样呢？我们要说清楚其中的"理"：任何事物的成立都是需要条件的，越是美好的事物，往往越是需要更多的条件。幸福的家庭也是这样。假设一个幸福的家庭需要十个必要条件（当然也可能是二十个），所有幸福的家庭一定是这十个条件都具备的，因而是相似的。而不幸的家庭之所以不幸，是因为"缺东少西"，赵家缺条件一，钱家缺条件二，孙家缺条件三，李家缺条件四……因此是各有各的不幸。这就是在回答"为什么"，为什么"幸福的家庭都是相似的，而不幸的家庭各有各的不幸"。这句名言具有普遍意义，可以推而广之："健康者都是相似的，而不健康者各有各的不健康。""成功者都是相似的，而不成功者（失败者）各有各的不成功（失败）。""好文章都是相似的，不好的文章各有各的不好。"它道出了生活中的一个哲理。

努力讲清楚"为什么"，是说理文章不可或缺的一个环节。或者说，不善于讲清楚"为什么"、没有讲清楚"为什么"，是说理文章的一个硬伤。只不过有的人没有意识到罢了。

我们再以一篇习作为例。有人写了一篇《为失败者讴歌》，主要观点等同于标题，即讴歌、赞美失败者。文章是这样展开的：

> 我讴歌、赞美失败者。
> 张三是失败者，所以我讴歌、赞美张三；

李四是失败者,所以我讴歌、赞美李四;

王五是失败者,所以我讴歌、赞美王五。

所以,我讴歌、赞美失败者。

很明显,这样行文,没有讲清楚要讴歌、赞美失败者的原因、道理,也就是存在着逻辑上的硬伤。

国外有教科书将论证的结构分为三个层次:

论点;

(支持论点的)理由;

(支持理由的)论据。

一些说理文章之所以空泛,大多因为跨越过"理由"这个层次,由观点直奔论据了。

为了便于说清楚这个问题,我们上述列举的是一般说理文章的例子,申论写作也是这个道理。我们在强调观点新、不能老生常谈时,提到一篇申论范文《正视缺陷 追求幸福》,此文正常的思路是:有什么缺陷?为什么要正视?正视缺陷和追求幸福是什么关系?……这其实就是在刨根问底,在试图讲清楚"为什么"的问题。

不善于说理,不能讲清楚"为什么",是因为说理,尤其是说得头头是道,很难;而举例子则简单容易,所以常常抄近路,直奔例子了。

我们以托尔斯泰的那句名言为例,回答什么是讲清楚"为什么"的问题,不是要一刀切,遇到所有问题都必须这样条分缕析。说理也要注意有理、有利、有节。有的时候可能只需点到为止,不一定非要雄辩滔滔。当然这又涉及分寸、火候问题了。另外,养成说理意识即讲清楚"为什么",非常重要,它能提升我们的辨析力,也防止出现"秀才遇见兵"的尴尬。

最后,我们以媒体公开发表的一篇说理文章为例,再重温讲清楚"为什么"的重要性。

报纸上有一篇评论《让扶起晕倒老人成为文明无锡最美的"风景"》,它在说理上就存在着没有讲清"为什么"的疏漏。

让扶起晕倒老人成为文明无锡最美的"风景"

19日上午10时许,80多岁的老太芳妹行至惠山公交站附近的北柳巷村路口中暑倒地,得到了好心人冯伟东的救援帮助,在110民警的协助下,安全回到了自己的家中。(7月21日《无锡日报》) 热心人毫不犹豫地救助晕倒老人，让助人为乐的传统美德熠熠生辉。

人上了岁数容易摔跤，这是很正常的。一段时间以来，"老人倒地没人扶"和"扶了老人反被讹"，这样的负面新闻不时曝光，让"扶与不扶"的纠结缠绕全社会，甚至影响着很多人的判断与行动。

愿不愿扶是道德问题，敢不敢扶是勇气问题。无锡从来都是好人多，扶老人就是个"良心活"，热心人的善举，让"老人摔倒该不该扶"不再成为问题，捍卫了社会的公义和"德不孤，必有邻"的信念，也释放出人性的温度。扶起老人的那一瞬间，"扶"起了社会正能量不说，也扶起了每一个终将老去的我们自己。

可感可思，可学可鉴。向这些热心人对标看齐，就是要燃起一团团良善信仰的内心热火，积极建构起向善向上的社会支点，让凡心善举多些再多些，让每一双伸出的爱心之手不再战战兢兢，从而激励人们"勿以善小而不为，勿以恶小而为之"。好人好事永远是我们这个社会追求的主流，做好人、行善事并不需要多么"高大上"，当扶老人成为习惯时，正义的观念就能在良性的社会土壤中生根发芽开花；再加上让好人有好报、好人受尊敬，整个社会风气就会变得越来越好。

当然，扶老人本来就是个技术活。一方面，救人很多时候直接指向生命之重，诚如《老年人跌倒干预技术指南》所指出的那样，面对老人意识不清、呕吐、抽搐、呼吸停止等多种情形，不要急于将其扶起，而要分情况进行处理。这就要求每个公众学点急救知识，掌握救人技能，从而最大限度地保证老年人的生命健康权益，这当是涌现更多真正"好人"的关键。另一方面，在伸出援手之时，尤其是孤身救助时，也应理性为自己留下救人的痕迹，不让"行善风险"为好人好事增添负担。譬如，打开手机视频，全程录制救助过程；邀请他人与自己一起上前扶助老人；向周围的目击者索要电话。

"时代向前，精神不息。""老人摔倒扶一把"见证社会道德良知，热心人的善举必能起到"春风化雨"的作用，在无锡上下凝聚更多的温暖力量，让"做好人、行善事"不再是"盆景"，而成为精神文明建设中最美的"风景"。

为了节省篇幅，我们就不再复述文章的主要内容，而是直奔文章的主要问题：为什么扶起晕倒老人是文明无锡最美的"风景"呢？

"文明无锡最美的'风景'是（   ）。"这是一道填空题。如果我们要完成这道填空题，大概不会有人选择"扶起晕倒老人"。文明无锡有许多比扶老人更美的"风景"。一段时期里，老人不晕，晕了不倒，倒了自己爬起来，路人没有机会出手扶起，无锡文明的"美景"，也不一定黯淡。换言之，展示城市文明"美景"的，不一定是扶老人。在这个意义上，《让扶起晕倒老人成为文明无锡最美的"风景"》，没有给出具体的理由，没有讲清楚"为什么"。

如果我们能够养成这种刨根问底的习惯，生活中的万事万物（包括不同体裁的文章），在我们的眼里就会展现不同的新面貌、新风姿，会发现更多的色彩、更丰富的韵味。即便我们不去参加公务员考试，不坐在考场上写文章，这种独具慧眼的发现力，也会帮助我们更好地工作和生活。

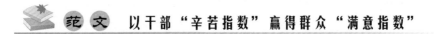

范　文　以干部"辛苦指数"赢得群众"满意指数"

党员干部"为谁辛苦为谁忙"？我们党从诞生之日起，就做出了响亮回答：全心全意为人民服务！正如习近平总书记指出的："作为党员干部，在其位就要谋其政，敢担当、勇作为，多干事、多付出，为官一任必须造福一方，这是职责所系。"当前，我国正处于全面转型升级的关键时期，改革发展稳定任务之重前所未有，矛盾风险挑战之多前所未有，党员干部责任之大前所未有。"樱桃好吃树难栽，不下苦功花不开"，唯有干部辛苦群众才能幸福。

今天的辛苦，主要不是看物质上苦不苦，而是看精气神怎么样，看能不能担当重任，看敢不敢啃"硬骨头"，看会不会造福百姓。绝大多数党员干部都能立足岗位、一心为民、无私奉献。但我们也注意到，庸懒散奢现象潜滋暗长，作风不正、为官不为、从政不廉等问题依然存在；甚至有极少数干部热衷于政绩工程、形象工程，以群众"辛苦指数"换取个人"政绩指标"。因此，唯有干部切实转变思想、改变行为，用自身的辛苦指数才能换取群众幸福指数的切实提升。

领导干部要苦学，打牢思想根基，提升服务本领。善于学习、重视干部教育培训，是我们党的一大优势、一大传统，是治国理政的宝贵经验，正像毛泽东同志指出的，"我们要建设大党，我们的干部非学习不可"。近年来，习近平总书记在多个场合强调，领导干部要加强读书学习，要爱读书、读好书、善读书，"把学习作为一种追求、一种爱好、一种健康的生活方式，做到好学乐学"。这些重要论述，对干部读书学习、干部教育培训提出了明确要求，也提供了遵循指南。学习是党员干部提高自身的需要，广大党员干部要自觉把学习作为一种责任、一种追求、一种境界，带着浓厚的感情学，带着执着的信念学，带着实践的要求学，不断提高应对时代竞争和工作挑战的能力。

领导干部要苦行，践行为民宗旨，增进百姓福祉。大事难事见担当，苦活累活显境界。河南兰考治"三害"立下千秋基业，源于焦裕禄带领群众战天斗地；福建东山由风沙岛变为鱼米乡，凝聚着谷文昌十四载春秋的艰辛付出。古人云，"为政贵在行""以实则治，以文则不治"。拿出不私、不虚、不妄的真招行动，摒弃粉饰、表象、作态的笔墨巧术，崇实去文、务实笃行，才能做出让群众有获得感的过硬政绩。要继续发扬艰苦奋斗的精神，多做排忧解难、扶危济困、雪中送炭的好事，用自己的苦干获得群众的点赞，用自己的辛苦指数换取群众的幸福指数。

领导干部只有苦学、苦行，坚持以人为本，执政为民，才能造福于民。要始终坚持"三严三实"，深学、细照、笃行焦裕禄精神和沈浩精神，牢固确立为民务实清廉的政治追求。要自觉践行党的群众路线，扑下身子深入群众，与群众一块苦、一块过、一块干，在共同奋斗中密切党和群众的血肉联系。

评析：

文章中有一句话非常"扎眼"，不知道读者在一瞥之间是否发现。

这句特别"扎眼"的话是"唯有干部辛苦群众才能幸福"（第一自然段的末尾），这句话从未有人说过，当属作者独特的发明。

我们本能地会问：为什么唯有干部辛苦群众才能幸福呢？有没有其他情况，比如干部不辛苦，群众也幸福；干部辛苦，群众也不幸福……

这种反问是相当必要的。因为这句话是文章的中心论点，作为中心论点的"唯有干部辛苦群众才能幸福"，要经得起推敲。

遗憾的是，这句话说错了，经不起推敲。在"只有（唯有）……才"句式中，如果没有事物情况 A，则必然没有事物情况 B；如果有事物情况 B，就一定有事物情况 A。它强调：A 是 B 的必要条件。

只有干部辛苦群众才能幸福吗？显然不是。干部辛苦只是群众幸福的条件（成因）之一。

二者关系的正确表述是："用'辛苦指数'提升'满意指数'"，"用'辛苦指数'换来'满意指数'"，或者像这篇文章标题说的那样，"以干部'辛苦指数'赢得群众'满意指数'"。

"唯有干部辛苦群众才能幸福"，这是把问题绝对化了，也抹煞了群众的主体性、能动性。

如果文章作者也能这样问一句"为什么"，就不会出现绝对化的表达了。

简言之，"唯有干部辛苦群众才能幸福"，是把问题推向了极端，难以自圆其说。

此外，文中多次谈到领导干部要"苦学""苦行""苦干""与群众一块苦"，"苦"是贯穿始终的关键词。这种论断失之于简单化、片面化，不合乎情理。

而且文章只是静态地谈"苦学""苦行""苦干"，只做浅层次解释。仅以"苦学"为例，"把学习作为一种责任、一种追求、一种境界，带着浓厚的感情学，带着执着的信念学，带着实践的要求学"，但究竟要学什么？没有答案。

谈领导干部要重视学习，须结合当下的社会实际，如"老办法不管用、新办法不会用、硬办法不敢用、软办法不顶用""本领恐慌、能力不足"，要消除"本领恐慌"，需要加强学习。这样去说理，才会有时代气息，有新鲜感，也更合乎申论写作要求。

第二自然段中的一段话，堪称经典的申论语言，值得点赞：

> 绝大多数党员干部都能立足岗位、一心为民、无私奉献。但我们也注意到，庸懒散奢现象潜滋暗长，作风不正、为官不为、从政不廉等问题依然存在；甚至有极少数干部热衷于政绩工程、形象工程，以群众"辛苦指数"换取个人"政绩指标"。因此，唯有干部切实转变思想，改变行为，用自身的辛苦指数才能换取群众幸福指数的切实提升。

启示意义：不要说过头话，所谓过犹不及。开头片面强调"唯有干部辛苦群众才能幸福"，暴露出认识和表达上的粗疏。

说点儿新鲜话，让文章有时代感。常识性的内容（如领导干部要苦学），可一笔带过，重点阐发的，是学什么、在今天为什么重提这个老话题。

成绩：23 分。

范文　文化输出是大国发展之基

一个真正屹立于世界之林的大国，定有其坚韧的文化之脊予以支撑。在各国日益深远的交流影响中，文化软实力是当今评判国家实力的重要指标。因此我们在继承传统文化的同时，更要让文化以一种新的输出形态向世界传达中国价值观，进而提高国际话语权和综合国力，成为真正的世界大国。

要输出有价值的文化应改变发展模式，打造国家品牌，以实现文化输出。中国曾一度被称为"世界加工厂"，为国外的品牌贴牌生产做代工成了国内众多企业的必经之路。这种奉行以产量取胜的低赢利扩张模式，使得企业难有自我文化根基，失去创新动力。而 BL 集团从注重使用价值过渡到对文化审美价值的追求，不断创新,为产品增加文化附加值,使时尚业发达的韩国、法国等代工制造商为自己贴牌加工。BL集团的成功也让我们看到:只从制造到创造还不够,仍需将中国品牌加以经营,制定战略,进行文化输出,提高市场地位,获得国际话语权。

要输出有价值的文化应扩大民间交流、业界合作,以实现形象的输出。真正的中国文化精髓,若没有畅通的输出渠道,反而让一些细枝末节的文化枝桠被外国人广泛认识,易造成外国人对中国印象的片面化、表面化,甚至造成外国人对中国文化领域的误解,且这种不良印象和误解会伴随着人与人的交往,辐射至各个领域。例如,一些外国人认为中国人一日三餐顿顿吃饺子,人人都会武术等。而通过民间交流,赴美汉语志愿者小琼用自己的热情给美国小城的居民还原真实的中国观念,建立起文化沟通的桥梁。过去我们不断学习西方,我们对其有一定的了解,但在双向交流中,展示中国自身的形象仍需文化的输出加以勾勒,因此扩大民间交流、业界合作,让更立体的中国形象成为文化名片,方能立于世界民族之林。

要输出有价值的文化应学习借鉴他国经验,发展影视文化产业,以实现价值输出。韩剧制作精良、美剧逻辑严谨,这些外国剧吸引着中国观众的眼球,也不断促使着中国剧的转型创新。我国影视业发展不能满足于国内市场的庞大带来的宽松环境,而应学习其他国家优秀作品的长处,提高影视作品的制作水准以实现国内开花国外更胜的局面,让我们的影视剧出口更加有意义。例如,《琅琊榜》的大火也印证了价值输出的意义,证明优良的制作也能让中国文化在异国他乡掀起浪潮。由此可见,不断提高价值输出,是提升文化影响力的重要途径。

全世界都在说中国话,是一种美好向往,但让全世界听得懂、认真听中国话,是当今我们发展文化软实力的必经之路,也是我们成为真正世界大国的重要准则。

评析:

检索"文化软实力""文化输出"关键词,能发现,有许多提高文化软实力的申论范文,比如:

  文化建设要多些"历史耐心"
  推动文化与科技深度融合发展
  内涵是春节走出去的基础
  领导干部要做全民阅读的模范
  打造中国文化品牌
  给民俗留下"自省"空间

　　　　弘扬孝道文化正能量

　　　　以文化输出价值观助力大国腾飞

　　　　以文化输出加厚文化实力

　　由此可见，"文化软实力"是一个热门话题。可是，作为热门话题的"文化软实力"，却并不好写。不好写的原因之一是它离一般人的日常生活比较远，我们难以通过生活经验进行"证实"或"证伪"，所以可能会有一种无从下手的感觉。

　　我们这里要评析的范文《文化输出是大国发展之基》，属于既"不具体"，又"不直观"，且很难"有话可说"的题目。

　　绕了这么大的弯子，想表达的一种困惑是：怎么拟制了这样一个标题？怎么才能讲清楚"为什么文化输出是大国发展之基"？

　　标题中的关键词包括："文化输出""大国""发展""基（础）"，它们都远离我们的日常生活体验。更为关键的是，"文化输出"为什么是"大国发展之基"呢？

　　其实，这篇文章主要谈论的是文化软实力问题。经检索，我们发现，一篇题为《以文化软实力打开文化输出大门》的文章，相当有代表性。该文认为：

　　　　文化软实力是综合国力和国际竞争力的重要组成部分。我国要在激烈的国际竞争中赢得主动，就必须在壮大经济实力、科技实力和加强国防力量的同时，使国家文化软实力有一个大的提高。

　　　　要提高文化软实力，一是大力建设社会主义核心价值体系，增强中华民族的凝聚力；二是加快发展文化事业和文化产业，不断提高我国文化的总体实力和国际竞争力；三是提高文化传播能力，不断扩大我国文化的影响力。

　　浏览上述文章，能让我们分辨文化软实力与经济实力、科技实力的联系和区别。有了这样明晰的概念，就不至于出现"文化输出是大国发展之基"这种颠倒主次的论断了。

　　我们在本书第五章"确立一个'小目标'"部分，以习作《基层治理让干群关系和谐》为例，指出：之所以具体解释什么是"社会治理"，为的是给"社会治理"划分出一个边界，划定一个范围，并以此说明原文中的"加强基础设施建设""加快地方经济社会发展"等说法，已经跨越了"社会治理"的边界，像无锡的"铁路警察"管了苏州那一段铁路（见本书第五章）。引申开来，涉及一个写作的基本原则，就是我们要熟悉写作的对象、内容。如果在认识上达不到应有的深度和广度，甚至基本概念也是似是而非、模棱两可，那么下笔行文就会失去分寸感，以致出现谁是谁的基础都错乱的情况。

成绩：24分。

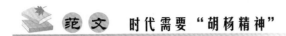

范文　时代需要"胡杨精神"

胡杨是荒漠地区特有的植物，被誉为"沙漠英雄树"。人们赞美胡杨，不仅是因为其风姿卓绝，更是因为胡杨的生命力中蕴含的不屈"胡杨精神"。余秋雨曾赞美胡杨树一千年不死，死了一千年不倒，倒了一千年不朽，这样的光芒，又何尝不是一个人、一个民族、一个国家应该有的精神呢？

"胡杨精神"，就是时刻不忘初心，恪尽职守。胡杨树生于荒漠，长于荒漠，西部肆虐的飞沙不能将其击败，贫瘠的土地也不足以让其退缩，它们就那样坚定地伫立在骄阳与风沙里，不声不响，不卑不亢。风来了，它们奋力去阻挡，没有雨水，它们就把根扎进更深的土壤。这份执着与坚强，需要新时代的我们继续传承和发扬。我们欣喜地看见，近几年来，不论是地震、泥石流、洪灾等特大自然灾害，还是非典、禽流感等重大安全事件，每一次危机迸发，危难之中第一时间冲上前线的，一定是坚守在一线的广大干部、解放军战士和武警官兵、医务人员等这些平凡的人。他们用自己的血肉之躯捍卫着人民的生命财产安全，他们用实实在在的行动告诉我们，在实际工作中，要时刻铭记初心，恪尽职守，只有在艰难中咬定青山不放松，才能更好地贡献自己的力量，把握人生的方向。

"胡杨精神"，就是铭记坚守一方，造福一方。胡杨生长的地方，一半是人们的安居之地，一半是荒漠蔓延的方向。要想让绿洲不被侵袭，人民安居乐业，胡杨必须坚守荒漠，迎难而上，尽自己最大的努力造福一方。把胡杨的这种精神发扬到极致的案例比比皆是。60多年前，在我国西部有一个名叫右玉的边陲小镇，那里风沙成患、山川贫瘠，发展找不到方向，致富找不到出路。为了让右玉早日走上发展致富的道路，60多年的光阴里，每任县长都在办公室放把铁锹，他们不约而同地始终坚持做好一件事，那就是植树。事实证明，只要把力量用在最需要的地方，即使是荒漠，也能开出最美的花朵。如今的右玉，已成为名副其实的塞上绿洲，"右玉精神"也被广为传唱。

"胡杨精神"，就是不断强化自我，暗自生长。荒漠上的胡杨，没有过多的观众，也就听不到太多的赞扬与褒奖。但就算得不到肯定，听不到回应，胡杨还是铆足了劲，默默地成长。它们把根扎得更深更广，从荒漠深处，积累和储备自身的营养。它们坚信，只有不断成长，才能让自己更强，才能拥有护卫一方的更有力的臂膀。我们每一个人从牙牙学语开始就接受教育，成人之后离开课堂，也没有停止学习的脚步，这一切都是为了能够让自己不断地汲取知识，从而将其转化为自身安身立命之本、企业发展之基、国家富强之源。在我国"大国意识"觉醒的今天，无论外在环境怎样，我们每一个人都要不断强化自我，只有这样，才能让世界铭记并赞扬我们的"大国"形象。

他山之石，可以攻玉。相信"胡杨精神"给我们的启迪还有很多。我们要将"胡杨精神"内化为精神动力，让"胡杨精神"永远陪伴和影响我们，激励我们继续不忘初心，砥砺前行。

评析：

这篇范文，写得很清爽，这得益于标题有形象感。作者把弘扬、倡导的精神，凝聚在胡杨树身上了，收到了化虚为实的表达效果。

但美中不足之处，是没有讲清楚"为什么"。

文章强调："'胡杨精神'，就是时刻不忘初心，恪尽职守""'胡杨精神'，就是铭记坚守一方，造福一方""'胡杨精神'，就是不断强化自我，暗自生长"，它们分别和时代有什么关系呢？这些精神品格仅仅是胡杨树所具有的吗？

先从精神品格的独特性说起。我们认为，"恪尽职守""造福一方""暗自生长"，几乎是所有树木的共同特点，哪怕不是生长在大西北的胡杨，生长在烟雨江南的乔木、灌木，也具有这些品格、精神。比如现代样板戏《沙家浜》，有一段唱词是"要学那泰山顶上一青松"：

> 要学那泰山顶上一青松，
> 挺然屹立傲苍穹。
> 八千里风暴吹不倒，
> 九千个雷霆也难轰。
> 烈日喷炎晒不死，
> 严寒冰雪郁郁葱葱。
> 那青松逢灾受难，经磨历劫，
> 伤痕累累，瘢迹重重，
> 更显得枝如铁，干如铜，
> 蓬勃旺盛，倔强峥嵘。
> 崇高品德人称颂，

> 俺十八个伤病员，要成为十八棵青松！

这泰山顶上一青松，能不能证明"恪尽职守""造福一方""暗自生长"的道理呢？茅盾"礼赞"过的西北"白杨"，能不能证明"恪尽职守""造福一方""暗自生长"的道理呢？

再着眼"胡杨精神"和时代的关系，为什么现在这个时代应该具有"胡杨精神"？"胡杨精神"和时代有什么内在的关联？倒退30年、60年为什么不弘扬"胡杨精神"（实际上，过往的年代也弘扬"胡杨精神"），偏偏现在要弘扬"胡杨精神"？这些道理讲不清楚，读者就会怀疑。文章交代了胡杨的生长环境"骄阳与风沙"，但没有开掘出"胡杨精神"独特的气质，所以显得隔靴搔痒。

另外，第一个分论点的"恪尽职守"，与第二个分论点的"坚守一方"，意思重复，这种精神品格的含金量也太低，树木的特点之一是生长在哪里，便扎根在哪里，而且"人挪活，树挪死"，如果一棵一棵大树，像人一样，满世界疯跑，既乱了秩序，也害了自己的性命。在这个意义上说，"坚守一方"是不足称道的，不"坚守"它就没命了。

"共产党员网"上有一篇文章，题目是《弘扬"胡杨精神" 争做合格党员》，尽管写得也不完美，但相比上述范文，仍然有可取之处。文章说：胡杨被誉为"沙漠英雄树"，弘扬"胡杨精神"，就是学习它的理想坚定与信念执着；弘扬"胡杨精神"，就是学习它的任劳任怨与固守一方；弘扬"胡杨精神"，就是学习它的不屈不挠与坚韧不拔……其中，尤以"学习它的理想坚定与信念执着"，更值得称道，我们摘引片段：

> 弘扬"胡杨精神"，就是学习它的理想坚定与信念执着。胡杨生活在戈壁大漠，那里没有绿水，没有青山，更没有人为它们呵护。有的只是大漠孤烟、黄沙漫天。胡杨依然牢牢扎根沙漠里，固定着沙丘，守护着绿洲……"志不立，天下无可成之事。"理想信念是共产党人的精神之"钙"。只有树立共产主义的远大理想，坚定马克思主义的伟大信念，才能保证正确的前进方向。理想信念动摇是最危险的动摇，理想信念滑坡是最危险的滑坡。我们党在领导中国特色社会主义建设的过程中是否坚强有力，既要看全党在理想信念上是否坚定不移，更要看每一位党员在理想信念上是否坚定不移。

上文的主要亮点，是讲清了为什么学胡杨（而不是别的树木）、为什么这个

"时代"更需要学的道理。在这一点上，此文值得我们借鉴。

成绩：32分。

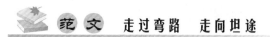
范文　走过弯路　走向坦途

在人生的路上，有一条路非走不可，那是年轻时候的弯路；在创业的路上，有一条路非走不可，那是创业之初的弯路；在兴国的路上，有一条路非走不可，那是大国崛起的弯路。唯其艰难，更显勇毅；走过弯路，才现坦途。

站在青春的路口，踏上非走不可的弯路。形容青春，人们总是用"风华正茂""青春无敌""初生牛犊不怕虎"等词语来修饰。因为年轻，所以对世界、对人生充满好奇；因为好奇，所以想要一探究竟。不管前路有什么，也不管"过来人"说什么，年轻的心总是按捺不住地跳动，勇于尝试，不怕失败。摔跟头也好，碰壁也罢，哪怕头破血流，也是成长中的疼痛。海明威曾说："生活总是让我们遍体鳞伤，但到后来，那些受伤的地方一定会变成我们最强壮的地方。"习近平总书记也曾勉励青年："现在，青春是用来奋斗的；将来，青春是用来怀念的。"既然年轻时候注定要走一些弯路，那就勇敢上路吧，那些弯路就算不能让我们成功，也会让我们成长。

站在创业的路口，踏上非走不可的弯路。每个创业者都是勇士。当别人按部就班地上下班，拿着稳定的薪水安心度日，创业者要跑项目、跑资金、跑销路，眼盯着瞬息万变的市场，须臾不敢大意。马云就是这样的创业者，他原本是一名大学教师，有一份体面的工作和不错的薪资，却为了心中的创业梦而辞去教职。20世纪90年代，创业之初，缺乏资金、不懂技术的马云没有少走弯路。如今的"80后"和"90后"群体，在"大众创业，万众创新"的政策扶持下，创业的可选空间变大，但非走不可的弯路依然在前方召唤。现代社会是技术与创新的时代，技术的攻关与不断的创新谈何容易。无论前方有多少拦路虎，满怀激情的创业者都不会停下前进的脚步，他们喷薄而出的创新力定会支撑其走到最后。

站在兴国的路口，踏上非走不可的弯路。国家富强、民族振兴、人民幸福是伟大的中国梦，为了实现梦想，一代代中华儿女披荆斩棘、挥洒青春，走过一个个沟沟坎坎，取得了举世瞩目的发展成果。然而，并非所有人都乐见中国的崛起，并非所有人都肯定我们的成绩。在首次中加外长年度会晤的记者发布会上，一名加拿大记者无端指责我国的人权现状，对中国充满偏见。中国外交部部长王毅毅然决然予以反击，表明了中国人应有的态度。人权问题只是一个侧面，反映了错综复杂的国际形势。由大国走向强国，中国要走的路必然坎坷，有的由外力所致，有的则源于自身。唯有踏上非走不可的弯路，走中国道路，弘扬中国精神，凝聚中国力量，才能让中华民族屹立于世界民族之林。

无论人生之路、创业之路还是兴国之路，都不可避免要走一些弯路。走弯路并不可怕，泰然处之、勇往直前，及时吸取教训，才能少走"弯路"，甚至将"弯路"走直，才能让人生出彩，让事业成功，让国家富强。

评析：

想必看了上面的范文，许多人有"眼前一亮"的感觉，因为这篇文章写得很"灵异"。

说它"灵异"，主要体现在不走正路走"弯路"上。多年前，赵本山和范伟在春晚上表演过一则小品，叫《红高粱模特队》，因为模特队的教练（范伟所扮）培训队员走猫步，引起赵本山的质疑："猫走直线还是曲线，取决于耗子！"我们不能说赵本山的质疑没有道理，为什么一定要走猫步呢？走猫步也就是走曲线，一定远于直线间的距离。所以，人们出于贪图便捷的天性，总是习惯性地抄近路、走直线。如果非要让人们走曲线、弯路，一定要给出具体的理由，也就是解释清楚"为什么"，不然的话，人们就会觉得你这是在折腾人。

《走过弯路　走向坦途》，就好像在故意折腾人。它的标题很直白，很好理解，没毛病。但接下来展开说理时，就让我们觉得山重水复"真"无路了。

比如"站在青春的路口，踏上非走不可的弯路""站在创业的路口，踏上非走不可的弯路""站在兴国的路口，踏上非走不可的弯路"，这是把走弯路看作必然发生的事情了，绝对化了。我们说走弯路是"或然性"的，而不是必然性的。有的人走弯路，有的人不走弯路；走了弯路的那些人，也不一定是"非走不可"。另外从更高的境界，带有一点哲学意味的角度去说，走弯路可能恰恰是走捷径。因为原本是"此路不通"，非要走直线，就要撞南墙，所以弯路才是最近的路。

我们这样解析，核心意思是：上述范文思考问题过于简单化、片面化了，太极端、太绝对。尤其下面的句子，更加难以理喻：

"有一条路非走不可，那是大国崛起的弯路。"

"非走不可的弯路依然在前方召唤。"

这样的句子有一种令人"惊悚"的感觉，它不是和风细雨般的浸润，而是疾风暴雨一样的洗礼。从作者表达的角度讲，痛快淋漓，但读者难免陷入"非走不可"的"弯路"迷宫中。

几年前安徽省的高考作文《弯道超越》，引来舆论热议，当时便有人调侃：出题老师会开车吗？其实弯道超越或弯道超车本是赛车运动中的一个术语，意思是利用弯道超越对方。选手在直线跑道上飞驰时，由于水平基本相当、车速相差无几，所以很难在直线赛道上通过加速完成超越。只有在进入弯道减速的时候，才有可能凭借驾驶技术和胆略超越对手。"弯道超车"既是机遇，更是风险和挑战，尤其是"新手上路"，更应该"小心驾驶"。

仔细辨析，会发现：范文《走过弯路　走向坦途》第三个分论点中的"弯路"，其实不是"弯路"，而是"坎坷"。"坎坷"路不一定是弯路。这是概念上出了问题。

顺便指出：范文结尾相当中肯，仿佛"柳暗花明"。可惜的是，迷途知返的时机把握得不好，走过了千山万水才想到回归正途。

整体看来，范文作者仿佛是在"醉驾"，而且有时还逆行、超速、闯红灯（如那些让人"惊悚"、难以理喻的句子），我们不得不怀疑：他是不是无证驾驶？

成绩：29 分。

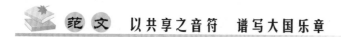

范文　以共享之音符　谱写大国乐章

（×××公众号评析：标题中使用比喻修辞手法，显得生动具体有韵律，为文章增加亮点。）

"独乐乐不如众乐乐"，出自孟子与齐宣王的对话中，讲的就是要懂得与他人共享。时至今日，共享理念更加深入人心，共享理念的普及犹如三月春风，沁人心扉，犹如冬日暖阳，予人温度。因此，重视共享理念也显得尤为重要，因为共享理念可以让我们谱写出新的大国乐章。（×××公众号评析：引用式开头，亮明观点，引出主旨。）

共享是全面的共享。共享，在我们今天听得最多的便是共享经济，经济与共享似乎在社会中成了一个独立体。但是对于共享我们需要有着更深刻的认知，共享绝不仅仅是经济这一方面，它应该是全方位的。因为经济上的共享只能保证社会物质的富足，但若是全方位的共享则意义更加非凡。共享，可以是健康的共享，能让人强身健体；共享，可以是文化上的共享，能让人思想富足；共享，可以是环境的共享，则让人看尽山河美……能共享的绝不仅仅于此，但不论现在能共享的面是多还是少，我们都应当有着清晰的定位，即只有全方位的共享才是真正意义上的共享。（×××公众号评析：论点一，共享是全面的，并围绕此论点使用列举法来论证，让人对共享的内涵有进一步的认识。）

共享是全民的共享。共享的目的就在于能将社会中的资源进行充分利用，将其惠及所有个体。然而，我们发现社会中存在着各种不和谐的声音，诸如让人痛心疾首的医患矛盾，如留守儿童的上学难，再如普罗大众的住房难……这一系列的事件都反映了社会的公共矛盾，即资源尚未均衡与共享。如果作为共享的对象，该得到而未得到，该获得而未获得，那么公民的获得感从何而来？蛋糕做得再大意义又何在？那么共享的理念则会显得尤为苍白，而受伤的依然是民众。所以，要想更好地贯彻共享理念，需要明确共享的主体。（×××公众号评析：论点二，共享是全民的，利用反证法来论证观点。）

共享需要规则的约束。孟子有云："不以规矩，不能成方圆。"说的就是事物的发展需要以一定的规矩来进行有序发展，否则将无法达到既定的目标。其实对于共享而言也是如此，共享也需要规矩来约束。共享单车如一夜春风地吹来，解决了困扰民众的最后一公里问题，带来了便利，但人们在享受共享的福利的同时，却也存在着负面问题，诸如单车行业的无序竞争，单车管理的混乱造成的街头拥堵等问题也是让人们吃尽了苦头，而这一切恰恰就是由于在共享的同时缺少了管理，缺少了规矩。因此，更好的共享离不开规则约束。（×××公众号评析：论点三，共享是需要规则约束的，使用"共享单车"一例来佐证观点，显得有说服力。）

"大鹏之动，非一羽之轻也；骐骥之速，非一足之力也。"共享理念的普及非一时所能及，需要我们以良好的秩序将更好、更多的资源共享到所有个体，如是，方能以跳动音符奏起如虹的大国乐章。（×××公众号评析：引用式结尾，点睛标题，结束全文。）

（×××公众号总评：本文总的来说思路清晰，观点明确，三个分论点使用不同的论证方法，显得文章灵动；多处的引用式说明，也显得作者有一定的文采积累。但本文也存在不足之处，分论点虽有论证，却未紧扣观点，显得中心不够突出，这也是考生该着重注重的地方。紧扣观点是论证必不可少的部分，只有紧扣观点才能紧扣中心，突出文章主题，让文章紧凑有致，详略得当。）

评析：

对于×××公众号对这篇范文的评析，我们持完全相反的意见。这篇文章非但不是范文，而且是"问题文章"，相关"评析"也没有抓住要害。

我们认为，它最大的问题是没有讲清楚"为什么"（也讲不清楚"为什么"）。

首先，《以共享之音符 谱写大国乐章》这个标题就不成立，立不住脚。因为如果把"共享"比作"音符"的话，那么"共享"下面细分出的经济共享、文化共享等又是什么?如果没有"共享"这个"音符",那么大国的"乐章"就谱写不成了吗?×××公众号的评析:"标题中使用比喻修辞手法,显得生动具体有韵律,为文章增加亮点。"这是只看到了标题语言形式的优美,而没有发现内在逻辑上的疏漏。

"共享是全面的共享""共享是全民的共享",这些分论点,更加夸张、不切实际。它们作为远景、愿景,作为未来社会的理想可能是成立的,但在现实社会里,这"全面"的"全民"的"共享",只能是画饼充饥,看起来很美、很魅惑……×××公众号的评析如"列举法""反证法",也是只看到了具体的说理技巧,而忽略了内涵。不注重"内涵建设"的论证方法,不管有多么华丽,也是一文不值的。

为了进一步印证上文内容上的风雨飘摇,我们推介一篇新华社文章,以此证明:所谓"全面"的"全民"的"共享",只能是看起来很美、很魅惑……

成绩:26分。

共享汽车:起了个大早,赶了个晚集?

当共享单车成为出行行业的翘楚、投资资本的宠儿的时候,和共享单车基本同时起步的共享汽车,却一直步履蹒跚、不温不火。共享汽车何以起了个大早、赶了个晚集,消费者疑惑、投资者不解、行业人思考。

为什么不是共享汽车:先天不足

据业内人士介绍,共享汽车脱胎于汽车的"分时租赁",起步于2015年。而以扫码为标志的共享单车,直到2016年才大规模流行。

但经过两三年时间的大浪淘沙,为什么"火"起来的却是共享单车而非共享汽车呢?

专业人士认为,和共享单车比起来,共享汽车可谓"先天不足"。

从需求角度看,共享单车解决的是用户出行1至3千米的痛点,而共享汽车致力于用户15至100千米的多样化出行需求。1至3千米的出行需求,远远大于15至100千米的需求。这是共享汽车无法和共享单车竞争的市场基础。

从产品角度看,中国素有"自行车王国"之称,下至少年儿童,上至大叔大妈,几乎没有不会骑自行车的。而起步较晚的汽车虽然近年来呈井喷之势,但至今C1机动车驾驶证持有者仍只占我国总人数的少数。这是共享汽车无法比拟共享单车的天然劣势。

从运营成本看,一是单车的实物成本价值与汽车的价值不可同日而语;二是单车不受牌照限制,在资本允许的情况下能进行无限量扩张,而共享汽车却是"一照难求";三是共享单车因其小巧方便,可以免费占用公共停车资源,而共享汽车则必须要租赁正规的停车位来停放。

共享汽车:敢问路在何方

和共享单车比起来,共享汽车可谓生不逢时:共享单车在人们饱受"最后一公里"的"黑摩的""黑三轮"之苦后顺时而生,一出生就得到了广大消费者的追捧。而共享汽车一出生就"命运多舛":前有出租车的堵截,后有网约车的围追,旁有传统租车业务的挤压。

那么,共享汽车的出路在哪里?我们还是分析一下目前共享出行方式的结构吧:3千米以内,共享单车优势明显;5千米至20千米或2小时以内,除了公共交通之外,蛋糕多为出租车或网约车瓜分;300千米以上或1天以上,传统的租车服务当仁不让。

但是,在20千米至300千米或者2小时至1天的这个出行区间内,却出现了一个"供给空档",截至目前尚没有一种出行方式能够很好地满足这一市场需求。业内人士认为,这就是共享汽车的发展空间所在。

从事共享汽车业务多年的有车出行CEO崔睿哲认为,20千米至300千米的需求,应该是"A—A"式需求。典型的出行场景,就是以公司或者家为A点的往返出行,比如远距离的上下班通勤,周末自驾游,公务外出等。这些需求通过共享汽车分时租赁的方式,使整个租车过程比传统租车耗时更短、服务更加方便、费用也更加划算。

市场需要"教育" 扩张不能盲目

限行限购正在成为各个城市的共同选择。人们出行的多样化需求无法满足,这为共享汽车行业的发展提供了市场基础。

和共享单车相比,共享汽车的使用门槛要高得多。而针对共享汽车的使用场景仍然在普及以及"教育"市场的阶段。例如,用户使用共享汽车的卫生习惯、共享汽车的押金机制、共享汽车的异地还车机制、共享汽车的蓄能能源问题等。当市场用户经过教育,在熟悉和掌握了这些"汽车文明"之后,共享汽车的时代才会来临。

和共享单车相比,共享汽车对使用者的"高门槛",也促成了共享汽车的优势。比如,因为乱停乱放,一些地方对共享单车亮出了"禁止入内"的红灯,但大多数的共享汽车企业,都通过预租停车位,有效解决了停车难题,使使用者在大型商超周边、中心城区等都能方便快捷地停车。以共享汽车公司有车出行为例,这家公司在北京布局了200多个网点,用户可以多元化选择共享汽车服务。

业内人士认为,随着共享出行行业日益发展完善,多数平台开始进入资源整合期,不计成本的"烧钱"模式已经过去,野蛮生长、跑马圈地的时代行将结束。无论是资本的运作效应,还是"烧"出来的火爆需求,都需要接受市场的检验。这,对于不温不火的共享汽车,或许是一声来自春天的问候。

第五章
总论：确立一个"小目标"

写文章，从某种意义上说，是在表达作者的"诉求"，就好像坐在谈判桌旁，和对方在讨价还价。

为什么说写文章好像是表达"诉求"、讨价还价呢？其中的道理相当简单：在提出问题、分析问题、解决问题的过程中，总要涉及目标定位，也就是"解决到什么程度"。就像眼下国际社会的热点——朝鲜弃核，一方说是有条件的、分阶段的，另一方说是无条件的、永久性的。这就是不同的诉求，而谈判则是在寻求平衡点。

申论写作也要寻求平衡点。也就是说，面对某些问题，我们不可能毕其功于一役，不可能一口吃成个胖子，要循序渐进，也就是要确立"小目标"。不能满脑子都是终极理想，而忽略了一个个"小目标"。

在本书"文章不写半句空"一章中，我们在讲论据的时候，以一篇习作《让百姓共享改革发展红利》为例，提到文章的主要观点：改革是中国发展的最大红利，现在要将这个"利"更多地惠及百姓，又分别从"公平是根本""民主是关键""制度是保障"等方面，加以阐释。我们说，"公平""民主""制度"几乎都是"终极"理想和目标，太遥远了，太高大上了。能实现这些终极理想固然好，但要实现这一终极理想，确立一个个"小目标"，必不可少。换言之，没有一个个"小目标"，所谓的终极理想，也就被架空了。

为了说清这个问题，我们援引求是网（2018年5月24日）上的一篇文章《乡村振兴须规避五种倾向》。

乡村振兴须规避五种倾向

推进乡村振兴，须着力规避战略问题战术化、发展目标浪漫化、振兴方式单一化、政策支持盆景化和支持重点错乱化等不良倾向。

实施乡村振兴战略，是新时代我国做好"三农"工作的总抓手，也是到21世纪中叶把我国建成社会主义现代化强国前处理工农城乡关系的行动指南。当前，应努力规避以下几种倾向：

规避战略问题战术化倾向，加强实施乡村振兴战略的顶层设计。如果不重视全局性、关键性、方向性的战略谋划及其影响，只重视特定行动的战术安排，甚至盲目上马、仓促行动，就很容易出现方向性失误，陷入"效率越高，问题越大，越容易错失机遇"的困境。战略问题战术化现象，主要表现为"目标不清决心大，方向不明考核多""缺乏总体考虑，热衷于碎片化行动"。有些地方实施乡村振兴战略追求"速战速决""立竿见影"，喜欢打"运动战"，缺乏打"持久战"的准备，也是战略问题战术化的突出表现。这不仅会增加资源利用的浪费，还会加大战略实施的困难和风险，影响战略实施的成效及可持续性，增加战略实施过程的反复。

规避发展目标浪漫化、理想化倾向，积极稳健地推进乡村振兴可持续发展。实施乡村振兴战略既要积极，又要稳妥扎实有序；既要有适度的高标准严要求，又不宜吊高胃口，抑或开'空头支票'。例如，有人提出，要'让农业赶超房地产''让乡村成为经济社会发展的中心'，甚至要'消灭城乡收入、基础设施和公共服务的差距'。地方政府如果以此为导向，不仅最终难以实现目标，还可能形成政策误导，扭曲经济社会发展的动力机制，削弱实施乡村振兴战略的可持续性。应该看到，在今后相当长的时期内，工农差距、城乡差距的适度存在，仍是推进新型工业化和新型城镇化的基本动力。努力消除过大的、不合理的城乡差距，与彻底消灭城乡差距不是一回事。

规避振兴方式单一化和"一刀切"倾向，着力推进乡村全面、有机振兴和多样化、特色化振兴。乡村振兴方式单一化，较为突出的表现是乡村振兴村建化，即把实施乡村振兴战略的过程简单等同于推进村庄建设的过程，热衷于房屋、道路和设施建设，轻视推进产业兴旺对农民就业增收的影响，轻视社区治理、文明乡风和公共服务能力建设，导致乡村振兴的过程难以有效体现"以人为本"和可持续发展。同时，乡村振兴不等于地域空间意义上所有乡、所有村"一刀切"的振兴。随着工业化、信息化和城镇化的深入推进，人口和经济布局的适度集中化是难以避免的趋势。部分村庄的萎缩或消亡，可以为另一部分村庄更好、更可持续地振兴创造条件。如果拔苗助长、盲目提速，"一刀切"地要求所有乡村都能实现振兴，可能事与愿违，甚至对农村的可持续发展带来严重的负面影响。

规避体制机制改革工程化、政策支持盆景化倾向，着力推进广大农民在共商共建共治共享中有更多获得感。所谓体制机制改革工程化，即用发展举措替代改革举措，将推进体制机制改革的过程，异化为实施一系列发展举措的过程；不愿触动现行利益分配格局和国民收入分配格局，轻视推进体制机制改革的必要性、紧迫性及其对推进乡村振兴的基石作用，甚至为绕开体制机制改革的困难和风险，蓄意增加要素和技术投入，力求用短期的快增长掩盖体制机制改革滞后对未来发展的透支效应。所谓政策支持盆景化，即政策支持普惠不足、特惠有余且强度过大，通过短期高强度的政策支持和公共资源配置，人为营造政策"高地"和政策"孤岛"，导致支持对象对政府投入过度依赖甚至丧失自我发展能力，相关试点示范缺乏复制和推广价值。政策支持盆景化，不仅容易导致乡村振兴对象缺乏内源发展、自主发展能力，还容易限制乡村振兴惠及范围的广泛性。

规避支持重点错乱化和"三农"配角化倾向，有效辨识乡村振兴的引领者、参与者和侵蚀者。离开了农民增收致富，离开了农民全面发展，实施乡村振兴战略的必要性就会受到动摇。有些经营主体在参与乡村振兴时，力图代替"三农"而非依靠"三农"，很可能导致农民由乡村振兴的"主角"变成"配角"。这不仅会导致农民主体地位"缺位"，还会侵蚀"三农"的自我发展能力和农民共商共建共享乡村振兴的可能性，甚至导致"三农"成为工商资本谋取利益的"装饰品"。例如，有人以推进农村一、二、三产业融合发展或推进农业与养老休闲产业融合等名义，推进"农业房地产"等所谓的商业模式创新，发展农业只是挂挂牌子、当当点缀，被当作争取优惠政策的"装饰"，真正的用意在于发展房地产。实际上，这是本末倒置，换来的很可能不是农业脱胎换骨的改造，而是农业沦落为房地产业的附庸或随从。

该文谈到要规避的第二种倾向是："规避发展目标浪漫化、理想化倾向，积极稳健地推进乡村振兴可持续发展。"文章分析道："实施乡村振兴战略既要积极，又要稳妥扎实有序；既要有适度的高标准严要求，又不宜吊高胃口，抑或开'空头支票'。例如，有人提出，要'让农业赶超房地产''让乡村成为经济社会发展的中心'，甚至要'消灭城乡收入、基础设施和公共服务的差距'。地方政府如果以此为导向，不仅最终难以实现目标，还可能形成政策误导，扭曲经济社会发展的动力机制，削弱实施乡村振兴战略的可持续性。应该看到，在今后相当长的时期内，工农差距、城乡差距的适度存在，仍是推进新型工业化和新型城镇化的基本动力。努力消除过大的、不合理的城乡差距，与彻底消灭城乡差距不是一回事。"

我们认为，乡村振兴须规避"发展目标浪漫化、理想化倾向，积极稳健地推进乡村振兴可持续发展"，几乎可以看作是申论写作有关目标、诉求定位的一个理想化的形象教材。也就是说，我们在备考过程中，为了搜集社会热点问题，在浏览乡村振兴须规避的几种倾向时，文中的相关概括，既是申论写作的素材，也是申论写作的教材。作为素材，它能让我们进一步了解现实；作为教材，它又在教我们要善于"分解""划分"，把大目标分为一个个"小目标"。可以说是一举两得。

在这个意义上，我们要善于学习，尽可能追求学习的高效率。很多文章的写作技法，是在"无心插柳柳成荫"中习得的。

我们再回到正题上来，确立"小目标"，体现的是思维的具体化，是解决问题的可行性、操作性。生活中，我们常说一些人是志大才疏，我们写文章的时候，不能犯志大才疏的错误。也就是不能凌空蹈虚，要脚踏实地。

如果细究的话，确立体现可行性、操作性的"小目标"，可能要比一个大目标、终极理想更难。因为那个大目标、终极理想，常常有人替我们想好了，已经达成了共识，比如我们曾经分析过的"公平是根本""民主是关键""制度是保障"，这些说法无可争议，的确如此，核心价值观中便有公平和民主。但是怎样实现，尤其是落实到具体单位、部门，落实到具体工作中的时候，却是一个严峻的考验。所谓"没有金刚钻，不揽瓷器活"，写申论，就好像揽下了一个"瓷器活"，我们所有的修炼，都是在打造"金刚钻"。在完成"瓷器活"的过程中，急不得、躁不得。

范文　创业应为梦想所驱动

星巴克传奇创始人舒尔茨曾言："为钱创业是肤浅的，应为梦想所驱动。"由此可见，因名利驱动创业所产生的价值是肤浅的、表面的，因为"种瓜得瓜，种豆得豆"，为钱创业的动机已经决定了这类创业所能带来的只能是浅显的价值和一般的意义。方今之时，在深化改革与发展的中国，亟待有梦想、有情怀的创业者，怀抱远大的梦想才是当今创业者应该具备的正确动机。

梦想驱动创业方能奠定成功基础。创业之路充满艰辛与曲折，执着的梦想往往是决定成败的关键。孙家栋，怀抱着改变中国科技落后、发达国家垄断卫星等高科技局面的梦想，少年勤学海外，青年担纲国家攻坚项目，他设计的中国第一颗人造地球卫星升空，打破了美苏在该技术领域的垄断；他设计的中国第一颗遥感探测卫星，使中国具备了"天眼能力"；他也是中国探月工程的总设计师，为中华民族千年的登月梦想打下了坚实的基础。作为中国科学院院士，中国"两弹一星"功勋科学家，他设计了导弹、卫星、"嫦娥"、"北斗"——满天星斗璀璨，写下了他的传奇梦想，正是伟大的梦想成就了他非凡的事业。梦想驱动创业方能奠定成功基础。创业之路往往布满荆棘与坎坷，坚定的梦想往往是影响成败的关键因素。

梦想驱动创业方能聚合裂变力量。没有梦想的创业当是孤独的，因为没有志同道合的伙伴；没有梦想的创业当是无趣的，因为没有追梦路上的分享；没有梦想的创业当是无助的，因为没有众志成城的合力；但是，梦想驱动的全新创业模式——众筹创业正是改变这些困境的良药。当下，有大学生返乡利用众筹进行农业创业的，有网络平台利用众筹进行创意创业的，有明星大腕利用众筹进行娱乐创业的，众筹这种崭新的创业模式不仅汇聚各方面的社会力量与资源，而且更可以改变传统创业所面临的多重困境，更重要的是它实现了创业的裂变——促使创业的能量产生裂变效应，体现共享发展的理念。故此，梦想驱动的创业方能有趣、有力，帮助我们进入共享繁荣的时代。

梦想驱动创业方能履行使命担当。新时代下，国家和社会需要青年一代勇担历史使命，肩负时代责任，梦想驱动的创业当可不负时代的期许。在大众创业、万众创新的时代背景下，大多数人为名利而来，君不见时下共享单车创业项目大战正酣，各种资本力量与人才纷至沓来，可以想见在不久的将来，这些没有梦想只有功利的创业项目都将消失在历史的云烟中。与之形成鲜明对照的是，我们所处的时代，不断涌现一批与众不同的人，他们不以传统利润为导向，而是出于为解决社会问题、帮助弱势群体提升地位而创业，在实现个人价值、创造社会财富的同时，更回应社会挑战，完成了时代赋予青年人的使命。由此可见，梦想驱动下的创业，更具时代精神，方不负人民嘱托。

创业应为梦想所驱动，但光有梦想是不够的，必须有始于足下的行动。因此，我们青年一代要敢想，有创新精神；在想法、创意的基础上，踏实肯干。只有这样，创业梦想实现的那一天才不会遥远。

评析：

在具体评析前，想请大家先思考一个问题：这篇文章能说服你吗？

猜想，它说服不了你。

说服不了就对了，因为它调门太高，曲高和寡。

我们理一理头绪："为钱""为梦想""远大的梦想"，这是文章开头最重要的三个关键词。

其中"为钱""为梦想"，引述的是名人名言；"远大的梦想"是作者的发挥。三个关键词摆在一起，能发现：文章的调子越来越高。

实际上，"为钱创业是肤浅的，应为梦想所驱动"，这个调门已经足够高了，这位作者不甘寂寞，又升高了一调："远大的梦想"。所以，越写越离谱。

这是因为:

第一,"为钱"和"为梦想",原本就是"剪不断,理还乱",比如我的"梦想"就是"赚钱",你说"肤浅"还是不"肤浅"?

第二,现在讲求"大众创新,万众创业",创业已经到了"万众"的程度了,表明它门槛很低,普通人都可以。你总不能奢求卖煎饼的也要有"远大的梦想"吧?这些普通人的创业,目标很实在,就是为了赚钱,为了养家糊口,为了过上好日子。

第三,"梦想,是对未来的一种期望,指在未来想实现的事或是达到的境况。"它既可以是高远的目标,也可以是比较切近的期望。

第四,究竟怎么理解"为钱创业是肤浅的,应为梦想所驱动"呢?高度概括,就是:既要脚踏实地,也要有理想、目标(也可以理解为:既要赚钱,还要有社会责任,回馈社会)。

第五,既要脚踏实地,又要有理想、目标,这两句话无疑都是正确的,两者不可偏废。只不过,作者更强调"应为梦想所驱动"。

第六,"应为梦想所驱动",不是必须"为梦想所驱动"。创业有不同的过程、阶段,不同的层次、境界。有些创业者可能止步于"为钱",是"肤浅的"。

第七,"肤浅的"只说明它层次、境界不高,但它也是正当的、正常的。家里快揭不开锅了,"为钱"创业,尽管肤浅,却能救急。

第八,说到这里,知道文章问题在哪儿了吧?它单纯强调"为梦想",避而不谈"为钱",太片面,而且调门又高,高到"远大的梦想"程度,所以显得不近人情。

第九,正确的姿态应该是:肯定"为钱"创业,更倡导为"梦想"企业。它们分属不同的阶段,"为钱"是初级阶段,"为梦想"是高级阶段。

第十,简单地说,就是有成就了,要承担社会责任,要回馈社会。

第十一,该范文问题的根源:思维简单化,看见"为钱创业是肤浅的",就全盘否定,片面倡导"为梦想"创业。

第十二,须知,"为梦想"创业也可能失败,"为钱"创业也可能大获成功。如果能够这样具体分析,就不会抓住一点不及其余了。

第十三,老师命题,大概不会让考生写一篇"创业"的文章,也不会要求泛泛谈论"梦想"。它们太老套了,太"泛滥"了。上述范文,只是生硬合并"创业""梦想"两个关键词,也高明不到哪里去。最有技术含量的地方在能不能看到"为钱"创业的必要性、必然性。在"为钱"创业的基础上,谈"为梦想所驱动"而创业。

第十四，再说个细节问题，文中提到"众筹创业"，以此证明有情怀、有梦想，实际上它只是一种"创业模式"，和情怀、梦想不搭界。众筹创业者，也可能是"为钱"。

总之，"为钱创业是肤浅的，应为梦想所驱动"，这是过来人、成功者的经验和智慧，包含着宠辱不惊的淡定。那些"小微企业"，最要紧的是先赚钱，活下来，然后考虑梦想。打个比方，"为梦想"就像王健林的"小目标"，如果普通人也把一个亿作为"小目标"，四处演讲或写文章，宣传自己的这个"小目标"，就可笑了。

启示意义：写文章不是调门越高就越好。由"梦想"到"远大的梦想"，就是拔高。

对谈论的问题，自己要想明白、想透彻，能辨析其中的是非真伪、利弊得失；写文章，要能够自圆其说，能够说服自己、说服读者。

成绩：24 分。

习作 基层治理让干群关系和谐

基层干部要怎么做才能干群关系和谐？能够面对面与群众交流，倾听群众的呼声，解决群众的困难，让邻里关系和谐，踏踏实实给群众办事、办好事的干部能得到群众认可，让干群关系和谐。

茶风就是作风。沟通是一门艺术，坐下来面对面与群众喝茶，群众感觉到干部很亲切，不摆架子，喝群众泡的茶接地气。学会沟通，需要政府转变创新服务方式，干部与群众多一些沟通，少一些空话。多一些沟通对提高地方经济社会发展和解决民生突出的矛盾有很大的帮助。多一些沟通让干部知道群众需要对他们有帮助的基础设施建设，群众希望乡村治安能让群众的生产生活得到保障，群众希望收入提高，改善生活。

加强基础设施建设，群众需要发出声音让基础设施建设有针对性。基础设施建设现代化可以改善群众生产生活条件，让群众享受建设社会主义新农村、促进城乡一体化带来的成果。撤点并校改善乡村办学条件，提高办学效益和质量，但给乡村的部分学生带来了交通隐患和生活成本增加等新问题；通过福利彩票和体育彩票基金，有些地方政府建设了一些文化、体育设施，这些基础设施基本处于闲置状态。政府与群众缺少沟通、交流，政府不了解群众的需求，盲目的基础设施建设并不能改善群众的生产生活条件，闲置的基础设施无疑成了摆设。政府在基础设施建设时应当多听听群众的声音，让基层设施真正改善群众的生活。

加强乡村治安，给群众的生产生活提供最坚实的力量支撑。乡村"空心化"问题日益凸显，解决邻里纠纷、家庭矛盾，保障留守老人和孩子的人身安全等乡村治安问题需要得到有效解决。中国农村人口占全国人口的一半以上，近年的乡村"空心化"，让乡村的治安问题显得尤为突出，有效处理乡村空心化的问题，需要基层干部通过多听取汇报、实地调查、问卷调查、座谈讨论等形式，深入了解农村的情况，通过对村霸乡霸等恶势力的惩治，打击盗窃侵占财产等犯罪，化解邻里、家庭矛盾，干部加强乡村治安巡逻力度，让老人和孩子的人身安全得到保障。

加快地方经济社会发展，提高群众的收入。县农产品价格低廉，农民种地积极性不高，导致大片的良田长满荒草。针对全县的地貌特征，县政府需要与群众沟通交流，确定合适的第三产业，比如在丘陵种植营养丰富的高产出水果，政府一方面提高对种植水果的农户的补偿费，另一方面大力宣传推广营养丰富高产出的水果，让县成为旅游业和传统农业相结合的城市，通过发展旅游业增加群众的收入，提高群众种植的积极性。

习总书记指出，必须把抓基层打基础作为长远之计和固定之策，丝毫不能放松。政府创新工作方式，原有的干群油水关系向鱼水关系转变，基层治理让干群关系和谐。

评析：

有句歇后语，叫"铁路警察——各管一段"，它强调的是职权范围。

想到这句歇后语，是因为这篇谈基层治理和干群关系和谐的文章。文中的一个主要观点是："加强基础设施建设……改善群众生产生活条件，让群众享受建设社会主义新农村、促进城乡一体化带来的成果。"此外还谈到"加快地方经济社会发展，提高群众的收入"等问题。

这样的文章内容，为什么让人联想到"铁路警察"呢？

这要从"社会治理"这个话题谈起。我们现在所说的社会治理，先前的说法叫"社会管理"，自十八届三中全会通过《中共中央关于全面深化改革若干重大问题的决定》起，我们开始用"社会治理"这一概念来替换"社会管理"。社会管理和社会治理虽然只有一字之差，所反映的却是治理主体、治理方式、治理范围、治理重点等方面的明显不同。

概括说来，加强社会治理的总任务是确保社会既充满活力又和谐有序。当下社会各种矛盾、各种问题多发频发突发，对传统社会治理模式和方法提出了严峻的挑战。我们现在强调系统治理、依法治理、综合治理、源头治理、精细化治理，构建全民共建共享的社会治理格局，旨在协调不同阶层、不同利益群体的诉求，不断满足广大社会成员的社会性需要，解决社会问题，化解社会风险，实现社会的安定有序和充满活力。

当下社会治理，还存在着过度治理与治理空白的问题。所谓过度治理，就是对同一问题，众多的社会治理主体都要去进行治理，体现自己的权威，结果是多头治理、争利越位、交叉错位，被治理对象越治理越死，而当真正需要解决问题时，各治理主体又职责不清、扯皮推诿、互相内耗，有治理之名而没有治理之实。老百姓常常说"九个大盖帽管着一个破草帽""九龙治水而水患不已"，说的就是这种情况。所谓治理空白，就是该管的无人管，管不了，出现了盲点。政府要全心全意地提供公共服务，真正向服务型政府转变。

之所以这样大费周章地介绍解释"社会治理"，为的是给"社会治理"划分出一个边界，划定一个范围，并以此说明原文中的"加强基础设施建设""加快地方经济社会发展"等说法，已经跨越了"社会治理"的边界，像无锡的"铁路警察"管了苏州那一段铁路。

跨界的后果是什么呢？就是它无视应该探讨的具体问题，而追问"终极目标""终极意义"——经济发展和建设。也就是说，它跨过了那些"小目标"，直奔终极理想了。

从这个角度说，这篇文章有些文不对题，或者说有些跑题了（但跑得不是太厉害，跑得不是太远）。跑题是个笼统的说法，再追问下去就是跑到哪里去了，回答是跑到"经济建设"上了（之所以说跑题跑得不是太厉害，是因为"经济建设"上去了，有助于"社会治理"，但这已经是绕了几个弯了）。

这样解析的意义，在于提醒大家，对于我们写文章要探讨的那个论题，应该弄懂、吃透，知道它的内涵和外延，这样下笔才有分寸感。

成绩：26分。

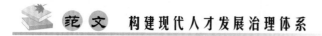

范文　构建现代人才发展治理体系

所谓"治理体系"，其主体不仅是政府，还应当包括各类群体组织和社会组织，一些特定的市场主体也有可能参与到治理国家的事务当中。"治理"本身意味着从精英决策、政府主导到公众决策、社会参与的转变。当前，我国正处于社会主义市场经济的"转型期"，构建现代人才发展治理体系就要破除人才管理中的体制分割、权力分割和条块分割局面,加快形成政府、市场与社会的新型关系,形成三者在人才发展中相互协同、相互促进、互为补充的人才工作大格局。

在不同的历史发展阶段,政府在人才工作中的角色和定位也有所不同。在人才工作启动阶段,政府发挥主导作用,扮演引导角色,一般能够对人才工作起到"引导""培育"和"助推"的作用,有利于创造人才工作的良好开局,可以发挥出集聚社会资源和社会注意力办大事的优势,聚焦更多人才工作注意力,产生更大人才工作影响力。当人才工作"这壶水"烧热之后,政府就要调整自己的角色,考虑退出问题,依靠市场化手段,进一步增强市场激励、社会评价和行业规制的力量,以此将政府本位、权力本位、官员本位,让渡为市场本位、人才本位、专业力量本位,不再扮演"全能"政府角色。在此基础上,推动市场化方式,突出社会化参与,建立法治化保障,瞄准国际化竞争,形成市场、社会和政府相互竞争、相互促进、相互补充的人才工作大格局,这是政府人才工作改革创新的重要方向。

发挥市场配置人才资源的决定性作用。树立"有限政府""服务型政府"理念,充分发挥市场配置人才资源的决定性作用,凡属于可以通过市场机制解决的,政府不介入,已经介入的要逐步退出。按照社会主义市场经济规律和人才成长规律,健全人才市场体系,尽快形成符合市场经济要求的人才供给机制、价格机制、竞争机制和激励保障机制,推动人才自由流动。充分发挥用人单位在人才培养、吸引和使用中的主体作用,克服人才管理中存在的行政化、"官本位"倾向,建立面向国际、面向市场、面向现代化的人才开发和使用制度。构建天下英才汇聚涌现、平等竞争、自由发展的人才发展环境,借助市场力量与价格杠杆配置人才、检验人才和使用人才,最大限度地激发各类人才的创造活力,实现人尽其才、才尽其用、用有所成。

大力推动政府人才管理职能转变。大力推动政府部门简政放权,使其从人才工作"前台"走向"后台",从"重微观"向"重宏观"转变,从"重操作"向"重服务"转变,从"重政策"向"重法制"转变,从直接介入干预人才具体工作逐步过渡和转变到营造公正公平的人才竞争环境上来,转变到健全人才公共服务、加强平台载体建设,完善人才权益保障、建立公开透明的市场监管机制上来,通过加强法制建设、完善行政许可、加大政府采购等宏观管理和间接调控手段推动人才工作,重点解决和弥补市场失灵问题。坚持政企分离、政资分离、政事分离、管办分离,建立政府人才管理服务权力清单和责任清单,进一步减少和规范行政审批与收费事项。通过重点加强事中和事后监管,为在竞争规律、价值规律和供求规律等市场机制作用下,实现人才发展的有效均衡让出空间。

加强社会组织服务人才发展职能。积极培育各类社会专业组织,充分调动与发挥学会、协会和社会组织的力量，逐步承担起管理、推动人才发展的相关职责。加快实施政社分开，推进社会组织明确权责、依法自治、发挥作用。实现行业协会与主管部门真正脱钩，逐步承接人才培养、流动、评价、激励等政府职能，推进行业协会、学会有序承接水平评价类职业资格具体认定。逐步将政府组织开展的人才规划、项目评估、统计评价等工作，通过授权委托或招标方式，交由社会组织等第三方组织实施。发挥行业协会人才评价和行业自律功能，加强人才诚信建设，协调解决行业人才纠纷，发布专业人才需求动态等。加强对社会组织、中介机构、行业协会、行业学会的规制和监督，使其成为专业人才开发的重要载体和阵地。

健全人才法治和信用体系建设。法律具有稳定性、强制性等特点，加强立法有助于把人才工作定位转化为国家意志，有助于降低政策的不稳定性。我们要进一步整合各种有关人才工作的法律法规和规章制度，建立体系完整、结构协调、内容充分、形式丰富的人才法律法规体系，形成有利于人才发展的综合法制环境。实现人才综合立法（人才开发促进法）与人才分类立法（终身学习、工资管理、事业单位人事管理、专业技术人才继续教育、职业资格管理、人力资源市场管理、外国专家来华工作管理）相结合，形成涵盖国家人才安全保障、人才权益保护、人才市场管理和人才培养与使用等人才资源开发管理各个环节的人才法律法规网络。建设覆盖全社会主要人才群体的信用体系，建立健全相关人才信用登记网络系统，形成影响信用违背惩戒机制，创造有利于人才发展的良好法治和信用环境。

评析：

此文看着不像是一篇申论，更谈不上"范文"，但它却是某公众号隆重推出的一篇"申论范文"。

我们之所以挑选这篇文章谈确立一个"小目标"的问题，旨在于纠偏、校正，防止被误导。

构建—现代人才—发展—治理体系，透过这个标题就可看出，它"贪大求全"，像一座气势恢宏的阿房宫。而考生在考场上，结合给定资料所完成的某篇申论，只是一个小小的安乐窝。阿房宫和安乐窝，它们之间的差别太大了。

发挥市场配置人才的决定性作用、大力推动政府人才管理职能转变、加强社会组织服务人才发展职能、健全人才法治和信用体系建设，这是文章的纲要。它们都是宏观的、战略性的，顺着其中的某一个要点，我们可以进一步拆解出若干个小要点，这就表明它目标太大、太高远。

简单说来，如果是申论，内容应该更单一、更具体，目标应该更实在。

此文可能是某单位内部的决议，文章的"条块"分割得特别清晰，但其间不见起承转合，没有思路，没有行文的脉络，感觉上完全是堆砌起来的，就好像是瓦匠在砌墙，一块砖一块砖地垒砌了一堵墙。在这个意义上，我们也能看出，它不是申论，更不是申论范文。也就是说，如果我们经常阅读这样的文章，非但从中学不到任何的章法，相反还会令自己在构思行文上出现倦怠、疲态。

成绩：23 分。

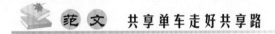

共享单车走好共享路

共享单车是"互联网+"新技术的一片蓝海，开启了现代文明的一道风景，实现了绿色健康出行的愿望，解决了市民出行的"最后一公里"难题。但自共享单车问世以来，问题也随之而来：给共享单车加锁，共享变私享；给共享单车喷漆，借用变抢夺；砸共享单车出气，工具变出气筒。可怜的共享单车，纵使有三头六臂，也难逃命运多舛。要让共享单车走好"共享路"，需要政府、企业和用户共同使力。

让共享单车走好"共享路"，要系上监管的"紧箍咒"。我国的城市道路在规划的时候缺乏对单车的规划，对非机动车的道路、停车区域等规划严重不足，导致当前共享单车在管理过程中出现了拥堵路口、阻碍交通的情况。推出共享单车属于企业的经营策略，而企业在发展过程中更多关注的是自己的利益，只顾市场占有率而不顾具体的道路情况。因此，政府需要给共享单车提供发展的空间。从当前来看，政府要承担起部分责任，对共享单车的停车空间进行划定，同时要规范企业的行为，保障进入城市的车辆比例，规范共享单车的发展。

让共享单车走好"共享路"，要铸牢责任的"安全网"。企业作为新时代国家发展的重要组成部分，不仅承担着发展经济的重担，更要兼顾承担社会责任，要生产出促进社会进步的产品。共享单车不仅能够解决人民的出行问题，还能增加社会公共资源，为社会创造财富。但是现在有些企业在发展过程中，仍然只顾增加市场份额，快速占领市场，而忽视企业发展过程中可能会带来的负面影响。比如共享单车快速扩张就会占领城市空地，造成交通堵塞，人们出行困难；与此同时，如果不承担起责任，恶性竞争，还会导致企业运营困难，群众财产受损，造成非常大的负面影响。因此，企业应该准确把握共享单车的服务区域，并对其进行精准投放，实现共享单车的经济价值和社会价值。

让共享单车走好"共享路"，要抓紧素质的"生命线"。共享单车在某种程度上是一种便民的公共资源，在一定程度上缓解了人们出行的压力，是一种更加环保更加绿色的出行方式，给用户带来很多方便。但共享单车的出现，将国民素质一览无余地照了出来，它映射了国民素质的不足之处，乱停乱放、恶意损坏共享单车或将共享单车占为己有，这不仅是共享单车企业面临的危机，更是国民素质面临的危机。

共享单车要走好"共享之路"，需要政府做好天然的协调人；共享单车要走好"共享之路"，需要企业做好责任人；共享单车要走好"共享之路"，需要公民做好使用人。只有各方共同努力，各司其职，各尽其责，才能让共享单车的"共享路"走得不那么艰难，让使用共享单车成为人们低碳出行、绿色出行的新常态。

评析：

《共享单车走好共享路》，相比我们评析过的其他文章，它属于真正意义上的"小目标"，它是真的"小"。我们提到的其他文章，都是目标太高远，有几分志大才疏，而这一篇则正好相反，好像是螺蛳壳里做道场了。

我们曾把贪大求全的文章比作富丽堂皇的阿房宫，强调申论是小小的安乐窝。但安乐窝再小，也要能容身。具体说来，申论既不是阿房宫，也不能是微雕艺术。

《共享单车走好共享路》，它的"由头"太小，只是一个共享单车的问题。网上有一篇申论范文《信任是共享经济的入口》，它探讨"共享经济"问题，其中的共享单车是组成"共享经济"的一个点。这种视野才适合于申论写作，也就是它关注带有普遍性的问题，而不是具体的个案。

在《信任是共享经济的入口》中，作者先后提道："共享经济的模式突破吃住行的领域，遍地开花。""从共享出行的代表UBER、滴滴打车，到共享空间的代表微信、微博。从共享厨房的代表回家吃饭到觅食餐厅，再到共享时装的代表'魔法衣橱''衣二三'。共享经济给我们的生活带来了千变万化的同时，也让闲置的资源得到了高效的利用。""没有车，可以通过租车平台租一辆车；订不到酒店，可以在出租家庭旅馆的网站上选择各地民宅。资源的共享不仅给消费者带来了实惠和便利，也让共享者获得了收益，因此，共享经济是一个互惠共赢的过程。"此外还涉及"私厨共享平台"等。能够看出，文章是在概述共享经济的基础上，提炼出"信任"这一主题，而不是就事论事地谈论某一种"共享"方式。

就某一种"共享"方式，进行具体问题具体分析，这是新闻评论的写法，它一事一议，小中见大。

与《共享单车走好共享路》相类似，某公众号推介了《人民日报》（2018年5月23日）文章：《推动特色小镇创新发展》，文中强调：打造特色小镇是推进以人为核心的新型城镇化、实现乡村振兴的一项重要举措。要防止特色不明、低水平重复建设、无序竞争等问题，为此要"注重塑造特色""强化市场驱动""激发科技力量""实现动能转换"。它们作为申论素材，是响当当的，但仿佛独木难成林，让共享单车和特色小镇独自成为申论的"话题"，是勉为其难的。

我们在上文中提到，申论既不是阿房宫，也不能是微雕艺术。从某种意义上说，它是介乎二者之间的，是"中观"层面（有别于宏观层面和微观层面）的。

回到上面那篇文章中，它在探讨如何让共享单车走好"共享路"时，所生发的内容比较深广，比如要系上监管的"紧箍咒"，要铸牢责任的"安全网"，要抓紧素质的"生命线"，我们说它是螺蛳壳里做道场，主要是指它针对的问题——共享单车，太小了。写申论，不能这样抓住"一点"不及其余。

最后想说明的是，这篇文章也有亮点、特色，主要是行文流畅，一气呵成，分析评述入情入理，显现了作者相当扎实的写作基本功。遗憾的是，所探讨的问题太小了。

成绩：31 分。

范文　岁月失语，唯石能言

"岁月"，一个诗意化的词，古往今来的文人、骚客、诗人和作家赋予了岁月千百姿态。"岁月"是从墙上流过的光影，是从指间荡过的脂水，是人们睡眠中悄悄过往的来客，著名诗人海子和国风不约而同地以岁月为题作诗。

每次对岁月的找寻，都是对自己、对民族和对人类心灵成长史的一次回忆；每次找寻都是对人从哪里来、是什么和要到哪里去的一次再回答；每次找寻都是人试图回到自己本身，回到最真实、最自然、最美好生活的一次努力；每次找寻都是对污浊心灵的洗礼，对生存方式的反省，对发展方向的调整。我们不能要求每个人都热爱岁月，但是起码不能破坏岁月。呵护岁月，是权利，更是义务和责任。

找寻岁月，拯救历史，保护文化是首要条件。

第一，全民保护。文化保护不仅仅是政府的事，而是大家共同的事。文化本身不是属于哪个政府、哪个集体的，而是大家共有的。保护文化一定要走群众路线，广泛发动群众，让人民群众自觉自愿地保护文化。

第二，整体保护。文化保护不能只保护一个牌坊、一栋建筑，而是要保护一条街、一道河、一个古镇、一座古城。不仅是对建筑物的外在保护，更多的是对人及其生活方式的内在保护。

第三，长期保护。全方位、多层次、多类型的立体保护。要根据文化特点，通过博物馆保护、传承人保护、教育保护、法律保护等多种手段进行保护。让保护形成习惯、形成制度，使保护是可持续的、不间断的。

第四，重点保护。一要重点保护活着的文化，重点保护非物质文化遗产；二要重点保护濒临灭绝的文化。

保护文化只是第一步，对文化不能仅仅停留在保护上说事，对于文化遗产我们还需要做得更多、更好。

要认识、热爱、真心对待文化遗产。文化保护不能是绣花枕头，不能是面子工程，不是为了保护给谁看，不是为了获得什么联合国认同。文化之所以需要保护是因为现实的需要、群众的需要，保护文化是为了让我们自己当下过得更好、更安心、更幸福。

对文化遗产热爱要付出行动，不能只是在口头上。一些年轻人用传统的仪式举行婚礼、吴良镛院士设计的"菊儿胡同"、妈祖圣像的建设，这些都是对文化遗产保护的行动，是值得学习、推广的。对于文化遗产的传承我们也要有选择性，有些东西我们可以保护它，但是绝对不能践行。如鸦片烟馆、烟枪我们要保护，但是不能去抽。

要将经济效益、保障民生、文化保护结合起来。我们要的文化是活的文化，而不是死的文化。文化要活离不开经济的支持，以鹤溪缸窑为例，曾经的辉煌是源自其市场需求和潜力大。任何一种文化兴盛都离不开经济的支持，文艺复兴在佛罗伦萨开始，因为其经济发达；中国的瓷器造诣高深，因为欧洲人喜欢。总之，要大力挖掘文化遗产的经济价值，对于一些市场效益差的，要加大财政扶持力度。文化要活，离不开百姓的喜爱。妈祖信仰之所以千年不绝，恰恰因其表达了群众的美好愿望；皮影戏传到今天和群众的支持是分不开的。对于传统文化要创新形式，主动融入百姓生活，让百姓尤其是年轻人多认识了解，这样文化才能扎根于群众中，成为活生生的文化。

保护文化遗产、热爱文化遗产、传承文化遗产、创造性地利用文化遗产，让失语的岁月再次发出高亢嘹亮、万年不绝的动听乐章。

评析：

在发表我们对这篇文章的看法之前，我们先引述某公众号在推介这篇范文时所给的评介：

> 本篇文章是一篇情感充沛、富有思想性与感染力的文章，文章开篇从

岁月出发，抒发作者自身对岁月幽深绵长的感情，第三段提出要求，"我们不能要求每个人都热爱岁月，但是起码不能破坏岁月。呵护岁月，是权利，更是义务和责任"。接着就如何呵护岁月谈到岁月与文化的联系，并以提对策的形式提出文章的分论点，每个分论点分别予以详尽的分析论证并分别提出对策。整篇文章结构灵活、严谨，内容充实，有吸引力。

按照上述的评介，它可能要得高分了，但在我们看来，它称不上范文。

其中最主要的问题是目标太高远，所突出的是终极理想、终极目标。具体阐述时没有分清轻重缓急，所提措施不具有可行性。比如"全民保护""整体保护""长期保护""重点保护"等，相比较而言，"重点保护"更加切合实际，其他"保护"，可能没有谁能够做得到，也就是落不到实处。换言之，"全民保护""整体保护""长期保护"等，是追求完美的"保护"，是终极意义上的"保护"。

文章在表达相关意思时，使用了不同的概念：岁月、历史、文化、文化遗产……这让读者在阅读理解时会产生歧义。

几乎不可以忍受的是分条列项："第一""第二""第三""第四"，这是表达上的一个忌讳，显得太古板、太机械；没有标题；第二自然段中的"每次找寻都是人试图回到自己本身，回到最真实、最自然、最美好生活的一次努力"，失之于武断，找寻岁月就是在找寻"最美好生活"？"此情可待成追忆""往事不堪回首"，历史和传统的复杂性，让我们对找寻岁月就是在找寻"最美好生活"的简单概括，心存疑虑。

另外，我们和某公众号"情感充沛""幽深绵长的感情"等评价，意见也不一致。我们认为，申论写作更强调理性和客观，其情感表现要节制、内敛，或者说，申论不以情感表现取胜。以情感表现取胜的是散文，甚至是抒情散文。在这个意义上，我们认为，像上述文章那样"文艺范"的表达，不仅不会给文章增光添彩，有时可能还会帮倒忙。

成绩：22分。

第六章
总论：文章不写半句空

我们常说写文章要言之有理，持之有故（持之有据）。还强调：摆事实，讲道理；事实胜于雄辩。可见"事实"的力量，"事实"的不可或缺。

申论写作也讲求用事实去说话，这涉及论据的选择和使用。论据是用来证明论点的，以防止空口无凭。如果缺少确实、充足、典型的论据，就会给人以说空话的感觉。

我们在本章进行具体解析时，谈到"注水文章"（可参照对范文《让中华文化大放异彩》的解析），关于"注水文章"，有人曾批评："只重形式、不重内容的'注水文章'说道理一个样、做阐述一个调，动辄洋洋万言，却言之无物，正如毛泽东在《反对党八股》一文所批评的'懒婆娘的裹脚布'那样，又臭又长。现实中，这样的文章很难给人留下深刻印象，发挥思想引领作用更无从谈起。"我们以为，这种批评是相当中肯的。文章"注水"越多，有效内容被稀释得就越厉害，最后可能就只剩下一堆信息的泡沫了。

以《让中华文化大放异彩》为例，文中提到"让中华文化大放异彩，需要我们认真地学习与传承"，但是关于"学习与传承"，学什么、向谁学、怎样学、传承什么、传承给谁、怎样传承，却避而不谈，只是讲了一番空洞的大道理。实际上，要学习、要传承的道理大家都懂，没必要反复强调。结合现实情况（事实），进行建设性的思考，把学习和传承落到实处，才是文章的着力点。可惜的是，许多人写文章都采用了"避实就虚"的策略，大谈特谈虚幻的道理，回避了实在、具体的问题（事实）。

还有一种情况：文章内容很饱满，但用以充当论据的类型过于单一，就好像是餐桌上堆满了菜肴，但菜品类型单一，全都是油腻的或者全都是素淡的。"丰盛"是大家熟知的一个词语，它的意思是"指食物丰富、充足"，如果光是充足了，但不丰富，这种"充足"可能就是一种负担，让肠胃受苦。在本章中，我们挑选的范文《努力实现现代化成果城乡共享》就是这种情况。如果餐桌上堆放的是一盘炒猪肝、一盘熘肚片、一盘酱鸡心、一盘爆肥肠……这样的厨子，哪怕再尽心尽力，也不会有人夸你厨艺好，因为这些菜肴的食材太单一了。

材料（论据）既要充足，还要丰富、多样化，这有赖于我们的日积月累。写文章的基本条件，就是掌握、了解与论题相关的事实，而且掌握的事实越多（多样化），就越容易进行证明。

罗素有一句名言：参差多态乃幸福的本源。王小波多次引用过这句名言。写文章使用材料（论据），也要依循这样的逻辑。我们现在特别讲求生态的多样性，套用罗素的话，可以说：生态多样性乃是大自然的本源。文章也有生态，文章的生态也追求多样性。文章的多样性离不开材料（论据）的多样性。

高度概括材料（论据）的类型，除事实材料（论据）之外，还有理论材料（论据），在事实材料（论据）中，又分成直接和间接、现实和历史、正面和反面、具体和概括材料（论据）等，如果"偏食"，眼里只有某一类材料（论据），文章的生态就会严重恶化。

援引材料，使用论据，还要注重证据的效力，要体现相关度，也就是所"摆事实"和所要讲的道理密切相关。论据和论点的联系越紧密，证明力越强。二者的相关度低，证明力就弱，进而会出现"不相关谬误"，也就是论据和论点，虽似鸡犬之声相闻，但老死不相往来，你走你的阳关道，我走我的独木桥。

论据上"闪烁其词"的例子，是大量的、多见的。比如一篇文章谈道：学习水之柔，为城市建设注入和谐共生的底色；学习水之韧，为城市建设勾勒持之以恒的骨架；学习水之活，为城市建设描摹层次多变的炫彩。其中，说"学习水之柔，为城市建设注入和谐共生的底色"时，是这样阐述的：

> 提到城市建设，就不得不提到久负盛名的苏州城。苏州的城市形象是柔美的，她看似不显山不露水，如同气质温婉的仕女娴静优雅地伫立在那里。其城市建设结合自身实际，找准自身的核心定位，不依靠蛮力，不盲目推行摧城拔寨的老城重建和大刀阔斧的城市扩张，坚定控制古城区内建筑的层高，使城市既具备自然生态的生存功能，又保留了历史人文的生活韵味。只有学习水之柔的智慧，城市建设才能化繁为简、去伪存真。

我们认为，上述案例，可以适用于三个分论点中的任何一个分论点，比如可以证明"水之韧""水之活"。

这就是论据和论点之间相关度低，若即若离。相关度越低的论据，其适用面越广（当然，证明的效力也越差），打个不太恰当的比方：它就像一个大众情人，没有专一性、专属性，可以扮演不同的角色。从它自身的角度讲，这也是一种命运的悲剧；从它所要证明的论点的角度说，这种"援助"，可能仅仅是出工不出力的简单应付。

我们提到"援助"的问题，其实，使用论据，就是在"找帮手""求援助"，找来帮手以援助我们更好地证明某个论点。但"找帮手""求援助"有一个最基本的注意事项，就是找来的帮手具备相关的专业技能，能够帮上忙。比如要烹制一桌美味佳肴，找来的帮手不是厨子，而是裁缝和木匠，尽管他们很卖力，也蒸煮了许多食物，最后也没人饿着，但食物不可口……这就是"援助"的效力问题，我们可以将之类比为论据的效力问题。另外一种情况，找来的帮手是个万能的帮手，什么都能干，但什么都干不好，是个"二把刀"，比如上文提到的苏州城的例子，除了可以证明"水之柔"，还可以证明"水之韧""水之活"。

总之，追求"文章不写半句空"，需要我们有料、有货，而且品类丰富，还要考虑适销对路、美味可口。

范文　努力实现现代化成果城乡共享

遥想中国几千年的农村发展史，令人感慨万千。古人所说的"开轩面场圃，把酒话桑麻"已经成为现代人的追溯和想象。及至20世纪初，鲁迅、萧红等一大批乡土文学作家揭露了中国农村昏暗愚昧的现状，在他们现代化思想的烛照下，农村几乎成了封建落后的代名词。由此，中国乡村的现代化大幕徐徐开启。然而，反思中国近一个世纪以来跌宕起伏的现代化进程，我们不禁要问：中国农村的现代化，真的已经实现了吗？

答案是否定的，且不说中国现代化的质量遭受到广泛的质疑，单就从城乡二元化这一公认的事实，从中国当前农村种种堪忧的现状，我们便能一窥中国乡村现代化的全貌。正因为此，中央多次强调，要加快"三农"建设，推进农村现代化的进程。这是向农村现代化吹响的开战号角，推进农村现代化，刻不容缓。

兼容并包，实现农民思想现代化。鲁迅笔下闰土、祥林嫂、阿Q等经典形象，或许很多人都认为已经成了遥远的过去，但是，事实上，他们身上的某些特质，依然或多或少地存在于广大的乡村，他们的幽灵依然徘徊于中国大地的上空。更有甚者，在市场经济功利主义的侵蚀下，人际利益化、人情冷漠化等现象开始显现。因此，要实现中国农村的现代化，"立人"成为重中之重和首要前提。只有除旧布新，更新观念，才能使农村文化和农村面貌焕然一新。在这个过程中，要用好"拿来主义"，充分吸收传统文化、现代文化和社会主义文化的先进成果，同时，要坚持采用农民喜闻乐见的方式，坚持以文化人，以文育人。

民主集中，实现农村政治现代化。只有实现基层民主才能实现最广泛的民主，毕竟，人民群众在基层，人民的民主权利要靠基层民主才能实现。同时，我们也不能否认，人民民主权利是否实现是检验现代化水平的试金石。然而，从这个层面来看，现状依然令人担忧。当前，村霸、一言堂、宗族势力、变相选举等现象依然层出不穷。曹锦清《黄河边的中国》，陈桂棣、春桃《中国农民调查》等著作便为我们揭示出了一幕幕惨痛的现状。是故，要大力发展基层民主，唤醒农民群众的民主精神，同时，注重开拓创新，在国家政策的指导下，推动基层民主形式的多元化，使农民的权利得到更广泛更深刻的实现。

开放多元，实现农业经济现代化。农村的现代化，说到底要靠经济。中国传统的小农经济孕育了一成不变的小农思想，因此，要实现农村之变，也要从经济层面着手，大力引入现代化经济发展方式。只有引入现代化经济，才能实现农民思想和农村政治的转变，为农村现代化推进提供基础。一方面，要鼓励创新，大胆引入，充分吸收城市现代化成果，打破简单的家庭联产承包制这种单一的发展模式；另一方面，要因人因地因时制宜，结合地方特色，发展特色经济。最后，要特别注意资本对农村的控制，坚持经济发展为农民服务这一宗旨，确保群众利益不被侵犯。

大鹏之动，非一羽之轻也；骐骥之速，非一足之力也。全面实现中国现代化，不能丢下农村。只有实现城市与农村的双轮驱动，实现农村思想、政治、经济的全面现代化，才能构建真正的现代化，才能真正实现全面建成小康社会的宏伟蓝图，也只有这样，才能真正实现习近平总书记说的，让农村成为安居乐业的美丽家园。

评析：

这篇申论范文，最大的亮点是语言流畅，但问题也非常明显：

1. 论据类型单一

主要是理论论据，理论论据中，绝大多数是来自文学领域。比如"开轩面场圃，把酒话桑麻""鲁迅、萧红""闰土、祥林嫂、阿Q""拿来主义"，《黄河边的中国》《中国农民调查》，"大鹏之动，非一羽之轻也；骐骥之速，非一足之力也"……

文学作为艺术作品，其形象是"虚构"的，"往往嘴在浙江，脸在北京，衣服在山西，是一个拼凑起来的角色"，它"不足为凭"，不能作为（至少，是不能独立作为)"呈堂证据"。

使用论据,贵在确实,要实有其人,确有其事。应该慎用,最好不用文学作品作论据。

这篇范文,论据"主打"文学牌,这仿佛是沙上建塔,根基不牢。

2. 目标太高远

三个分论点,依次是"实现农民思想现代化""实现农村政治现代化""实现农业经济现代化",这些说法没有错,但太高远了,不切实际。不要奢谈"三农"现代化,北上广等大城市也远未达到这样的目标。所以,要量力而行,确立"小目标"。

3. 有些语句欠推敲

例如"农村政治",用语不准确。

还有一些其他问题,如有些"文不对题",文章主要谈的是"三农",不是"城乡共享";开头的提问,"中国农村的现代化,真的已经实现了吗?"属于无疑而问,没有人说农村实现现代化了。

成绩:24 分。

范文 弘扬契约精神——有线的风筝才会翱翔!

在古老的东方文明里,有一种高贵的品质叫"诚信";在现代化的西方世界里,有一种坚定的信仰叫"契约"。契约精神,是一种理性的力量,推动着历史的车轮稳健前行,制约着人类按矩行事。弘扬契约精神,是历史精华的延续,是时代发展的动力,是未来社会的呼唤!

一个 14 亿人口的大国,区域运转快慢不一,城乡之间千差万别,利益关系更是纵横交错,尤其是在决胜小康社会的关键阶段,更需要弘扬契约精神,共聚正能量推动社会前进!

契约精神是一种规则意识,是继承和发扬中华民族传统美德的内在要求!中华民族历来重视规则意识,在规则中享受自由!孔子以"克己复礼"标准严格要求自己和弟子,并在七十高龄时提出"七十而从心所欲,不逾矩",用毕生的精力去践行规则意识,终而心胸豁达,桃李满天下;孟子"不以规矩,不能成方圆"的至理名言,更是将规则意识教化古今,成就"亚圣"美名;老子的"人法地,地法天,天法道,道法自然",更是从自然运转和人类构建社会的运行规则的角度,阐释了贯穿于事物内在的规则意识。韩非子更是将规则意识推崇至法治观念里,严格约束人类的行为。古代先贤，用智慧为华夏民族提供了行为准则，这些已经内化为我们的意识准则，流淌于我们的血液之中。践行者，备受尊敬；背离者，必受严惩！

契约精神是一种诚信意识，是必不可少的宝贵品质！在超前消费、信用消费的今天，诚信值是制约一个人能否有所建树的重要参考值！支付宝的"芝麻信用"积分可决定一个人的贷款消费额度，甚至成为租房者的信用参考值；银行的贷款信用考察，更是将"信用"作为重要的审核目标。何以体现"诚信"？必然是守信！用句成语叫"一言既出，驷马难追"！也就是契约精神！此外，培育契约精神，应从生活的点滴、工作的小事做起，对家庭的一份承诺不应是短暂的得过且过，对同事的一份应允不应只是面子上的表里不一，正如有句歌词所说："世间自有公道，付出总有回报，说到不如做到，要做就做最好！"

契约精神是一种法治意识！诗人但丁的《神曲》拉开了欧洲文艺复兴的序幕，人类开始由愚昧走向理性，在理性追逐的道路上，开始出现了卢梭的《君主契约论》，为君主立宪取代宗教封建提供了理论依据；出现了孟德斯鸠的《论法的精神》，将契约精神嵌入西方人的脑海里！走进21世纪，《物权法》的颁发和修订，民法典的完善……，一部部法律及其条文的与时俱进，都进一步规范了我们的行为，更是强化了我们的"契约精神"。"积跬步以至千里，积小流以成河海"，契约精神终将以燎原之势传播于华夏大地！

国家犹如大海中的航空母舰，乘风破浪的前行需要每一个国民像螺丝钉一样坚守自己的职责，弘扬和坚守契约精神。

守规则、重诚信、扬法治，弘扬契约精神，人人有责！

评析：

我们首先摘引文章中的理论论据，它们是：

> 七十而从心所欲，不逾矩；
> 不以规矩，不能成方圆；
> 人法地，地法天，天法道，道法自然；
> 一言既出，驷马难追；
> 世间自有公道，付出总有回报，说到不如做到，要做就做最好；
> 《神曲》《君主契约论》《论法的精神》《物权法》；
> 积跬步以至千里，积小流以成河海……

理论论据和事实论据，从某种意义上说，是此消彼长的关系。也就是说，在一般文章中，论据的数量是个定量和常量（不可能堆砌太多的论据），理论论据多了，事实论据势必会减少。上文中，涉及事实的，只有第四自然段中的一句话："支付宝的'芝麻信用'积分可决定一个人的贷款消费额度，甚至成为租房者的信用参考值；银行的贷款信用考察，更是将'信用'作为重要的审核目标。"其余的文字，都是理论上的静态解析，这样的比例显失均衡。

从某种意义上说，援引相关事例阐释问题，既是为了增强说服力，也是为了减少阅读理解上的"摩擦力"，提高文章的可读性、易读性。在现实生活中，我们便有这样的经验，如果参加会议时，讲话者始终在讲抽象的大道理、空洞的理论，听者便会昏昏欲睡。如果适时地穿插相关事例，那些抽象的大道理、空洞的理论就有了支撑，也容易"入耳入脑"。

逻辑条理不清，也是该文的一个主要问题。比如先说"在现代化的西方世界里，有一种坚定的信仰叫'契约'"，又说"契约精神是一种规则意识，是继承和发扬中华民族传统美德的内在要求！"而且"克己复礼""七十而从心所欲，不逾矩""不以规矩，不能成方圆""人法地，地法天，天法道，道法自然"，一路论证下来，以至于"内化为我们的意识准则，流淌于我们的血液之中"……果真是这样，岂不是表明我们不缺少契约精神？契约精神也并非只是"西方世界里的一种坚定的信仰"？

"国家犹如大海中的航空母舰，乘风破浪的前行需要每一个国民像螺丝钉一样坚守自己的职责"，这句话明显类比不当，具体说来是把国民比作"螺丝钉"，这种认识，明显滞后于时代，不合乎现代理念。

最后一个细节问题，是文中的惊叹号。我们可以数一数一共有多少个惊叹号。有人讲，写文章，惊叹号的多少和智商成反比。我们深以为然。申论不是演讲稿，不是诗朗诵，完全没必要用那么多惊叹号。

成绩：23分。

习作　让百姓共享改革发展红利

雄关漫道真如铁，而今迈步从头越。习总书记多次强调："改革开放只有进行时，没有完成时，要协调推进各领域各环节的改革，努力把改革开放推向前进。"民为邦本，本固邦宁。改革是中国发展的最大红利，现在要将这个"利"更多地惠及百姓。

从单独二孩政策落地，到经济适用房新政出台；从户籍制度全面改革，到三证合一简政放权政策的实施，无不彰显我国改革进程的巨大进步。路漫漫其修远兮，吾将上下而求索。改革的路程还很长远，必须与时俱进，加快改革的步伐，让更多的百姓共享改革发展带来的成果。

让政策改革惠泽百姓生活，公平是根本。在民生问题中，政策实施是否公平一直是老百姓最关心的问题。学区房限制教育资源，寒门难出贵子一直是教育领域存在的问题。户籍制度限制多，农村与城镇待遇两重天也是农村村民最为揪心的问题。如今在改革的前进道路上，政府不断调整教育资源，采取教育资源集团化，让教育资源惠及更多的学校，让学生享受更好的办学条件，甚至让农村的学生也能够通过互联网或者优秀老师的引进，学习更多的文化知识，缩小与城市学生的差距，让"寒门难再出贵子"的谣言不复存在。对于户籍制度改革，政府相关部门最后打破城乡的差距问题，一视同仁，让所有人享受同等待遇，真正实现了人与人的平等。在民生涉及的其他领域，政府相关部门都在如此地努力和改进，目的就是为了让每个人都享受到公平的待遇。

让政策改革惠泽百姓生活，民主是关键。任何政策的实施若没有人民群众意见的汇集，那只能成为一纸空谈，无法有效实施。农家书屋的设置本想解决农民们"买书难、借书难、看书难"的问题，但在实施的过程中着实存在一些问题，出版社推荐的书籍并非农民们所需，而且脱离实际。只是做了面子工程，并未解决实际问题，成为摆设。其主要原因就是没有将政府"端菜"变为群众"点菜"。我们必须将群众利益放在心里，放在政府业绩的第一位，才能真正让群众从内心感受到政府实施政策的核心含义。而单独二孩政策的有效实施受到群众的拥护，它就是汇集了民意最后形成的果实，是民主意见的核心表现。

让政策改革惠泽百姓生活，制度是保障。改革仅仅依靠政府、群众和社会各界的努力是远远不够的，改革不会走得长远。而唯有与时俱进，将政策改革的重点要点写进制度，用法律保障其实施，才是长远之计。对于用生态补偿款维修污水管，政府不仅开启生态补偿机制，平衡经济发展与生态保护之间的矛盾，而且明确把生态补偿"四个100万亩"列入立法计划，出台法律保护条例保持生态补偿政策的延续性，让社会经济的可持续发展获得了长久的保障。

脚上沾有多少泥土，心中就沉淀多少真情。如果不能给老百姓带来实实在在的利益，改革就失去意义，也不可能持续。相信在各界相关部门的共同努力下，改革一定会惠及百姓生活，让大变革牵着小日子，越过越红火！

评析：

有个词语叫"满视野"，意思是"眼睛所能看到的面积""眼睛所能看到的空间"。我们套用这个词语，略微夸张地说：这篇文章的论据，几乎是"满视野"。

为了印证我们的说法，我们把文章中的论据摘引下来。

先是事实论据：

> 从单独二孩政策落地，到经济适用房新政出台，从户籍制度全面改革，到三证合一简政放权政策的实施。
>
> 学区房限制教育资源，寒门难出贵子。
>
> 户籍制度限制多。
>
> 农家书屋的"买书难、借书难、看书难"问题。
>
> 用生态补偿款维修污水管。
>
> 出台法律保护条例保持生态补偿政策。

它们都是在"摆事实"，为"讲道理"服务，因此，可以说是"广义上"的事实论据。除了涉及的问题宽泛，"教育资源"那一段，写得也相当繁复。申论写作主要是为了表达观点，而不是为了了解事实。这就涉及分寸、火候的问题，如果不加节制，势必会冲淡申论中的说理。

再看理论论据：

> 雄关漫道真如铁，而今迈步从头越。习总书记多次强调："改革开放只有进行时，没有完成时，要协调推进各领域各环节的改革，努力把改革开放推向前进。"
>
> 路漫漫其修远兮，吾将上下而求索。

我们把这些论据"拎"出来，集中展示，是想说明：过犹不及。申论中的"事"（论据），应该是绿叶，不该喧宾夺主。

文章的主要观点是：改革是中国发展的最大红利，现在要将这个"利"更多地惠及百姓，又分别从"公平是根本""民主是关键""制度是保障"等方面，加以阐释。但因为"满视野"的论据遮蔽了这些见解，我们阅读后的印象，好像只剩下一系列的案例了，更该"闪光"的观点，反倒黯淡了。

如何校正这个问题呢？在具体操作方法上很简单，真正做到却相当难。那就是：增强分析说理。比如围绕着"公平是根本""民主是关键""制度是保障"，讲清楚"为什么"，如何才能实现公平、民主和制度上的保障。

相比举例子，分析说理肯定是更难的环节，尤其像这篇文章中所提出的"公平""民主""制度"，它们几乎都是"终极"理想和目标，所以要论证的话，要费许许多多的唇舌。此文作者大概是想阐释但阐释不清，于是就抄了近路，举了很多的例子。

还有一个小细节，文中说："让'寒门难再出贵子'的谣言不复存在"，这句话不准确。"寒门难再出贵子"不能说是谣言。

成绩：30分。

范文　让中华文化大放异彩——文化兴亡，人人有责

中华文化，源远流长。经过数千年的积淀，深厚广博。时至今日，中华文化正在焕发出巨大的魅力，吸引着全世界的目光。西方哲学家萨义德甚至预言，东方文化尤其是中国文化必将成为未来世界文化的中心。

然而，一方面，咄咄逼人，是我们对本国文化的高度自信；另一方面，警钟长鸣，是警醒着我们文化面临的危机四伏。无法回避，中华文化正面临着一个个巨大的高峰与险壑。内忧深深，蠹生于木，我们的文化，正承受着来自内部各种落后势力的腐蚀；外患重重，风起萍末，我们的文化，也饱经着外来强势文化的扫荡与入侵。

天下兴亡，匹夫有责；文化兴亡，人人有责！悠悠数千年中华文化传承的链条，或者绵延，或者断开，取决于我们这个时代的每一个中国人。历史前行至此，它把文化的重担毫不犹豫地放到了我们每一个人的肩上。我们的责任，不光是肩负，更需要让中华文化焕发出灿烂夺目的光辉！

让中华文化大放异彩，需要我们认真地学习与传承。郁达夫在《怀鲁迅》一文中指出："没有伟大的人物出现的民族，是世界上最可怜的生物之群；有了伟大人物，而不知拥护、爱戴、崇仰的国家，是没有希望的奴隶之邦。"对于我们的文化而言，同样如此。我们痛心地发现，现在的年轻人，对传统和古典文化资源的舍弃与漠视，几乎到了令人难以容忍的地步！数典忘祖，不以为耻，反以为荣。正因为此，学习与传承传统文化，成为当务之急。当然，愤慨心急不是应有的态度，我们要做的，是沐浴斋身，洗尽铅华，恭敬地来到翰墨飘香的古籍面前。

让中华文化大放异彩，需要我们自信地捍卫与弘扬。法国都德《最后一课》的情节，依然在我们胸中荡气回肠。法国人民捍卫和弘扬本国文化的很多做法，令麻木的我们，肃然起敬。毋庸置疑，捍卫与弘扬不是一味地大鸣大放，而就体现在我们的每一个行动当中，它尤其建立在我们对本国文化广收博取的基础之上。哪怕是小到每天坚持读一篇古文、翻译一首短小的古典诗歌，也是一种宝贵的行动。天下大事必作于细，只有点点滴滴的积累，才能有未来中华文化屹立于世界的一刻！

让中华文化大放异彩，需要我们大度地借鉴与吸收。鲁迅说："蜜蜂采过许多花，才能酿出蜜来；倘若叮在一处，所得就非常有限。"要想让中华文化大放异彩，同样需要采很多花，酿得百花成蜜，自有芬芳久远。而采摘的对象，一方面来自传统，一方面来自国外。还是鲁迅《拿来主义》中说得好，面对古典文化和外来文化，我们要自信地去拿，为我所用！只有这样，我们才能创造出无愧于这个时代的文化，让文化在我们这一代开出更为璀璨的花朵。

海到无边天做岸，山登绝顶我为峰。学习与传承，捍卫与弘扬，借鉴与吸收，都是为了一个共同的目的，那就是弘扬中华文化，为中华文化增光添彩。成功来自每一个人每一点滴的努力。既然选择了远方，便只顾风雨兼程。我们坚信，没有比脚更长的路，没有比人更高的山！

评析：

我们试图找出每个自然段里最重要的那句话，再分析支撑"最重要那句话"的"证据"是什么。

最重要的那句话，很容易找：

> 中华文化正在焕发出巨大的魅力。
> 中华文化正面临着一个个巨大的高峰与险壑。
> 历史前行至此，它把文化的重担毫不犹豫地放到了我们每一个人的肩上。
> 让中华文化大放异彩，需要我们认真地学习与传承。
> 让中华文化大放异彩，需要我们自信地捍卫与弘扬。
> 让中华文化大放异彩，需要我们大度地借鉴与吸收。
> 成功来自每一个人每一点滴的努力。

再分析支撑"最重要那句话"的"证据"是什么，这项工作就犯难了。因为它没有证据，通篇都在说空话。比如，那"巨大魅力"，是什么"魅力"？"高峰与险壑"，各指的是什么？而且还是"一个个巨大的高峰与险壑"。"历史把文化的重担毫不犹豫地放到了我们每一个人的肩上"，这也是一句空话，因为它既不能"证实"，也不能"证伪"。

好像要把说"空话"进行到底，接下来的几句话，无一例外，也都是空话。

比如，"学习与传承"，学什么？向谁学？怎样学？传承什么？传承给谁？怎样传承？

"捍卫与弘扬""借鉴与吸收"两个段落,也大多是空话敷衍。

而且,在探讨"学习与传承""捍卫与弘扬""借鉴与吸收"时,习惯性地去静态阐释(引述《怀鲁迅》《最后一课》《拿来主义》,论述"学习与传承""捍卫与弘扬""借鉴与吸收"是必要的、正确的。实际上,它们无须证明,人们都觉得必要、正确,没有疑义)。文章的难点、重点应该是:给出解决问题的方案、路径。

这涉及写文章的"路子",这篇范文的写作"路子",是习惯性地讲大道理,笼统、空泛。

去掉空话,增补"实在"内容,该怎样增补呢?限于篇幅,我们以关键词的形式,作简要的提示:

传统文化、公共图书馆、文化馆、博物馆、美术馆、文化活动、公益演出、24小时书屋、阅读空间、服务体系、互联网+(数字资源)、顶层设计、基础工作、教育引导、舆论宣传、文化熏陶、实践养成、软实力……

上述关键词,不一定面面俱到,但总要涉及吧?

或者说,不涉及这些关键词,怎样才能"让中华文化大放异彩"呢?

结尾:"成功来自每一个人每一点滴的努力",我们看了文章,知道该怎样"努力"吗?有答案吗?

这是一篇相当典型的"注水"文章,缺少实货、干货。

其他方面的问题:

《怀鲁迅》《最后一课》《拿来主义》,这几则论据,类型太单一(都是理论论据,都是文艺作品,都是年代久远的……);

"咄咄逼人""危机四伏""毫不犹豫""扫荡""难以容忍的地步""恭敬地来到翰墨飘香的古籍面前",这些词语或句子,给人的感觉是故作惊人之语。比如"危机四伏",这不是和"文化自信"唱反调吗?古籍一定"飘香"吗?"恭敬地来到翰墨飘香的古籍面前"要干什么,行注目礼吗?另外,"历史把文化的重担毫不犹豫地放到了我们每一个人的肩上",你怎么知道它犹豫没犹豫?

启示意义:少一点假大空;要持之有故,不说或少说没有依据的话;用词要推敲。

成绩:28分。

习作　激发群众参与热情,创新文化服务方式

文化是民族的魂,基层是文化的肉体。要想让基层文化活起来,必须转变政府

思路，由政府包办改变为政府主导，让群众"点菜"，方能激发群众参与热情。

盘活闲置资源，让群众"点菜"。周氏祠堂的落败，农家书屋的门庭冷落，戏剧的阳春白雪，灯戏文化的落寞……这些本身从民间走出的文化却渐渐地衰于民间，渐渐地盖上尘土，落了颜色。让基层文化活起来，首先要让这些闲置资源活起来。由政府主导，创新服务方式，"旧瓶装新酒"，激发群众参与文化的热情。比如，我们现在看到为了进一步传承和发扬优秀传统戏曲艺术，多部门联合出台《关于戏曲进校园的实施意见》，明确到2020年，戏曲进校园实现常态化、机制化、普及化。戏曲进校园，让学生去了解戏曲文化并喜爱它，让戏曲不再束之高阁，让最广泛的学生受众去传播戏曲文化，让基层戏曲文化真正活起来。

发挥民间力量，让群众"点菜"。基层文化源于基层，当然要发挥民间力量。欧阳老师编写《十里山童谣》，为留守儿童打开一扇民间丰富多彩文化之门，D市文化馆的王先生收集地方文化遗产资料，撰写专著，让更多的人看到这些地方文化并为之口口相传；非遗文化传承人詹杏娣将耗费40年心血研制出的宜兴青瓷独家釉料配方无偿捐出并公之于众，使得青瓷相关业界人士更好地了解青瓷技艺，创新青瓷技术……民间力量是非常强大的，政府应予以鼓励与支持，激发群众热情，让更多基层文化者乐于创新基层文化，让普通基层群众自觉保护基层文化，让广大群众发扬基层文化！

搭建服务平台，让群众"点菜"。政府搭建服务平台，让文化多跑路，让基层文化者少跑腿。如政府利用"互联网+"技术与基层文化联网，发挥网络效应，将文化信息隐含地置于网络平台，让浏览网页的人潜意识中就可以了解基层文化。政府应多思考人民需要什么样的文化产品，政府能提供什么。在一些农民工大量聚集的社区、城乡接合部提供公共文化服务，如放电影之类的暖心举动都是很好的群众参与公共文化活动。政府提供好的平台，基层文化才能更快地发展，更有活力地发展。

政府转变思路，让群众"点菜"，创新文化服务方式，才能激发全社会的文化创造活力！

评析：

这是一篇习作，这篇习作的亮点是：开头和结尾简明扼要，毫不拖泥带水。

但也存在问题。它的问题非常隐蔽，打个比方，有点类似于临床诊治上的疑难杂症。如果你不经过我们的提示，独立阅读，就能准确发现它的不足，表明你的眼光相当锐利。

不绕弯子了，回到"评析"上来：

文章第二自然段，先说："盘活闲置资源，让群众'点菜'。周氏祠堂的落败，农家书屋的门庭冷落，戏剧的阳春白雪，灯戏文化的落寞……"又说："为了进一步传承和发扬优秀传统戏曲艺术，多部门联合出台《关于戏曲进校园的实施意见》，明确到2020年，戏曲进校园实现常态化、机制化、普及化。戏曲进校园，让学生去了解戏曲文化并喜爱它，让戏曲不再束之高阁，让最广泛的学生受众去传播戏曲文化，让基层戏曲文化真正活起来。"

整体观照之后，能发现什么问题呢？它们对不上号，不能"遥相呼应"。前面摆出的问题，和后面的"创新服务方式"没有什么关联，它们是各吹各的号，各唱各的调，不是"和声"。如果把后面的案例看作是经验的话，后面的经验对解决前面的问题，不具有借鉴意义。这是一个隐性的也是一个比较严重的问题，因为如果可以这样随兴之所至，信马由缰，那么文章的章法、逻辑层次，就都谈不上了。换言之，也可以说此文意脉不贯通。

"欧阳老师编写《十里山童谣》，为留守儿童打开一扇民间丰富多彩文化之门，D市文化馆的王先生收集地方文化遗产资料，撰写专著，让更多的人看到这些地方文化并为之口口相传；非遗文化传承人詹杏娣将耗费40年心血研制出的宜兴青瓷独家釉料配方无偿捐出并公之于众，使得青瓷相关业界人士更好地了解青瓷技艺，创新青瓷技术……"这是第三自然段，谈让群众"点菜"时所摆出的事实。这些事实，与所要论证的论点都具有相关性，但关联性不强，它主要说的不是让群众"点菜"，而是群众亲自下厨了。也就是说，文章原本是探讨创新文化服务方式问题，但这些例证，不足以体现政府服务，更没有什么"创新服务"，相反它们是群众的自发行动、自觉行为，所以它们与论点"貌合神离"。另外一个方面的疏漏是这段话过于铺张，总计150个字左右，占整篇的1/6还要多。使用论据，要有所节制，适可而止。

综上所述，该文列举了大量的材料，事实具体，也很充足，但它们相互之间对不上号，不能"遥相呼应"，或者与中心论点"貌合神离"，不能有效发挥它们的作用。我们在总论里提到，使用论据就是在"找帮手"，而此文中的"帮手"，好像是在磨洋工，光吃饭不干活。所以，表面上看此文内容扎实、实在，但因为论据尸位素餐，也就难掩其论证效果上的虚空。

成绩：29分。

范文　奋斗的青春最美丽

一代人有一代人的青春，没有哪一代人的青春之路是一帆风顺的，青春的底色永远离不开"奋斗"两个字。正如习近平总书记教诲我们的，"现在，青春是用来奋斗的；将来，青春是用来回忆的"，"奋斗本身就是一种幸福，只有奋斗的人生才称得上是幸福的人生"。（评析：首段的切题十分简洁清新，不用过于沉重的铺垫和意义渲染。结尾处用了两句习近平总书记的讲话来表达观点，使得文章站在了更高的高度。）

奋斗中的幸福，是青春在梦想中的坚守。宝剑锋从磨砺出，梅花香自苦寒来。时间总是奋斗者最好的见证。当石秀安十年如一日在核能科技领域埋头耕耘，带领团队完成多项重大紧急攻关任务，实现我国先进核能研发走向世界前沿梦想的时候，他的奋斗一定是幸福的。当刘仔才走过13年的艰辛历程，从焊接学徒成为全国技术能手，培养超过200名合格焊工的时候，他的奋斗一定是幸福的。当秦世俊经过16年坚守和奋斗，累计实现715项技术创新，从普通工人成长为航空工业首席技能专家的时候，他的奋斗一定是幸福的。当姚启明在汽车运动领域潜心钻研20余年，创造20余次"中国第一"，被誉为"中国赛道设计第一人"的时候，她的奋斗也一定是幸福的……正是无数这样的奋斗，点滴创造着我们的幸福生活，不断定义着自己的人生价值。（评析：分论点＋古文＋实例＋总结。一组组具体的实例，一个个具体的数字，把要说的分论点论证得清清楚楚。）

奋斗中的幸福，是青春在拼搏中的精彩。心中有阳光，脚下有力量。当23岁的宜翔远赴叙利亚战场，在炮火中冒着生命危险坚持完成新闻报道任务的时候，他的奋斗一定是幸福的。当24岁的武大靖在平昌冬奥会夺取男子500米短道速滑冠军的时候，他的奋斗一定是幸福的。当29岁的苏炳添成为第一位在世界大赛中赢得男子短跑奖牌的中国运动员的时候，他的奋斗一定是幸福的。当30岁的车毅经过2000多个小时的练习，进行了200多万张点钞券的高强度训练，创造了"30秒蒙眼手动点钞最多"的吉尼斯世界纪录的时候，他的奋斗一定是幸福的。当33岁的唐笑宇经过踏实学习和刻苦训练，在第12届世界模拟炼钢挑战赛中夺得冠军的时候，他的奋斗也一定是幸福的……正是无数这样的奋斗，把个人梦想融入家国情怀，成就着属于自己的人生精彩。（评析：分论点＋引子＋实例＋总结。作者依然选择实例论证，但是看得出，作者并不是堆积素材，而是有针对性地用合适的材料来匹配分论点。）

奋斗中的幸福，是青春在奉献中的升华。青年时代选择了吃苦就选择了收获，选择了奉献就选择了高尚。当马广超只身远赴青海玉树自费支教，在雪域高原坚守6年，教藏区的孩子读书写字，传播科学文化知识的时候，他的奋斗一定是幸福的。当冯黎明多次在危难时刻勇斗歹徒，组建义务反扒志愿者队伍，利用业余时间抓获违法犯罪分子的时候，他的奋斗一定是幸福的。还有，肩上担负着900户家庭、3600人健康需求的乡村医生陈伟琳；始终秉持"奉献无止境，燃烧到永远"的人生信条，连续18年无偿献血，累计献血3万多毫升的吴木之；用青春陪伴孤独症患儿的李小姣；危急时刻勇救老人导致自己右腿不幸被碾轧的徐前凯……他们的奋斗也一定是幸福的。正是无数这样的奋斗，铸就了高尚的精神品格，让社会变得更加温暖。（评析：分论点＋引子＋实例＋总结。阅读到这个地方，不得不对作者的积累点赞。事例新鲜有说服力，能够有力论证分论点。）

幸福都是奋斗出来的！唯有奋斗，才能留下深深的印记；唯有奋斗，才能永葆青春的朝气。在新时代的伟大征程上，奋斗永远是我们最美丽的青春誓言。现在，让我们一起向奋斗的青春致敬！（评析：号召式的结尾，用几个感叹号加强气势，充满力量感。）

（总评析：很多考生说，自己就是写不出干货：论点有水分，素材不扎实。这主要是两方面的原因：一方面是缺乏积累，另一方面是缺乏分类整理。这篇文章的论证方法就一种，但是素材丰富多样，涉及的领域也是特别宽泛。读这篇文章，读者会对作者的积累啧啧称赞，不由自主地给作者打出一个高分。这就是一流的作文，让人佩服的好文章。那么，我们的考生朋友可以从这篇文章里学到什么呢？除了基本的框架，就是作者这种梳理素材的能力。这种能力绝不是考场上的临场发挥，而是在平时的积累中，就有意识的训练，是针对性地为考场上的困难做的准备。）

评析：

文章不写半句空，强调的是文章要有实实在在的内容，但这里的"实"也需要把握好分寸。如果过于密实，以至密不透风了，就走向了它的反面，反倒令人有一种窒息感。

以上文为例，主体部分三个段落里的例子，分别是246字、266字、230字，它们合起来是742字。用742字来举例子，这例子也太铺张了。换言之，去除742字的事例，文章还剩下什么呢？

借这篇范文，我们要强调的是：并非举例越充分越好，援引事实是为了"持之有故"，更好地说理。举例太多，多到占半壁江山的比例，就喧宾夺主了。

我们发现一个共性的问题，就是一些公众号的评介，十之八九（甚至更高的比例）是单纯就文章"写法"，提出意见和建议。文章"写法"固然不能轻视，但比文章"写法"更重要的是对论题的理解、认识深度，是文章的思想性。很多技法纯熟，但内容苍白、无病呻吟的文章被选为范文，是因为评价的尺度出现了偏误。比如某公众号对上述例文的评析："分论点+引子+实例+总结"，这其实是不足称道的，或者说是申论写作中"小儿科"的知识，而且是静态的、死的知识。了解"分论点+引子+实例+总结"的写法，可能只需要1分钟。我们平日里需要养成的能力，绝对不该是"分论点+引子+实例+总结"，最重要的能力是分析能力。所谓"文以识为主"，在才、学、识当中，"识"是最重要的。

6月5日是"世界环境日"，生态环境部确定2018年环境日的主题是"美丽中国，我是行动者"。这一天新华社文章《2050年，中国要干成这件大事！你现在就可以参与……》列举了一系列"极大地影响着我们生存的环境"的小事，号召每个人积极参与。这些小事包括：

尽量在电子媒介上修改文稿，减少重复打印次数。

复印打印用双面，边、角余料巧利用。

多用毛巾擦手，使用抹布，减少卫生纸、面纸等一次性用品的浪费。

用可更换笔芯的圆珠笔、钢笔替换一次性书写笔。

离开房间前20分钟关闭空调。室内温度在空调关闭后将保持一段时间，这样既不会影响室内活动，又可节约大量的电能。

将电脑显示器亮度调整到一个合适的值。显示器亮度过高既会增加耗电量，也不利于保护视力。

养成随手关灯的好习惯。

一水多用。例如淘米、洗菜水可以浇花，洗衣后的水可以擦地、冲厕所等。

多淋浴，少盆浴。淋浴不仅比盆浴节水，而且更卫生。

如家中冲水马桶容量较大，可在水箱里放一个装满水的大可乐瓶，其容量是1.25升，这一小小行动每次可节约1.25升水。

少用洗洁精。大部分洗涤剂是化学产品，会污染水源。有重油污的厨房用具，可用苏打加热水来清洗。

不要让电视机长时间处于待机状态，每台彩电待机状态的耗电约1.2瓦/小时。

多骑自行车，或选用公共交通工具，既可节约汽油，又可减少汽车尾气排放带来的大气污染，还可缓解交通堵塞。

拒绝过度包装。不少商品的包装费用已占到成本的30%~50%。过度包装不仅加重了消费者的经济负担，同时还增加了垃圾量，污染了环境。

少用一次性塑料袋，购物自带布袋或菜篮。

拒绝接受随处散发的纸质传单。

交换、捐赠、改造家中的多余物品，物尽其用。

我们列举上述"小事"，一方面是帮助大家积累素材，更重要的是借此说明：通过堆砌例子令文章内容充实，是最没有技术含量的，它是申论写作的歧途。申论的着眼点、着力点应该是：人们明明知道这样的生活方式更环保、更低碳、更健康，却为什么不去做、做不来，相当于去做人们的思想工作，也相当于为政府职能部门想办法，怎样开展工作，令这些理念深入人心、化成自觉的行动。所以举例子不重要，重要的是借此明理，并拿出切实可行的措施。如果把上述例子照抄下来，写进文章，则算不上内容充实。

某公众号评析："读这篇文章，读者会对作者的积累啧啧称赞，不由自主地给作者打出一个高分。"我们说："读这篇文章，阅卷老师会对作者的积累频频摇头，不由自主地给作者打出一个低分。"

成绩：24 分。

第七章
总论：力求叙事精简

有一句俗语叫越描越黑，大意是越解释就越解释不清。

在申论写作中，也会遇到"越描越黑"的问题，尽管不至于越解释就越解释不清，但难免会出现不必要的、过多的描述和解读。

这涉及叙事上的分寸感。申论写作除了表达观点、提出对策，也离不开叙事。从某种意义上说，叙事还是表达观点、提出对策的基础。申论中的叙事，不同于叙事文章中的叙事。叙事文章中的叙事，一般要求交代清楚时间、地点、人物、事件、原因、结果等，"全须全尾"。而申论中的叙事，是为表达观点服务的，是对相关事实的精挑细选，无须叙述完整和全面，可以是"神龙见首不见尾"，甚至是一鳞半爪。它以能说明问题、印证事理为依据，而不是贪大求全、精雕细刻。

例如《让良好家风成为社会文明的"推进器"》一文有如下片段：

> 前不久，一位M妈妈发微博称，为了让孩子能够上幼儿园，教孩子谎称父母在政府机关工作，引发广泛热议。这个典型的不良家风现象，一旦扩散开来，必然会降低整个城市、整个社会的诚信度。从表面上看，M妈妈的行为，代表了她个人的品格和诚信度，但实际上，反映出了社会在经济发展的同时，在公平方面，或多或少存在一定的缺失。教育资源供给不足，优质资源缺乏，必然导致恶性竞争，加之竞争机制的不完善，市场监管存在漏洞，这都给不良风气提供了肥沃的土壤。如果这样的社会风气得不到改善，必然会导致更多家庭形成不良风气的恶性循环。

上述文字，叙事不加节制，过于铺张了。

铺张的主要表现是跨界到教育资源、教育公平问题上了，超出了"家风"论题的范畴。M妈妈的事例，应该是点到为止，不能说太细。说得越细，描得就越黑。作为论据的事例，它们是为说理服务的（防止空口无凭）。这些事例常以关键词、短语的形式出现在文章中，即便是加以说明，也常常是蜻蜓点水，容不得铺排张扬。

铺排张扬的害处，除了延缓行文的节奏，让文章出现"肠梗阻"，更大的弊端是冲淡了说理。另外，叙事越繁复就越容易"言多语失"，进而帮倒忙。

也许有人会问：叙事精简，不铺排、不张扬，怎么凑足800字（或1000字）啊？这个问题三两句话说不清楚，这方面的能力也不是一天两天就可以练就的。这里只能泛泛地说：要节俭叙事笔墨，关注说理。申论中的叙事，应该力争让所写的每句话、每个词语都有用，就像神枪手，弹无虚发。想成为神枪手很难，但同时也要知道：神枪手，都是子弹"喂"出来的。常演练，常动笔，自己就能察觉哪段话、哪些句子因为言多而语失了。

需要进一步说明的，叙事精简，不是"苟简"。比如曾经引起很大舆论风潮的"邓玉娇事件"，事发2009年湖北巴东县野三关镇雄风宾馆，法院认定的事实是这样描述的：

> 2009年5月10日晚，邓贵大、黄德智等人酒后到该县野三关镇雄风宾馆梦幻娱乐城玩乐。黄德智强迫要求宾馆女服务员邓玉娇陪其洗浴，遭到拒绝。邓贵大、黄德智极为不满，对邓玉娇进行纠缠、辱骂，在服务员罗某等人的劝解下，邓玉娇两次欲离开房间，均被邓贵大拦住并被推坐在身后的单人沙发上。当邓贵大再次逼近邓玉娇时，被推坐在身后的单人沙发上的邓玉娇从随身携带的包内掏出一把水果刀，起身朝邓贵大刺击，致邓贵大左颈、左小臂、右胸、右肩受伤。一直在现场的黄德智上前对邓玉娇进行阻拦，被刺伤右肘关节内侧。邓贵大因伤势严重，经抢救无效死亡；黄德智所受伤经鉴定为轻伤。

"邓玉娇事件"引来媒体和舆论的高度关注，有许多评论文章议论其是非短长。其中一篇文章是这样叙述"邓玉娇事件"的：

> 洗浴场所的女工邓玉娇在工作期间，与当地官员发生肢体冲突，愤而刺死、刺伤官员。

这一陈述，引来了笔墨官司。有批评者通过比照警方侦结认定的事实，指出这样叙述"文盲都看得出，女工是故意杀人，该当死罪"。由此得出结论，这篇文章的作者是"用笔杀人"。

"用笔杀人"可能不是作者的主观恶意，而是由"苟简"引发的。可见，叙事精简不是绝对的"简"，要注意适度（申论中的叙事，既不能像法院描述的那样周全、具体，也不能像评论文章那样片面求简）。但究竟如何拿捏繁简的程度，这既取决于文章表现的需要，也取决于作者的内功。

范文　留住心中那团火焰

在交流中，一位年轻人道出心中困惑：刚迈出校门不久，有理想也不缺激情，渴望成就一番事业，但胸中的那团火焰，时常会遭遇斜风冷雨。在通向远方的路途上，难道只能一步步向现实低头，眼看着内心的激情一点点被消解？

困惑的背后，是如何处理自我与环境关系的深刻命题。人是社会关系的总和，不论主观上是否情愿，人们难免受到人际关系和周围环境的影响。由于人群、环境多元多样，对个体来说，有些外在因素未必都能转化为正能量。因此，当社会分工日益细密，面对复杂多变的人际交往，想要呵护初心、彰显个性，殊为不易。其实，一个人选择与周围环境"和解"并不难，重要的是怎样留存一份定力，始终保持内心的热度。

不甘平庸，追求卓越，需要砥砺"再坚持一下"的意志。刘备求贤若渴、三顾茅庐的故事，众所周知。试想，倘若他当初连续被拒两次就打道回府，可能就没有后来诸葛亮匡扶蜀汉的历史传奇。又如"光盘行动"，唯有驰而不息地倡导、一以贯之地践行，才显其价值与意义。俗话说，有志者立长志，无志者常立志。始终不渝、持之以恒，为心中的那团火焰不断添柴，才能蓄积韧劲，用实际行动深挖一眼泉，撒播青春的光和热。

让心灵保温，贵在不动摇、不懈怠、不折腾。为什么有的人走得再远，也牢记着原点，而有的人刚迈开步子，就忘记了为何出发？这很大程度上取决于内心是笃实沉稳还是游移不定。保持心中的热度，并非简单地一味往前冲，找准定位、耐住寂寞更为重要。干事创业，往往需要突破利益藩篱，闯出创新之路，在这个过程中，难免有种种杂音、噪音。但无论如何，不能被压力浇灭了劲头，向所谓的"现实"屈膝。太行山上扶贫，李保国不知道吃过多少苦，遇到过多少挫折，各种风言风语也没少听，但他认定一条："我是农民的孩子，最见不得农民穷！"每当此时，他就仿佛有了用不完的力量。相似的经历，相近的条件，一些青年人在患得患失中手忙脚乱、顾此失彼，最后甚至意志消沉、斗志涣散，相比之下，我们从李保国那样的沉潜者身上可以学到很多很多。李保国完成山区开发研究成果28项，推广了36项林业技术，示范推广总面积1080万亩，累计应用面积1826万亩，累计增加农业产值35亿元，纯增收28.5亿元，建立了太行山板栗集约栽培、优质无公害苹果栽培、绿色核桃栽培等技术体系，培育出多个全国知名品牌，走出了一条经济、社会、生态效益同步提升的扶贫新路，被村民誉为"太行山上的新愚公"。

年轻人的身上洋溢着一个时代的群体风貌，刻印着不凡的价值追求。面对世俗的压力，不庸俗、不媚俗；面对方方面面的诱惑，不松懈、不贪恋；保持自己心中的热度，咬定青山不放松，有一分热发一分光，"不以物喜，不以己悲"；尊重彼此心中的光亮，赏其所长、容其所短，见贤思齐、见不贤而自省，"各美其美，美人之美"。唯其如此，才能让一腔热血汩汩流淌，始终传递心灵的温度，让梦想悄然生长。

有人说，生活仿佛一槽冷水，人若是一块冷铁，浸进去就会生锈，若是一块热铁，不仅能锻造出好钢，还会让水沸腾。让心灵保持热度，持续为内心的"小宇宙"注入正能量，那么不管走到哪里，身在何处，一个人总能让生活绽放出绚烂的光彩。

评析：

如果这样的文章也是申论范文的话，那么，申论或者范文的概念要改写。

它最大的问题是叙事繁复，不简明。其中，富有代表性的是介绍李保国事迹的一段话："太行山上扶贫……，被村民誉为'太行山上的新愚公'。"

这段话长达 310 个字（"相似的经历"那句话，是引申、发挥，75 个字）。申论写作，一般要求 800 字或 1000 字，如果按照这样的笔法去叙事，讲两三则小故事，就凑足 800 字或 1000 字了。

申论叙事，要力求精简。这需要作者具有概括能力。概括就是舍去枝蔓，突出核心信息、紧要信息。如果不分主次轻重，眉毛胡子一把抓，文章就会显得冗长、沉闷，冲淡进而淹没说理。

实际上，"说得太细"也是没有意义的，比如"李保国完成山区开发研究成果 28 项，推广了 36 项林业技术，示范推广总面积 1080 万亩，累计应用面积 1826 万亩，累计增加农业产值 35 亿元，纯增收 28.5 亿元……"这句话一口气使用了 6 个数据，有特别重要的意义吗？我们简单验证一下：

"李保国完成山区开发研究成果 26 项，推广了 38 项林业技术，示范推广总面积 980 万亩，累计应用面积 1328 万亩，累计增加农业产值 43 亿元，纯增收 32.7 亿元……"

上面的数据，是信手填上去的，是不是也可以蒙混过关？阅卷老师在临场状态下，是没有办法也没有时间精力去验证某个数据的真伪的。这些数据主要是在强调

李保国扶贫工作的成果。既如此,何必那样如数家珍一般地具体列举呢?尽可以大刀阔斧,删除枝蔓:

"太行山上扶贫,李保国不畏艰难险阻,他潜心钻研板栗、苹果、核桃的栽培新技术,实现了经济效益和生态效益的双丰收,被村民誉为'太行山上的新愚公'。"

这是我们对上述扶贫事迹的"缩写",70个字。我们可以再次浏览原文里的"加长版的故事",切实体会体会,哪一种写法,能给人留下更深刻的印象。

成绩:28分。

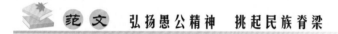

范文 弘扬愚公精神 挑起民族脊梁

中华民族有着五千年优秀的传统文化,愚公移山的故事就是其中之一。相传几千年前,一位叫愚公的老人家门前的两座大山挡住了过往的道路,交通非常不便利。愚公便下决心将挡在家门前的两座大山移开,于是就带着子孙开始了日复一日的挖山工作,最终感动了上苍,把两座大山移走了。光阴荏苒,物换星移,愚公移山的精神穿越时空,历久弥新。在新时代的今天,依然需要弘扬愚公精神,在滚滚的历史潮流中让其挑起中华民族的脊梁。

愚公精神就是要不等不靠。愚公移山"移"的是一种精神,是一种智慧,是通过自己劳动改造世界,不等不靠。新时期的党员干部发扬愚公移山的精神,不等不靠,凭借一身肝胆,不惜老迈之躯,凿石垒堰、手抬肩扛,为子孙后代开出了一条通山路、致富路。后池村为改变深山沟交通不便、经济落后状况,村干部发动和带领全村百姓,规划发展蓝图,同心同德,群策群力,充分发挥矢志不渝、愈挫愈勇、敢于斗天斗地的大无畏"愚公"精神,向荒山要出路、要效益,最终靠自己的双手开通了致富的道路。

愚公精神就是要勇于担当。一则寓言,经久不衰;一种精神,传承千年。"愚"是一种态度,是一种精神,是为民请命,是责任担当。樵夫,是廖俊波给自己微信昵称取的名。而他48个年头的人生正是俯首甘为"樵夫",为民披荆斩棘的一生。在政和县担任县委书记期间,廖俊波发扬愚公移山、滴水穿石的精神,始终把工作当事业干,乐在其中,总有使不完的劲。廖俊波在政和县任职期间,让该县实现了脱胎换骨的蜕变。他勇于担当,舍小家、顾大家,是新时代愚公精神的真实写照。

愚公精神就是要持之以恒。中国有句俗语叫"世上无难事,只要肯攀登",愚公持之以恒的攀登精神让每一个人为之动容。杂交水稻之父袁隆平是愚公精神的践行者，袁隆平致力于杂交水稻的研究，真正做到了"屡战屡败""屡败屡战"，无数次的失败，袁隆平没有放弃而是坚持了下来，最终履行了自己当初许下的"让世界人民不再为吃饭发愁"的承诺。袁隆平的贡献是巨大的，且其研究成果对人类所产生的影响是深远且持久的。其身上持之以恒的精神也是新时期愚公精神的体现。

习近平同志曾多次提到要弘扬愚公精神，强调"立下愚公志，打好攻坚战"。愚公精神是中华民族精神的重要组成部分，它必将引领我们这一代人从一个辉煌走向另一个辉煌，弘扬愚公精神，挑起中华民族宁折不弯的脊梁。

评析：

愚公移山的故事早已家喻户晓了，但文章一开篇，就老话重提，娓娓道来："相传几千年前，一位叫愚公的老人家门前的两座大山挡住了过往的道路，交通非常不便利。愚公便下决心将挡在家门前的两座大山移开，于是就带着子孙开始了日复一日的挖山工作，最终感动了上苍，把两座大山移走了。"

这个小故事，用了近100个字。比起我们曾经举过的"太行山上的新愚公"（参见《留住心中那团火焰》），省检了许多。但作为一个熟知的经典故事，有必要这样"娓娓道来"吗？

我们的回答是：完全没有必要。"愚公移山"作为一个符号，其内涵意蕴已经一目了然，四个字就足够了。所有有关这个故事的进一步"讲述"（不是"讲理"），都属于多余。

如果迷信这样的"范文"，学会了这种套路，遇到三顾茅庐、拔苗助长、精卫填海、刻舟求剑、铁杵磨成针……就从头开始讲一段故事，那么申论就变成故事会了。不排除有的人为了得高分，把龟兔赛跑、守株待兔、兔死狗烹串联在一起，组成一个"大故事"……

这是申论写作的歧途。哪怕只有不到100个字，也让自身置于险境、绝境。

所谓花一年时间学说话，却用一辈子学闭嘴。学会闭嘴，不光是生活的智慧，也是申论写作的智慧。申论写作要学会闭嘴，主要是指不该说得那么细。

故事（材料）是引领我们抵达彼岸的桥梁，写申论要有一种"过河拆桥"的精神。如果只是流连于此岸的故事，就会错失彼岸更美丽的理性风景。申论以理取胜，而不是用"事"来吸引人。因此，"愚公移山"四个字只需一笔带过，接下来，重点阐发的应该是：在新时代里，为什么还要进一步弘扬愚公精神。

"愚公精神就是要不等不靠""愚公精神就是要勇于担当""愚公精神就是要持之以恒"，这三个分论点，也是乏善可陈。主要问题是"不等不靠"这个标准太低了，而且与"勇于担当"重复。"不等不靠"和"勇于担当"，是紧密相关的"连续性动作"：不要等、不要靠，要有担当、有作为，它们是一条绳子上拴着的蚂蚱。也像百米运动员，在起跑线上起跑，教练员大声在场外提醒：不蹲、不坐、不躺（教练员不这样提醒，也不会有运动员躺着等发枪）……百米起跑线上的运动员听到发令枪响之后，马上要"跑"，这就像"不等不靠"之后要"勇于担当"一样，其实是没必要花开两朵各表一枝的。

我们绕了一个大弯子，是想说明："愚公精神就是要不等不靠""愚公精神就是要勇于担当"，它们只是名义上的两个分论点，其实是一回事。《人民日报》（2015年6月9日）曾载文《新时代仍需弘扬愚公移山精神》，也提到"持之以恒""勇于担当"（还包括"精神珍贵""开放合作"），但没有"不等不靠"。可见"不等不靠"是愚公精神中不值一提的低得不能再低的门槛。

结尾中的"愚公精神是中华民族精神的重要组成部分"，这句话也相当"扎眼"，当属作者独特的发明。它有失严谨，经不住推敲。

总之，这篇范文，叙事不简明，分析说理也有明显的疏漏。

成绩：30分。

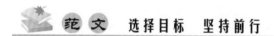

范文　选择目标　坚持前行

每个人的一生总有许多选择。有的人会按照事先已经布置好的轨道按部就班地去走，虽无大起大落、惊涛骇浪，但也还是能够在进程和过程中有选择性地去走。也有的人，不愿意一生碌碌无为，他们有着远大的理想，并为之努力，撞南墙也好，实现目标也好，也总是在自己的道路上做出的一种选择。其实都可以，因为目的只有一个，那就要取得自己想要的结果，其实就是一种自己想要的成就方式。但无论如何，我们要记住一句话，要从容地去做一件事情，那就是要不断地坚持，从一开始就要坚定信念，选择你所坚持的，坚持你所选择的。

选择你所坚持的，需要有可坚持的目标。目标的选择需要有强大的信心和决断力，而拥有强大的自信是决断力的源泉。鲁迅曾经说过这样一句话，什么是路？就是从没有路的地方践踏出来的，从有荆棘的地方开辟出来的。到底是该走农村包围城市，打游击战的救国路线，还是走与敌人正面交锋，殊死一搏的救国路线？毛泽东同志做出了坚定的选择，选择之后是对目标的坚持，不畏艰难，不畏困苦，这一决断最终带领大家打赢了一场人民战争，取得了解放战争的伟大胜利。伟人告诉我们：必须培养自己的自信力和决断力，才能在人生的关键时期做出坚定而正确的目标选择。

坚持你所选择的，需要在遇到困难时拥有永不放弃精神。近代以来，民族振兴的梦想就萦绕在我们心中，但是中华民族始终脚踏实地，办实业，做洋务，自力更生，提升自我创新能力，在不同的时代着眼于当下的实际做不同的努力。改革开放以来，我们已经走过了40年，在这个伟大40年里所取得的辉煌成绩背后是一次次痛苦的经历。企业改制导致一大批下岗工人无法安置的问题，城镇化的快速推进导致暴力拆迁问题的层出不穷从而损害农民利益问题和粮食问题，重视经济发展的同时带来的环境问题……改革之路是艰辛的，改革必将伤筋动骨，改革必将损害许多主体的利益，但改革之路必将进行到底。不患得患失，定下心，狠下功，终于看到了触手可及的中国梦。

当然，说到我们每一个人，在自己人生的道路上，不管是选择所坚持的，还是坚持所选择的，在具备信心和决断力的同时，更要关注我们的目标与能力是否匹配，做到正确估计自己的能力，做好计划安排。目标过大会成为空中花园，能力不足易导致半途而废。做好规划，对选择和坚持目标都有重要意义。大到国家的发展之路，小到每个人的发展之路，既要学会果断选择，也要学会坚持不懈，还要充分考虑能力与目标的统一性，只有这样才能最终实现一个目标，做好一件事情。家事、国事、天下事，事事如此。

评析：

这则范文，就像一个标本，信息量大，认识价值高。它可以归类到本书的不同章节中，比如"文章要有时代感""在'不为人识'上下功夫""文章不写半句空""力求叙事精简"等。

我们先说归类到"文章要有时代感"，理由相当充分。文章看到一半的时候，我们根本发现不了这是哪个年代的。除了第三自然段提到改革开放、企业改制、暴力拆迁，其他再无时代的气息和迹象，缺少时代感。

归类到"在'不为人识'上下功夫"。所谓"在'不为人识'上下功夫"，是说在确保观点"正确"的基础上，努力写出新意，不要满足于老生常谈。这篇文章的主要观点，正如标题所概括的那样：选择目标，坚持前行。这是一个常识性的判断，是个尽人皆知的道理，不足以体现眼光、见识的"超凡脱俗"。

再结合"文章不写半句空"，该文引述的游击战、企业改制等大而空的材料，没有具体事实。涉及个体的，只是广义上的、虚指的"每个人"。开头、结尾中反复提到的"我们每一个人"，面目模糊，不是确定的张三、李四，而是一个代称，一个"稻草人"。

最后我们"忍痛割爱",把它归到"力求叙事精简"里。

这篇文章在外在行文上,也显得很独特。它四个段落,比例非常平均,每个自然段字数也相差不多,几乎是平均分配。这样的比例关系,肯定是有问题的,开头、结尾占比过高,几乎是占全文的半壁江山了。

叙事不精简,主要体现在开头和结尾上。为了说明问题,我们对本文开头的前两三句话加以简要的分析:

> 每个人的一生总有许多选择。有的人会按照事先已经布置好的轨道按部就班地去走,虽无大起大落、惊涛骇浪,但也还是能够在进程和过程中有选择性地去走。也有的人……

先说"每个人",再说"有的人""也有的人",这在逻辑上说不通。第一句的焦点是"每个人",具体的某个人,不能再拆分成"有的人""也有的人"。把"每个人的一生总有许多选择",改为"人的一生总有许多选择",才顺理成章。也就是要删除"每个"。删除了多余的字词,叙事就会(在原来的基础上)更精简。

原文接下来的话,也是相当啰嗦,这里就不再具体解释、分析了,可直接修改为:

> 人的一生总有许多选择。有的人按部就班,虽无惊涛骇浪,大起大落,但在路途上也免不了选择。也有的人……

我们应该反复阅读、玩味原文和修改后的文字,比较其得失。

这篇文章的许多语句,都可以这样大刀阔斧地进行修改。语言表达这样啰嗦,叙事这样不精简,是无论如何也写不好文章的。

我们觉得,这篇文章的行文语气,尤其是开头和结尾,特别像"唠唠叨叨"的婆婆妈妈在试图做某个人的思想工作,但抓不住要点,车轱辘话颠过来倒过去,让人不忍卒读(不忍卒"听")。

另外,第三自然段末尾"终于看到了触手可及的中国梦",这也是一句离谱的话。不知道这位作者为什么这样自信和乐观,好像眨眼之间就能圆梦了。

因为本文在时代感上、强化问题意识上、内容充实饱满上、叙事精简上,都存在着明显的问题、严重的问题,所以根本称不上"范文"。

成绩:23 分。

 **范　文　关心民生冷暖，感受人生温度**

无可无不可，随遇而安，随便都行，不求输赢，这是时下流行的"佛系"青年的生活方式，表面上看无欲无求，实际上是青年的干劲正在萎缩。青年一代有理想、有本领、有担当，国家就有前途，民族就有希望，这才是中国青年该有的人生格言。

鲁迅先生曾说："愿中国青年都摆脱冷气，只是向上走，不必听自暴自弃者流的话。有一分热，发一分光。"（名言）新时代的青年只有将生命的温度注入工作和生活中，以百姓之心为己心，以他人之心为己心，才能真正享受到其中的欢乐（论点）

关心民生冷暖，以百姓心为己心，营造温暖的干群关系。（分论点）"衙斋卧听萧萧竹，疑是民间疾苦声。些小吾曹州县吏，一枝一叶总关情。"（引用名言）古有范仲淹心系百姓，甘冒杀身之祸质问宋仁宗，让他的道德风范和人格魅力流传千古；今有廖俊波同志拥有一颗热乎乎的"百姓心"，舍小家、顾大家，让群众觉得他是"和农民坐一条板凳的人"。凡此种种，不胜枚举。（古今两个事例例证）习总书记曾说："我们要坚持'以百姓心为心'，倾听人民心声，汲取人民智慧，始终把实现好、维护好、发展好最广大人民根本利益作为一切工作的出发点和落脚点，让发展成果更多更公平地惠及全体人民。"（过渡句）对于新时代的青年来说，只有时时处处将群众的安危冷暖放在心上，（对策）才能够同老百姓打成一片，才能够使干群关系破冰，使群众变成我们的亲人，才能够让我们在今后的工作中充满信心与力量。（意义）

关心民生冷暖，以他人之心为己心，共创温暖的生活空间。（分论点）近些年，被让座者不言谢、救人者反被诬告、捐助者被纠缠的现象屡见不鲜，这让"好人难做"的感叹声此起彼伏。《中国青年报》曾开展的一项相关调查显示，在受访的人群中有70%以上的受访者，痛感当下做好人的成本高、环境差。这就使得现在人们的言行处于一种矛盾的状态，大家明知道做好人才是正确的，但是又不得不裹挟其间，成为一名旁观者。（现状问题）因此，若想要破解"见义勇为"的困局，一方面需要健全相关的制度设计，使之成为弘扬正气、褒奖善举的助推器和保护伞；另一方面则需要营造温暖的社会环境，让"行善"与"感恩"成为一对相辅相成、互为因果的道德行为，让法治的阳光照进每一人的心中，驱散人与人之间的猜忌、淡漠，让社会充满温暖。（对策）

"感人心者，莫先乎情"，（名言）每一个青年都需要不忘初心，以满足人民日益增长的美好生活需要为目标，切实感受民生的冷暖，让我们的工作和决策更加识民情、接地气，才能享受温暖的干群关系和生活空间，社会才会更加和谐温暖，才有助于实现中华民族复兴的伟大目标。（总结全文，回扣论点）

评析：

这篇文章文笔老到，叙事相当精简，几乎达到了弹无虚发的程度，体现了作者扎实的语言功底。以开头为例：

> 无可无不可，随遇而安，随便都行，不求输赢，这是时下流行的"佛系"青年的生活方式，表面上看无欲无求，实际上是青年的干劲正在萎缩。青年一代有理想、有本领、有担当，国家就有前途，民族就有希望，这才是中国青年该有的人生格言。

这几句话，思路清晰，逻辑严密，语言概括力强，值得点赞。

问题出在第四自然段：

> 关心民生冷暖，以他人之心为己心，共创温暖的生活空间。近些年，被让座者不言谢、救人者反被诬告、捐助者被纠缠的现象屡见不鲜，这让"好人难做"的感叹声此起彼伏。《中国青年报》曾开展的一项相关调查显示，在受访的人群中有70%以上的受访者，痛感当下做好人的成本高、环境差。这就使得现在人们的言行处于一种矛盾的状态，大家明知道做好人才是正确的，但是又不得不裹挟其间，成为一名旁观者。因此，若想要破解"见义勇为"的困局，一方面需要健全相关的制度设计，使之成为弘扬正气、褒奖善举的助推器和保护伞；另一方面则需要营造温暖的社会环境，让"行善"与"感恩"成为一对相辅相成、互为因果的道德行为，让法治的阳光照进每一人的心中，驱散人与人之间的猜忌、淡漠，让社会充满温暖。

孤立地看，这段话的叙事也相当精简，信息密度高。或者说，一瞥之间，难以发现有什么疏漏，它的问题非常隐蔽。具体说来，作为分论点的"关心民生冷暖，以他人之心为己心，共创温暖的生活空间"，与下面的解释分析对不上号，相关例证不能证明"关心民生冷暖"。我们拎出其中的关键词："好人难做""见义勇为""行善"与"感恩"，它们分明属于另外一个论题，不是严格意义上的"关心民生冷暖"。

如果着眼"关心民生冷暖",会涉及谁关心、怎样关心的问题。答案自然是政府、党员干部恪尽职守,急群众之所急,想群众之所想。而相关例证主要说的是"好人难做",不是政府、党员干部关心群众。

经由上述的分析,我们的结论是:这段话表面上精简,但因为那些"精简"的笔墨与主题无关,所以即便再惜墨如金,也是一种啰嗦。

所谓"简为文章尽境",简是文章写作的至高境界。但"言简不如意简",较之于"言简",意简是根本,意简是关键。言简和意简,一个是战术问题,一个是战略问题。老舍在《大智若愚》中说:"文字不过是工具。一把好锯并不能使人变为好木匠。"

"关心民生冷暖"那段话,只做到了"言简"(当然这也不容易),但没做到"意简"(也可以说是节外生枝)。

成绩:27 分。

范文　童年真的无忧无虑吗

"无忧无虑"可能是用来形容童年最多的词。童年果真无忧无虑?若不是选择性遗忘,若不是童年之后的生活有更多压力,"无忧无虑的童年"可能是一种表达形式的自动反应,而非真实、彻底的扪心自问。

前些时,应朋友之邀,我去北师大跟研一学生工作了一整天,上午讲座,下午工作坊,主题是《校园暴力的戏剧切片》,围绕着中小学生的行为辅导,以及教育戏剧在中小学中的应用。工作结束,两位老师不约而同地聊起了儿童早期与母亲分离对日后的影响,都感叹如果能重来,为人母者定要尽力做得好些,再好些,尽量让孩子每天都能见到父母,尤其是母亲……如此,童年才有无忧无虑的前提,孩子的人生才会筑下安全感、自我价值感的坚实根基。

孩子降生来到世上,被剪断在母亲子宫中供给营养的脐带,成为一个生理独立体,而在心理上还需与母亲共生若干年,直至长大成人,否则,孩子会有缺失、匮乏感,并在日后的成长中,有可能向外暴力,无意识地补偿自己的缺失,或成为被暴力对象,抑或向内暴力,焦虑抑郁,攻击自己。

上个月,我听了一个题为《讲安娜·弗洛伊德的故事》的讲座,来自英国的专家介绍了弗洛伊德的女儿安娜·弗洛伊德"二战"期间如何在伦敦为幼童开设战时托儿所,开展研究。安娜和同事通过观察研究孩子与父母分离以及对战争的反应,发现孩子们对战争带来的暴力不只是感到惊吓,还感到兴奋,而破损的依恋关系对孩子的伤害远远超过战争的破坏性。

当年，在英国出现大规模的儿童与父母的分离，这是政府为了集中保护儿童、减少战争对儿童的伤害而采取的措施，却没有想到好心办坏事。安娜和同事的观察研究，促使她引入了许多创新措施来减轻儿童的心理创伤。

比如，为了弥补破损的依恋关系给儿童带来的负面影响，帮助孩子建立新的依恋关系，她让保育员充当起替代母亲，每个孩子有权自己选替代母亲，之后组成"家庭"，并在新家庭中有"兄弟姐妹"，让他们有手足之争，与真实家庭一样。

再如，托儿所还给来看孩子的亲生父母提供住宿、餐饮，以便他们能有更多的时间与孩子在一起。如果父母还带了家中其他孩子来，托儿所也都接受，并鼓励母亲住下来，为此，还为母亲提供在托儿所的工作。这些所作所为都是为了维护家庭的完整性，让孩子处于自然、有益的养育环境。

与此同时，安娜·弗洛伊德和同事还给政府写信，反映情况，反对将父母从孩子的生活中"连根拔起"……她的这些战时工作，影响了英国政府对医院和机构里的儿童政策的改变。

与安娜·弗洛伊德一起工作的同事约翰·鲍尔比，日后成为英国精神病学家、心理学家，母爱剥夺实验和依恋理论的创始人。他系统研究了母爱剥夺对人格发展的不良影响，提出了儿童对母亲的依恋理论，他的著作《依恋》《分离》《丧失》被誉为"依恋理论三部曲"，在今天仍有现实意义。

北京大学心理与认知科学院讲师易春丽认为，"依恋理论三部曲"这套书的出版，能够让中国的父母重视儿童的早期养育，向大众普及相关的科学育儿的理念，增加大家对婴儿以及对母婴关系的理解。武汉心理卫生研究所所长、德中心理治疗研究院主席施琪嘉说，阅读鲍尔比的系列书籍，能帮助我们重新认识并重视父母和孩子在一起的意义，虽然分离在这个快速的社会里显得稀松平常。

替代母亲多大程度上能够替代亲生母亲？讲座上，一位母亲向主讲专家提了这个问题。

专家回答说：关键在替代的质量。稳定的依恋关系对孩子是最重要的，把孩子送托儿所，如果有高质量的照顾也是好的，养育的质量很重要。专家的这一观点，给了纠结、自责的母亲宽慰。的确，综观众多早期分离个案，真正给孩子造成负面影响的，除了与母亲的早期分离本身，还有另一个方面，就是没有得到高质量的替代养育，这才是发现问题、解决问题的系统思维。

有父母在身边，或有高质量的替代养育，才会有无忧无虑的童年。

评析：

这篇文章最大的亮点是标题和开头所提出的观点：童年真的无忧无虑吗？未必。"'无忧无虑的童年'可能是一种表达形式的自动反应，而非真实、彻底的扪心自问。"

它启示我们：在习焉不察的现象背后，存在着别有洞天的新世界，等待着我们去发现。认为童年"无忧无虑"，这其实是我们简单化、表面化的一种判断，童年也有忧虑，也会阴云密布。

除了这个观点，我们建议就不要在这篇文章上耗神费力了。它根本就不是申论，更不是范文。它和申论的区别，就像一支铅笔和一头大象的区别，完全不可以相提并论。

"前些时，应朋友之邀，我去北师大跟研一学生工作了一整天"，透过这片言只语，就可得出定论：这是"微视角"叙事，突出个体的亲历性，与申论的"政府思维"井水不犯河水。

另外，在叙事的繁简度上，也拉开了它与申论的距离：

> 上个月，我听了一个题为《讲安娜·弗洛伊德的故事》的讲座，来自英国的专家介绍了弗洛伊德的女儿安娜·弗洛伊德"二战"期间在伦敦为幼童开设战时托儿所，开展研究。安娜和同事通过观察研究孩子与父母分离以及对战争的反应，他们发现，孩子们对战争带来的暴力不只是受到惊吓，还有感到兴奋，而破损的依恋关系对孩子的伤害远远超过战争的破坏性。
>
> 当年，在英国出现大规模的儿童与父母的分离，这是政府为了集中保护儿童，减少战争对儿童的伤害而采取的措施，却没有想到好心办坏事。安娜和同事的观察研究，促使她引入了许多创新措施来减轻儿童的心理创伤。
>
> 比如，为了弥补破损的依恋关系给儿童带来的负面影响，帮助孩子建立新的依恋关系，她让保育员充当起替代母亲，每个孩子有权自己选替代母亲，之后组成"家庭"，并在新家庭中有"兄弟姐妹"，让他们有手足之争，与真实家庭一样。
>
> 再如，托儿所还给来看孩子的亲生父母提供住宿、餐饮，以便他们能有更多的时间与孩子在一起。如果父母还带了家中其他孩子来，托儿所也都接受，并鼓励母亲住下来，为此，还为母亲提供在托儿所的工作。这些

所作所为都是为了维护家庭的完整性，让孩子处于自然、有益的养育环境。

与此同时，安娜·弗洛伊德和同事还给政府写信，反映情况，反对将父母从孩子的生活中连根拔起……她的这些战时工作，影响了英国政府对医院和机构里的儿童政策的改变。

这段话，洋洋洒洒560多字，我们摘引下来，为的是"凸显"其大块头。这样"心广体胖"，是登不上申论的"大雅之堂"的。申论中的叙事，瘦骨嶙峋，有骨感美。它不需要原原本本地讲述一件事，而是选择性的、概括性的，用字节省。如果从给定资料中大段大段地"粘贴""复制"，申论的"论"，就没有发挥的舞台了。申论中的叙事是为说理服务的，要力求精简。

成绩：18分。

第八章
总论：搭好文章的架子

搭文章的架子，就是组织材料，布局谋篇，安排文章的结构。

所谓文章结构，是指文章的组织形式和内部构造，涉及开头和结尾、层次和段落等。结合申论写作，搭好文章的架子即围绕中心论点，再拎出几个分论点。

这一点太重要了，从考生的角度说，拎出分论点，才好下笔，才好条分缕析；从阅卷老师的角度说，一目十行、"一瞥之间"，最看重的，就是逻辑结构，就是（考生）从哪些方面展开说理的。所以文章的架子，就像人体的骨骼，是否完整、连贯、和谐、匀称、严密，直接决定着"第一印象"的好坏。

梁启超曾说："散乱的思想，不算思想。"写文章贵在言之有理、言之有物、言之有序……这言之有序，强调的便是有条理，不能杂乱无章。

关于杂乱无章，这里简单举几个小例子，说明问题。

例如《让惠民政策的灯光照亮百姓生活》，三个分论点：

"以顺民之心，满足百姓需求"；

"以敬民之心，提高经济收入"；

"以厚民之心，促进社会公平"。

表面上看，很简明，很工整，好像无懈可击。实际上，这三个分论点出现了交叉、重复的问题，有些纠缠不清。具体说来，第一个分论点即"满足百姓需求"，已经把话说尽说绝了，涵盖后两个要点了。"提高经济收入""促进社会公平"，也是为了"满足百姓需求"。所以，表面上看是三个分论点，但内在逻辑上，只是一个意思，就是满足百姓需求。

再如《惠民政策要让百姓生活更美好》，三个分论点：

"惠民政策要'重民生'"；

"惠民政策要'优生态'"；

"惠民政策要'促发展'"。

它和上一篇的问题一模一样,即第一个分论点惠民政策要"重民生",已经包括"优生态""促发展"了,或者说"优生态""促发展",就是"重民生"。

严格意义上说,第一篇中的"满足百姓需求"和第二篇中的"重民生",与其后的另外两个分论点,不在一个层次上,不是同一个重量级别,所以出现了"剪不断,理还乱"的问题。

当然,结构不严密,不限于上述问题,还可能次序有误。比如:

《树优良家风　促社会和谐》,三个分论点:

"树家风应'不忘本',本就是传统文化";

"树家风要'做榜样',父母是孩子的第一任老师";

"树家风需'成风尚',家庭在影响着社会,社会也浸染着家庭"。

三个分论点,现在的一二三序列,应调整为一三二,即先讲传统文化,再说现实环境,最后是父母,才顺理成章。另外,"家庭"和"父母"密不可分,现在拆分成两个分论点,显得太牵强。

也许有人会问:怎样才能搭好文章架子?怎样才能避免交叉重复、防止次序有误?简单地说,分类(或者说搭文章的架子,拎出分论点),是对客体、对象,也就是论题的更加深入的理解和认识。如果不善于拎出分论点或者干脆拎不出分论点,是对所要论述的那个问题(社会现象),缺少更深入的研究,所以只好泛泛而谈。

对某个问题,能够分出更多分论点、更多类别的,一定是认识更深刻、更独到、更专业、更内行的人。这方面的能力,不能"突击"练就,但明白了其中道理,养成条分缕析的意识,每次动笔,先三思而后行文,经过一段时间,也会轻车熟路,成为一名"老司机"。

范文　保护古老村落　留住文明记忆

"望得见山,看得见水,记得住乡愁"是人们最为朴素的愿望。然而,在发展的过程中,古村落却再难见到乡音乡愁,面临着见人与见物之间的尴尬。当文化精神的传承即将凋敝,当民族乡愁的纽带即将断裂,我们必须承认,唯有保护好古村落,才能真正留住文明记忆。

保护古村落,需要满足居民需求。古村落本应是恬静、安详之所在,是居民世世代代之所在。然而,在发展的过程中,对居民强制搬迁,对古宅强制拆除,使得无数古老的民居在推土机的隆隆作响之下消失得无影无踪,使得居民的乡愁无处安放。而真正的古村落,是人的古村落,是居民的古村落。如若长此以往,那么丧失的不仅仅是传承千年的古村落的精神因子，更会使古村落的保护无从谈起。由此可见，对于作为人们美好家园的古村落来说，唯有以满足居民的需求为前提，才能真正地留住古村落的记忆。

保护古村落需要保护文化元素。文化是一种声音，文化是一种思绪，文化是一种情感。然而，在古村落发展的过程中，喧嚣的车马掩盖了文化的声音，旅游的发展消散了文化的思绪，建筑的消失带走了文化的情感。当文化不再作为古村落的意蕴，古村落必然会陷入空洞；当文化不再作为古村落的标志，古村落必然会走向失落；当文化不再作为古村落的命脉，古村落必然会逐渐崩殂。其实，对于古村落的保护并非是漫无目的、毫无章法的，只有保护住其文化底蕴，才能让苍老的廊棚重新焕发新生，让荡漾的微波继续流淌繁华。

保护古村落，需要做好传承与创新。古村落是历史文明的见证者。然而现如今，古村落的文化命脉断裂与过度商业化的问题相互交织。面对这样的问题，乌镇以传承与创新为核心，承接古镇文脉，保持古镇风貌，同时还通过管线地埋、修缮故居等创新的方式来满足人们现代生活的需求。最终，不仅实现了传统文化与现代生活的交融，还成就了乌镇的独特魅力，更是创造出一个不一样的古镇。所以，只有以传承与创新为前提的发展，才是真正的对古村落进行保护。

古村落是中华民族的集体乡愁，是数千年耕读文化的精神载体。只有满足居民需求，保护文化元素，做好传承创新，才不会让后人发出"何处再寻古村落"的悲叹，也才能真正地留住乡村的文明记忆。

评析：

思考古村落保护问题，具有鲜明的现实意义。目前，我国公布了4批"中国传统村落"名录，共4153个传统村落。然而，中国有2800多个县级行政区，平均每一个县被收录的古村落不足2处。据调查统计，2000年，中国有360万个自然村，到2010年，自然村减少到270万个。10年里有90万个村子消失，相当于一天之内就有250个自然村落消失。至今，全国的自然村已只有约200万个。

文章的主要观点是"唯有保护好古村落，才能真正留住文明记忆"。文章有三个分论点：

"保护古村落，需要满足居民需求"；

"保护古村落，需要保护文化元素"；

"保护古村落，需要做好传承与创新"。

三者之间，关系不是太协调。我们试着进行修改，把第一个分论点移至最后，会更加顺理成章：

"保护古村落，需要保护文化元素"；

"保护古村落，需要做好传承与创新"；

"保护古村落，需要满足居民需求"。

为什么要进行这样的调整？道理很简单，文章主要谈论的是保护古村落，而保护古村落，保护的其实就是文化，所以要突显"文化"，把"文化"请到前台，亮相在聚光灯下，而不是隐身幕后。此后再谈传承与创新以及满足居民需求的问题。

这样的结构安排，几乎是唯一的，不可改变的。如果像原文那样，把"满足居民需求"排在第一位，就淡化了"文化"的意味。

细究起来，第一个分论点"保护古村落，需要满足居民需求"，有些站不住脚。这是因为，古村落的保护与满足居民需求，不一定完全合拍，比如居民的诉求可能是要开发、要商业化，以发展经济，而这种诉求就会与古村落的保护发生矛盾。如果保护古村落和满足居民需求之间有冲突，是不是一定以居民意愿为旨归？这要具体问题具体分析，不能一概而论。所以，"保护古村落，需要满足居民需求"这句话本身经不住推敲。

"文化是一种声音，文化是一种思绪，文化是一种情感"，这是第三自然段中的一句话，这句话说得太"文艺"了，也不准确。比如文中接着说："在古村落发展的过程中，喧嚣的车马掩盖了文化的声音，旅游的发展消散了文化的思绪，建筑的消失带走了文化的情感。"这种解释失之于简单、片面。

文化具有渗透性，空灵又实在，不能简单地说哪样东西就是文化。

生活中，人们常把文化理解为"文化程度"，受教育的程度，但有时又说一些人是"有知识没文化"，可见，文化不简单地等同于知识，它比知识有更宽广的边界。至于"流氓其实不可怕，就怕流氓有文化"，道出的则是文化含义中的"专业技能"和"综合素养"。

文化具有多义性，也具有丰富多样的表现形式。媒体上和日常交流中，常见的说法有传统文化、快餐文化、大众文化、流行文化、非物质文化、社区文化、服饰文化、饮食文化、酒文化、茶文化、居室建筑文化、行为文化、体育文化、厕所文化等，好像没有什么不和文化搭边了。

文化热是一件好事，它能让生活渐渐风雅起来。但需要注意的是，探讨文化建设的文章，本身也需要文化，不能简单化、片面化地解释什么是文化。

"古村落是中华民族的集体乡愁"，这是结尾中的一句话，也不准确，太牵强了。

成绩：29分。

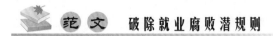 **范文** 破除就业腐败潜规则

曾经，社会上流行一句话——"学好数理化，走遍天下都不怕"，如今，却逐渐演变成"学好数理化，不如有个好爸爸"。父母社会地位越高，权力越大，社会关系越多，动员和利用这些资源为子女就业服务的能力越强，子女的工作就越好，人们惊呼：父亲就业时代到来了。

在造成毕业生就业难的诸多因素中，就业不公无疑占据了重要地位。在现实中，掌权者可以通过"交叉安排""量身定做""考试作弊""公示巧合""人才引进"等种种隐蔽或半隐蔽的手法，"安排"自己的子女进入官场，靠关系找工作，这种就业腐败的严重后果，不仅严重损害了社会公平，还使得公众滋生出严重的"仇官"心态，直接影响到社会和谐与稳定。社会必须改革、破除就业腐败潜规则，让"好爹"们不能把公共权力当作自己的私有财产，不敢把自己拥有的权力当作荫庇自己子女或帮助其他权力者牟取私利的工具。

破除就业腐败潜规则，需健全规章制度。制度具有根本性和稳定性，建立健全制度是预防就业腐败的有效手段。要紧扣"一把手"的用权过程，对其在用人上的权力范围、行使方式以及决策责任做出具体规定，使之既有利于工作，又能受到有效制约。同时，要深化干部选拔制度改革，完善招聘程序，国有大中型企业、事业单位新进人员，必须通过公开选拔招聘，才能获得工作机会。

破除就业腐败潜规则，需加大查处力度。严肃查办是惩治腐败的主要途径，也是防治就业腐败的有力手段。要坚决查处并清理违规、违纪招录进来的人员，并建立违规人员信用档案，对其实行严格的从业限制；给予违规的公职人员相应的党纪政纪处分，对触犯刑法的追究其法律责任；建立公务行为终身负责制，在人事招聘活动中推行责任到人、记录在案、问题倒查等制度。通过严厉的惩处，强化警示作用，达到遏制就业腐败的目的。

破除就业腐败潜规则，需发挥监督合力。阳光是最好的"防腐剂"，加强监督是确保公开公正招考的必要措施。要加强对权力行使的制约和监督，防止和克服"一把手"在用人问题上独断专行，随意安排人员进入单位。加大问责力度，针对领导干部录用自己的子女为公务员、事业编制人员的腐败现象，强化媒体舆论监督，在网络、电视、电台和传统纸质媒体上开辟监督就业腐败专栏，以拓宽社会监督、群众监督和舆论监督的渠道。

就业是民生之本，安国之策，与每个人、每个家庭都息息相关。就业腐败不仅践踏了社会公平正义，伤害了大多数人的利益，也直接伤害了政府的公信力，严重影响社会肌体的健康发展。只有坚决遏制就业腐败，破除潜规则，才能建立一个正常、健康的就业环境。

评析：

此文的主要问题是层次关系紊乱。

"破除就业腐败潜规则，需健全规章制度"；

"破除就业腐败潜规则，需加大查处力度"；

"破除就业腐败潜规则，需发挥监督合力"。

这是原文的三个层次，或称三个分论点，它们之间的关系不是特别顺畅，主要问题出在"查处"和"监督"的排序上，应该调整为：

"破除就业腐败潜规则，需健全规章制度"；

"破除就业腐败潜规则，需发挥监督合力"；

"破除就业腐败潜规则，需加大查处力度"。

三者中间的逻辑关系是，先加强制度建设，完善自身，做到打铁需要自身硬，学会自律；再加强监督，防止出现问题；最后，真出问题了，严加查处。

严格说来，"破除就业腐败潜规则，需健全规章制度"的说法太笼统。"健全规章制度"，这是一个万能的对策，适用于任何问题，比如"破除环境污染问题，需健全规章制度""破除教育乱收费问题，需健全规章制度"，要做好哪项工作不需要"健全规章制度"呢？因此显得大而空，缺少针对性。

仔细辨析，文中的"完善招聘程序"，更具体，更直接，更明了。规章制度再健全，如果拒不执行，也不过是废纸一张。有了好制度，还要落实好。而"完善招聘程序"便是在落实、执行好政策。所以，修改后的三个分论点是：

"破除就业腐败潜规则，需完善招聘程序"；

"破除就业腐败潜规则，需发挥监督合力"；

"破除就业腐败潜规则，需加大查处力度"。

另外，原文开头拖沓，无关痛痒。开头122个字，但有效信息太少。如果改为：

就业不光涉及生存，还关乎尊严，就业是民生之本。在当下就业环境中，还普遍存在着"腐败潜规则"。破除"腐败潜规则"，需要在合力上做文章。

修改后的开头,只有65个字,相当于原文开头字数的一半,但信息量大,层次鲜明(先阐发就业的重要性、意义,再概括问题,最后提出观点),而且每句话都直指问题的要害,刀刀见血。

原文第一句,有一种恍如隔世的感觉。非要按照原文那样开头,也要从第二句"学好数理化,不如有个好爸爸"写起,比如:"'学好数理化,不如有个好爸爸',这句顺口溜,道出了当下的就业腐败潜规则。"

原文个别语句不简明。如第二自然段第一句话:"在造成毕业生就业难的诸多因素中,就业不公无疑占据了重要地位。"改为"毕业生就业难,原因之一是就业不公"或者"毕业生就业难,就业不公是原因之一"由30个字减少到16个字,表意更简洁明了。

综上,这篇范文给我们的启示意义:层次间的逻辑关系要严密;对策要有针对性(不要泛泛而谈,如"健全规章制度");开头要一针见血。

成绩:30分。

习作 "一茶三心"完善基层治理

有人说,茶风就是作风。领导干部下乡去考察民情,解决群众矛盾,喝上一杯热茶,自己心里暖,群众心里更暖。

然而,在基层治理水平不断提升的今天,依然存在很多问题,如条件好的地方建设了一些文化、体育设施,但平时基本处于闲置状态;撤点并校在改善乡村学校办学条件,提高办学效益和质量的同时,也带来了部分学生上下学路程远、交通安全隐患多、生活成本增加等问题。

一杯茶,给我们呈现出的是领导干部深入基层喝茶的亲民心。不进行实地考察,单纯在纸上办公,基层矛盾得不到解决,干群关系也只会越走越远。调研不是走过场,要实实在在深入群众,深入基层。既要到环境好、发展快的地方去取经,又要到环境差、矛盾多的地方去发现问题。像刘干部一样不怕苦、不嫌烦,多次进行登门拜访,有时只需要一句简单的问候,一杯温暖的热茶,就能打破群众的"防御",各种矛盾、各种问题在喝茶交谈中就得到了呈现。用心和群众面对面交谈,一切看似困难的事情都变得很简单。

一杯茶,展现出的是领导干部面对面为群众寻求解决方法的耐心。基层生活就像茶的味道一样，平平淡淡，只有细细品才感觉得到其中之味。对待基层的问题，每一个都不能放过。如果基本设施长期处于闲置状态，那就要改变工作方法，进行资源合理配置，事先征求群众意见，看什么设施群众需求最多、呼声最高；如果带来了部分学生上下学路程远、交通安全隐患多问题，那就要启用校车接送模式，政府适当补贴资金，保障学生上学放学路上安全方便……对症下药，每解决一件小事，都是基层治理水平提高的一个过程。

一杯茶，更体现出领导干部从根本上解决问题的决心。从根本上解决问题，还包括后续问题的解决。这就需要领导干部经常下乡走走，看看群众的满意度变化情况。这样，也能经常接受群众监督。茶风如作风，群众看到领导干部经常为他们的事情奔走，心中也是满满的暖意。接受群众监督，还可以通过各种反馈机制，如24小时举报热线、咨询服务电话、市长信箱等，保证群众所反映的问题得到切实有效的解决，从根本上提升群众满意度。如焦裕禄书记当年在兰考条件十分艰苦，他和群众一起面对困难，长途跋涉，发展经济，但凡群众提到他都是满满的感激之情。可见，干群关系是鱼与水的关系，这种关系的形成是一个长期建立的过程。经常下乡接受群众监督，领导干部可以时常自省，干群关系也会更加亲密。

茶风就是作风。领导干部要面对群众，服务群众，深入群众。只有把茶风搞好，才能真正落实群众需求，满足群众意愿，完成基层治理，作风建设才能迈上新台阶！

评析：

这是2016年河南省公务员考试申论题："请深入理解'给定资料4'中黑体字'茶风就是作风'的含义，并联系实际，自选角度，自拟题目，写一篇议论文。"

有人曾评论："茶风就是作风，现在申论也是醉了，不是水就是风。"这种评论，有一定的道理，它至少道出了部分考生的内心纠结——"茶风就是作风"这篇文章不好写。

孤立地看，这句话是一个"比喻"，是在打比方，它好像降低了阅读理解和写作的难度，实际上是暗藏玄机。具体说来，是作为一种常用的论证方法——"喻证法"，它本身也有局限性，即比喻毕竟是比喻，它不能代替说理。如果以比喻代替说理，也就是"以喻代论"，表面上看可能生动、形象、吸引人，但因为疏于条分缕析，难以做到以理服人。因此，人们把"以喻代论"看作是论证说理的一种常见病。

大概是为了防止说理上的粗疏，该文细分出三个分论点：

一杯茶，给我们呈现出的是领导干部深入基层喝茶的亲民心；

一杯茶，展现出的是领导干部面对面为群众寻求解决方法的耐心；

一杯茶，更体现出领导干部从根本上解决问题的决心。

"三心"结构，有利也有弊。利的方面是，令茶风具体化，而且明了清爽；弊的方面是，有失严密，如是不是只有三心？再增补一些"心"，如"信心""诚心""爱心""真心"等，是否成立？

这意味着，这种分类法不是太科学，因为按照这样的思路，还可以列举出很多。这让我们联想到曾经举过的一个例子：《惠民政策要让百姓生活更美好》，文章强调，惠民政策要"重民生"，惠民政策要"优生态"，惠民政策要"促发展"（我们曾说第一个分论点惠民政策要"重民生"，已经包括"优生态""促发展"了，或者说"优生态""促发展"，也就是"重民生"，因此交叉、重复）。此文这样分类也不是太科学，按照这样的思路，还可以列举下去，如惠民政策要"讲公平"，惠民政策要"促和谐"……

因为几乎可以不断列举下去，文章只着眼于"三心"，就是一个不大不小的问题（或者说是个可大可小的问题）。当然这个问题不是明显的硬伤，不易被察觉。

另外，开头提出观点后，通常先正面展开，这篇文章是直奔"问题"而去了，行文的节奏不够好；第一个分论点中的"深入基层"和第二个分论点中的"面对面"，意思重复。

成绩：28分。

范文　绿色发展是建设美丽中国的基石

美丽中国是天蓝、地绿、水清的优美环境，是人与自然和谐相处的温馨画面，是资源消耗少、质量效益高的目标追求。然而，在美丽中国建设过程中，却因为理念的陈旧而导致各式各样的环境污染与生态恶化，不仅影响了人们的正常生活，也给经济社会的发展增添了障碍。环境问题的解决依赖于发展方式的转变，发展方式的转变又取决于发展理念的更新。绿色发展是低碳的发展，是清洁的发展，是持续的发展，是建设美丽中国的必由之路。

践行绿色发展，理念更新是前提。长期以来，在居民的日常生活中普遍存在着铺张浪费的不良习惯，这样的生活方式不仅是对物质财富的消耗，更增加了环境的负荷。例如，出门必须开车，往往短短一千两千米的距离就会造成大量的能源消耗与废气排放；购买礼物必须精美包装，往往包装材料的价值接近或超过了商品本身的价值；聚会点餐必须远远多于正常的食用量，导致大量食物的浪费，也增加了清理的成本……根除这些生活陋习要求我们树立低碳生活的理念，生活消费简约化，出行旅游清洁化。这些看似不起眼的举动，最终都能带来资源的大量节约，带来环境压力的减轻，最终汇聚成建设美丽中国的磅礴力量。

践行绿色发展，技术革新是关键。环境问题的产生，在很大程度是由落后的生产工艺所导致的，优美环境的打造自然也就离不开技术的更新。党的十八届五中全会要求，企业应加强技术升级改造，用全新的技术手段取代高污染、高消耗的生产工艺。这一政策为企业的转型发展指明了道路，也为绿色发展在企业生产中的践行划定了路径。各类企业应该充分领会中央的战略意图，结合自身的实际情况，因地制宜地贯彻落实。必须在环保工艺的升级改造方面给予更多的资金支持，给予更多的政策倾斜，给予更多的人力保障。

践行绿色发展，制度创新是保障。一段时间以来，对于绿色发展，各地政府普遍存在"口头上重视，行动上轻视"的问题。例如，虽然各地政府高调宣扬绿色发展，但是仍然盛行着"唯GDP论"的政绩考核机制，致使地方政府和官员出于升职的考虑，不敢拒绝高污染、高耗能企业的进驻。若是任由这样的考核机制持续存在，绿色发展理念只能沦为一句空话。改善政绩考核机制，把老百姓的幸福指数、民生指数置于更加重要的位置，让落实绿色发展内化成官员的内在动力。不仅如此，其他相关的制度建设也必须相应完善起来，扎紧制度的笼子，绿色发展才能真正落到实处。

当前我国发展面临的生态恶化问题，既有企业大肆排放废水废气的原因，也与人们铺张浪费的生活方式密切相关。破解这一难题，需要全面践行绿色发展理念，这既需要人们树立低碳生活理念，也需要企业更新生产工艺，上马环保设备，更需要政府完善法律，强化监管。唯有如此，我们才能为美丽中国建设奠定坚实的基础。

评析：

"践行绿色发展，理念更新是前提"；

"践行绿色发展，技术革新是关键"；

"践行绿色发展，制度创新是保障"。

这是文章的三个分论点，表面上看，好像没有什么问题，但实际上，这样的层次安排，不合理、不妥当。

我们认为，上面的三个分论点，应该调整为：

"践行绿色发展，制度创新是保障"；

"践行绿色发展，技术革新是关键"；

"践行绿色发展，理念更新是前提"。

这样调换，许多人会有疑问："理念更新是前提"怎么放在了最后？能提出这样的问题，表明我们对前后次序有着清醒的意识。

我们的理由是："理念更新是前提"之所以由第一降至第三，是因为这个分论点概括失准，这部分内容根本不是"理念更新"，而是"生活方式"，比如居民的日常生活中普遍存在着铺张浪费的不良习惯，出门必须开车，购买礼物必须精美包装，聚会点餐必须远远多于正常的食用量……上述现象是人们习以为常的生活习惯、生活方式，当然，也涉及"理念"问题，但这些现象本身不是"理念"。据"360百科"解释：理念是"看法、思想、思维活动的成果"，"上升到理性高度的观念叫'理念'"。简言之，理念就是观念，只不过它比"观念"的层次、境界更高。

刚才我们说，那些具体的生活方式涉及"理念"问题，意思是这些行为是受"理念"支配的，如果"理念"发生了变化，可能就不会有那么多的铺张浪费现象了。生活方式和生活理念有关联，但它们不是一回事，前者是具体的、感性的、直观的；后者是抽象的、理性的，看不见摸不着的。所以，这个分论点中的"理念"应改为"生活方式"（"全民参与"）。

另外，原文中的第三个分论点"践行绿色发展，制度创新是保障"，也存在明显问题。结合具体内容能发现，它不是"制度创新"的问题，而是政绩观、考核机制的问题。"制度创新"太笼统了，不着边际，实打实地说树立正确的政绩观、完善考核机制，是更加准确明晰的表达。

经过上述的简要分析，我们对三个分论点进行了修订：

"践行绿色发展，要树立正确的政绩观，完善考核机制"；

"践行绿色发展，要加强技术升级改造，取代高污染的生产工艺"；

"践行绿色发展，要全民参与，养成健康的生活方式"。

我们可以和原文的三个分论点进行对比，有没有一种焕然一新、"点石成金"的感觉？

修改后的三个分论点，条理更清晰了，更有逻辑了，表达更具体、更明确了，也更加自然、朴实了（我们一般不主张把三个分论点写成诗句一般，看上去铿锵有力，句式工整，合辙押韵，但太做作）。

成绩：28 分。

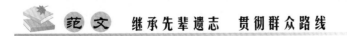

范 文　　继承先辈遗志　贯彻群众路线

走在东方灿烂的阳光下，我常常问蓝天，我从哪里来？走在民族复兴的征程中，我常常问大地，我们又从哪里来？回顾中国共产党的历史，从党的一大到八一枪声，从井冈号角到长征壮歌，九十年波澜壮阔。从抗日烽烟到建国大业，从改革春风到小康蓝图，九十年壮丽辉煌。"没有共产党，就没有新中国"，人民群众的这个声音曾经响彻云霄，惊天动地。

然而，在全面建成小康社会的道路上，党群关系正发生着微妙的变化。干部的朴素形象被鳞次栉比、气势恢宏的楼堂馆所取代；党员的亲民、爱民情怀在利益面前土崩瓦解；强拆的铁锤砸碎的也许不仅仅是房屋的砖瓦，还有老百姓的信任。群众路线是中国共产党的根本路线，是九十余年奋斗史一脉相承的传家宝，时代在发展，岁月在更迭，党的宗旨永远不能褪色。因此，我们党必须继承先辈遗志，贯彻群众路线。

回首昨天，雄关漫道真如铁，党须感恩于人民。翻开历史的画卷，如果当年没有百姓的接纳，哪有工农红军挥师井冈的道路？如果昔日没有群众的拥护，何来革命圣地延安的虎踞龙盘？如果曾经没有人民的支持，怎谈淮海战役的慷慨豪迈？百万人民大支前的奇观壮举，为后人留下了深深的历史启迪，也让我们深切感受到战争年代人民群众对党、对人民军队的真挚感情。因此，我们的党必须铭记百姓的恩情，永葆感激之意，把人民群众永远放在第一位。

审视今天，人间正道是沧桑，党须服务于人民。21世纪的中国，可谓江山依旧在，日月换新天。一代又一代的共产党人继往开来，承前启后，带领中华民族取得了举世瞩目的成就。面对巨大成功，共产党人必须时刻保持本色，为人民服务依然任重而道远。正所谓"民惟邦本，本固邦宁"，我们的党要永远和人民站在一起，一刻也不能脱离群众。党员干部应以焦裕禄、杨善洲、沈浩等前辈为奋斗坐标：站起来当伞，替群众遮风挡雨；俯下身做牛，为人民鞠躬尽瘁。

展望未来，长风破浪会有时，党须问计于人民。"先民有言，询于刍荛"，圣贤之人当虚心向基层群众请教询问，更何况普通干部。"知屋漏者在宇下，知政失者在草野。"深刻的历史经验提供现实镜鉴，这一说法昭示了群众路线的又一必然走向，那就是发展要依靠人民。党员干部要虚心向人民群众学习，因为人民群众才是党和国家的力量之源、胜利之本。各级党委政府必须通过设立渠道、广开言路，紧紧依靠人民，与人民团结奋斗，与人民结成牢固的命运共同体。

来自人民，不忘人民，是共产党人的本分；服务人民，造福人民，是共产党人的天职。全心全意为人民服务，是亿万人民认识共产党及其成员的唯一标准。群众路线坚持得好不好，事关党的形象、党群关系，甚至关系到党的执政根基。再有几年，中国共产党的奋斗将满一世纪；还有30年，新中国将迎来百年诞辰。今天，我们的党仍须一如既往，始终不渝，视人民利益重于泰山，为人民安危赴汤蹈火，把共产党人的传家之宝继承好、弘扬好。

评析：

我们在总论中曾经引用梁启超的话："散乱的思想，不算思想。"写文章贵在言之有理、言之有物、言之有序……

上述范文思想上一点也不"散乱"，结构上相当"有序"：

"回首昨天，雄关漫道真如铁"；

"审视今天，人间正道是沧桑"；

"展望未来，长风破浪会有时"。

"昨天—今天—未来"一气呵成，"回首—审视—展望"又尽显词语的错综之美，如果用"看"字，即"看昨天""看今天""看未来"，用词的重复势必引起审美疲劳。后半句引用诗句，既工整又朗朗上口，而且诗句的内涵和意境，与上半句高度契合。看起来好像达到了完美的境界，可我们为什么挑选出来，拿它说事呢？

原因是，这篇文章的架子，是标准的构件、万能的构件。我们以本章的《保护古老村落，留住文明记忆》为例，几乎不假思索，照搬这个模式，就可以"复制"文章，比如：

"回首古村落的昨天：古道西风瘦马"；

"审视古村落的今天：断肠人在天涯"；

"展望古村落的未来：小桥流水人家"。

还可以换成其他论题，比如生态环境：

"回首昨天：远芳侵古道"；

"审视今天：大漠孤烟直"；

"展望未来：望尽天涯路"。

按照"昨天—今天—未来"这样的条理次序架构文章，是最简单、原始的一种方式。当然，简单、原始的未必不好，未必不可用，关键是用在哪里、怎样用。像上述范文的用法，就不可取。因为谈"群众路线"，需要我们集中思考的是：出了什么问题，为什么要走群众路线，怎样践行群众路线……目光指向的是"今天"，即便涉及过去和未来，也是为了更好地说明"今天"，过去和未来绝对不可能和"今天"等量齐观。它们顶多是穿插在文章中，点到为止。所以，这样"昨天—今天—未来"的三分法，就注定了内容取舍上的主次不分。就好像盖房子，地基打歪了，这个房子建得越高，就越危险。

至于"雄关漫道真如铁""人间正道是沧桑""长风破浪会有时",这样的诗句几乎成了很多人写文章的标配,原本是画龙点睛、增光添彩的,因为用得过多、过滥,反倒磨去了文章的棱角。

文章标题"继承先辈遗志　贯彻群众路线"这两句话,也令人费解。二者之间缺少内在的必然联系,如果改为"发扬光荣传统　践行群众路线"会好一些。

文章开头也是"重灾区":"走在东方灿烂的阳光下,我常常问蓝天,我从哪里来?走在民族复兴的征程中,我常常问大地,我们又从哪里来?"好像是诗朗诵,给人以虚张声势的感觉。老老实实地说话,说实在话,远胜于这种浮夸的表达。

成绩:22分。

第九章
总论：提高"易读性"，优化"用户体验"

简单说来，"易读性"是指文章易于阅读或理解的程度，也就是尽量降低读者的阅读成本，强调用户（读者）观念，优化"用户体验"。

所谓"内容为王，方便是金"，在信息海量、注意力成为最稀有资源的社会里，光有"卖点"不行，还得"与人方便"。"与人方便"就是降低阅读理解的门槛，降低读者获取信息的费力程度。360百科在解释"易读性测量"时说："一篇报纸的社论要作的声明可能是世界上最重要的，但是，要是这篇社论写得只有大学生以上程度的读者才能够看得懂，那么它将失去80%以上的读者。同样的道理也适用于教科书、普及书刊、小说、杂志广告、新闻消息、社论专栏等等。"这段话举了很多例子，但没有申论。实际上，申论也面临着"易读性"的问题。因为从考生的角度讲，考场上完成的申论，接受的是阅卷老师的评判。阅卷老师在长期的、高强度工作状态下，"一瞥之间"发现文章不易读，需要像"啃"书本一样"啃"这篇申论，那么他一定会毫不犹豫地大笔一挥，给出一个相当"保险"的分数。我们不能奢求阅卷老师去"破译"文章，只能强迫自己提高文章的"易读性"，优化读者的"用户体验"。

"易读性"的"易"，主要是指文章语言上的平易、简易，但也涉及文章结构、主题以至书写的清爽、卷面的整洁。它追求的是一种良好的信息呈现方式，文章的内容要好，信息的呈现方式也要好。当然，信息呈现方式好，有易读性，不一定是好文章，不一定得高分，但原本是一篇好文章，由于阅读理解的成本高，也会错失展示风采的机会。这是内容和形式上的辩证法。我们要努力追求内容和形式上的双赢，而且，很多情况下，我们稍稍改换风格，就可令文章面貌焕然一新，变得平"易"近人。

本章选取的习作和范文，主要是概念不清，含混其词，比如"城市主体""政府主体"等生造词语（《让法治思维深入城市血脉》），让人一头雾水；《紧握全面建小康的三把锁》《涵养工匠之心　弘扬求精之道》标题就设置了一道阅读理解上的障碍；结合《加强道德建设不是纸上谈兵》，我们进一步指出：清爽易读，是建立在内容丰富饱满、摇曳多姿基础上的。内容上没有"硬通货"，外包装再简易透明，也全无价值。

此外，本书其他章节中的一些范文和习作，也涉及不够平"易"近人的问题，只不过它们在某些方面有更突出的问题，我们将其归到别的章节了。比如"文章要有时代感"一章中，《静以修身　俭以养德》的开头："中国雄踞在世界的东方，这里幅员辽阔，地大物博。长江、黄河气势磅礴，奔腾不息，印证着中华民族五千年来的源远流长；喜马拉雅山脉峰峦叠嶂、绵延起伏，支撑着华夏儿女傲然挺立的民族脊梁。中国这片神秘的土地，蕴藏着难以计数的财富，尤其自然资源之丰富，更是在世界上首屈一指。"由于和主题无关，信息呈现方式不好，所以就增大了阅读的成本。"力求叙事精简"一章中的《弘扬愚公精神　挑起民族脊梁》，以讲故事的方式开头，延缓了叙事的节奏，降低了表达的效率，因此也降低了文章的易读性。

上文中说，在很多情况下，我们稍稍改换风格，就可令文章面貌焕然一新，变得平"易"近人。改换风格涉及多个层面，我们这里只从写作态度角度提出建议："修辞立其诚"，写文章贵在本色、自然，作者要肯于放下身段，不要总是"端"着、"庄"着。有人写得不够好，原因之一是放不下架子，不能平白、朴实地去表达，结果写着写着就写成了"天书"。

最后，我们援引一篇范文，是《人民日报》上的一篇文章，被某公众号推介为申论范文。我们认为，作为申论范文，它尽管不够完美（如说理性不强、叙事不够精简等），但在朴实自然、"接地气"、清爽易读方面，却值得我们借鉴。

在最近的地方服务群众

如何在离群众最近的地方服务群众，提高工作的贴近性和实效性，是基层党建的重点。基层党建贵在"实"。只要在实践中，坚持把服务群众、造福群众作为党组织建设的基本立足点，不事虚功、务求实效，就能让党组织的关爱直抵民心，让群众体会到更多获得感和幸福感。我们也以此为出发点，探索了"爱心党建"工作方式。

"爱心党建"，让基层组织"强"起来。"群众想什么，我们就干什么"，以强组织来夯实服务基础，就要把"以人民为中心"贯穿基层党建全过程，打造以党组织为核心、参与主体多元、服务形式多样的基层党建共同体。一方面，不断完善制度，统筹党建各要素，全方位、多渠道探索惠民、助民、乐民途径；另一方面，通过服务延伸，形成党建全覆盖、功能全激活、服务全方位的区域化党建格局。

"爱心党建"，让关爱服务"舞"起来。在实践中，我们广泛搭建服务平台、拓展服务领域：开展以爱心助老、助残、助困、助幼为主题的"爱心四助"活动，让空巢老人有人陪伴、残疾人摸得着温暖、困难群众重塑美好人生、少年儿童快乐成长；引导在职党员深入社区、深入居民家中开展爱心服务，让每个党员干部都有明确的"走帮服"对象；向流动人口提供民政、社保、计生等十大类服务，与市民享受同等待遇……服务无止境，永远在路上，让爱心舞动起来，党建服务才能名副其实。

"爱心党建"，让社会力量"动"起来。把社会各类力量有效整合起来，构建多元参与、多方受益、各方幸福的生活共同体，正当其时。比如，用项目化方式，对接党员服务与群众需求，摸清愿望、凝聚智慧，为志愿者和老弱幼残搭建圆梦平台，提升服务的有效性；又如，依托"互联网+党建"，实现线上线下互动，做到"群众事，马上办"，让群众时刻感受家的温暖。一切为了群众，也要依靠群众，"爱心党建"何尝不是共融、共建、共享？

"爱心党建"，让民生工程"立"起来。关注民生、服务群众，是提升基层党建工作水平的首要选择。解决问题要先掌握民情，需要拓宽沟通渠道，如开放式征集、恳谈式倾听、蹲点式调研、体验式查访、会诊式把脉等。在此基础上，持续激发党员干部的服务热情，就要树立问题导向、效果导向，"问题不解决不放过，群众不满意不通过"。真心实意地抓民生改善，"爱心党建"释放的民生红利，会不断为基层党建筑牢根基。

"求木之长者，必固其根本。"习近平总书记指出，必须扎实做好抓基层、打基础的工作，使每个基层党组织都成为坚强战斗堡垒。唯有奋斗者永不止步，把基层党建工作抓好了，才能让人民群众真正满意，筑牢党的执政之基。

(文/陈小燕，选自《人民日报》，2018年5月31日)

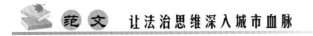

让法治思维深入城市血脉

"法者，天下之仪也。"法律是城市发展过程中的保护伞，也是维护城市主体合法权益的定盘星。法治思维犹如血液，流经城市这个躯体的方方面面，融入遍布城市的血脉之中，重要性不言而喻。我们要坚定不移地推进法治进程，在全面依法治国的伟大事业中，奠定城市发展的坚实地基。

法治思维能规范社会主体弘义行善。无论是"老人跌倒扶不扶",还是"嫖宿幼女罪的废止",抑或是"收买妇女儿童一律按犯罪论处",在一系列法律事件的背后,都深刻地凸显出:一个法律制度的善与恶对社会主体行为具有重要的导向作用,其旧时的、愚昧的法律思维很大程度上助长了犯罪分子的嚣张气焰,形成"坏人得利,好人受罪"的恶性风气。因此,要形成善的法治思维,坚决用法律的手段和途径维护我们每个社会人的权利,让罪恶得到应有的审判,让良善得到肯定的褒奖。这才是社会和谐的应有之义。

　　法治思维能规范政府主体依法行政。当前,不少政府官员存在着"人治"思维,抱着"权利大于天","老子想怎么办就怎么办"的态度。各地曝出的钓鱼执法、强拆民居事件,是缺少法治思维的集中体现。凡此种种,不仅侵害了公民的合法权益,也损害了政府的权威和公信力,更割裂了党群、干群关系,不利于党的执政能力和执政水平的现代化。可见,法治思维对政府主体的建设,对构建法治政府具有举足轻重的作用。我们要坚决落实立法、司法、执法各个环节的法治思维,让法治思维成为政府人员办事服务的根本指针。

　　法治思维规范市场主体遵循规则。从我国企业越来越多的主动起诉国外企业,到为企业减税减负,营造良好发展软环境,再到对打车软件运营商的整治,都折射出我国市场主体的行为在法治思维的轨道上,呈现出良性的发展态势。市场主体往往存在着趋利避害的思想,在利益驱动的前提下,走入违法违规的死胡同中,这不仅对市场主体本身是一种伤害,无形中也扰乱了市场秩序,破坏了市场规律的正常运行。这就需要运用法治思维规范市场主体行为,营造公平有序、健康向上的发展环境。

　　当前,我国城镇化进程加速推进,常住人口城镇化率已超过50%。面对城镇化进程中的诸多"无法"行径,我们要切实加强法制建设,让法治思维深入城市血脉,用法治思维引导人们走健康积极的发展道路,要求社会主体弘义行善、政府主体依法行政、市场主体遵循规则。否则,就算为城镇化披上了一层光鲜亮丽的外衣,也经不起法律缺失带来的伤害。

　　社会主体是指处在一定社会关系中从事实践活动的人及其群体如阶级、阶层、集团、民族、国家等,包括社会中的全体国民,是一个社会存在和发展的支柱。

评析:

　　读了这篇范文,有没有挨了一闷棍的感觉?挨了一闷棍的意思是:遭受暗中的打击或突然的打击。欣赏范文,怎么遭受"打击"了呢?

我们先看开头：

第一句是引用，不说它了。第二句"法律是城市发展过程中的保护伞，也是维护城市主体合法权益的定盘星"，这句话，颇为令人费解。

为什么只是"城市发展过程中的保护伞"？不包括乡村吗？"城市主体"是什么意思？

查阅词典，我们会发现，根本就没有"城市主体"这个词语。作者想表达的，应该是"市民"的意思。另外，"法律是城市发展过程中的保护伞"，改为"法律是城市发展的保护伞"，或者"在城市发展中，法律是保护伞"，才更加清爽、易懂。

第三句，"法治思维犹如血液"，是"不当类比"，常见的说法是"让法治思维融入血液"。打比方是为了表意更清楚，更通俗易懂，"让法治思维融入血液"，一看就明白，"法治思维犹如血液"，让人满头雾水。

再看正文：

第一句话是"法治思维能规范社会主体弘义行善"。这句话太突兀，让人丈二和尚摸不着头脑。

结合下文的"老人跌倒扶不扶"，我们知道，第一句所强调的"规范社会主体弘义行善"，是指排除见义勇为者后顾之忧的"好人条款"（《民法总则》第一百八十四条规定："因自愿实施紧急救助行为造成受助人损害的，救助人不承担民事责任。"该条款俗称"好人法""好人条款"）。

"好人"的确需要保护，保护"好人"也离不开法治。但正文第一个要点就直奔保护"好人"，这明显是丢了西瓜捡起了芝麻。我们说，法治是治国理政的重要手段。依法治国、依法行政才能实现经济发展、政治清明、文化昌盛、社会公正。这是抓重点、抓要害，大处着眼。避而不谈这些"大节"，盯着"好人法"这个"小节"，难免让人雾里看花。

我们的意思是，"规范社会主体弘义行善"不是不可以谈，但一定要在政府依法行政之后，按照由主到次、由重到轻排序。千万不能由次到主、由轻到重。

综观全文，开头第二句话、第三句话不知所云，正文第一句又让人丈二和尚摸不着头脑，是不是一上来就给读者一闷棍（甚至是几闷棍）？挨了一闷棍（几闷棍），眼冒金星，哪怕下面的内容再精彩，读者可能也无暇顾及了。况且下文也并非无懈可击，如依次展开的三个段落：

法治思维能规范社会主体弘义行善；

法治思维能规范政府主体依法行政；

法治思维能规范市场主体遵循规则。

一连串三个"主体",加上开头的"城市主体",文章前后共出现四个"主体"。这四个"主体"中,"政府主体""城市主体"属于生造词语,根本就没有这些词儿。应该直言"政府""市民"。"市场主体"没什么问题;"社会主体"是个内涵非常丰富的词语(大家可自行检索、查阅),用到这里指代不明(或者说必须看了下文的解释,才知道是什么意思),直言"人民群众"更好。

启示意义:概念要准确,不能含混其词,如"城市主体""政府主体"等;表达力求平白、朴实,小葱拌豆腐,不能"打闷棍";排序上要抓大放小,不要丢了西瓜捡起了芝麻。

成绩:28分。

习作　紧握全面建小康的三把锁

习总书记曾强调:全面建成小康社会,最艰巨、最繁重的任务在农村。只有贫困群众早日脱贫致富,才能早日实现全面小康。这就要求我们党员干部要有责任、有计划、有落实,时刻紧握建设小康社会的三把锁。

改革开放30多年来,政府为全面建设小康社会做出不少努力。人民的生活水平发生翻天覆地的变化,不仅物质上吃穿不愁,而且在精神层面上也得到了丰富和提升。然而,我们也应清醒地看到,中国仍有许多贫困家庭、弱势群体在生存线上艰难地挣扎着:农民工冻死桥下,"爱心妈妈"收养的孩童不幸丧生,农民工带着瘫痪妻子吃不到低保……这一系列现象的背后,折射出的是党员干部的人文关怀的不够,是政策补位的缺位,是基层落实的不到位。所以说,要让贫困群众脱贫致富,全面建设小康,关键是紧握责任、政策和落实这三把锁。

紧握责任和使命的锁,与群众心贴心。习总书记曾冒着零下十几度的严寒,驱车赶往300多公里的阜平县看望贫困群众,与乡亲们手拉手,关心他们粮食够不够吃、过冬的棉被有没有、小孩上学远不远……习总书记即使日理万机,心里仍装着困难群众,关心百姓疾苦,是负责任和有担当的体现,也为党员干部树立了最好的榜样。作为一名负有担当和使命的党员干部,需要有以人为本的情怀,多到百姓家中坐一坐,多为百姓做雪中送炭的工作,多为群众办实事,多与群众心贴心。让贫困群众早日享受改革开放的红利,让全面建成小康社会的步伐早日到来。

紧握基层的锁,确保工作实打实。农村要发展,农民要致富,关键靠支部。基层是联系群众和政府的重要纽带,需要他们把政策原原本本地落实到位。近日,棚户区的民生改造就从一件件小事做起:孩子就近上不了学,教育局领导来现场解决;

社区没有诊所看病，卫生部布置全科医生建起社区诊所；社区菜价贵，区政府就建立蔬菜基地直接配送，减少菜价成本……政府正是从上到下层层推进，想方设法解决民忧民怨民困，才将一个个民生工程落实到位，让群众过上了好日子，实现了大家的小康。

紧握政策优惠的锁，为弱势群体补位兜底。习总书记强调：各级政府要把帮助困难群众，特别是将脱贫致富摆在突出位置，因地制宜、科学规划、分类指导、因势利导，将各项扶持政策进一步向贫困群体倾斜。当前，我国仍有相当数量的贫困人口，需要低保政策为贫困家庭送去温暖和希望；需要流浪、乞讨人员救助办法为残疾人、未成年人、老年人等弱势群体提供求助……只有通过政策倾斜，为贫困家庭、弱势群体挡风遮雨，兜住生存的希望，才能加快推进全面小康。

只有千千万万个贫困家庭过上了好日子，全面小康才实现了它真正的意义。未来，我们仍需肩负责任、上下齐心、共同发力，早日实现全面建成小康社会的愿望。

评析：

大概是为了追求清爽、易读，该文标题《紧握全面建小康的三把锁》采用了打比方的手法。但这个比方打得不够好，非但收不到预期效果，可能适得其反，帮了倒忙。具体说来，不该是"锁"，而应该是钥匙，意思正好相反了；再有，扶贫也好，其他工作也好，其措施办法不一定就是三个，也可能五个八个，所以"紧握全面建小康的三把锁"，反倒增大了阅读理解的难度系数。另外，三个分论点也不够严密：先强调"责任和使命"，与群众心贴心，再重申立足基层，"确保工作实打实"，最后是政策倾斜，"为弱势群体补位兜底"。感觉上最后一个分论点和前两个分论点，好像不在一个节拍上，它们分属制定政策和干部作风问题，"杂糅"在一起了。

在追求清爽、易读的道路上，"三把锁"设置了第一道障碍，"杂糅"的分论点设置了第二道障碍。要领会文章内容，读者必须小心翼翼地避开这些障碍物，抵达意义的终点。不排除一些人因为阅读理解上的耗时费力而中途弃文。

为强化印象，我们引用《半月谈》（2018年第4期）上的一篇题为《换届之年须树牢正确政绩观》的评论文章片段，直观体验什么是清爽、易读：

> 基层干部和有识之士反映，"换届冲动症"主要有三大表征。
> 一是政策"翻烧饼"，太随意，换届就换蓝图，换人就换思路。在一些地方，发展战略没有延续性，主政干部经常拍脑袋决策，拍胸脯保证，

拍屁股走人。

二是新官不理旧账。签订的各种协议,对投资商的承诺,拖欠的工程款……对这些前任留下来的"旧账",少数"换届干部"一概不认,能推则推,能拖则拖,有的甚至公然"赖账"。这种做法不仅有违诚实守信的法治原则,也极大地损害了群众利益和政府公信力。

三是好大喜功,热衷上马"面子工程""形象工程"。少数"换届干部",新到一地,新任一职,总想快出成绩,于是不重"里子"重"面子",大肆举债搞建设,把看得见的地方包装得像"欧洲",看不见的地方即使像"非洲"也放任不管、无动于衷。

以上种种,归根到底还是错误的政绩观作祟。少数"换届干部"只唯上不管下,其最大目标就是在有限的任期内,最大可能集中地方发展资源,尽量做出上级领导看得见、摸得着的政绩,从而为自己的仕途发展铺平道路、奠定基础。

在这种错误政绩观的支配下,不少地方已经付出了十分沉重的代价。总结经验,吸取教训,要求各级领导干部必须自觉抵制错误政绩观,牢固树立正确政绩观。

上述引文,关于政策"翻烧饼"、新官不理旧账、不重"里子"重"面子"等说法,具体生动,让人过目不忘,值得我们借鉴。

成绩:28分。

范文 加强道德建设不是纸上谈兵

古语有言:"勿以恶小而为之,勿以善小而不为。唯贤唯德,可以服人。"可见,道德是衡量一个人基本素养最重要的指标。人如果没有道德便与走兽无异,而一个没有道德底线的社会注定是一个冷漠灰暗的社会。关注道德,加强道德建设,势在必行。

现今我国公民道德素养缺乏的形势依然严峻,经济领域、社会领域都出现了种种道德失范的现象,损害了人们彼此之间的信任,损害了社会的良好风气。而要改变现状,我们就必须加强道德建设,这有利于我们进一步促进社会经济秩序的完善、社会生活的和谐以及社会主义精神文明的建设。那么,该如何做?

树立榜样是道德建设的重点。"国无常俗,教则移风。"培育和弘扬社会主义道德，教育引导是基础性工作。而榜样的力量是无穷的。雷锋、焦裕禄等先进人物激励了几代人的成长，是培育和弘扬美德的鲜活教材。时代要求继续精心选树典型，开展道德模范评选表彰活动，充分发挥他们的典型带动作用，形成"最美人物""身边好人"大量涌现、群星璀璨的局面。只有通过对道德模范持续不断的赞颂，对人们潜移默化的熏陶，才能使道德在人们心中播下种子，生根、开花和结果。

媒体引导是道德建设的关键。在信息发达的今天，媒体网络成为信息传递的重要手段。然而它也是一把双刃剑，倘若不站在公正的立场，坚守道德，则可能沦为造谣者的"帮凶"，如"跪爬母亲求助"事件。如果能被合理利用，则能为社会道德的建设做出贡献：一方面，媒体可曝光医疗、教育、官场等各领域出现的失德行为，敦促其规范改正，推进社会的进步；另一方面，媒体网络可宣传道德模范榜样，从而在全社会形成知荣辱、讲道德、促和谐的文明风尚。总而言之，要充分了解媒体的运作规律，创新对媒体的监管调控方式，鼓励媒体坚持正确的价值导向，使好的行为得到鼓励和表彰，错误行为受到制约和惩处。

健全法制是道德建设的保障。"不以规矩，不能成方圆。"道德的培育和践行，不仅需要循循善诱的影响、春风化雨的熏陶，而且需要制度、规矩来"保驾护航"。我们的政策制度、法律法规，都必须体现社会主义核心道德的要求，都要有利于社会主义核心价值观的培育，而不能与之相背离。应当健全各行各业规章制度，完善市民公约、乡规民约、学生守则等行为规则，使社会主义核心道德成为人们日常工作生活的基本遵循。

道德水平的提升，不是一朝一夕就可以实现的，也不是空谈理论就可以达成的。千里之行始于足下；空谈误国实干兴邦。让我们每个人都行动起来，以实际行动践行社会主义核心价值观，为提升我国道德建设水平添砖加瓦。

评析：

这篇范文，清爽是清爽了，但内容是"一杯白开水"，所以这样的清爽、易读，相当于学到了"皮毛"，更有价值和意义的观点、内容方面的问题却被忽略了。

说这样的文章仿佛是"一杯白开水"，原因如下：

首先，标题《加强道德建设不是纸上谈兵》，缺少有效信息。任何一项工作，都不是"纸上谈兵"，如严把食品安全关不是纸上谈兵、加强公厕卫生管理不是纸上谈兵、整治道路交通秩序不是纸上谈兵……既然做好任何一项工作都不是纸上谈兵，就没有必要再强调"加强道德建设不是纸上谈兵"，所以，这样的标题，就像吃别人嚼过的馍，没有味道。

其次，关于如何加强道德建设，文章指出："树立榜样是道德建设的重点""媒体引导是道德建设的关键""健全法制是道德建设的保障"，我们去除重复出现的"道德建设"和"重点""关键""保障"等，所剩下的就是"树立榜样""媒体引导""健全法制"了，很明显，它们是做好工作的最基本的套路。不要说"老司机"，哪怕"新手上路"，大概也会这样"循规蹈矩"。所以，几个分论点也缺少含金量。

这篇文章除了开头略显生涩，其余部分都好像"小葱拌豆腐"，一瞥之间尽收眼底。遗憾的是，眼底的景象，是荒山秃岭，没有什么看点。

我们所强调的清爽易读，是建立在内容丰富饱满、摇曳多姿基础上的。内容上没有"硬通货"，外包装再简易透明，也全无价值。

针对上述范文在"如何加强道德建设"上的照方抓药（"一张方子"治百病）的问题，我们特意挑选一篇例文，以求对症下药。

成绩：25分。

扶贫不能指望"一张方子"治百病

在中部一个深度贫困县采访，县里干部抱怨，省里分配光伏扶贫指标，每个深度贫困县平均分，虽然都是深度贫困，但各自情况不同，排排坐，分果果，看似公平，实则不公。他们说，论资源，县里光照足，荒山荒地多，最适宜光伏产业；论现状，他们县贫困程度最深，贫困人口最多，扶贫资源更应该有所倾斜。（3月25日《人民日报》）

时下，扶贫攻坚早已进入啃硬骨头阶段。要确保扶贫工作打赢并且打好，实现3年内3000万人脱贫的既定目标，需要在精准扶贫上面苦下功夫。毕竟，同样是贫困地区，各个地方的具体情况并不相同。即使同一个县，不同乡镇之间的发展现状也存在诸多差异。将扶贫资源平均分配，看似公平且省时省力，但由于缺乏精准应对之策，人力物力投进去，可能很难获得预期产出，以致资源被浪费、时机被耽误，脱贫攻坚的实效也被大打折扣。

近几年，各地各部门的扶贫工作压力大、任务重。基层干部长期"白加黑""5+2"，促使脱贫攻坚取得决定性进展。但是，要兑现2020年中国全部消除贫困的庄严承诺，困难、挑战都不少。脱贫路上一个都不能少，每一个都有不同的致贫原因。有的是自然资源不足，有的是产业结构不合理，也有基层文化的式微、贫困户的精神缺钙等原因。即使一些家庭暂时脱贫，会不会因教、因病返贫，也是亟待关注并要加以解决的问题。

解决这些问题，需要各级干部扑下身子深入基层，多走访、多调研，出政策、出制度，共同探索富有见地、因地制宜的致富之路。产业扶贫、易地扶贫、就业扶贫，不同的情况有不同的对策。指望用"一张方子"治百病，渴望扶贫成果立竿见影乃至毕其功于一役，显然不符合基层群众生产生活的实际情况，也容易滋生不扎实、不走心的形式主义作风。

扶贫作风不扎实、不走心，带来的危险是巨大的。此前，一些地方搞数字脱贫、虚假脱贫，靡费了宝贵的扶贫资源，扶贫面貌却未能带来积极改观，群众未能从扶贫政策中获得实实在在的幸福感、获得感。为此，从中央到地方，一直在力避不扎实的工作作风，号召以"钉钉子"精神和"绣花"精神打赢脱贫攻坚战，切实提高扶贫质量和实效，让群众的获得感看得见、摸得着，实实在在。

扶贫工作事关人民的幸福感与获得感，来不得一点儿假把式、无用功。因此，各级干部还应再下苦功夫，求真务实、真抓实干，把扶贫工作做实、做深、做细，确保脱贫成果经得起人民和历史的检验。

（文/汪东旭，选自人民网，2018-03-26）

习作　让基层文化活起来

文化是民族的精神内核，基层是文化的展现园地。只有基层文化活起来，百姓精神才能富起来。然而，我国目前的基层文化发展仍存在一些问题。

基层文化产品缺乏新意，部分地区存在内容雷同、低质的现象。低质粗糙的文化产品缺乏对群众的吸引力，而雷同的文化产品会打消群众参与文化活动的热情。基层文化服务配送错位，资源配置需要定位。随着城镇化的发展，一些农民工聚集在城乡接合部，缺乏充足的公共文化服务。基层文化缺乏必要的保障，缺人缺钱仍是部分边远地区文化供给中存在的问题。在一些地方，尽管硬件配备齐全，但由于人手不足、资金短缺等问题，基层文化服务无法高效开展。要想让基层文化活起来，基层文化供给侧改革需要转变思路，变政府端菜为群众点菜，由政府包办转变为政府主导、群众主动参与，这样才能激发起全社会的文化创造活力。

要想让基层文化活起来，我们需要创新基层文化产品。基层文化来源于基层，服务于基层，政府在打造基层文化产品的同时，要大力培养基层文化人，让群众主动参与到文化产品的创作中来。这样我们的文化产品才能保证高质量的来源和贴近生活，增加文化产品对群众的吸引力，激发群众的参与热情。

要想让基层文化活起来，我们需要创新服务方式。我们要盘活农村闲置文化资源，建设新时代的精神高地。要让文化生活和经济发展有机结合，文化发展助力经济腾飞，繁荣经济反哺基层文化建设，基层文化与强农富农比翼齐飞。要让民间力量参与公共文化建设，创建民间基层文化服务新阵地。

要想让基层文化活起来，我们需要创新基层文化保障方式。提供充分的基础保障，可以解决部分地区人手不足、资金短缺的问题。打造数字化服务平台，吸纳群众意见，做到精准服务。培养基层文化人才，充分发挥基层文化人才和民间力量的作用。

国以民为本，基层人民群众在国家发展腾飞的道路上扮演着重要角色。基层文化供给侧改革要以人为本，从群众利益出发，创新文化产品，创新服务方式，创新保障方式，才能让这片文化园地焕发更加旺盛的活力，为祖国的现代化建设添砖加瓦，共同实现伟大民族的复兴梦。

评析：

2017年江苏省公务员考试，要求以"激发群众参与热情，创新文化服务方式"为主题，联系实际，自拟标题，写一篇议论文。

我们可以数一数，从头至尾，上文中有多少个"基层文化"……

文章也提到了"文化服务"，如第二自然段的"基层文化服务配送错位""一些农民工聚集在城乡接合部，缺乏充足的公共文化服务""基层文化服务无法高效开展"，第四自然段的"要想让基层文化活起来，我们需要创新服务方式"，但相比声势浩大的"基层文化"，这些"文化服务"势单力薄、人微言轻，已经找不到存在感了。

作文要求以"激发群众参与热情，创新文化服务方式"为主题，自然应该突显"文化服务"，但行文中"弥漫"着大量的"基层文化"，这些"基层文化"就像一团一团的迷雾，遮蔽了主题，也给阅读理解增大了难度系数。

表面上看，这是语言表达上的问题，实际上是构思行文的大方向出现了偏误，是聚焦点的偏移造成的，不单纯是语言表达上的问题。语言表达是外因、次要原因，行文方向和聚焦点上的偏误、偏移，是内因、主因。因此，解决问题就要把"文化服务"推到前台，突出"文化服务"，让"基层文化"退隐到后台。二者之间的关系是："基层文化"建设和发展，需要的条件是多方面的，而"文化服务"仅仅是"基层文化"建设和发展的条件之一。本来应该在一个"点"上做文章，却扩展到"面"上了。

就好像雾霾天能见度差一样，文章中弥漫的粉尘颗粒越多，主题"露面"的机会就越少。

我们再以文章开头为例："文化是民族的精神内核，基层是文化的展现园地。只有基层文化活起来，百姓精神才能富起来。然而，我国目前的基层文化发展仍存在一些问题。"这几句话，做到了叙事精简，但简而不"明"，其脉络是"文化—基层文化—百姓精神"，未彰显"文化服务"。

成绩：25 分。

范文　涵养工匠之心　弘扬求精之道

"治理之道，莫要于安民；安民之道，在于查其疾苦"，振聋发聩。中国经济进入新常态，社会利益需求多样化，阶层结构深刻变革，社会矛盾突发频发。城管与摊贩间"爱恨情仇"轮番上演，广场舞扰民甚为棘手，牛皮癣广告周而复始难以遏制，居民矛盾屡见不鲜贻害无穷……如锥心之刺，如芒在背。"周虽旧邦，其命维新"，圣贤之言警醒人们需革故鼎新，新时代新形势新矛盾倡导新思路新理念新做法，因此，克服传统社会治理短板，倡导刚柔户籍，互补余缺，须臾不可离。

创新社会治理，加强硬约束，把握刚性手段。"奉法者强则国强，奉法者弱则国弱"，法治建设的重要性不言而喻。共享单车如火如荼，为人们出行提供便利的同时，乱停乱放现象愈演愈烈，影响城市形象，带来交通隐患；广场舞遍布大街小巷，丰富老年人精神生活的同时，噪音扰民现象屡禁不止，破坏邻里和谐，带来不安定因素；摊贩摆摊设点，方便民众生活的同时，影响市容市貌已成痼疾，引发社会纠纷……此类社会管理乱象积重难返，实质在于缺乏强制性约束手段，法治不张。试问，倘若政府能够重拳出击，做到"法立，有犯而必施；令出，唯行而不返"，培养民众对规则的敬畏之心，畏而不敢肆而德已成，民众心存敬畏，手握戒尺，慎独慎行，怎会让社会乱象肆意滋生？由此可见，社会治理应坚持法治建设、刚性执法，彰显法治权威。

创新社会治理，加强软引导，践行柔性艺术。依法治国与以德治国并举，乃当今中国法治建设的核心观念，"无以规矩，不成方圆"，强制约束确保规则秩序的合理践行，然，法理不外乎人情，在社会管理过程中，需适当考虑尊重被执法者的心理感受。纵览中外，内有贵溪模式情理法结合化解矛盾纠纷，牛皮癣柔性宣传收效显著，"留纸条违停免罚"考虑实际收获民心，外有英美新人性执法治理摊贩取得双赢。反观之，强制暴力拆迁，民怨四起，城管暴力执法，臭名昭著颇受鄙夷，不免让人心生嗟叹。"道之以政，齐之以刑，民免而无耻；道之以德，齐之以礼，有耻且格"，柔性执法大有裨益，提升被执法者对规则的认可，带有温度的执法可谓"润物细无声"，构筑"懂规则，敬规则，守规则"的治理堤坝，有着更为良善的意义。总而言之，在执法过程中，将人性化执法置于公共规则的框架内，作为提升执法能力的一大利器，大有推广价值。

完善社会治理需要以人为核心、以基层为重点、以创新为关键。只有这样，才能创新社会治理方式，实现"人治"到"法治"的进步，做到由"管理"到"治理"的升华，达到"小政府、大社会"的目标。有鉴于此，完善社会治理需要政府简政放权，需要公民保持理性，需要社会营造氛围。

评析：

这篇文章读起来很吃力，它与我们所倡导的清爽、易读，正好是背道而驰。

首先，文章标题就让人丈二和尚摸不着头脑，看到《涵养工匠之心　弘扬求精之道》，一般人大概都会以为：谈的是工匠精神，没有最好，只有更好，要精益求精。直至看到"新时代新形势新矛盾倡导新思路新理念新做法"，也就是看了开头近200个字，仍然不知道其"葫芦里卖的什么药"。及至"克服传统社会治理短板"，可能才幡然醒悟：谈的是创新社会治理。——谈创新社会治理，也不是大大方方、堂堂正正，打开天窗说亮话，而是用了一个"顾左右而言他"的说法："克服传统社会治理短板"，让人反推：这是要创新现代社会治理。而且刚刚明白一点点，马上又会犯糊涂："倡导刚柔户籍，互补余缺，须臾不可离。""刚柔户籍"是怎么回事？这是一个生造词语，没有人知道什么意思。"须臾不可离"也不知道指的是谁跟谁竟然如此如胶似漆。

我们只看文章的标题和开头，就发现了它的矫揉造作。

正文中，谈"加强硬约束，把握刚性手段"时，提出"重拳出击"。要"重拳出击"的，是共享单车乱停乱放现象，广场舞噪音扰民现象，摊贩摆摊设点现象，这些现象是生活中常见的民生百态，尽管有"扰民"问题，但毕竟是人民内部矛盾，你要怎样"重拳出击"？在谈到"加强软引导，践行柔性艺术"时，又强调"法理不外乎人情，在社会管理过程中，需适当考虑尊重被执法者的心理感受"。当你"重拳出击"时，怎么没有想到法理不外乎人情，没有想到被执法者的心理感受？

一会儿是"刚性手段"，一会儿是"柔性艺术"，好像一会儿是"直拳"，一会儿是"勾拳"，非要KO对手，但自家先乱了阵脚。比如，"践行的柔性艺术"包括广场舞大妈和小商小贩吗？优秀的拳击运动员，都有"一脚"让人眼花缭乱的"蝴蝶步"，如蝴蝶穿花般轻盈空灵。有了"蝴蝶步"，才能辗转腾挪，进退自如。迈着醉八仙的步子，拳法再好，但因为"脚法"不好，也难以克敌制胜。

总之，读这样的文章，让人心中添堵。心中添堵的原因一个是思想认识上的粗疏，以及由粗疏而显露的荒唐；另一个是文章表达上的佶屈聱牙，就好像一个思想苍白的人，偏偏喜欢描眉画眼，一身的珠光宝气，样子很招摇，但听其说话，仿佛由历史的烟尘中穿越到了现代社会，满嘴之乎者也，又说不出子丑寅卯。也就是思想内涵和其扮相严重分离。

刚才我们提到满嘴之乎者也，这样评价《涵养工匠之心　弘扬求精之道》，可能略显夸张，但文中"之乎者也"的内容明显偏多，比如"治理之道，莫要于安民；安民之道，在于查其疾苦""奉法者强则国强，奉法者弱则国弱""法立，有犯而必施；令出，唯行而不返""畏而不敢肆而德已成""道之以政，齐之以刑，民免而无耻；道之以德，齐之以礼，有耻且格"等等，这些引文加起来有百余字，占了文章十分之一的比例。引用一定要有节制，一定要锦上添花，任何一个方面出问题，都意味着引用的失败。比如此文，一定需要这些引文吗？用大白话说不清楚吗？引文过多，相当于让读者（阅卷老师）看了一篇文言文。而看文言文，总是更吃力的。

借用文中"重拳出击"的说法，我们面对这样的文章，最该采取的策略就是"重拳出击"。

成绩：20 分。

第十章
总论：适合的才是最好的

阅读是提高申论写作能力的重要途径。即便我们专门聘请老师"一对一"地辅导，老师也会说：多阅读。老师这样讲，不是在推卸自己的责任，而是给出了具体的学习方法。

这里的阅读，分广义上的阅读和狭义上的阅读。广义上的阅读是读书，积累社会百科知识，提升理论修养；狭义上的阅读是读申论范文，通过读申论范文提高申论写作能力和水平。

相比其他，要提高申论写作能力更需要多阅读。这一方面是因为申论写作要有时代感，要强化问题意识，而且要"文章不写半句空"（这几层意思我们在全书不同章节有分别论述），也就是要能够"与时俱进"，所以要多从"时文"中吸取营养；另一方面的原因是申论离我们比较"远"，它不像一般意义上的记叙文、议论文那样，相伴我们基础教育整个过程，也不像公文、新闻等实用文章，在工作生活中低头不见抬头见，申论对我们来说是一个陌生的存在。就像画画，我们几乎不可能画出一幅心中根本不存在的画面。要写好申论，先要熟悉它，而熟悉它的一个简便又高效的方法就是多阅读。

多阅读并非是不加分辨，拣到篮子里都是菜。选好阅读的范文非常重要，范文选得好，能收到举一反三的效果；选得不好，就好像跟一个五音不全的老师学唱歌，向弹棉花的匠人学弹琴。而且错误的思维、表达习惯一经形成，想改都不好改，这也正是一张白纸好画画的意思。

跟着范文学写作，这"范文"应该是货真价实的范文。一旦所面对的范文缺斤少两，又苦心孤诣地学习、践行其写作章法，那就只能是越学越走样。

这一章，我们选编的范文有一个共同特点：它们都是在媒体上公开发表的评论文章，经由相关申论公众号推举，成为"申论范文"。也就是说，它们原本不是申论，更不是出自考生之手，可能是因为文章中的某种独特气质，把它们"升格"为申论，入选了申论范文。

面对这部分范文，我们想说的是，适合的才是最好的。这是什么意思呢？那些文章孤立地看，可能相当好，但在我们看来，它们不适合申论写作，也谈不上申论范文。它们分属不同的"物种"，各有自己的一亩三分地。把它们作为申论范文，就好像吃错了补药，药力越强，营养越丰富，所造成的伤害可能越大。所谓甲之蜜糖，乙之砒霜，要分得清蜜糖和砒霜。选范文是要学技术，但它本身是个技术活。"技术活"不好，"技术"非但学不来，可能还会丢了原来的手艺。

有一句广告词："不是所有的牛奶都叫特仑苏。"套用这句话，不是所有的范文都叫申论范文。要成为申论范文，条件是多方面的，但其中最基本的一个条件是"公共性原则"，它通常不是个人话题而是公共议题。申论的生命力在于其公共性，"文章乃经国之大业，不朽之盛事"，申论的目光关切的是更广大的公共空间。

一个男生向心仪的女生告白，失败了。假如有一篇文章解释告白失败的原因，写得入情入理，非常出彩，但它主要解决的是男生的个人困扰（当然，这篇文章被推介，广泛流传，其他人也会获益。但这种获益，主要是个人、交际、婚恋上的启示，其范围主要限定在私人空间）。如果写文章解析婚恋观的变化、剩男剩女以及婚姻市场的结构失衡，那么，它就是着眼公共问题，其题材的客观价值明显是不一样的。当然，写什么，受制于或者说是听命于"给定资料"，要从"给定资料"出发。申论的"给定资料"，即便是关乎个体的、私密空间的，但由此生发、探讨的也一定是"大众性"的事理。就像研究自杀问题，主要着眼点不是一个一个的自杀案，而是自杀率，不同群体、国家的自杀率及其社会变化，进而思考人与社会的关系。自杀可能是个人问题，但是自杀率一定是公共问题。

学写申论就是在学"万人敌"。项羽小时不爱学习，学书不成，学剑亦不成，他的叔父项梁大怒。项羽说："书足以记名姓而已。剑一人敌，不足学，学万人敌。"于是项梁教授项羽兵法。申论就是兼济天下的"万人敌"。"万人敌"就是要思考造福社会的大问题。

我们曾说选范文是要学技术，但它本身是个技术活。其技术含量的主要体现之一，在于所挑选的范文是"万人敌"还是"一人敌"。

我们举一个具体的例子，《我回你是秒回，你回我为啥是"轮回"？》，这是《人民日报》（2018年5月24日）的一篇评论，它评论的是回微信的速度问题，指出"慢回复甚至不回复，不一定就是有意在怠慢"，"要缓解乃至消除'不能时刻保持联系的焦虑'，最重要的还是放宽心态，主动做好技术应然和生活实然间的切割"，"掌握好社交的分寸感、边界感，是我们每一个社会人的必修课，这也恰恰构成了移动互联时代最需要的交往美德"。我们说，这样的文章自有其存在的价值，但它不能成为申论的范文。申论应该关注的是现代通信工具对大众工作生活的影响，而不是纠结于"秒回"还是"轮回"。

正如我们不把"秒回"还是"轮回"推荐为申论范文一样，这一章中的"范文"，也不是真正意义上的范文。跟这样的"范文"学习，往往会出现南辕北辙的错误。

话说回来，向不是范文的"范文"学习，也会有所得，但要具备批判性的眼光，善于创造性地学习。这对学习者提出了更高的要求，不是每个人都能应对裕如，所以，我们不建议向这些不是范文的"范文"学习。另外，因为它们根本就不是"申论范文"，所以这一章的"解析"，也只是点到为止，稍加提示，不再像其他章节那样详尽。

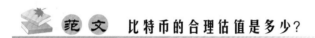
范　文　比特币的合理估值是多少？

近日，比特币因监管升级导致暴跌。那么，比特币的合理估值是多少？相信这个话题大家都很感兴趣，价格是由价值决定的，但是比特币，既没有实体的企业，也没有对价商品。作为一种应用技术，比特币的估值是一大难题。

2009年1月3日，世界上第一批比特币被挖出，这种由一个代号为"中本聪"的人设计的数字货币正式诞生。八年间，比特币由最初的小众产品不断发展，从生产、交易，到存储、应用，形成了一个颇为完整的产业链。有人认为，它能够解决通货膨胀等目前社会在诸多领域的缺陷，"能让人类社会变得更加美好"。

但也有人认为，比特币不具备成为货币的本质属性，有着潜在风险和核心缺陷。法律还未跟得上其"野蛮生长"的步伐，这是个尚未完全建立秩序的灰色新世界。

抛开未来前景不说，我们首先说说当下比特币的购买力。看新闻，我们偶尔能看到哪个企业开放比特币买卖了，比特币可以买车、买房了等等。为什么这类现象可以成为新闻？原因很简单，因为比特币现阶段购买力很弱，对标的商品极少。简单说，比特币在现阶段就是一种虚拟资产，看得到但是摸不着，也用不了。要实现资产增值，只能推高价格，然后逢高抛售。

再来看看技术前景，区块链的应用越来越多，这似乎成为比特币的最后一根救命稻草。但我们也看到，区块链设想很好，实际应用的企业不多，产生实效的更少，多数还是玩弄数字游戏的。可怕的是，在近期，一大堆电子商品插上了区块链的翅膀，美其名曰"区块链应用技术"，实则是借助比特币的影响力所做出的一系列营销手段，这类手段没有实际的应用价值，玩的就是一种虚拟货币游戏。这种行为，实际走的是法律的灰色地带。

最后，各国政府的态度，也是比特币波动的重大原因。中国全面禁止比特币交易，美国三大银行也加入了围剿比特币的行列中，还有印尼、越南等国把它列为非法货币。另外，根据《2014—2016年全球比特币发展研究报告》，目前全球算力的75%以上集中在中国。可见，比特币暴跌是可以预见的。再者，当一种电子货币损害到本国货币利益时，任何国家都会坐不住，曾经风靡一时的电子货币LR就是很好的例子。

所以，结论就是，我看好区块链的前景，但不看好比特币，也不建议参与到比特币的投资当中去。

（文/诸葛昊，选自红网，2018-02-07）

评析：

探讨比特币合理估值问题的文章成为申论的范文，可能会超出一般人的想象。的确，比特币的专业性太强了，门槛太高了，一般人没办法对此"说三道四"，因此它不可能成为申论讨论的问题。申论中的问题一定是"大众性"的，大家可以共同言说，不可能这样"高冷"。这样的"申论范文"不具有任何参考价值。

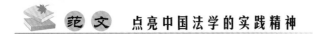

范文　点亮中国法学的实践精神

新时代需要什么样的法学研究？这是每个法学研究者必须认真思考的问题。全面建成小康社会、全面深化改革、全面依法治国、全面从严治党的伟大实践，要求法学研究提供相应的法学知识、理论和智慧。当前，总体上看，法学研究与实践需求之间仍然存在一定差距。出现这样的问题，一个重要原因是，有些研究者习惯驻足书本，而对当代中国改革开放的生动实践和基本国情缺乏了解。中国法学应当弘扬实践精神，直面中国发展中出现的紧迫法治问题。当下，特别需要在以下三个方面做出回答。

第一个问题是法学研究要产出何种知识？不可否认，当前一些法学知识生产带有一定盲目性。这些知识从书本中来、到纸面上去，缺乏对中国社会实践的关怀，使学术与实践之间产生隔膜。这与一些法学研究者缺乏问题意识有关。正确提出问题是克服盲目性、走进实践的起点。缺乏问题意识的研究既不可能推动法学理论发展，也难以推动法治实践发展。法学领域的问题很多，当前尤其要着力研究我国法治实践中亟待破解的难题。

从党的十八届四中全会专题研究部署全面依法治国，到党的十九大提出"深化依法治国实践"，再到《深化党和国家机构改革方案》提出组建中央全面依法治国委员会，我们党迈出法治中国建设的稳健步伐，法治中国建设的顶层设计不断成熟，这对法学产出实践需要的知识产品提出了新要求。例如，大数据技术在当前行政、司法运行中都得到越来越广泛的应用，这就带来数据如何归集、保密、管理等法律问题。大数据运用上的法治实践如何推进？大数据法治理论如何建构？智慧政府、智慧法院、智慧检察、智慧法务等是什么样的运作机理，如何符合法治要求？现在看来，法学界回应是慢了，很多难题还没有人去研究。

第二个问题是法学研究如何生产知识？这是法学研究的方法论问题。走进法治实践，在动态的实践中观察、分析、研判是一种有效的方法。如今，我国法学研究方法也在发生变革，实践、实证、实验正成为法学界谈及方法论时的高频词。但不容忽视的是，仍有一些人喜欢沿用传统方法，翻阅几十年前的旧书籍、研习国外案例、摘引论文图表，这些方法当然在研究中也很重要，但是仅仅做这些案头工作，并以此进行逻辑推演、提出空洞概念而没有相应实践经验的积累，就很可能产生出脱离实际的研究结果。

改变这一局面，有必要提倡调研。通过调研，才能发现法治实践中发生的真实案例，才能把握知识需求者的偏好，生产出实践所需要的知识产品。没有调查，就没有发言权。一些侃侃而谈的专家之所以说出来的话经常令人无法信服，与他们不了解实际、不愿意调研有关，更谈不上让他们与实际工作部门协同创新。有的人虽然组织起了跨学科、跨单位、跨地区甚至跨国界的课题组，但课题进行中基本不调研，或者即便调研也是走形式，甚至许多调研情况来源于已有的书面材料。这样的调研缺乏实际意义，沦为人云亦云、纸上谈兵。面对这种情况，有必要在法学探究中提倡实地调研的方法，研究诉讼法的就到司法机关去实地考察审判，研究依法行政的就去实地调研政府部门的工作，等等。

第三个问题是法学研究要追求什么样的效果？一开始就应把着眼点放在知识产品的实践效果上。如果法学研究生产的知识产品是实践所需要的，并且是用实践中抓取的第一手材料生产出来的，那么，这样的产品就能经得起实践检验。如果法学研究脱离实践，供求之间信息不对称，无法形成良性互动，那么，产出的成果就可能实践价值不高、应用效果不理想。我国自改革开放以来，学术研究获得长足发展，社会影响不断扩大，学术圈的范围也处于扩张态势。但这并不必然导致知识产品一定具有实践价值或一定能产生实践效果。这就要求法学研究立足实践、回应实践，到实践中去检验成果。为活生生的法治国家建设提供可用的研究成果，理应成为法学研究重要的时代价值。

新时代应当是大有作为的时代，应当是法学大家辈出的时代。点亮实践精神、蹈厉实践品质，对法治实践产生实质推动作用，中国法学才能产出不辜负这个新时代的丰硕成果。

（文/钱弘道，选自《人民日报》，2018年4月16日）

评析：

"新时代需要什么样的法学研究？这是每个法学研究者必须认真思考的问题。"这是本文开头第一句话，这句话就已点明：文章是探讨法学研究问题的，是由法学研究的现状有感而发的，所以不能照搬过来作为申论范文。

它与《比特币的合理估值是多少？》有所不同。"比特币"对申论写作毫无参考价值。而这一篇文章，有关调研，特别是"提出空洞概念而没有相应实践经验的积累，就很可能产生出脱离实际的研究结果"，对申论有一定的启示意义。但这种有用信息，太微弱了，精心阅读一篇1600多字的文章，只学到了防止"空洞概念"，要积累"实践经验"，这效率太低了。

所以，并非各种媒体上流传的"申论范文"都值得认真阅读。

当然，我们不是说这样的文章不好，而是说它不适用于申论写作。

范文　立起规矩来　严管漏网车

个体的安全感，来自全社会对规则的遵守。安全的交通环境，需要每个人为之努力。

马路口，红灯亮起，汽车纷纷停在白线后，等候已久的行人们迈开步子，几辆电动车、摩托车却对红灯视若无睹，毫不减速呼啸而过，在行人的惊呼声中"一骑绝尘"……

小区里，人行道上，老人拎着菜篮缓步而行，放学归来的孩子们打闹嬉戏。几辆电动车、摩托车"突突"着冲上人行道，在人群中左右穿梭，不减速、不按铃……

如今，在一些城市，类似场景每天都在上演。

针对摩托车等机动车驾驶安全问题，《中华人民共和国道路交通安全法》做出了明确规定：机动车行经人行横道时，应当减速行驶；遇行人正在通过人行横道，应当停车让行。机动车行经没有交通信号的道路时，遇行人横过道路，应当避让。

但对电动车，规定却相对模糊。我国现行的《电动自行车通用技术条件》颁布于1999年，各项规定颇有"年代感"，没有将电动自行车纳入机动车范畴。但随着消费需求改变和技术升级，市面上很多电动车的最高时速等指标已经符合机动车标准。最新的《电动自行车安全技术规范》报批稿于2008年1月向社会公布，新标准从发布到实施有一定过渡期，导致大量"超标"电动车依然抢占非机动车道，无牌上路。

笔者曾在一个没有交警的路口观察，短短半分钟之内，就有十余辆电动车、摩托车闯红灯，而且闯得毫不犹豫。为啥他们不怕监控、不怕收罚单？"无所畏惧"背后，是管理漏洞。在没有交警执法的路段，摄像头能精准捕捉违规汽车，却对大量没有牌照，不去年检的电动车、摩托车没办法。很多驾驶者还戴着头盔，即便拍到了违规行为，也无法处罚到人。每年因违反交规被处罚的电动车驾驶者数量，与实际违规人数相比只是"九牛一毛"。

这些"放飞自我"的车辆已成为交通安全的大隐患，尤其是外卖小哥的送餐车。送餐高峰期往往和下班、放学时间重叠，路口、居民区行人众多，快速穿行十分危险。据上海和南京的交管部门统计，仅2017年上半年，上海市送餐外卖行业就发生伤亡交通事故共76起；南京市2017年发生涉及外卖送餐电动车交通事故3242起，造成2473人受伤。

对屡屡挑战交规的电动车、摩托车，不能再听之任之，必须尽快加强约束和监管。

规矩立起来。要完善、细化相关法律法规。对摩托车应执行更加严格的扣分、罚款标准，提高驾驶员的违规成本。对电动车须尽快更新国家标准，将符合标准的车辆纳入正规机动车管理范围，并督促各地执行、落实最新的标准和规定，而非仅仅将"规矩"停留在纸面上。

监管严起来。好的法律法规需要强有力的执法保障。要赏罚分明，强化驾驶员的安全守法意识。交管部门可以根据路况组建更多小队，以机动巡逻与定点检查相配合的方式，整顿交通秩序。杭州等地，正是通过严密的道路监控和严格的交通执法，才让"斑马线前机动车礼让行人"成为大部分当地人遵守的规则。有杭州司机感叹："被监控拍到不仅扣分罚款，还会被公示。罚怕了自然长记性，慢慢就养成好习惯。"此外，还须加强督办牌照的力度，只有做到"一车一牌"，处罚才能落实到人。

宣教多起来。不管是否造成安全事故，不守交通法规本身就是错误，就应该受到监管与惩罚——对这类概念性、原则性问题,要进行形式多样的普法教育,对象不仅是电动车、摩托车驾驶员,还应该包括送餐公司、外卖平台等有骑行业务的企业,以及相关类型车辆生产商和销售商。

个体的安全感,来自全社会对规则的遵守。要让交通规则的"网"覆盖所有出行者。无论是机动车、非机动车还是行人,都要按"红灯停,绿灯行"的规矩办事。面对红灯,谁也别例外,该停都得停;绿灯亮了,也不用提心吊胆,可以踏踏实实过马路。安全的交通环境,需要每个人为之努力。

(文/赵贝佳,选自《人民日报》,2018年5月11日)

评析:

这篇文章看着有几分像申论,但仔细分辨,能发现,不能按着这样的路子写申论。

一方面,它的聚焦点太小、太单一,即如何监管电动车、摩托车问题。如果是申论,通常会上升到更大的层面,如道路交通管理。

另一方面,写得太细了,比如"小区里,人行道上,老人拎着菜篮缓步而行,放学归来的孩子们打闹嬉戏",这是散文笔法,申论写作容不得描写这么多细节。

"规矩立起来""监管严起来""宣教多起来"等加强约束和监管的措施,对申论写作具有借鉴意义,但这篇文章本身依然不是申论。

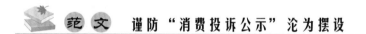

范文　谨防"消费投诉公示"沦为摆设

近日,浙江省工商局印发《全面开展消费投诉公示试点工作实施方案》,要求各地开展好消费投诉公示试点,将投诉涉及的重点行业、重点领域、重点企业、典型案例、热点问题、苗头性问题、潜在风险等向社会作公示发布。同时据媒体报道,近期广东省首个消费公示平台——佛山市南海区消费投诉公示平台上线,首批上线数据涉8个行业的600多家企业,超3600条消费投诉信息,5家投诉量靠前的企业被曝光。

浙江与广东开展的消费投诉公示,是根据国家工商总局的总体部署开展的。消费投诉公示相关试点和平台,对于维护消费者权益,促进市场健康发展,有多重利好。

消费投诉公示是对消费者知情权的尊重,也是风险警示。消费者权益保护法、食品安全法等都赋予消费者以知情权,消费者享有知悉其购买、使用的商品或者接受的服务的真实情况的权利,在购买、使用商品或接受服务时,有权询问和了解商品或者服务的有关情况。而商家提供的商品或服务是否被投诉过、投诉率有多高、投诉善后处理状况等，都应包含在"真实情况"或"有关情况"里，以便于消费者在做出消费决策前进行甄别和选择，以规避可能的消费陷阱与纠纷。

消费投诉公示也是对商家的信用展示与责任督促。近年来，一些商家面对越来越严密的制度，之所以并不害怕消费者投诉与行政处罚，屡屡侵犯消费者权益，就是因为纵有消费者投诉也相当于"关门打狗"，社会负面影响有限。而在消费投诉公示制度之下，当一桩桩、一件件消费投诉被公示于众，商家不仅会承受行政监管压力和舆论压力，还会面临消费者"用脚投票"的多种选择，这无疑有助于倒逼商家诚信守法经营。

消费投诉公示还有助于净化市场、优胜劣汰。以往，哪些经营主体被投诉得多、投诉善后处理不积极，消费者往往无从知晓，那些被投诉的商家也会极力掩盖，甚至可能通过虚假宣传美化自我，从而形成"劣币驱逐良币"之势。但当消费者的一个个"差评"被公之于众，那些不曾被投诉或投诉量少，处理投诉、解决问题迅速的商家就会在竞争中胜出，可望达到"良币驱逐劣币"之效。

当然，消费投诉公示要真正发挥作用，还得考验管理智慧。比如，如何公示才能产生最好效果？这些年，不少地方在超市、农贸市场相继设置肉菜追溯查询终端，希望实现肉菜"来源可追溯，去向可查证，责任可追究"，然而大多数不仅没有发挥什么作用，还浪费了钱财。现在，有的地方打算在经营场所设置消费市场智能服务终端，方便消费者通过手机扫描或触摸，查询商家的被评价和投诉情况，这会否又沦为摆设？

设置消费市场智能服务终端后，要大力宣传，让消费者普遍知晓此为何物、如何操作。不能像肉菜追溯查询终端那样，许多人根本不认识这个"先进设备"，更不能像一些市场管理者对待肉菜追溯查询终端那样，因为觉得增加了管理运营维护成本，就干脆不联网，甚至不开机、不管理、不维护。

要让公示效果最大化，除了通过智能服务终端进行公示，还需充分利用所有信息化系统和公示平台，如政府网站、政务新媒体、主流媒体、消费维权网络乃至于社区、村居公示栏等渠道，多方利用，方能广而告之。此外，公示内容要及时更新，比如基本每月、每周甚至每天发布一次，以便于消费者查询到最新的消费投诉处理情况。

(文/何勇海，选自光明网，2018-03-27)

评析：

与本章其他"范文"相比，《谨防"消费投诉公示"沦为摆设》与申论的相似度更高。我们按照相似度由低到高的次序排列的话:《比特币的合理估值是多少?》→《点亮中国法学的实践精神》→《立起规矩来　严管漏网车》→《谨防"消费投诉公示"沦为摆设》,"比特币"和"消费投诉公示"分处两端。

《谨防"消费投诉公示"沦为摆设》,在语言风格上与申论几乎没有区别,不像《立起规矩来　严管漏网车》,采用了散文笔法,穿插细节。这篇评论语言更朴实,更有概括力。

另外,有关"管理智慧"那一段,突破了就事论事的局限,有生发、有扩展:如何公示才能产生最好效果?这些年,不少地方在超市、农贸市场相继设置肉菜追溯查询终端,希望实现肉菜"来源可追溯、去向可查证、责任可追究",然而大多数不仅没有发挥什么作用,还浪费了钱财。现在,有的地方打算在经营场所设置消费市场智能服务终端,方便消费者通过手机扫描或触摸,查询商家的被评价和投诉情况,会否又沦为摆设?

这种生发、扩展,让它和申论走得更近。但结尾的戛然而止,又使它不像申论那样"有板有眼",所以,我们称其与申论相似度更高。

范文　限塑十年:限制塑料垃圾,还需向欧盟"取经"

本次欧盟法令提案坚持生产者责任延伸制,要求由生产者来对禁用或限用塑料制品的垃圾管理和污染治理承担经济责任,这方面,我国或可借鉴。

北京时间 2018 年 5 月 28 日,在环境保护领域,传来了一则重要的域外信息:欧盟委员会发布了其塑料垃圾治理的法令提案。如果该提案获欧洲议会和欧洲理事会审议通过,将成为全欧盟的强制政策。

"限塑令"实行十年,效果未达预期

该提案最引人注目的内容是准备在全欧境内,禁用或限制 11 类塑料制品,其中 10 类是一次性塑料制品,包括棉签、餐具、气球、餐盒、饮料杯、饮料瓶、香烟过滤嘴、塑料袋、零食包装、湿纸巾和妇女卫护用品,剩下的一类是塑料渔具。

在面对全球塑料污染危机这件事上,欧盟正从"叫得响亮"向"行动有力"转变,后续进展值得期待。

与此同时,我国将迎来"限塑令"施行十周年纪念日。虽然此项政策仅针对塑料购物袋一类问题产品,但在 11 年前(发布时间是 2007 年年底)刚面世的时候,却显示出我国在塑料垃圾污染治理领域的前瞻性。再往前溯,早在 2001 年,作为"白色污染"典型代表的塑料发泡餐盒就首次在全国被禁止生产和使用,也说明我

国在塑料垃圾污染治理上一直有所抱负、有所作为。

然而，目前"限塑令"因落实跟进不够而导致实效减退。与欧盟此次的行动相比，我国塑料垃圾污染防治的举措颇有点"先发而后至"的遗憾。

不过，现在行动，也未为晚矣。事实上，2018年1月国家发改委就曾在其官网向全社会征求"塑料垃圾污染防治"的政策建议，标志着这方面的工作已经启动。而且，发改委在征集建言的同时，明确提出了"禁用（限制）一批、替代一批、规范一批"的治理总体思路，与此次欧盟法令的核心内容有异曲同工之妙，说明全球各国政府在应对塑料环境问题的基本原则和方法上，有着高度共识。

欧盟限塑法令值得我们借鉴

虽然发改委并未就新政策的出台时间做出说明，不过，比时间安排更重要的还是政策的实质内容，即能不能真的对塑料污染"动真格"，尤其是那些最容易导致环境污染且难以再生利用的塑料制品"动真格"。在这一方面，欧盟刚发布的法令提案有三方面值得我们借鉴。

第一，禁用和限用名单是必要的，但要依托于较为充实的调查依据。此次欧盟法令提案所列的11类制品，按欧盟委员会掌握的调查数据，占海洋塑料垃圾数量的70%，说明如果有效控制这些制品和垃圾，可显著减轻塑料环境污染。

在我国，在政策制定过程中，既要吸收欧盟经验，参考环境（不仅仅是海洋，还包括陆地）中常见塑料垃圾的种类、出现频率、危害程度，也要考虑其他一些重要因素，如回收再生行业的处理技术和能力，以及消费者的认知态度等。

第二，强化生产者责任。欧盟法令提案一如既往地坚持生产者责任延伸制，要求由生产者来对禁用或限用塑料制品的垃圾管理和污染治理承担经济责任。其背后逻辑并非要加重企业负担，而是反向激励企业在产品设计、供应链管理及再生利用等环节积极变革，最终通过塑料垃圾减量，达到不必或少为污染买单的效果，从而同时实现私利和公益的最大化。目前纳入我国生产者责任延伸制的塑料制品仅覆盖汽车、电子产品及纸基复合包装中的塑料成分，离治理需求还有很大距离。

第三，强制要求标识塑料成分和垃圾处理信息。这是此次欧盟法令提案采用的一项特别管理措施，目的是让公众清楚了解原本以为是非塑料的产品实际含有塑料成分且对环境有潜在危害，进而影响其购买倾向。

而在我国，消费者对于一些实际含塑料的产品的认知也不充分，像湿纸巾、茶包、"环保"购物袋、妇女卫生巾、婴儿"纸"尿布、某些"可降解"购物袋，其相当多的成分是塑料或塑料纤维，废弃后同样是塑料垃圾。新政策应在明确限制它们消耗或废弃量的前提下，要求生产者履行信息告知义务，最终促进消费者的"绿色选择"。

毋庸置疑,"限塑令"是一项我们必须长久执行下去的政策。在新形势下,"限塑令"也应与时俱进,积极吸收欧洲等地的经验教训,提高政策的黏性,最终实现"限白"目标。

(文/毛达,选自《新京报》,2018 年 5 月 31 日)

评析:

所谓"光说不练是天桥把式",我们指出很多"申论范文"其实既不是申论,也不是范文。一味地模仿这些不具备标本意义的"申论范文",就会犯南辕北辙的错误。如果我们给大家推荐范文,《限塑十年:限制塑料垃圾,还需向欧盟"取经"》,是当仁不让,实至名归。

首先,它针对的问题:"限塑令"实行十年,效果未达预期,具有普遍性,而且与民生关切度高;其次,信息量大,营养更丰富;最后,章法结构和语体风格,与申论高度神似。甚至"从'叫得响亮'向'行动有力'转变",也可看作申论的"金句","你也值得拥有"。

建议:在与其他"范文"的对比阅读中,辨析其独特韵味,进而加深对申论的理解、认识。

范文 有专门法规滋养快递才能"快成长"

2018 年 3 月 27 日,我国第一部专门针对快递业的行政法规《快递暂行条例》(以下简称《条例》)出台,将于 2018 年 5 月 1 日起施行。《条例》针对用户电子数据信息保护、快件丢失后如何索赔等问题进行了明确规定。《条例》的出台,填补了自 2009 年邮政法修订以来的法律空缺。

数据显示,2017 年全国快递业务量完成了 400.6 亿件,快递业务收入近 5000 亿元。我国快递业务量规模已经连续四年位居世界第一。不过,成绩可喜,问题不少。此次公布实施的《条例》,就是针对各种问题做出的相应规范,实施效果值得期待,这有助于快递业更快成长。

譬如,针对快递业多次泄露用户信息这一问题,《条例》规定,快递企业应当建立快递运单及电子数据管理制度,妥善保管用户信息等电子数据,定期销毁快递运单,采取有效技术手段保证用户信息安全。而出售、泄露或者非法提供用户信息,最高处罚是吊销许可证。这种规定可打消用户顾虑,增加快递业务量。

可以说，把快递业关进"法规笼子"是广大用户的期待。而关进"法规笼子"，并不是要捆住快递业的手脚，其实是滋养快递业更好地成长。这是因为，《条例》对快递业扶持的色彩比较浓，比如规定建立健全快递运输保障机制，单位和小区为快递"开绿灯"，车站码头等交通枢纽配套建设快件运输通道和接驳场所等。

即便是约束性、惩罚性条款，对快递业也是一种"爱"。因为一个行业只有在法治轨道内运行，只有规规矩矩才能健康成长。而惩罚性条款则是要杜绝行业内的不良行为，清除害群之马，为行业企业和行业从业者创造一个更好的成长环境。所以，《条例》对于消费者和快递业来说"满满都是爱"。

不过，一部好法规落实好才是真的好。而要落实好《条例》，既需要相关职能部门严格依法履职尽责，也需要快递企业和快递从业人员增强法规意识，自觉依法操作。同时，还需要行业组织发挥引导作用。当然，也需要快递用户成为《条例》落地的监督者、鞭策者。

还需要指出的是，《条例》的部分条款需要实施细则或者地方法规进一步提供支撑。比如说根据《条例》第十四条规定，企业事业单位、住宅小区管理单位采取多种方式为开展快递服务提供必要的便利，但如果某些单位、住宅小区仍然拒绝快递入内，该怎么办？

众所周知，之前多所大学以维护校园秩序的名义禁止快递车辆入校，既给快递工作造成不便，也影响学生取件。另外，还有部分居民小区也拒绝快递车辆入内，其中，合肥某小区物业人员给出的理由是"拒绝快递车进入小区，得到了90%业主的支持"。如何为快递"开绿灯"，还需细则进一步明示。

再比如说，根据《条例》第四十四条规定，快递企业出售、泄露或者非法提供快递服务过程中知悉的用户信息，不仅要罚款，还可以责令停业整顿直至吊销其快递业务经营许可证。但如果快递企业把泄露信息的责任推到个别员工身上，让员工充当替罪羊，而企业逃脱吊销许可证等处罚，又该怎么办？

所以，尽管《条例》规定已经很详细，但部分条款恐怕还需要实施细则来支撑。笔者以为，要么围绕《条例》落地出台统一的配套实施细则；要么各地因地制宜，根据《条例》规定把细化内容纳入地方法规或专项制度，以确保《条例》落地过程中少打折扣或者不打折扣。

(文/张海英，选自《北京青年报》，2018年3月30日)

评析：

检索文章标题"有专门法规滋养快递才能'快成长'"，可以"找到相关结果约

133个",这是《北京青年报》上的一篇评论文章,很多公众号推其为申论范文。我们认为:它只是申论的素材,不是申论的范文。

主要原因是,它关注的"点"——《快递暂行条例》——太小了、太具体了。如果着眼点不限于快递业,还包括餐饮业、家政服务业、交通运输业等许多行业,都被关进了"法规笼子",集中探讨"一部好法规落实好才是真的好",才是申论的特点。

模拟这样的范文训练,容易忽略"给定资料",只从"给定资料"中选取某一个"点"做文章(而不是综合运用"给定资料"做文章)。

范文　靠振兴实体经济赢得未来

"不论经济发展到什么时候,实体经济都是我国经济发展、在国际经济竞争中赢得主动的根基。"2017年3月7日,习近平总书记在参加辽宁代表团审议时强调,要推进供给侧结构性改革,推进国有企业改革发展,推进干部作风转变,深入实施东北老工业基地振兴战略。辽宁老工业基地是靠实体经济起家的,新一轮振兴发展也要靠实体经济。这不仅为老工业基地振兴指明了方向,也廓清了中国经济转型升级的路径。

实体经济作为国民经济的根基,对提供就业岗位、改善人民生活、实现经济持续发展和社会稳定具有重要意义,是一个国家保持国际竞争力的关键。改革开放30多年来,我国形成了比较完备的实业体系,目前还保持着相当的竞争力。2016年,我国经济增速回到世界第一,对世界经济增长贡献率超过30%,实体经济功不可没。然而也不可否认,当前我国实体经济正经历艰难爬坡,在面临结构性失衡的同时,还要面对发达国家再工业化的压力。但无论暂时的压力多大,有一点必须坚定不移,那就是:我们是靠实体经济起家的,也要靠实体经济走向未来。提升发展质量这一关,必须迈过去。

当前,促进实体经济健康发展,一方面需要深化改革,解决自身结构失衡的问题,比如化解过剩产能、处置僵尸企业、着力提高创新能力;另一方面,也要解决和虚拟经济发展不协调的问题,让体外循环的大量资金重新回到实体经济。破解这个困扰,不仅需要调动更多的改革资源,而且要从结构性改革上想办法。事实上,去年中央经济工作会议已经提出,把振兴实体经济作为供给侧结构性改革的主要任务。经过供给侧结构性改革发力,部分行业供求关系已出现积极变化。山西太钢集团经过5轮上百项试验,2016年彻底摘掉了中国圆珠笔尖的"洋帽子",并借助中高端产品替代进口的竞争优势扭亏为盈。

振兴实体经济,还要向融合发展要更宽的出路。有专家指出,化解落后产能,培育新动能,是并肩而行的两条河流,当土地、劳动、资本、技术等生产要素转移到新领域中,实体经济就能更高效地通过供给侧结构性改革更上层楼。以东北老工业基地为例,其结构性失衡不仅表现为原本有很强基础的工业制造业竞争力下滑,同时虚拟经济也发展不足。从其根源上讲,是市场机制活力不足。因此振兴东北老工业基地,市场机制改革是统领性的。这种情况下,产业转型升级就不仅是单纯的"腾笼换鸟",还要激活市场机制,促进虚拟经济和实体经济的全面融合,比如通过"互联网+传统产业"的方式,加快培育发展新动能、振兴实体经济的步伐。在虚实结合的过程中,必须以实为主;允许以虚拟经济为杠杆,但更要关注新经济中的实体经济。振兴实体经济也不是回到过去的格局,而是形成具有持续竞争力和支撑力的工业体系,推动形成战略性新兴产业和传统制造业并驾齐驱、现代服务业和传统服务业相互促进、信息化和工业化深度融合、军民融合发展的结构新格局。

振兴实体经济是中国经济在虚实之间的结构性调整,更是从数量扩张向质量提高的战略性转变。转型总是伴随着阵痛,新经济的发展也需越过千山阻隔,但一旦转型成功,供给质量提高,不仅会焕发实体经济的活力,也会让虚拟经济的发展获得更大空间。面对这样的骐骥一跃,广大干部应当拿出更大的担当,以更大的作为去追求更好的结果。当重视质量、创造质量成为社会风尚,实体经济就能以更小的代价、更易接受的方式,完成自己的破茧重生。

许多时候,沉潜是为了更好的飞越。身体壮硕的企鹅,是怎么从水中登上冰山的呢?一部纪录片解开了谜底,原来企鹅在上岸前先是拼力往海底游,获取海水的压力和浮力,借着这股子劲一跃而起,完成登陆。推进供给侧结构性改革、振兴实体经济,是一个深度调整的过程,也是一个沉潜修炼的过程。只要我们咬定青山不放松,坚持正确的改革和发展路线,就能让中国迈入"颜值"更高、"气质"更佳的发展阶段。

(文/李斌,选自《人民日报》,2017年3月8日)

评析:

这是人民日报评论员文章,它与本章的《比特币的合理估值是多少?》《有专门法规滋养快递才能"快成长"》等文章不同,"比特币"和"快递"着眼点太小,而这篇《靠振兴实体经济赢得未来》,则着眼点太大。

具体说来,振兴实体经济问题是当下社会的一个热点问题、难点问题,这个问题是"决策层"思考的，是"人民日报评论员"才可以"置喙"的，一般人不具备解决实体经济问题的韬略。

　　但文章的写法非常适用于申论。我们可以着眼文章做法，从中汲取营养。在题材内容上，我们只需了解"实体经济作为国民经济的根基"，振兴实体经济要"从数量扩张向质量提高的战略性转变"就可以了。申论命题不可能选择这样一个类似于"哥德巴赫猜想"的题目。文章开头提到"要推进供给侧结构性改革，推进国有企业改革发展，推进干部作风转变……"这几句话可以理解为是振兴实体经济的条件，如果以实体经济命题，也一定是谈"干部作风建设与实体经济振兴"，不可能泛泛地让考生谈实体经济问题。

第十一章
巧借他山之石

刘心武说：读书可从四种动物获得启发，即有的书可以"狼吞"地读，了解大概其内容就可以了；有的书可以学蟒蛇，先整个吞下去再说，然后用很长的时间将其完全消化；有的书可以像牛那样，不断反刍，反复深入领会；有的书则可以像吃"猫儿食"那样，每次读一点儿……

这是作家的读书经验。阅读文章也是这个道理，有的要粗读，有的要精读。这里给大家推荐的，在我们看来，是需要"像牛那样，不断反刍，反复深入领会"的文章。

选编的文章不一定特别"经典"，但它们一定会特别"有用"。其有用之处，主要体现在让人认识写作的重要性、培养兴趣、积累素材、学会方法等。至于说不一定特别"经典"，是因为我们选编的原则是突出时效性，不是以历史的眼光，上穷碧落下黄泉地搜集，而是在"时文"中精挑细选的。

在"时文"中精挑细选，也并非是一件易事。一些文章大概是在几十篇、上百篇文章中，像沙里淘金一样被"淘"出来的，具有一定的代表性和典型意义。

概括说来，有的文章强调了写作的意义、重要性，比如"当代社会，最重要的能力就是表达能力。因为，未来社会最重要的资产，是影响力。影响力怎么构成？两个能力——第一写作，第二演讲。""都说'人微言轻'，这是个恶性循环。因为人微，所以言轻；因为言轻，所以人微，两者互为因果。"（《你的表达能力，决定了你的未来》）"写作，并非简单地堆砌辞藻，而是通过逻辑思维构思布局、组织思想，通过搜集证据取舍素材，通过准确的语言加以表达，并通过提炼观点展示结论的过程。可以说，基本的写作能力，有助于一个人更好地完成工作任务。"（《必修课！"写作与沟通"不再微不足道》）这些见解，能启示我们从更高的层次和境界去观察、思考写作能力问题。它不限于我们要参加公务员考试、写申论，而是和个人的综合素养息息相关，和自己的工作能力息息相关。只有我们深刻认识到它是现代人必备的基本素质和能力,才能更自觉地去学习,"空心笔杆子",是基层的文牍主义,那些"写材料的人""从材料中来,到材料中去",只在形式上下功夫,"看似文字鲜活了,实则华而不实,经不起推敲"。这种"让文章合辙押韵、对仗华丽,最好配几句古诗、俗谚、四六句,整个新词、造个新概念"的做法(《基层不需要"空心笔杆子"》),岂止是基层那些"写材料的人"的专利?申论中,大量、经常性地存在这种"空心笔杆子"的问题,我们在"文章不写半句空"等章节中,有过介绍。这也是申论写作容易出现的问题,需要我们警惕。也就是说,有关"空心笔杆子"的材料,既是申论的素材,也是我们优化文风的一副清醒剂。申论写作来不得花拳绣腿,必须脚踏实地。

变"要我学"为"我要学"。从某种意义上说,写作能力体现的是生活的智慧,闪耀着哲理和情思,即便不是要备考,也需要学习写作知识、培养写作能力。

"语言腐败",写讲稿、材料"稿来稿去",这是沾染上了形式主义习气,官媒对此提出了尖锐批评。我们选编这些批评文章,为的是引以为戒,倡导申论写作也要纠治"注水材料"的问题,提倡务实文风,力戒空话套话,反对文牍主义,重视调查研究(《烘干空心材料的政绩水分》)。叶圣陶说:"写文章就是说话,也就是想心事。"如果说的都不是自己的思想、自己的话,何谈改文风(《"稿来稿去"坏文风》)。

文风问题,一般说来,不是单纯的"文风"问题,它的背后是思想作风、工作作风。《编新词、造概念、整口号:基层"创新"中的造词乱象》反映的既是文风问题,也是思想作风、工作作风问题。具体说来,基层单位的"话语乱象",包括"改头换面"型、"滥用新词"型、"胡乱拉扯"型。以"胡乱拉扯"型为例,山东某地干部引用当地俗语,提出"作风建设要'头拱地嗷嗷叫'",当地媒体进一步解释"'头拱地嗷嗷叫'与'撸起袖子加油干'有异曲同工之妙"……可谓越描越黑。

编新词、造概念、整口号的原因,是一些干部不了解基层实际情况,不调查不研究,脚力不到、脑力不到,写起材料来就只能在家里当"坐家",对着显示屏冥思苦想,"不问群众问百度",搞"创造"。要根治虚假不实文风,需要深入实际,全面了解情况,这样才有望"耳聪目明",掌握真情况,发现真问题,发表真意见,提出真对策。

调查研究是领导干部的一项基本功,是科学决策的关键环节,但在实际中,一些领导干部调研却患上了"虚浮症",主要有四大表现:"约研式""盆景式""歌德式""脱节式"(《不接地气,领导干部调研"虚浮症"得治》)。另有一些干部热衷于"彗星式"调研，为人民群众所诟病。所谓"彗星式"调研，用一位乡镇干部的说法：省里下来个分管副厅长调研，市里要安排副市长陪，副市长叫上副局长，副局长又拉上业务科长。到了县里，再加上县委书记、县长、副书记、分管副县长……一进村，人连成一串、车排成一队，从头到尾望过去，可不就像拖着一个长长尾巴的彗星？"彗星式"调研是典型的形式主义（《干部调研要坚决斩断"彗星"尾巴》）。

"形式主义害死人"，当前形式主义的共性表现是：虚多实少，喊口号的花架子多，抓落实的硬功夫少。具体表现在"贯彻落实机械式""调查研究走秀式""服务群众推诿式""项目建设形象式""召开会议重复式""文风话风拼凑式""责任担当闪避式""工作实效包装式""履行职责签单式""对待问题漠视式"（《形式主义十大新表现》）。形式主义的危害，不仅在于装腔作势、有名无实，还在于它的"异化"作用，让一切工作变味走样，最后实事泡汤、好事办砸。

新时代领导干部应具有正确的政绩观，既做好显功也做好潜功。人民群众需要看得见、摸得着、得实惠的实事，那种无所作为，或者只听楼梯响不见人下来的空喊口号是行不通的。但是，显功不是花拳绣腿的虚功，不是眼花缭乱的数字游戏，更不是劳民伤财的"形象工程""政绩工程"，而是经得起实践、人民、历史检验的实事、实绩。除了善于做显功，领导干部还要肯做潜功，做为后人作铺垫、打基础、利长远的好事。潜功虽然"并不显赫一时，但将永远存在"，看似不显山不露水默默无闻，实则是推动事业发展、造福子孙后代的大功（《领导干部既要做显功也要做潜功》）。

要有所作为，需要真本领。"有些干部在工作中缺乏'发展之招'，过去的思维定势使其面对新问题时一头雾水，这实际上是个'本领恐慌'的问题，与当前经济社会发展形势和群众的要求不相适应。"现实中，一些干部常遭遇的"本领恐慌"，有知识贫乏的恐慌，有工作经验不足的恐慌，有环境不适应的恐慌，有服务水平难达群众需求的恐慌。"学习是干部消除'本领恐慌'的重要途径。""未来的文盲，不再是不识字的人，而是没有学会怎样学习的人。"快速发展变化的时代，迫切要求着重提高干部推动科学发展的能力、维护社会稳定的能力、解决民生突出问题的能力、开拓创新的能力、依法办事的能力、应对突发事件的能力、引导舆论的能力等（《消除干部"本领恐慌"》）。

上述的"连缀成篇"，试图说明我们是依据什么标准，选择了这些不是"经典"却非常"有用"的文章。上述文字是在解析、评介这些文章的价值。能够发现，我们主要关注的是思想内涵，而不是文章"做法"、技巧。我们曾说，有一些公众号的范文评介，十之八九（甚至更高的比例）是单纯就文章"写法"提出意见和建议。文章"写法"固然不能掉以轻心，但比文章"写法"更重要的是对论题的理解、认识深度，是文章的思想性（范文《奋斗的青春最美丽》评析）。不无夸张地讲，如果对相关论题有真知灼见，哪怕是"颠倒纵横"地写，但因为随处可见散金碎玉，仍然不失为一篇有价值的文章。只在文章"做法"即形式上花心思，就是雕琢得再精美，因为内容苍白，也没有什么意义。所以，先要在内涵建设上下功夫，解决了思想认识问题，文章"做法"上的问题就迎刃而解了。

上述的"连缀成篇"，像不像读书笔记、读书心得？备考申论，就要这样"坐冷板凳"，啃硬骨头，钻研一个一个具体问题。这个过程是辛勤耕耘、"开疆扩土"的过程，处女地越多，我们认知上的盲点和写作上的障碍也越多。写好申论，要努力成为杂家和专家。杂家是知道得多，专家是研究得深透。以我们"连缀成篇"的相关内容为例，它们主要涉及：文风、工作作风、调查研究、工作本领等问题。它们既各自独立，又有内在的关联（我们是在海量的信息中摘编而成的，把一个个信息"点"连成了"线"，甚至扩展为"面"，这样梳理、排序，本身就表明我们对这些问题的认识深度）。而这些问题几乎是申论写作"解决问题"环节百试不爽的应对策略（文风可能除外）。我们这是在帮助大家做功课，努力教会"点金术"。相信：认真研读我们推介的文章和上述的解析，在"解决问题"上，就相当于吃下了一颗定心丸。

这一章最后两篇文章是"经验之谈"，比如"紧贴实际""学习有关文件、政策"，抓准问题，"摆脱无的放矢的尴尬"，不能人云亦云，"紧贴时代脉搏……才有了旺盛的生命力""有理有据、客观公正地解析，提倡什么，反对什么，旗帜鲜明，既不拖泥带水，又不遮遮掩掩""不能以偏概全、以点代面，而要客观公允地判断推理，切忌说过头话"（《我连续两年评论获中国新闻奖，有啥绝招?》）等等，具有启示意义。《高考作文应急的六大绝招》说的是高考，但道理也适用于公务员考试。

总之，"观千剑而后识器，操千曲而后晓声"。阅读本章中的相关文章，就相当于"观千剑"。最后，建议大家：在认真阅读完本章推介的文章后，再从头阅读一遍上面的文字，你一定会有新的收获。因为有了相关文章的感性认识，对我们这里的评析，更能产生共鸣。

你的表达能力，决定了你的未来

如何在职场上赢得尊重？

罗振宇说过：职场，或者说当代社会，最重要的能力就是表达能力。因为，未来社会最重要的资产，是影响力。影响力怎么构成？两个能力——第一写作，第二演讲。

关于写作能力的重要性，我曾经在一篇文章中有提到过，而这里所说的演讲，我认为实质就是一个人的表达能力。

有一句话是这样说的：如果学习力是职场的原力，那么表达能力就是职场的基础力，原力决定基础力，基础力影响着其他能力。表达能力不好的人，其他能力往往也够呛。

表达能力对职场人到底有多重要，我们先来看一个故事。

某家贸易公司准备扩大规模，打开国外市场，于是召集市场部的员工开了个大会，探讨产品的推广计划。

会议上，每个人都提出了自己的看法，而最为有效可行的计划，是小张和小李提到的A计划。

有趣的是，会后大家对小张说的计划置之不理，却热火朝天地讨论小李提出的相同建议。

小李感到很受伤，认为同事们不尊重他，甚至是在排挤他。

而真相又是什么呢？这还得从两人在会议上的发言说起。

同样是描述A计划，小张说的是："我不是很确定，但我想如果我们实行A计划，也许会成功。"

小李则是："显然我们要采取行动，可以先实行A计划，如果不行，再实行B计划。"

看出区别了吗？

小张在陈述自己的意见时，语气中充满了不确定，以致没有人觉得有必要重视他的意见；而小李的语气中，透露更多的却是"这个计划一定可行"，让大家印象深刻。

事实上，大家在会议中提建议时，没有人可以完全肯定，每个人都只是在推测，但我们没有必要每次都把自己的不确定说出来，否则，苍白无力的表达很难引起别人的重视。

梅里尔·卢尼昂在《沟通的力量》中提到，不确定的言词，属于非建设性的、无益处的"有害言词"。这类词通常比较软弱，往往会让人觉得你不够稳重，也很难赢得别人的尊重。

试想一下，如果一首歌被唱成"嗯，你，也许，啊……可以照亮我的生命"，这样的歌词足以毁掉一首流行歌曲。

还有一种有害言词，是一些消极的言词，表达的多是你不想要、不起作用或者错误的东西。只有把这些言词替换成积极有益的，才能提高沟通的效率。比如：

"今天我不能把这个交给你"，就不如"我明天可以把这个交给你"的表达好；

"不要迟到"就不如"你必须准时到达"的表达好；

"你不能在这里停车"不如"请把车停到那边"的表达好。

因此，要想在职场上赢得尊重，切记摒弃消极、不确定的有害言词。

如何让你的观点具有说服力？

前不久，我的一个朋友小新被炒鱿鱼，原因让人啼笑皆非。

小新是一个设计团队里的一员，他们团队几个月前正在为一种肉制品包装机器设计一种新的处理系统。

凭借着非凡的形象思维，小新描绘了设计方案从开始到结束的整个过程，并明确表示这样的系统设计方案绝不可能成功。

不幸的是，她的语言表达能力与她的思维天赋相形见绌。

她不仅没有说服团队慎重考虑她的建议，而且在她坚持己见的时候被团队给解雇了。

颇具讽刺意味的是，小新的预言在她被解雇的一周后，竟一语成谶。新设计的系统在运行的第一天就坍塌了，连屋顶也给掀掉了。

小新的遭遇，像极了希腊神话里特洛伊城的公主卡珊德拉，她被赋予了预言的天赋，有着出色的预言能力，却因为抗拒阿波罗被诅咒，没有被赋予说服的天赋，因此其预言不被世人相信。

那么，如何才能让你说出的话更具影响力？这里有三个要点。

① 表达要简练

表达观点时，语句要尽可能精简，挑重要的说，切忌废话连篇。

比如，在跟领导提意见时，你说："基于以下五个原因，我认为这是最好的建议。现在我将详细阐述建立在对柏拉图、亚里士多德，进而对约翰·纳什的分析基础上的全部细节。"

这样的表达既繁琐又没有重点，不如改成："这是最好的建议，因为它不仅使我们的利润增加32%，而且初始成本也最低。我有文件可以供你们查阅。"

我们在说出观点时，没必要说出思考的全过程，因为别人并不会像你一样陶醉于每一个细节，直接表明简单的要点才最重要。

② 表达要具体

不要仅仅说出你的想法，还要给出一些简短的理由来支持你的观点。

比如，你认为某篇文章篇幅太长，不要说："这篇文章太长。"而要说："平均每篇文章1000到2000字，而这一篇有5000字，需要进行删减，使之符合规定的平均字数。"

③ 语气不能刻薄

表达观点时注意不要批评任何反对你的观点，或是抱有"他们不接受我的想法，一定是疯了"的思想。

类似"谁都知道""对你来说，这很明显""任何人都明白"的表达往往带有责备、羞辱的意味，容易导致听众产生抵触情绪，应尽量避免。

有时候，为了降低观点的强加性，还可以加一些诸如"我相信""我建议""我的观点是"这样的表达。

要使你的观点具有说服力，表达时就应该尽量简练、具体，并且不带一丝刻薄的语气。

如何表达不同意见而不会引起不快？

《沟通的力量》一书中，作者梅里尔·卢尼昂提到自己的一段经历：

召开研讨会时，梅里尔经常会对大家提出一些问题。偶然得到不尽如人意，甚至是错误的答案时，她会忍不住说一句"错了！"

结果参与研讨的人数锐减。显然，她的言词激怒了一部分参与者。

梅里尔开始反思：如何表达不同意见而不至于引起不快？

道理很简单，只要在表达自己观点之前，先找到对方观点中值得肯定的地方，并将它们表达出来就可以了。

后来，梅里尔在研讨会中改变了问答的方式，当有人提出错误的观点时，就先问自己："他们说的哪些可能是正确的？"

先承认对方的观点，再提出自己的看法，事实证明，这样的沟通方法最终奏效了，研讨会上的活跃人数明显增加。

证明自己正确，而对方错误，是最愚蠢的谈话目标。当讨论变得像一场争辩时，应该试着找找别人正确的地方。

因此，表达不同意见时，你可以说"那是一个方面。我还有一个不同的看法。""你是对的，我的想法是……""我们在一些地方达成一致了，比如①……②……我们的分歧是……"

有一个应付不同意见的完美法则,叫作"感觉—感受—发现",你首先得承认他们的感觉,然后解释你和其他人过去那样做时曾有过的感受,接着再解释你从中发现的东西。

《浪潮之巅》的作者吴军在他的专栏里说道:即便遇到不中听的话,也要试着找出其中的合理之处。这句话的意思大概有两层:

第一层相当于我们说的"换位思考"。

精读君认为:在思考的过程中,我们应该有意识地把注意力引向问题所涉及的其他人,尽可能看到和理解他人的想法。

因为每个观点对其持有人来说都可能是正确的,但把它用于别人就不一定正确。所考虑到的因素越全面,思考才会越周全,做出的决定才越靠谱。

第二层意思是,凡事要习惯回过头来三思。比如某人和你讲了一件事,你第一感觉是对方在胡说八道,但一定要想第二遍:是否我错了,他对了?这一遍思考,一定不能假设自己是对的。如果又想了第二遍,还是觉得自己对,对方错,要想第三遍:是否我的境界不够,不能理解他?这不仅是提升沟通效率的有效方法,也是一种精进的方法。

要和比自己强的人多来往,如果整天和臭棋篓子下棋,只能越下越臭,既然是和比自己强的人交往,第三种情况就很可能发生。

如果我们总能从不中听的话中找到合理性,不仅大大提升了沟通效率,我们的眼界、气度也会比常人大出很多。

都说"人微言轻",这是个恶性循环。因为人微,所以言轻;因为言轻,所以人微,两者互为因果。

打破这样的困境,唯一可行的办法就是提升自己的表达能力。

表达能力不错的人,大都能获得更多的表现机会和成长机遇。

所以说,表达能力强的人,职场上不会混得太差。

(文/飞小白,选自微信号"精读",2018-01-27)

必修课!"写作与沟通"不再微不足道

说到底,掌握好写作和表达能力,才能让人与人之间建立起顺畅的交流渠道。清华大学校长邱勇近日宣布,将在2018级新生中开设"写作与沟通"必修课程。按理说,高校内专业种类众多,许多学生,尤其是理工科的学生,未必会在今后的工作和生活中接触写作。那么,开设这门新课程的必要性何在?

原来,"大学生写作能力差"的问题在近年已经凸显,名校大学生亦不例外。无法表达出自己想表达的意思、论文缺少逻辑、频现病句、不会总结等缺陷,让许多学生"一写论文就发愁"。如果说论文写作能力的不足,将会影响到学术研究的质量,那么,基本写作能力的缺失,更会给以后的工作和生活带来困难。写作,并非简单地堆砌辞藻,而是通过逻辑思维构思布局、组织思想,通过搜集证据取舍素材,通过准确的语言加以表达,并通过提炼观点展示结论的过程。可以说,基本的写作能力,有助于一个人更好地完成工作任务。

大学生为何存在写作困难?原因是多方面的。其中之一,是在基础教育阶段,学校对写作能力的训练与培养重视程度不够。中高考作文分数的高低,未必能体现学生的真实写作能力。毕竟,相对固定的套路、机械化的命题,很容易将一场写作考试演化为记忆力考察。日后,当学生不得不运用自身逻辑思维与语言组织能力解决实际问题时,他们就可能面临窘迫的局面。

互联网技术的飞速发展,也让年轻人身处的社会环境发生了翻天覆地的变化。通俗化、趣味化的网络语言,展现出互联网世界的活力,也让语言规范逐渐消失于无形。急功近利的"成功学"在某些社会群体中的走红,也使得一些年轻人忽视对基本写作能力的培养,对他们而言,重要的是掌握能够换取现实利益的技能,而非提升自身素养。和"首富""上市""一个亿的小目标"等宏伟的人生规划比起来,踏踏实实、规规矩矩地说好一句话,写好一篇文章,实在是太过微不足道的"小事"。

说到底,掌握好写作和表达能力,才能让人与人之间建立起顺畅的交流渠道。当你交出一份份错字、病句连篇的报告、公文时,又何曾考虑过他人的感受?对待写作的态度绝不仅仅关乎个人的工作能力,也能体现出一个人的基本素养。

说回清华的写作课。据介绍,学校将成立专门的教学机构,组建不少于25名教学系列专职教师的教学队伍,并鼓励各院系不同专业背景的教师共同参与授课。课程采取小班讨论的授课方式,每班15人左右。清华大学培养和提高学生写作能力的决心,可见一斑。但是,要想补上大学生写作能力的短板,单靠一门写作课远远不够。一来,写作教育应该在基础教育阶段积极展开,二来,写作训练也应与专业课程的教学结合起来。最重要的是,写作训练绝非高校一家之事,社会方方面面也应重视写作和表达的规范,营造正常有序的语言环境。

(文/李勤余,选自《中国青年报》,2018年5月22日)

基层不需要"空心笔杆子"

新年伊始,万象更新。西部某县委办的刘秘书和一众同事却依然在办公室寻章摘句写材料,开年的会议一个接一个,无论是写领导讲话还是编文件整报告,想出新出彩,必须让文章合辙押韵、对仗华丽,最好配几句古诗、俗谚、四六句,整个新词、造个新概念。看似文字鲜活了,实则华而不实,经不起推敲。

记者在基层调研中发现,很多地方都有不少如刘秘书一样写材料的人,县委一套、政府一套、委办局也有一套,某科级单位的领导居然也向记者介绍:"这是我们的笔杆子,办公厅王主任。"县级有写作班子不足为奇,连科级单位都设了"办公厅",令人啼笑皆非,基层的文牍主义之盛,可见一斑。

"开门当秘书,关门当领导。"基层的笔杆子,大多集中在办公室、政研室、秘书处(科)和综合处(科)等。这个活儿的确不好干,一些被领导倚重的笔杆子整天埋头码字,没时间学习和调研,只能从材料中来,到材料中去,在形式上下功夫,久而久之自己也变成了"空心笔杆子"。

"空心笔杆子"多,虚功自然多。西部某地区通讯员传给记者一份某乡实现村村通电的简报,三五百字就能说清楚的事,硬拉到两千多字,从各级领导高度重视,到哪个领导深入调研、发表重要讲话,再大谈特谈通电的重要意义。如此材料,滋生严重的形式主义、浮夸风气,甚至不乏造假、谎报。

实干不行,材料来补,这让写材料的人很吃香。基层很多地方都偏爱用材料打头阵,工作落不落实,总结要写好,干得好不好,汇报要出彩,用材料"说话"、拿材料"邀功"的现象并不鲜见。在一些地方,有的领导不爱思考更不愿意动笔,笔杆子的用处也就大了。

基层不需要"空心笔杆子",需要的是脚踏实地的泥腿子。基层工作,一分部署,九分落实,来不得花拳绣腿,单单开会、发文件不够,必须落到实处,这就要求党员干部大兴调研之风,力戒空谈。党员干部要到边远的农村地区、困难群众中调查摸底,到情况复杂、矛盾尖锐的地方研究问题。只有对在调查中发现的现象、问题进行思考、分析,抓住事物的本质,找出内在规律,在此基础上形成的报告、发言才能指导实际,才有利于做出正确的决策,才能从根本上推动党中央大政方针和决策部署在基层落地生根。

(文/张丽娜,选自新华网,2018-01-03)

烘干空心材料的政绩水分

纠治"注水材料",烘干"政绩水分",也是这一轮查找和整改"四风"突出问题的重要任务。

无论是写领导讲话还是编文件整报告，必须让文章合辙押韵、对仗华丽；到哪里都有专门负责写材料的人，连科级单位都设了"办公厅"；三五百字就能说清楚的事，硬拉到两三千字，大谈特谈领导如何重视……有记者在调研中发现，文牍主义在一些地方和部门依然严重，"空心笔杆子"问题应当引起警惕。

　　应该看到，重视写材料、重视"笔杆子"，不仅是行政流程的必需、推动工作的必要，很多时候也体现出党重视理论工作、文宣工作的优良传统。但不是任何材料和"笔杆子"都值得推崇，沾染上不严不实作风的材料，沾染上形式主义习气的"笔杆子"，不仅影响实际工作，还会在人民群众眼里造成"语言腐败""风气污染"。正因此，提倡务实文风、力戒空话套话、反对文牍主义、重视调查研究，向来为我们党所重视。

　　党的十八大以来，习近平总书记的许多"金句"为老百姓津津乐道，一个重要原因就在于文风短、实、新，讲到了真问题，讲出了真水平，讲到了群众心里。自"八项规定"出台以来，在中央领导集体的率先垂范、大力推动下，各级各地各部门积极转作风、正学风、改文风，呈现许多新气象、新成效。但中央三令五申，整改层层发力，为何"空心笔杆子"人人喊打却依然大行其道？

　　从表层看，整改不力是重要原因；从深层看，附着在各类材料上的"回报"，构成了材料注水、材料造假的内在诱因。在不少人那里，写材料不是为了工作，而是写材料本身就变成了工作。比如，工作落实中，"实干不行，材料来补""'兵马'未动，'材料'先行"，用总结材料包装工作实绩，是很多干部雷打不动的观念，是很多部门屡试不爽的招数。而到了干部考核时，善编能吹的"笔杆子"被不断提拔，那些真正冲在一线的实干者却被忽视和冷落，进一步刺激了一些人"材料出官"的念头。

　　用材料"说话"、拿材料"邀功"的问题，照见弄虚作假的错误政绩观，滋生形式主义、官僚主义的歪风邪气，这也充分说明，改作风一刻都不能懈怠，好文风永远在路上。深入来看，"空心笔杆子"具有很强的隐蔽性、欺骗性，惯于运用"政治正确"的幌子遮蔽基层真问题，善于运用大话套话空话掩盖工作不作为，正是这一轮"四风"新表现的突出典型。"笔杆子"空心化，实际上是工作空心化。因此，认真梳理和纠治"注水材料"，烘干文字游戏里的"政绩水分"，是这一轮查找和整改"四风"突出问题的重要任务。

　　前不久，有记者调查发现，中西部一个乡迎接扶贫检查团，仅表格、材料等的打印费就花了10多万元。扶贫检查为什么这么"纸来纸去"？也就是因为监督、考核机制不健全。要烘干"材料政绩"的水分，应注重体制机制改革的托底。从技术层面讲，落实成效、数据真实性等关键信息，应作硬性要求，应有追责选项。从激励层面讲，用好考核指挥棒，奖优评先、选任干部，实干者先，不给不严不实、作风漂浮的"材料干部"留机会。从环境氛围讲，需要把制度建设贯穿作风建设始终，形成有效抑制不良文风作风的制度约束、组织压力和社会监督。

我们所处的新时代，是一个比以往任何时候都更加呼唤唯实精神和实干作风的时代。是"虚"字当头还是"实"字挂帅，最终将关系我们这代人的历史作为。摆脱"文牍主义"的窠臼，跳脱"材料政绩"的束缚，坚持以实绩为导向抓工作、促落实，才能用实实在在的成效，换来老百姓实实在在的幸福感。

（文/李斌，选自微信号"人民日报评论"，2018-01-07）

"稿来稿去"坏文风

"稿来稿去"主要有两种表现：一是没有稿子讲不了话、发不了言，即使一个主持词、一次即席讲话也需请人捉刀；二是稿子改来改去，不到讲的那天不定稿，花费大量人力物力，但并没有实质进展，到头来也没几句让人记住的话。

"稿来稿去"之所以可能搞坏文风，根源在于明哲保身、缺乏担当，不敢讲自家话，总想通过"稿来稿去"保全自己。

脱了稿子，怕言多有失，怕临场发挥出错，怕语无伦次出丑，怕逻辑不严丢脸。于是，出言过度谨慎，凡言必稿，甚至句句查明出处才敢开口。

在机关工作过的人大多知道一个专用词，叫"推稿子"。稿子推来推去，经手人一个又一个，修改关一道又一道，看似没有差错，实则少了灵气，多了匠气；少了棱角，多了圆通；少了真知灼见，多了大话空话。

更有甚者，要稿子却不出思路，不列提纲，不给意见，结果就出现了一种尴尬现象："一稿二稿，搞了白搞；三稿四稿，刚刚起跑；五稿六稿，还要再搞；七稿八稿，搞了再搞；九稿十稿，回到一稿。"

叶圣陶有言："写文章就是说话，也就是想心事。"如果说的都不是自己的思想、自己的话，何谈改文风。所以难怪很多书面讲话大家都不爱听，而即兴发言或脱稿讲话却能引起听众的兴趣，让人入耳入心。

文风之变，不妨从纠正"稿来稿去"深入推进。

（文/桑林峰，选自《人民日报》，2017年3月17日）

陕西标语出现"爱我长沙"，公文抄袭频发，基层干部有话说……

今年以来，陕西神木县、郑州市金水区等地在宣传标语中出现其他地名"穿越"的情况。陕西神木县街头的文明宣传标语,开头第一句话竟是"爱国爱家,爱我长沙"。

宣传标语的48个字与3年前长沙市发布的文明公约完全相同,被网友称为"神木爱长沙"。

记者采访发现,一些基层的文件材料、领导讲话、宣传标语大量雷同,抄袭成风。所谓"传递式"发文、"共享式"写作频频出现。

文件数据通通照抄,检查材料引用废止文件

"所谓'传递式'发文、'共享式'写作,是一些政府工作人员甚至干部常用的套路。说白了其实就是生搬硬抄。"

一些基层干部坦言,有的地方公文照搬照抄,甚至连地名、人名、数据都不加修改,出现各种令人瞠目的文件材料和干部发言。

安徽省委巡视组上半年在一个县巡视时,发现县里一些领导干部发言材料雷同。巡视组将25份发言材料通过"关键字"在互联网上逐一搜索,结果有20份能在网上搜到原文,并且相似度都超过90%。其中,有多名干部抄袭了同一份材料,甚至还有干部将别人已经发表的文章拿来,直接署上自己的名字。

记者调查发现,当前,一些地方文件材料的文风主要有两类"怪相":

直接照搬照抄,甚至连差错都抄袭不误。环保部2月份通报显示,唐山市芦台经济开发区管委会规划建设管理局编制的重污染天气应急预案照搬照抄其他地区预案,正式印发的文件中,甚至还出现其他区县地名单位。

福建省委检查组曾抽查福安市28名新提任领导干部撰写的任前廉政对照检查材料,发现5名干部对照检查材料中竟仍引用已废止的《中国共产党党员领导干部廉洁从政若干准则》内容。当事人承认,这些材料全部抄袭自网络。

下级单位抄上级单位,改头换面"套"发文件。中部地区一位基层党办公务员介绍,随着公文规范化管理,《关于转发××县关于转发××市关于转发××省关于强化安全生产监管工作的意见》之类"N次方文件",现在已经很少见,更多采用的是"套"文件方式。

比如,接到上级××市的通知后,将文头改成××县区的通知,文中涉及的市改成县区,其余内容不动,再转发下去。"看上去像结合地方实际情况下发的新文件,其实内容就是转发上级文件。"

记者在西部一地级市改革办翻阅了当地全年出台的231份文件,文件的下发时间通常与收到原文件的时间间隔较短,许多文件与原文件结构、标题、内容极其相似。

在一份市级医改文件中，换了个抬头和落款，将"我省"全部换为"我市"，主体内容几乎原封不动地照抄了省级文件。

有公务员一年要写近300份文件材料，当天布置当天要

为什么有的基层政府部门抄袭之风如此盛行？多位地方领导干部和普通公务员反映，目前，有的部门、地区以开会落实开会精神，以文件落实文件要求，起草文件、简报、资料任务繁重，让相关人员疲于应付。

"我一年来要撰写的文件材料有190多份，平均每个工作日至少有一份。"西部省份一位省级机关秘书处负责人说，有些材料要得着急，当天布置当天要，有的要连夜完成，根本没有精力认真组织内容，涉及的文件、材料、领导讲话至少70%是"照葫芦画瓢"。

一位政府文员坦言，目前，在互联网上，各类公文写作的网站、QQ群众多，总结了诸多写作、体例的套路以及相关领域的基本材料，"其实就是各种粘贴，为我们应付交差提供了便利"。

除了敷衍了事，"其实，转发文件、模仿写作很多时候也是出于降低风险的考虑"。基层公务员表示，国家、省市制定文件时，需要系统讨论、调研、修改。

基层工作人员数量有限，接到上级文件后不可能对每份文件都结合地方情况细化，最多是将文件要求但地方并不涉及的内容删掉，"如果自行调整，万一出现疏漏就得承担责任，得不偿失"。

东北一位省级部门公务员坦言，接到上级公文后，能原文转发下去的一般就原文转发，一般很少会加入"自选动作"，因为这样做"没毛病"。

整治"照抄照转"须打破以文件落实工作

国家行政学院教授竹立家表示，公文抄袭的背后，是一些地方落实中央精神不注重实效，仅仅形式主义地以发文件落实工作，而不是真正从实际情况出发分析问题、提出对策，造成中央精神在贯彻过程中信息层层递减，做法每每走样，很多政策低效甚至无法执行。

记者采访发现，针对文件材料照抄照转现象，部分地区已采取措施进行整治。今年以来，湖北省纪委开展作风建设突出问题专项治理，将文山会海、照抄照转问题纳入治理范围，重点治理以文件落实文件，文件照搬照抄等情况。

竹立家等专家建议，应把政府文件、讲话材料、工作总结等文件材料，不涉及保密的向社会公开，让那些照搬照抄、"注水文件"无处遁形。

据悉，西安市纪检监察部门近期开展了违反中央八项规定精神问题集中整治，将有的单位写文件、制文件照搬照抄，出台制度规定"依葫芦画瓢"或抄袭拼凑现

象，作为着重整治形式主义、官僚主义方面的重要内容。四川省德阳市在网上晒出多位"一把手"的党课材料，防止党课资料照搬照抄。

中南财经政法大学教授乔新生认为，治理公文写作中的形式主义，根本上需要树立正确的政绩观，完善干部考核制度，坚决避免文牍主义，减少文山会海，落实中央精神真抓实干。

（选自微信号"新华视点"，2017-12-27）

力避"文字游戏"

人们常说：今天的新闻是明天的历史。然而，时下有一些新闻工作者喜欢拽新词、乱用词，盲目跟风玩套路，缺乏敬畏之心，缺乏对历史负责的态度。新闻战线改文风，永远在路上。新闻工作者不妨从杜绝"文字游戏"开始。

一些新鲜名词出炉，往往最先受到宣传工作者"宠爱"，于是，不顾词语的来源，生搬硬套，乐此不疲。

比如"新常态"。习近平在2014年5月考察河南时说："中国发展仍处于重要战略机遇期，我们要增强信心，从当前中国经济发展的阶段性特征出发，适应新常态，保持战略上的平常心态。"经济领域新词"新常态"瞬间火爆媒体。自此，不管什么领域、什么对象，使用"新常态"成为常态。

然而，2016年1月18日，习近平在省部级主要领导干部学习贯彻党的十八届五中全会精神专题研讨班上专门指出了此类倾向——新常态不是一个筐子，不要什么都往里面装。新常态主要表现在经济领域，不要滥用新常态概念，搞出一大堆"新常态"，什么文化新常态、旅游新常态、城市管理新常态等，甚至把一些不好的现象都归入新常态。

不可否认，跨界词语、跨界理念是他山之石，借鉴好了，常能推动工作。比如，"安全文化"概念的提出，源于20世纪80年代国际核工业领域的一场灾难——切尔诺贝利核电站爆炸事故，至今，"安全文化"理念已被广泛应用于其他领域。然而，仍有不少宣传者提到"安全文化"，就等同于安全氛围营造，着实糟糕。为了所谓新鲜新颖新奇，而把新词、跨界词当成文字游戏来戏谑糟蹋，这不仅是不尊重话语体系的问题，更是文风不正的问题。

一些科技术语也常被滥用。近年来，"大数据"在我国已上升到战略层面。令人惊讶的是，一些涉及小单位的新闻报道竟然也堂而皇之地出现了"大数据"的噱头。

为啥不少人惯用"大数据"做文章？原因其实很简单，用了"大数据""互联网+""分布式运算""软件集成""云计算"等看上去很专业很前沿的科技术语，会增加神秘感和关注度，强化宣传效果。殊不知，此类弄虚作假的卖弄最后变成了掩耳盗铃的愚弄戏弄。安装电脑不等同信息化，建立数据库也称不上"大数据"，充其量算作是大数据思维。

有些宣传者连"大数据"是啥都没弄明白就开始跟风、滥用、曲解，实属断章取义。有的明明知道它的概念，却为了向高大上靠拢，闭门造车，愣是把软件开发、网页制作、联网通信等说成"大数据"工程实践，实属故步自封、夜郎自大，可笑至极。

"大数据"三个字，看似简单的词语运用，反映的却是挂虎皮卖膏药的文风陋习和文法表现。滥用"大数据"，不是小问题。自以为是的文风反映的是好大喜功、不学无术的作风。

这几年，各级单位转变工作作风，不少单位的"新提法""新做法"格外吸引宣传者关注。比如"N会打包""马上就办办公室"，就曾让一些新闻工作者跟风，看上去新颖，实则往往是"新提法"没有配套新办法，"新做法"只有"三分钟热度"，宣传之后就不再有下文。

1944年3月22日，毛泽东发表《报纸是指导工作教育群众的武器》一文，形象地提道：看报比吃饭更重要。由此来看，新闻工作不仅仅是记录历史，还有关照现实，指导实践，着眼未来，可资镜鉴之功效。

在有些单位看来，检验转作风成效不看群众反映，而是文字游戏玩得到不到位，新闻工作非但没有促进工作，反而成了形式主义的帮凶。心浮气躁的转作风披着宣传工作的华丽外衣，终跳不出形式主义、官僚主义的泥潭。

力避"文字游戏"当成为新闻工作者的共识共为，更是各级领导干部的目标追求，这是对历史负责、对当下负责、对未来负责的职业担当。

（文/张凤强，选自《新闻与写作》，2017年第5期）

编新词、造概念、整口号：基层"创新"中的造词乱象

创新不够，材料来凑；总结没"新词"，工作档次低；地区部门各不同，表述提法很相似……半月谈记者调研发现，一些基层单位的工作总结、领导讲话、红头文件等文字材料中，令人啼笑皆非、不知所云之词充斥其中，一些地方出现"讲的人不走心、读的人不舒心、听的人不入心"的情况。

三种形态，一种本质

近年来，在中央反"四风"、纠文风的大背景下，不少地方的新闻报道、政府

公文、领导讲话等文字材料中的官话套话少了，"接地气"的群众语言多了，文风有所好转。但需要注意的是，仍有一些基层单位的文字材料中，出现多种类型的话语乱象。

——"改头换面"型。一些地方"工作无创新，文字材料整"，多少年来同样的一项工作，每年年初换一个新提法，将文字材料"改头换面"，就当成"创新事项"了。

以党的群众路线为例，某县就有干部联系群众、干部"户户到"、干部"双联"等多个提法。乍一看以为是不同工作，实则"换汤不换药"。

——"滥用新词"型。不管是"新常态"等中央提出的新术语，还是"打call"等网络新流行语，经常被滥用到基层各种文字材料中。

比如，"新常态"原本是经济领域术语，但近年来不乏"'人机共存'将成人类社会新常态""真抓实干成干部成长新常态""基层民主新常态""文化新常态""旅游新常态"等各种"新常态"，甚至把一些不良现象都归入新常态。

——"胡乱拉扯"型。山东某地干部引用当地俗语，提出"作风建设要'头拱地嗷嗷叫'"，随后当地媒体发表评论文章称"'头拱地嗷嗷叫'与'撸起袖子加油干'有异曲同工之妙"，引发不少干部群众质疑。

专家认为，"头拱地嗷嗷叫"是当地描绘动物行为进而引申为实干精神的一句俗语，如此使用很容易让读者将这种动物与干部形象联系在一起，十分不妥。

只愿当"坐家"，折射"虚作风"

专家认为，一些干部不了解基层实际情况，不调查不研究，脚力不到、脑力不到，写起材料来就只能在家里当"坐家"，对着显示屏冥思苦想，"不问群众问百度"，搞"创造"。

山东某县委政研室副主任告诉半月谈记者："我一年需要撰写的大大小小材料多达上百份，'5+2''白+黑'都不够用，哪有时间下乡调研？只能是多多'借鉴'别人写过的材料，'东拼西凑'后修改几遍就差不多可以交差了。"

另外，一些基层单位"以开会落实开会、以文件落实文件"的形式主义根深蒂固，也是造成造词乱象的重要原因。

还有，"上级要求创新，下级疲于应付"也助长了这种风气。山东一名乡镇干部告诉半月谈记者，多个上级部门考核乡镇工作时，都有专门的"创新事项"加分。但在人手不足的情况下，基层许多工作又乏善可陈。为了考核加分，只好编造、美化文字材料来"创新"。

要想改文风，先要转作风

专家指出，各地各部门应进一步加强调查研究工作，鼓励基层干部随机调研、脱稿讲话，并把干部下基层制度化、常态化。通过经常性地联系基层群众，让干部熟悉基层，在倾听群众呼声、全面了解情况的过程中"耳聪目明"，掌握真情况、发现真问题、发表真意见、提出真对策。

另外，还要进一步减少"文山会海"，切实减轻基层文字材料负担。"上级机关要切实改变动不动就伸手向基层要材料的做法，坚决避免文牍主义，减少文山会海，切实把反'四风'落到实处。"山东大学社会学教授王忠武说。

王忠武认为，可以通过建立各部门共享的信息数据库，借助科技手段为基层"减负"。并且，可以把不涉密的政府文件、讲话材料、工作总结等文件材料向社会公开，接受监督。

（选自《半月谈》，2018年第3期）

干部调研要坚决斩断"彗星"尾巴

调查研究是我们党的传家宝，是领导干部的基本功。但记者近日在采访中发现，一些干部热衷于"彗星式"调研，为人民群众所诟病。

何谓"彗星式"调研？一位乡镇干部说得好：省里下来个分管副厅长调研，市里要安排副市长陪，副市长叫上副局长，副局长又拉上业务科长。到了县里，再加上县委书记、县长、副书记、分管副县长……一进村，人连成一串、车排成一队，从头到尾望过去，可不就像拖着一个长长尾巴的彗星？

"彗星式"调研的出现有接待陋习作怪，更是干部底气不足、作风不严的表现。这些干部吃不透中央精神，不了解基层情况，面对基层问题既下不去手，也开不了口，就想拉熟悉情况的下级"壮胆"，没想到下级也要"壮胆"，这样一层层"壮"下来，"胆"有了，却生出长长的"怪尾巴"。

"彗星式"调研是典型的形式主义。中央一再要求干部下基层要轻车简从。而此类调研阵势大、架子足，让群众不知所措，严重影响干群关系和党的形象，必须坚决摒弃。否则，长此以往，恐助长迎来送往之风，更会把实情挡在"线"外，造成做决策、定政策和基层现实不符，与群众利益无关。

"知屋漏者在宇下，知政失者在草野。"党员干部走群众路线不是成群结队蹲地头摆姿势，更不是七嘴八舌表功绩比表现，干部要读懂、吃透中央政策，带着发现问题的眼睛下基层，细观察、深思考，捞"真鱼"、捞"活鱼"，通过调研最终找到解决问题的办法。

从根源上斩断"彗星"尾巴，领导干部必须练好调研的基本功，增强发现问题、解决问题的能力，拿出务实管用的调研成果。同时，要把开展调查研究作为增强党性、锤炼作风的过程，不折不扣执行中央八项规定精神，真正把调查研究的优良传统发扬光大，形成"接地气、听实话、有实效"的调研新风。

（选自新华网，2017-07-16）

不接地气，领导干部调研"虚浮症"得治

据媒体近日报道，在某地有一条连接马路的水泥路，宽约两尺，高出田埂一截子，明晃晃地通向田地深处。农田里修水泥路干什么？干部笑而不语，农民背后戳穿：这块地是示范田，上头经常有领导来参观，为了避免弄脏领导的皮鞋和裤子，专门修了水泥路。

类似现象并不罕见。2013年新华社就曾报道过湖南某市存在的各种五花八门的"假调研"——如"民情笔记全由基层干部代写，明明人在城里，名字却赫然出现在数十公里外的联点驻村签到本上"……

作为领导干部的一项基本功，调研是科学决策的关键环节，是联系群众的必然途径，也是展示其工作作风的重要窗口。然而，在实际中，一些领导干部调研却患上了"虚浮症"，主要有四大表现：

一是"约研式"。一些领导干部下基层调研，提前安排工作人员打招呼，将调研内容透露出来，让基层拥有充裕的准备时间，还美其名曰"带着问题调研"。殊不知，有的基层为做好"迎研"工作，专门对领导干部要去的企业、农户家庭、参观地点进行重点"踩点"，甚至被调研对象还是由基层事先专门挑选并进行了专门"培训"的，从而使一些调研变成了上下默契的"约研"。

二是"盆景式"。一些领导干部调研时只走"规定路线"，没有"自选动作"，大事小事"客随主便"，而且不愿走小路、远路，走到、看到的是事先主人精心准备、认真包装的"盆景"，听到的也是提前"彩排"的好听话。乘兴而来，满意而归，双方皆大欢喜，但却完全没有看到问题的实质。

三是"歌德式"。一些领导干部调研，爱看当地政府的成绩，爱听成绩汇报，甚至喜欢听奉承的话，不喜听反映问题和困难之言，不喜听建议和意见，尤其对群众普遍关心或反映强烈的问题，不关心不过问，从而在不挑刺、不揭短的默契里，变成上下级干部皆大欢喜的"报喜汇"。

四是"脱节式"。一些领导干部会到群众中了解民情民意，还与基层干部座谈、听汇报、看报表，收集材料，但是到了形成调研报告的时候，却不分析问题，不做

深入研究，更无法提出行之有效的解决办法，于是陷入"只调不研"的怪圈。

这些领导干部之所以滋生调研"虚浮症"，原因就在于其没有从根本上认识到调研的意义与价值，只把调研当成一种形式、某个任务，而且对调研中发现的问题由于受政策、环境等各种因素影响而刻意回避，导致调查走马观花，研究浅尝辄止。

2013年7月23日，习近平总书记在武汉召开部分省市负责人座谈会时指出，没有调查，就没有发言权，更没有决策权。2016年2月23日，习近平在中央深改组第二十一次会议上强调，要重视调查研究，坚持眼睛向下、脚步向下，了解基层群众所思、所想、所盼，使改革更接地气。但愿，各级党组织能够闻弦歌而知雅意，大力整治领导干部调研"虚浮症"，唤起领导干部的宗旨意识、担当意识和责任意识。如此，调研才有意义。

（选自人民网，2017-05-08）

调研"走调"的背后

"被调研"现象已引起社会广泛关注。究其原因，看似是基层工作漂浮、弄虚作假，实则也与调研者态度不端、作风不实、调研方式失当，以及对出现的问题阻止不力有关。

近些年，一些领导干部到基层调研，习惯先发通知或打招呼，要下面做好准备，包括调研的时间、路线、对象及食宿安排等。有的未曾调研先定调，示意下面"按图索骥"，寻找与之相符的依据作为佐证。有的情况未明乱定调，尤其是看了经过精心包装的"典型"、粉饰的"现场"，便大加肯定和赞赏，要求推广这里的"做法"与"经验"。也有的明知看到、听到的有假，却不愿点破，甘愿被牵着鼻子走。

从基层干部的角度看，其实很多人内心并不愿去做那些糊弄、欺骗领导的事。在一次调研工作座谈会上，一位来自基层的同志道出了个中原委。他说："一些地方之所以不遗余力地包装'典型'、布置领导调研或检查工作的'现场'，有的甚至将此视为突显政绩、赢得信任和获取上面项目资金支持的'秘诀'，主要还是因为这样做，往往的确能奏效。而那些说实话、道实情、干实事的，有时却难以进入领导的视线。"这话发人深省。

刘少奇同志曾说："要转变下面的作风，首先要看上面的态度，他看你眼色嘛！看你要什么嘛！不转变作风，就不可能了解全面情况。"领导干部在调研中，要想摆脱"被调研"，关键是在端正态度、转变作风、改进方式、严明纪律等方面下功夫。有位市委主要领导同志，经常采取不打招呼、一竿子插到底的方式到基层调研，了解掌握工作的第一手材料。在几次会上，他对一些问题的精准发问，使一些作风漂浮的干部如坐针毡，有的因汇报情况不实，当场被拆穿和问责。此事对干部触动很大。为做好工作和防止领导了解的情况自己不知道，大家纷纷沉下身子，察民意、听民声、办实事，工作作风有了明显好转。

"有许多人，'下车伊始'，就哇喇哇喇地发议论，提意见，这也批评，那也指责，其实这种人十个有十个要失败。因为这种议论或批评，没有经过周密调查，不过是无知妄说。"这是毛泽东同志在《〈农村调查〉的序言和跋》中，对没有深入调研却好发议论的人提出的尖锐批评。领导干部到基层调研，主要目的是了解下情，问计于民，为决策做准备。在情况尚不明了的情况下，切忌随意发议论、作"指示"。眼下，诸如不顾客观条件在贫困地区强推蛋鸡养殖而导致群众利益受损等教训，不少都与领导调研不深入、盲目发号施令有关。

调研，就是为了发现真问题，听到真心话。发现看到的是盆景而非实景，看到的是"魔术"伪装而不是真实情况，就要敢于批评、敢于问责。如果任其欺瞒、糊弄，怕揭穿了面子上过不去，更会助长地方弄虚作假风气。应当承认，基层干部也有报喜不报忧、好讲成绩不愿讲问题的情况，有些人即便讲问题也是奔着项目资金而来。但越是这样，我们调研就越要树立正确导向，定好多谈问题少谈成绩的基调，鼓励揭短亮丑，反对作假作秀，才能保证调研的实效。

习近平总书记强调："纠正'四风'不能止步，作风建设永远在路上。"防止调研"走调"，这根弦不能松，松了就会反弹。愿各级领导干部深思之，笃行之。

(文/谭用发，选自《人民日报》，2018年4月18日)

只能回答"很满意"的民调，是想"欺上"还是"瞒下"？

"在接到'0771-12340'调查电话时，您就是博白县180多万人民的'代言人'！请您耐心听清楚问题，给予配合，讲述您眼中平安、稳定、和谐的博白治安环境。请用'很安全'和'很满意'等肯定性词语直接回答；不要使用'还好''蛮好''差不多'等模糊语言，以免测评人员产生误判。"6月4日，广西壮族自治区博白县公安局通过其官方微信公众号发文，请"博白人做好博白代言人"。

迎接上级民意调查，地方预先制定标准答案，"引导"民众按官方要求回答民调提问，这种有组织的公开造假，并不新鲜。这种民调造假，不但每一次都会受到舆论的猛烈抨击，当地民众也非常反感：满意不满意，我们心里自有一杆秤，何需有关方面教我们怎么说话？

尽管如此，个别地方仍对这种"引导"群众说"满意"的造假乐此不疲。博白当地有关方面则做得更赤裸：直接在公众号上以官方名义恳请民众只说"好"，一句"不好"都不要说，甚至拿出"做好家乡代言人"来道德绑架民众——这造假的把戏玩得也未免太直白了些。

对民众来说，热爱家乡、重视家乡形象和声誉是种质朴情结，但民众也需要实实在在的获得感、安全感，当地有关部门理应尊重民众的真实意愿。以"家乡利益"进行情感绑架，他们就一定会买账吗？

这或许也说明，个别地方官员"看重"民意调查，倒不是在意民众的评价和满意度，而只在意是否有一个"优良政绩"呈现给上级。

官员重政绩，本没有错，追求政绩也是驱动力。但政绩是干出来的。拿社会治安环境以及相关的公共服务问题来说，如果工作做到位，大多数民众确实都满意，无须当地官方引导，民调结果估计就是"满意"甚至"很满意"为主。如果大多数民众都不满意，即便通过官方"做工作"取得了"很满意"的民调结果，那也只能是"欺上"，而无法"瞒下"。

"很平安""很满意""经常在辖区见到民警执勤，见警率很高""本地治安状况明显好转"……当地官方提供给民众的这些标准答案，其实正应该是相关部门通过正常履职换来的口碑。如果平常就做到了这些，又何必"临时抱佛脚"？

上级要来民调了，就急匆匆制定标准答案，恳请民众"为家乡代言"，不要影响到家乡在广西的形象和声誉……在我看来，这是当地有关部门对自己工作和形象的严重不自信，更无益于通过民调来改进今后的工作。

据报道，不仅是博白，岑溪市、钟山县等地也有类似的"标准答案"和官方"引导"。一些地方官员的思维方式高度趋同到这个地步，让人困惑，也值得寻思。这或许也给很多民意调研提了个醒：既然民意调查意在了解民意，那就不妨避免对地方政府的"预告"，想法子了解最真实的民意感受和诉求。

(文/马涤明，选自《新京报》，2018年6月6日)

形式主义十大新表现

生活本是日日新鲜、丰富多彩的，可是被形式主义所困扰，生活就变得黯然失色、淡而无味了。党的十八大以来，以习近平同志为核心的党中央"打铁还需自身硬"，全面从严治党从中央政治局立规矩开始，从落实中央八项规定精神破题，坚持以上率下、以身作则、身体力行，刹住了一些歪风邪气，攻克了一些顽瘴痼疾，形式主义在一定程度上有所收敛。但是，当前形式主义又以新的形式，披上新马甲，花样翻新。针对这种现象，习近平总书记给出重要指示，"看似新表现，实则老问题"，表明形式主义具有顽固性反复性，一遇合适机会又以隐形变异、新面目、新形式、新变种回潮反弹。

当前形式主义的共性表现是：虚多实少，喊口号的花架子多，抓落实的硬功夫少。具体表现在贯彻落实、调查研究、服务群众、项目建设、召开会议、改进文风、责任担当、工作实效、履行职责、对待问题这10个方面，派生出来十大形式主义新表现、新变种、新花样。

贯彻落实机械式

个别地方单位的领导干部，对学习领会习近平新时代中国特色社会主义思想，贯彻落实中央重大决策部署，习惯于作"传声筒""播放器"，表态很多，调门很高，但行动很少，落实很差，虚多实少，仅仅满足于"轮流圈阅""层层转发""安排部署"。个别领导干部甚至思想认识不到位，保障机制不到位，落实责任不到位，一些具体工作和责任落实仅在嘴上"空跑"、在纸上"旅行"，压力传导递减，缺少具体抓手，存在应付了事的现象。对贯彻落实党的十九大精神和中央重大决策部署，有的干部说得天花乱坠，敷衍应对，有些则说一套做一套，会上热烘烘，会后就放松，再过几天就无影无踪，雨过地皮湿，陷入"走过场、刮阵风"的怪圈，欺上瞒下，我行我素。个别人甚至对上级政策抱有怀疑、抵制、曲解的态度，消极等待，以"对策"对"政策"，以绕道走作变通。

调查研究走秀式

习近平总书记号召各级领导干部要大兴调查之风，深入到人民群众中去了解实情，取得真经。但个别单位开展"形式主义调研"，搞形式、走过场，应付上级检查，像打造旅游线路一样打造"经典调研线路"。中部某县一个乡镇成为出名的"被调研明星乡"，一年有500多批次领导干部前来调研，意味着乡里一年365天，平均每天至少都有一拨领导前来调研。有一个区最多的一天接待了6位厅级领导来调研，领导调研的题目也几乎一模一样。个别地方领导喜好开展集体调研，每到年底就组织全市所有县区的负责人下去调研，每到一地都要事先精心选择企业、确定路线。

基层干部群众将此类调研形象描述为"掉到井里的葫芦，在水上浮着"，并将其总结为"三多三少"：到基层调研作指示的多，虚心求教的少；开展一般性调研多，带着问题开展专题调研少、蹲点调研更少；到工作突出的地方调研多，到情况复杂、问题多、矛盾突出的地方调研少。无论什么调研主题，去的是同一条路线，访的是同一批对象，听的是同一套说辞，搞"大伙演、领导看"的走秀式调研。这种形式主义的"走秀式调研"，名曰"眼睛向下"，俯下身子虚心向群众求教，结果变成"钦差大臣"，下车伊始作"指示"。人到心不到，蜻蜓点水，提前通知做准备,到了先开座谈会,听指定好的几个人对着材料介绍情况,然后走马观花地看一看,基本不与群众接触。下去就是为了出出镜头露露脸,坐在车上转,隔着玻璃看,只看"门面"和"窗口",不看"后院"和"角落",群众说是"调查研究隔层纸,政策执行隔座山",更谈不上深入实际、深入矛盾、深入现场解决具体问题。还有个别领导,不愿雪中送炭,只想锦上添花,搞"嫌贫爱富"式调研。中部某省一个被授予"全国民主法治示范村"的地方,前往调研的各路人马络绎不绝,令当地政府应接不暇,群众对此极为反感。

服务群众推诿式

有的单位表面上推进服务型政府建设,"门好进、脸好看",但还是"事难办",将过去的"管卡压"变成了现在的"推绕拖"。有一招叫作"打太极",借口作风上、纪律上管得严了,抓得紧了,查得细了,工作上框框多了,条条细了,规则紧了,工作难办了,信奉"多一事不如少一事"。面对来办事、解决问题的普通百姓,像端坐在庙堂之上的"弥勒佛木偶",嘴上只说"好好好",多方搪塞,东拉西扯地"打太极",互相推诿,以各种借口"玩推手",把办事的人"踢来踢去"。一招叫作"软钉子",服务承诺、工作程序、行为规范等整整齐齐、恭恭敬敬地"写在纸上,挂在墙上,显示在电子屏幕上",但一到老百姓来办事了,一颗一颗的"软钉子",没完没了的填表、交证件、出证明,手续繁杂,又不一次性告知,以材料不全、领导不在、没有惯例等理由故意拖延,让办事的群众和企业来回折腾、处处为难。个别地区设"跪式窗口""蹲式窗口""限号窗口"和高两米的奇葩意见箱,"事难办"变成了"事不办"的"新衙门",变着法有"技巧"地造成办事过程"中梗阻",服务群众在"最后一公里"卡了壳,成了服务上的"烂尾"。

个别地方的办事人员干脆就"撂挑子",精神萎靡不振,工作不在状态,不想事、不谋事、不干事,政务服务热线电话长期无人接听,政府网站更新的内容主要是领导活动,政务公开、便民服务等栏目几乎成为僵尸栏目。一些地方以"软"法对付老百姓的诉求,老百姓为了上个学要开户籍证明,生个娃要开生育证明,买个房要开无犯罪证明,补证需要开丢失证明,母亲替女儿买东西需要开母女证明,反正干什么事情都要"跑断腿"。

项目建设形象式

个别地方搞工程,上项目,以领导的喜好和判断为标准,热衷于打造领导"可视范围"内的形象项目、形象工程,贪大求洋建设豪华场馆。城市搞工程,个别乡村也不闲着,掀起"景观热",争先恐后建大亭子、大牌坊、大公园、大广场等,一个入村牌坊花费以百万元计。个别城市每个文体场馆请不同的"国际大师"来设计,"八项规定"相当程度上遏制了"形象工程""政绩工程",于是一些地方改头换面,以"民生工程""文化建设""脱贫攻坚""留住乡愁"等名义,冠冕堂皇推进这些界定难、争议多、隐患大的形象工程,场馆"贪大",乡村"造景","不建楼堂建场馆,不顾实际造景观",而且追求"时尚范、艺术味、国际化",项目占地多、建筑体量大,运行维护成本高昂,成为"形象工程"新表现。

例如,地处长城沿线的华北某市,总人口不足400万,地方财政年预算收入不足100亿元,却斥资逾40亿元建设博物馆、美术馆、图书馆、大剧院、体育中心和会展中心,还请来多个国际建筑公司或设计师。一些地区以"传承乡村文化""留住乡愁"为名,在农村建大公园、大广场、大牌坊或者大型旅游观光项目,千篇一律地推进村史馆建设,而忽视生活污水和垃圾处理、裸房整治等农村治理重点工作,少数村庄甚至存在推山、削坡、填塘等破坏自然生态和乡村风貌等严重问题。

召开会议重复式

开会是为了解决问题,而形式主义的一大特征是会议成灾泛滥,形成了开会"套路""流程"和"模式",不从实际出发,把会议作为开展工作的唯一手段,热衷于以会议贯彻会议,以会议安排、布置和检查工作,只要上情下达,总离不开会议,导致形式主义的会议周周、月月、年年连绵不断,花样迭出,层层重复开,一个接一个。会上也是慷慨激昂念稿子、空对空、虚对虚地谈方案,讲成绩浓墨重彩,连篇累牍,讲问题轻描淡写,点到即止,充斥着不着边际的大话空话、老生常谈的套话和没错的废话,听会的人晕晕乎、昏昏然,打不起精神,十分厌倦和慵懒。

还有个别领导热衷于参加剪彩、应景等会议活动,追求轰动效应,不顾实际效果,只求电视有影、广播有声、报上有名,把开会当成自我炫耀的主要形式。机械刻板的形式主义开会,导致干部疲于应付,忙忙碌碌、辛辛苦苦成了无效劳动,没有时间抓落实。"陪会"也成为开会的一个标准流程,一般性工作会议主席台上四五位、六七位不等的领导干部陪会,而会议只安排一个人讲话,其他几位坐在台上无所事事,一陪就是半天一天。个别部门召开系统工作会议,总要恭请同级党政分管领导到会作"指示",还要千方百计邀请上级对口部门领导来捧场提"希望",甚至花钱请明星助兴,而这些领导的"指示""希望"往往又是会议主办单位事先写好的稿子,只是用上级领导的"尊口"来加强"分量",台下听众大多是昏昏欲睡,最后是领导参加照张相,记者在报上或者网站上发个消息,至于会议效果如何,没有人关心。

文风话风拼凑式

个别地方,写文件机械照搬照抄,给领导写的文章、讲稿空对空,八股式,出台的制度规定也是"依葫芦画瓢",内容不是来自调查研究,而是源自抄袭拼凑。个别领导干部的讲话、文章,只注重谋篇布局、遣词造句,缺乏实际调查和对生活实践的深刻了解,缺乏对实际问题的深入研究,文章言之无物,无病呻吟。个别领导干部爱讲空话,不办实事。一篇讲话在这个场合能行,换个场合也行,似乎"放之四海而皆准",其实讲的都是"正确的废话"。个别地方,说空话似乎成了一些人的主要工作,说起来豪言壮语,气吞山河,海阔天空,不着边际。其实只有唱功,没有做功。习近平总书记反复强调要说真话,办实事,但新时代文风话风上的形式主义仍然时有表现:文件过多,整天沉溺于繁文缛节,只讲形式,不重内容,只看过程,不管结果,空话连篇,言之无物。

个别文章说话,小题大做,沽名钓誉,对成绩、政绩、业绩任意拔高、渲染,有一说十,有十说百,有百说千,有千说万,夸大其词,哗众取宠,急功近利,沽名钓誉,贪天之功为己功,把别人做的说成自己做的,把别人说的说成自己说的,把别人写的说成自己写的,把功劳归于自己,把错误归于别人,文过饰非,争功诿过,报喜隐忧;无中生有,捕风捉影,欺上瞒下,弄虚作假,甚至闭门造车,任意杜撰,编造虚假政绩,在汇报上做文章,在造假上下功夫,把准备做的说成已经做了,把个别的说成普遍的,把布置的说成落实的。个别文章和讲话既不摆事实,又不讲道理,充满"必须""一定要",居高临下,套话连篇,无的放矢,不看对象,语言无味,既没有什么说服力,更没有感染力,是十足的"官样文章";个别文章和讲话,故弄玄虚,晦涩难懂,装腔作势,故作高深,借以唬人,堆砌新名词,炒作新概念,常常把简单问题复杂化,使人云里雾中,摸不着头脑,"以其昏昏,使人昭昭"。这种文风话风,八股式套路,公文式语言,动辄是"重要性""必要性""创造性",成为严重的形式主义。

<h3 style="text-align:center">责任担当闪避式</h3>

形式主义作为"四风"之首,认清其实质,才能对症下药。习近平总书记指出:"形式主义实质是主观主义、功利主义,根源是政绩观错位,责任心缺失。"有的领导干部"只求不出事,宁愿不做事",看到事情躲着走,遇到事情绕着走,凡事都要上级拍板,避免自己担责,甚至层层往上报、层层不表态。干事不作为,消极应付,不敢担当,习惯层层发文件、填表格,以会议贯彻会议、以文件落实文件,抓工作只重表面。

个别人遇事不辨是非、不讲原则,唯求一团和气、曲意逢迎,赢得好人缘,甘当"老好人",奉行好人主义,怕坚持原则得罪上级,怕说真话得罪同级,伤了和气,工作难开展,怕严格要求得罪下级,影响人缘、丢选票,总想着谁都不得罪最好。工作讲关系讲情面，只栽花不栽刺，往往得过且过，在处理问题的时候不能秉公而行。这种没有责任担当的人，凡事得过且过，睁只眼闭只眼，工作没力度，办事没原则，民主生活会上不是开展批评与自我批评，面对领导、同事、朋友的缺点、错误，不是诚心诚意地提出来，而是很圆滑地搞"你好、我好、大家好"，能捂则捂，能盖则盖，明哲保身，只说好话，不得罪人，以求人际关系表面上的和谐，面对矛盾，圆滑世故，想方设法去推，去躲，去掩盖，去逃避，在原则问题上睁一只眼闭一只眼，该抓的不抓实，该管的不管到位，甚至出了问题还包着、裹着、护着，怕丢"官帽子"，怕得罪同事，怕失去下属拥戴，对上唯唯诺诺，阿谀奉承，对下笑容可掬，不讲原则。

工作实效包装式

形式主义对待工作实效是知行不一，不求实效，花拳绣腿，贪图虚名，弄虚作假。最典型的特点是，对工作不重实效重包装，把精力都放在"材料美化"上，一项工作刚开始就急于总结成绩、宣传典型，搞"材料出政绩"。一些地方和部门在工作中，"兵马"未动，"材料"先行，把说的当成做的，把规划当成现实，把思路当成成绩，用总结材料"包装"工作实绩，工作刚刚开展就急着总结成果、鼓吹宣传。政策刚出台，成效就汇总好了；任务才布置，成果就整理好了；活动刚开展，经验就总结好了。

中部某省一个县刚制定奖扶措施打造一批"质量标杆"企业，没几天有关部门就总结了一大本厚厚的政绩材料。东北某县刚开完改善营商环境大会，不到一周市里就让汇报成果。秦巴山区的一个乡镇在当地推广农村垃圾分类处理做法，一个村刚接到在村里布点回收垃圾的任务没几天，就被要求上报落实成果，还要求拍照片为证。村支书一肚子意见说："垃圾桶还没有运来呢，有啥成果可报？"很多地方没有成效就从材料上下功夫，有些是根据以前的材料改装的，有些甚至是在网上搜的。有些材料里的那些经验，不过是把其他地方的一些成功做法换了个地名而已。写材料比干工作跑得快，材料出经验，材料出成绩，材料出干部，成为名副其实的靠写材料来包装成绩，靠包装成绩来捞取政绩的形式主义典型。

履行职责签单式

干部履职尽责事关一个地方的经济社会发展和老百姓的民生福利，因此，老百姓对干部履职尽责也最为关心。有的领导干部对待工作不主动，履职不尽责，在其位不谋其政，只充当一个上传下达的"传声筒"角色，遇事不敢担当，属于自己权限范围的事情也要事事请示，怕担责任，怕掉乌纱帽。个别地方频频出现安全事故，一个重要的原因就是管理者没有尽职履责，因小事处理不当不力酿成重大事件的，是认识疏忽、遇到问题踢皮球、责任缺失的后果。个别部门履职不顾事物本质、内容和效果，将形式绝对化、目的化，只重形式不重内容，不管部署什么工作，热衷于与基层和下属单位签订"责任状"，将责任下移，试图让下级的"责任状"成为自己的"免责单"。

签订责任状是为了真正将责任落实下去，工作做出成效，签订责任状之前将责任细化、分类，不同的对象把握不同的责任内容，各司其职，各尽其责，才不会让责任状变成一种摆设。但一些地方将责任状泛化，经常造成履行职责的缺位和虚位，责任状"满天飞"，名为层层压实责任，实则不管下级是否有实际和能力来完成，将责任压给下级。

对待问题漠视式

金无足赤，人无完人，一个人一生中难免会有一些缺点或者会犯一些错误。但是，个别党员领导干部凡事明哲保身，不喜欢管闲事，对身边不良风气和违规问题态度漠然，麻木不仁，无动于衷，事不关己、高高挂起，知情不报、听之任之，明知道身边有人身上有缺点，犯了错误，却对这些不良现象采用中庸之道，抱无所谓的态度。他们没有改正缺点和错误的勇气和动力，更没有勇气惩恶扬善。

更有甚者，个别党员干部明知不对，明知是缺点和错误，却要千方百计地寻找理由搪塞，为自己的缺点和错误辩护。他们非常"爱面子"，不愿意看到自己的缺点，更不愿意承认自己犯的错误，总是找理由，寻借口，文过饰非，甚至在组织向其了解情况时仍然编造谎言，捂住盖子，不说真话，企图蒙混过关，以维护自己的形象，保住自己的面子，结果适得其反，最终毁了自己的形象和降低了自己的人品素养，甚至掉进了泥潭不能自拔。

(文/唐任伍，选自人民论坛网，2018 - 01 - 16)

领导干部既要做显功也要做潜功

既做好显功也做好潜功，是新时代领导干部应具有的正确政绩观。习近平总书记在参加十三届全国人大一次会议山东代表团审议时提出，领导干部既要做让老百姓看得见、摸得着、得实惠的实事，也要做为后人作铺垫、打基础、利长远的好事，既要做显功，也要做潜功，不计较个人功名，追求人民群众的好口碑、历史沉淀之后真正的评价。领导干部要切实按照习近平总书记的要求，牢固树立正确的政绩观，面对错综复杂的世界经济政治形势和国内发展中的诸多矛盾挑战，更加奋发图强，积极为党和人民建功立业。

领导干部应当做好显功。人民群众需要看得见、摸得着、得实惠的实事，实现梦想的道路上也要凸显坚实的标志性成果，那种无所作为，或者只听楼梯响不见人下来的空喊口号、空头政治是行不通的。党的十九大既描绘了美好蓝图，也提出了艰巨任务，特别是三大攻坚战，都有硬指标，都是硬骨头，都要打硬仗，容不得半点消极懈怠，必须全力以赴，不达目的绝不收兵。为官一任就要造福一方。任何懒政怠政、不思进取、为官不为都与我们的时代格格不入。新时代是大显身手的时代，也是展现新作为、新气象的时代。如果一个领导干部在一个地方干了一年、两年、三年还是涛声依旧，发展面貌没有变化，每年都是重复昨天的故事，这样的领导就是不称职。领导就意味着责任，尽责就要尽心尽力干事，特别是对群众不满意的最迫切需要解决的问题，不要拖，马上办，而且要尽快见成效。让群众看得见、摸得着、得实惠的显功做得越多，人民群众就越满意，我们的事业发展就越快。

但是，显功不是花拳绣腿的虚功，不是眼花缭乱的数字游戏，更不是劳民伤财的"形象工程""政绩工程"，而是经得起实践、人民、历史检验的实事、实绩。事实是真理的依据，实干是成就事业的必由之路，也是"空谈误国，实干兴邦"的真谛。不管是显功还是潜功，首先都是真功实功，都要察真情、说实话，出真招、办实事，下真功、求实效。一些领导干部追求显功，目的不是真想为党和人民建功立业，而是为了树立个人形象、达到个人目的，一心想弄点大动静出来，显示自己的能耐和政绩，为自己晋升提拔铺路。在这样的动机驱使下，各种形式主义、投机取巧甚至弄虚作假就不足为奇了。比如不顾客观条件地层层加码，靠强力刺激提高速度；不顾财力可能，盲目举债搞建设，造成沉重的债务包袱；不计成本修大马路建大广场，不讲投入产出，而对急需解决的民生问题则推脱敷衍；等等。急功近利、弄虚作假的所谓显功，不是功，而是过，不是政绩，而是败笔。对这样的"显功"，我们必须高度警惕，冒头就打。

领导干部不但要善于做显功，还要肯于做潜功，做为后人作铺垫、打基础、利长远的好事。中国特色社会主义事业不能建立在沙滩上，中国梦必须有坚实的基础为依托。"求木之长者，必固其根本。"基础不牢，地动山摇。但固根本、打基础、利长远的工作往往一时半会儿难以看出明显的效果，需要一个不断累积、从量变到质变的过程。如果一个地区或部门的领导只盯着经济数字做显功，不去解决经济社会等各方面发展的深层次问题，这个地方的发展就难以持续，也难以让人民群众满意。如果一个行业一个企业的领导，整天心浮气躁、目光短浅，只想着急功近利赚快钱，忽视了最基础的核心竞争力的培育，就难以在日益复杂激烈的国际国内竞争中站稳脚跟。核心技术是国之重器，也是企业发展之重器，牢牢掌握在自己的手里，靠的是下定决心、保持恒心、找准重心，以"咬定青山不放松"的韧劲，坚持不懈做潜功。风物长宜放眼量。我们的目光一定要放长远些，要有广阔的战略思维和深厚的战略定力，特别是在国内外发展条件都发生了显著变化的今天，各行各业的领导干部尤其要埋下头来、沉下心来，带领人们脚踏实地做好做足潜功。

做潜功是寂寞的旅程，不能计较个人得失，必须有习近平总书记倡导的"功成不必在我"的精神。没有这样的胸怀，没有"前人栽树，后人乘凉"的境界，没有对个人的名誉、地位、利益想得通、看得淡的达观，是难以做好的。领导干部应当懂得，我们的权力既然是党和人民给的，就要完完全全用来为党和人民建功立业，而不能总想着会不会给自己带来什么直接的好处，不能在心里打个人的小算盘。不谋万世者，不足以谋一时。领导干部抓任何工作，都要有一种久久为功、利在长远的历史耐心和恒心，有一种"计利当计天下利，求名应求万世名"的公心和雄心。金杯银杯不如百姓的口碑，百姓的口碑就是最好的金杯银杯。潜功虽然"并不显赫一时，但将永远存在"，看似不显山不露水默默无闻，实则是推动事业发展、造福子孙后代的大功。

潜功又非一日之功，因此要有一种历史的定力，大力发扬习近平总书记倡导的钉钉子精神。习近平总书记说：钉钉子往往不是一锤子就能钉好的，而是要一锤一锤接着敲，直到把钉子钉实钉牢，钉牢一颗再钉下一颗，不断钉下去，必然大有成效。如果东一榔头西一棒子，结果很可能是一颗钉子都钉不上、钉不牢。很多时候，一个地区一个部门有没有新面貌，有没有新气象，并不在于制定一打一打的新规划，喊出一个一个的新口号，而在于结合新的实际，用新的思路、新的举措，一锤一锤接着敲，不断钉下去。政贵有恒。为官一方，为政一时，既要大胆开展工作、锐意进取，同时也要保持工作的稳定性和连续性。一张好的蓝图，只要是科学的、切合实际的、符合人民愿望的，就要一茬一茬接着干，干出来的都是实绩，广大干部群众都会看在眼里、记在心里。实践是不断发展的，我们的认识和工作也要与时俱进，看准了的要及时调整和完善，但不能换一届领导就兜底翻，更不要为了显示所谓政绩去另搞一套，空洞的新口号满天飞，而是要保持力度，保持韧劲，善始善终，善作善成，久久为功。

做好潜功要发挥好考核指挥棒的作用，把求真务实的导向立起来，把真抓实干的规矩严起来，让显功和潜功都能得到公正评价。如何科学制定好干部政绩的考核评价指标，形成正确的用人导向和用人制度，对领导干部做实显功、做好潜功有很强的导向作用。如果求真务实、埋头苦干的受到忽视甚至排挤，好大喜功、急功近利的反而如鱼得水，官照当照升，不负任何责任，"劣币驱逐良币"，长此以往对干部队伍杀伤力极大。考核干部必须全面，既看发展又看基础，既看显绩又看潜绩，把民生改善、社会进步、生态效益等指标和实绩作为重要考核内容。要让埋头苦干、真抓实干的干部得到重用，充分施展才华，让作风飘浮、哗众取宠的干部无以表功，受到贬责。干部业绩在实践，干部名声在民间，因此要多到基层干部群众中，多在乡语口碑中了解、考核干部。群众的眼睛是雪亮的，群众手中的尺子是最公正的。只有让群众在评价、监督、考核干部中发出更响亮的声音，更多为时代创业、为历史负责、为人民服务的干部就会涌现出来，显功与潜功交相辉映，我们的事业就会更加兴旺，人民就会更加满意。

(文/石平，选自《求是》，2018 年第 11 期)

让干部想为会为敢为

近日，中共中央办公厅印发《关于进一步激励广大干部新时代新担当新作为的意见》，对于充分调动和激发干部队伍的积极性、主动性、创造性，有着重要意义。一项项务实的举措，让人充分感受到党中央对有担当、有作为干部的厚爱与期待。把好"方向盘"、用好"指挥棒"，建设一支高素质专业化干部队伍，把严管和厚爱都落实到位，才能让干部干得开心、拼得安心。这组系列评论，将跟大家一起探讨如何让干部想为会为敢为。

——编者

把严管和厚爱都落实到位

刚性约束强调的往往是底线要求，要真正把每个人的积极性、主动性、创造性都充分激发出来，关心与厚爱同样不可或缺。

在其位者有担当，这是我们对干部履职的基本要求。我们评价干部，一个重要方面就是看有没有"宽肩膀""硬肩膀"，有没有强烈的担当精神。

全面从严治党深入推进，"有权必有责、有责要担当，用权受监督、失责必追究"是硬杠杠。近年来，领导干部问责制日益完善，对干部履职尽责的约束和管理越来越严格，大家普遍感到肩上的担子更重了，工作的要求更实了。在某种意义上讲，"官越来越不好当了"是件好事，规矩多了，要求严了，干部的责任心会在约束中越来越强。

当前，少数地方仍有这样的现象：一些过去"门难进、脸难看、话难听、事难办"的单位，如今门好进了、脸好看了、话好听了，但事情还是不好办；有人以"暂无政策"为理由，片面生硬地套用文件，底气十足地拒绝解决群众诉求；有人以"层层传导压力"为借口，把自己应负的责任推给下级和基层；还有的人对上级的吩咐竭尽所能，对群众的呼声却光有好态度，没有真作为，"不怕群众不满意，就怕领导不注意"。对于这样的"软抵抗",还应继续坚持严管,加强问责。

但也应该看到,刚性约束强调的往往是底线要求,要真正把每个人的积极性、主动性、创造性都充分激发出来,关心与厚爱同样不可或缺。

我们也不讳言类似情况的存在:一些个性鲜明、坚持原则、敢抓敢管、不怕得罪人的干部受到冷落排挤;一些敢想敢干、敢闯敢试的干部,由于在探索过程中遭遇挫折,被指指戳戳乃至失去提拔重用的机会。这样的导向之下,个别基层干部甚至想着去担子相对不重的所谓"冷衙门",把这里当作避风港,心灰意冷,一心只想"休养生息"。

要做到优者上、庸者下、劣者汰,必须鲜明树立重实干、重实绩的用人导向,贯彻严管和厚爱结合、激励和约束并重的辩证法,对不担当不作为的干部,根据具体情节该免职的免职、该调整的调整、该降职的降职,同时建立健全激励机制和容错纠错机制,旗帜鲜明地为敢于担当的干部撑腰鼓劲。

倡导和激励,是为了解决干部不想为、不会为、不敢为等问题。谈及《关于进一步激励广大干部新时代新担当新作为的意见》发布的意义,中组部负责人重点就此作出了解析。成因复杂的问题,需要辩证施治。正是针对动力不足"不想为"、能力不足"不会为"、担当不足"不敢为",《意见》提出了一系列对症下药的办法,不只是政治上激励、工作上支持,也有能力上培养、经验上历练,还有待遇上保障、心理上关怀,充分体现了为敢于担当、勇于作为者解除后顾之忧的深切关怀。

这些年来,干部群体的辛苦和奉献是有目共睹的。不少干部尤其是基层干部负担重、压力大、待遇不高,需要比一般人有更强更高的意志品质和精神境界。"你为大家着想,组织为你着想",我们党历来提倡让牺牲者无憾、让奉献者无悔。党的十八大以来,习近平总书记多次强调,要把严格管理干部和热情关心干部结合起来,既要求干部自觉履行组织赋予的各项职责,严格按照党的原则、纪律、规矩办事,不滥用权力、违纪违法,又对干部政治上激励、工作上支持、待遇上保障、心理上关怀,让广大干部安心、安身、安业,推动广大干部心情舒畅、充满信心,积极作为、敢于担当。同时还指出,对广大基层干部要充分理解、充分信任,格外关心、格外爱护,多为他们办一些雪中送炭的事情。

经验告诉我们,从严管理干部推进一步,干部激励工作就要跟进一步。加强教育引导,加强能力培养,坚持优上劣下,把严管和厚爱都落实到位,激发起广大干部担当新使命、展现新作为的干劲和热情,我们的干部队伍一定会焕发出更加蓬勃的朝气,凝聚起更加强大的力量。

把好"方向盘",用好"指挥棒"

把好"方向盘",就是让好干部标准在每一项人事使用中得到具体体现;用好"指挥棒",则是凸显干部考核工作的问题导向、目标导向、效果导向,旗帜鲜明地为那些敢于担当、踏实做事、不谋私利的干部撑腰鼓劲。

"为政之要,莫先于用人。"选什么样的人,用什么样的干部,怎么激励干部,如何能上能下,始终是保持干部队伍战斗力、关乎兴衰成败的大事。

有人说,用人是一门"技术活"。人尽其用就是让骏马到草原驰骋,让雄鹰去搏击长空。选人用人不只是"技术活",更是"政治活",最重要的是把好用人导向的"方向盘",用好评价标准的"指挥棒",体现事业为上的价值取向。

这一点,在中办日前印发的《关于进一步激励广大干部新时代新担当新作为的意见》中体现得尤为明显。通读全文,"大力选拔敢于负责、勇于担当、善于作为、实绩突出的干部"的导向格外鲜明,对考核评价科学性、针对性、可操作性的要求十分明确。字里行间,处处体现着让优者上、庸者下、劣者汰的标准和机制。

改革伊始,一部叫作《乔厂长上任记》的小说曾风靡一时。面对工人积极性缺失、干部之间矛盾重重的现实,"乔厂长"能够勇敢地说"就得这么干"。众多读者视他为敢负责、敢挑担、敢改革的代表,发出用人制度"不改真的不行了"的感慨。读者的感慨,折射出人们对想干事、能干事、干成事的干部的渴求。今天又何尝不是如此?进入新时代,无数攻城拔寨的任务在等待干部带头冲锋、迎难而上。"对个性鲜明、坚持原则、敢抓敢管、不怕得罪人的干部,符合条件的要大胆使用""突出实践实干实效,让那些想干事、能干事、干成事的干部有机会有舞台",正是要旗帜鲜明地把有担当有作为的干部用起来。

置身新时代,有为才有位。把好"方向盘",就是清清楚楚地告诉大家:需要什么样的人,不用什么样的人,力挺哪些人,提防哪些人,让好干部标准在每一项人事使用中得到具体体现;用好"指挥棒",则是从"考什么、如何考、结果怎么用"等方面提出要求,凸显干部考核工作的问题导向、目标导向、效果导向,按照规定该重用的大胆重用,该容错的大胆容错,该调整的大胆调整,调动和保护好各区域、各战线、各层级干部的积极性。

《意见》中的七条要求,每一条都有很强的现实针对性。在个别地方,说起来是一套标准,做起来是另一种态度,一边是"鞭打快牛",一边却总让"老黄牛"吃亏。在少数单位,破解难题时就把闯将当作"排头兵"靠前用,出现失误时则把他们当"责任人"往前推。在一些上级领导眼里,表态多调门高的干部更"讨喜",哪怕行动少落实差也无所谓。最后的结果,是干与不干、干多干少、干好干坏一个样,甚至导致"劣币驱逐良币"的恶果。对此,中组部负责人强调,组织部门将严格督促检查,确保文件精神落地见效。有了这样的态度和作风,《意见》确立的导向才可能在实践中收到真正的实效。

完善选人用人机制,提振干部士气,需要踏踏实实的探索,更需要识人辨人的智慧。现实中,忠于职守、甘于担当奉献的干部常常默默无闻,而"机灵活泛"的干部却擅长包装,只有既看日常工作中的担当,又看大事要事难事中的表现,才能高下判清、明确区分。在无明确限制的领域探索试验出现失误怎么办?在推动改革的过程中走了弯路怎么算?只有坚守习近平总书记提出的"三个区分开来"原则,坚持事业为上、实事求是、依纪依法、容纠并举,不让勇敢担责者寒心,也不让厚爱变为溺爱和放纵。

"共产党员为什么怕?为什么不敢讲话?为什么不敢负责任?"邓小平同志曾有如此"三问",坚持原则、勇于担当的气概溢于言表,对干部敢打敢冲敢拼的期待溢于言表。让干部想为会为敢为,就要像习近平总书记指出的,"坚持严管和厚爱结合、激励和约束并重,完善干部考核评价机制,建立激励机制和容错纠错机制,旗帜鲜明为那些敢于担当、踏实做事、不谋私利的干部撑腰鼓劲"。树立这样一套体制机制,选用一批"铁一般信仰、铁一般信念、铁一般纪律、铁一般担当"的干部队伍,我们的事业一定会无往而不胜。

锻造专业精进的"金刚钻"

没有金刚钻,揽不了瓷器活。真正使干部的知识弱项、能力短板、经验盲区得到弥补,才能克服本领不足、本领恐慌、本领落后的问题。

使命重在担当,担当需要本领。如果说,有没有"宽肩膀",展现的是干还是不干的态度,那么有没有"真本领",则是能否把事情干成干好的问题。

一部波澜壮阔的中国当代发展史,其实也是一部中国共产党人不辍学习的奋斗史。"我们队伍里边有一种恐慌,不是经济恐慌,也不是政治恐慌,而是本领恐慌。"从很早开始,我们党就清醒地认识到队伍素质和个人能力的重要性。长征途中,红军战士把字贴在背上,让后面的人学;解放旧上海,指战员们先抢着拿《城市常识》小册子;改革开放之初,副总理带团,用"从牙缝里省下"的外汇出国调研。回首党的十八大以来砥砺奋进的五年多里,中共中央政治局进行了近50次集体学习,内容涉及治党治国治军、改革发展稳定、内政外交国防等方方面面。对此,党的十九大报告一语中的:"我们党既要政治过硬,也要本领高强。"

没有金刚钻,揽不了瓷器活。今天的干部要是没有"几把刷子",只是泛泛知道一些概念和要求,而不注重构建与之相适应的知识体系,则难以肩负新时代的新使命。尤其是在发展领域不断拓宽、分工日趋复杂、形态更加高级、国际国内联动更加紧密的当下，要着力解决好发展不平衡不充分问题，啃下深化改革的众多"硬骨头"，更需要有专业思维、专业素养、专业方法做基础。

干部的担当是需要以足够的专业能力为底气的。现实中，少数干部依然习惯戴"老眼镜"看新情况，别人的问题不关己，自己的经验不总结；个别部门安于当"二传手"，遇到专业性强的工作，想当然推给其他部门；还有些干部看似爱学习，但只是坐在办公室里看文件，很少深入基层，向群众学习鲜活、宝贵的治理经验。这样一来，"新办法不会用，老办法不管用，硬办法不敢用，软办法不顶用"，"不会为"的问题就成为承担责任的重要障碍。

正因如此，中办日前印发的《关于进一步激励广大干部新时代新担当新作为的意见》，专门提出着力增强干部的本领能力，适应新时代发展要求。《意见》明确提出，要加强专业知识、专业能力培训，促使广大干部全面提高学习本领、政治领导本领、改革创新本领、科学发展本领、依法执政本领、群众工作本领、狠抓落实本领、驾驭风险本领。只有注重培养专业作风、专业精神，才可能干一行爱一行、钻一行精一行、管一行像一行。

解决好"不会为"，避免陷入少知而迷、不知而盲、无知而乱的困境，最根本的还是要优化干部的成长路径。《意见》强调"注重在基层一线和困难艰苦地区培养锻炼"，其用意也正在于此。能力的提升没有捷径，无论多高强的本领，都要通过不断的学习和实践来获得。突出培训的精准化和实效性，切实防止"应景式""镀金式"锻炼等消极现象，在实践中砥砺品质、强健精神、增长才干，真正使干部的知识弱项、能力短板、经验盲区得到弥补，契合一个部门实际情况、一个地方发展需要，广大干部才有可能像习近平总书记所要求的那样，克服本领不足、本领恐慌、本领落后的问题。

有地方干部回忆，为了引进发展急需的半导体企业，当地请专家过来反复授课，负责人员边学边抠，用了近一年时间，自己设计了一张半导体产业框架图。这让不少企业、专家感到了当地真正把发展半导体产业当事业来做的热情和诚意，也化解了"外行领导内行"的担忧。领导干部的专业化水平，是党领导发展能力和水平的重要支撑。真正关爱干部，就要帮助他们"保持对知识的饥饿感"。越是形势向好，越要拿出时不我待、只争朝夕的劲头，全面提高适应新时代、实现新目标、落实新部署的能力，以勇于担当、善于作为的底气和勇气，赢得主动、赢得优势、赢得未来。

让干部干得开心拼得安心

好干部是锻炼出来的，也是组织关心出来的。让大家干得开心、拼得安心，我们就一定能增强干部队伍的凝聚力、战斗力、创造力。

"大家要正确认识和对待这次追责问责，重整行装再出发，放下包袱再攻坚……"近日，某地召开谈心谈话会，专门有个环节是为130多名受到诫勉以上处理的党员干部宽心解压。不怕一时失误被罚，怕的是不能化压力为动力，轻伤就不再上火线。近年来，各级党委和组织部门把严管和厚爱统一起来，在干部"遇到挫折时帮一把，失落失意时拉一把，受到排挤时挺一把"，这些关爱激励干部的措施，起到了疏导情绪、凝聚人心、激发活力的良好效果。

严管和厚爱，恰如一枚硬币的两面。从紧张忙碌的党政机关，到繁杂琐碎的基层一线，广大干部忠于职守、履职尽责，奋战在经济社会发展的主战场。很多人为了事业遍尝酸甜苦辣，也面临着工作环境、个人发展、生活境遇、心理健康等方方面面的现实问题。干部是党的宝贵财富，"严管"十分必要，"厚爱"也不可或缺。如何做到既严格教育、严格管理、严格监督，又真正重视、真情关怀、真心爱护？解好这个"方程式"，事关干部群体干事创业的积极性、改革创新的动力与活力。

中办日前印发的《关于进一步激励广大干部新时代新担当新作为的意见》明确提出，完善机关事业单位基本工资标准调整机制，推进公务员职务与职级并行制度，关注心理健康，保证正常福利，保障合法权益。这些细致入微的关怀，让广大干部尤其是基层干部备感温暖。现实中，基层工作常常面临着"上面千条线，下面一根针"的压力。"五加二""白加黑"的辛劳倒是其次，不被理解、不被认可之苦更令人困扰。有时是"上面不理解"，急难险重的任务压力之下，上级机关也许只问结果不问过程，仅"一票否决"的考核就高达十几项。有时是"群众不理解"，老百姓还未理解消化，任务就要迅速执行。诚如一位干部在驻村日记中所言："基层干部长期在一线摸爬滚打，最需要被理解。"作为选人用人者，多站在一线干部的角度分析问题，拿出满怀热情去关心关爱干部，是排忧解难的第一步。

"政治路线确定之后，干部就是决定的因素。"对干部既从严要求又真诚关爱，是我们党管理干部的重要经验，也是党的一项优良传统。"对广大基层干部要充分理解、充分信任，格外关心、格外爱护，多为他们办一些雪中送炭的事情""军转干部是党和国家的宝贵财富，我们要倍加关心、倍加爱护""各级党委和政府要关心这些优秀基层干部的家属，满腔热情帮助他们解决困难，特别是要把他们的老人和未成年子女照顾好"……党的十八大以来，习近平总书记反复强调关心关爱干部，多为干部办实事、办好事。有党中央的亲切关怀，有政策制度的不断细化和完善，广大干部必将在政治上更有盼头、工作上更有劲头、生活上更有奔头。

当然，关心关爱干部，绝不意味着溺爱。对干部既从严要求又真诚关爱，是干部管理的内在要求。应当说，关心爱护干部既是严格要求干部的基础，也是从严要求干部的出发点、落脚点。我们所采取的一切措施，都是为了帮助干部健康成长，激励大家心无旁骛、义无反顾地"撸起袖子加油干"。"干部干部，干是当头的"。很多时候，提供舞台、鼓励作为，就是对干部最好的关心、最好的保护；让吃苦者不吃亏、流汗者不流泪、担当作为者没有后顾之忧，就是对干部最大的支持、最大的鼓励。

好干部是锻炼出来的，也是组织关心出来的。乘风破浪的新时代，不仅呼唤更多"今日长缨在手"的豪情，更期待"万类霜天竞自由"的局面。拿出感情、倾注时间、找到办法，政治上激励、工作上支持、待遇上保障、心理上关怀，切实增强干部的荣誉感、归属感、获得感，让大家干得开心、拼得安心，我们就一定能增强干部队伍的凝聚力、战斗力、创造力。

(选自《人民日报》，2018年5月28—31日)

以容错机制消除"洗碗效应"

近日，中共中央办公厅印发《关于进一步激励广大干部新时代新担当新作为的意见》，对于充分调动和激发干部队伍的积极性、主动性、创造性，有着重要意义。一项项务实的举措，彰显了党中央对有担当、有作为干部的厚爱与期待，为踏实做事的同志解除心理重负的深切关怀。

工作中遇到矛盾和难题，是绕道走，还是迎着上，是调门高、落实慢，还是有担当、善破题，是习惯矛盾上交，还是敢接烫手山芋，不仅照出干部的能力、素养与修为，更考验干部的品格、作风与党性。

现实中，一方面，有少数干部政绩观偏移，"捂着乌纱帽做官"，搞"不做不错"那一套，担心在位干事的风险大，差错多；另一方面，一些敢想敢干、敢闯敢试的干部，由于在探索过程中遭遇挫折，被上级不加区别地追责问责，到头来"拓荒牛"不敌"黄鹂鸟"，"领头羊"成了"替罪羊"。

长此以往，很有可能出现"洗碗效应"：洗的碗越多，打碎的就越多。在这种情况下，少数干部自然学会"投机耍滑"，工作中等待观望、消极对付、维持现状。

从严管理干部推进一步，干部激励工作就要跟进一步。倘若没有科学的容错机制，就很难保证人人都冲锋在前、敢闯敢试。

《关于进一步激励广大干部新时代新担当新作为的意见》提出建立健全激励机

制和容错纠错机制，旨在让忠于职守者放开手脚，让担当奉献者轻装上阵。

把干部在推进改革中因缺乏经验、先行先试出现的失误错误，同明知故犯的违纪违法行为区分开来；

把尚无明确限制的探索性试验中的失误错误，同明令禁止后依然我行我素的违纪违法行为区分开来；

把为推动发展的无意过失，同为谋取私利的违纪违法行为区分开来……

这些都是严管和厚爱、激励和约束并重的务实之举，必能鼓舞更多人顶住压力、担起风险，脚踏实地为党和人民干事创业、建功立业。

建立完善容错机制，必须贯彻好"三个区分开来"，对该容的大胆容错，不该容的坚决不容。

一是，防止混淆问题性质、拿容错当"保护伞"，搞纪律"松绑"，在原则问题上搞变通，确保容错在纪律红线、法律底线内进行。

二是，进一步完善考评奖惩机制，澄清防范机制等，为那些改革的促进派、实干家遮风挡雨、撑腰打气。

三是，建立与容错机制配套的纠错机制，促使干部在出现失误后，及时汲取经验教训，避免越做越错，避免重蹈覆辙，更好地开展日后工作。

(文/褚振江，选自《瞭望》新闻周刊，2018年6月4日)

消除干部"本领恐慌"

据近期媒体报道，有干部到扶贫联系点指导工作，一位因病致贫的群众向其咨询市里大病统筹报销政策，这位干部支支吾吾说不清，只好以"我查查，回头再告诉您"搪塞。面对群众渴望的眼神，这名干部羞愧难当。

近年来，随着改革的不断深化，基层各种利益关系不断调整，就业、社保、医保、土地征用、房屋拆迁等群众日常生产生活中出现的问题越来越多，解决难度越来越大，不少干部遭遇"本领恐慌"。

"有些干部在工作中匮乏'发展之招'，过去的思维定势使其面对新问题时一头雾水，这实际上是个'本领恐慌'的问题，与当前经济社会发展形势和群众的要求不相适应。"南开大学教授齐善鸿对《瞭望》新闻周刊记者说。

"只有加强学习，才能让干部不僵化、不迷信、不守旧。"齐善鸿说，通过学习促使干部能力升级，扭转一些干部疏于学习、怠于思考、脱离实际的作风。

"中国处于深刻变革的时期，党的学习能力关乎国家命运与前途，必须通过不断的学习来提高执政能力与水平。"中央党校党建部教授蔡霞认为，学习是消除当前一部分党员领导干部"本领恐慌"的最好良药。

干部四大"本领恐慌"

全面深化改革进入啃"硬骨头"阶段，干部要有过硬的本领解决新问题。然而，《瞭望》新闻周刊记者最近在北京、天津、河北等地基层调研发现，不少干部常遭遇四种"本领恐慌"。

首先，有知识贫乏的恐慌。面对国内外多变的局势、复杂的社会环境，有些干部感到自身的知识水平远远不能满足工作需要。

在调研过程中，《瞭望》新闻周刊记者不止一次听到各级干部感慨工作中常遇到"新办法不会用，老办法不管用"的状况。比如，当前的脱贫工作已进入攻坚拔寨的关键时期，有的干部也想有所作为，但因知识水平低，在工作中没有新思路、新模式、新方法，扶贫方式仍是"慰问式"，对贫困户"输血式"扶贫多，"造血式"扶贫少。扶贫产业结构比较单一，还是按照送鸡苗、鸭苗，种蔬菜大棚的老套路发展扶贫产业。

其次，有工作经验不足的恐慌。有些领导干部基层历练不够，缺乏基本的危机应对能力。比如一些突发性、群体性事件的发生，归根到底就是个别领导干部解决实际问题、处理复杂矛盾的经验不足。

"作为一名合格的干部，既需要知识又需要经验。"北京市大兴区一位从事多年组织工作的干部说，"一些地方和部门的干部队伍，年轻人占大多数，基本是从学校到机关，他们解决基层实际问题的经验较少。"

第三，有环境不适应的恐慌。当前干部面临的社会环境复杂，外在挑战多。有些干部随着工作岗位的变化、职级的提升，原有的能力素质与新岗位、新角色的需求之间会出现新的不适应，不能适应新岗位、胜任新工作。

第四，有服务水平难达群众需求的恐慌。当前群众利益诉求不断增加，对干部工作要求也越来越高，干部普遍感觉服务水平难达群众需求。在现实中，有的乡镇干部下村，常常和村干部约个时间、定个地点，匆匆忙忙握个手，三言两语往回走。有的县里干部，下乡就是"到此一游"，群众问个政策他含含糊糊，求个指点一问三摇头。个别市县领导，下乡坐在接待室，任凭汇报人胡夸海吹，不加分析地频频点头。

事实上，这些干部并非不想跟群众多交流，也并非不想帮群众多解决困难，而是因自身素质能力有限，实在帮不上忙，说不上话。

知识"折旧"越来越快

"本领恐慌"是毛泽东在延安学习运动中提出的。1939年5月20日，毛泽东在延安在职干部教育动员大会上说:"现在我们的队伍里面发生了这样一个矛盾,就是我们的干部不学习便不能够领导工作……我们队伍里边有一种恐慌,不是经济恐慌,也不是政治恐慌,而是本领恐慌。"

"好像一个铺子,本来东西不多,一卖就完,空空如也,再开下去就不成了,再开就一定要进货。"毛泽东把学习比喻成"开铺子",如存货不多,取一点,少一点,不久就要告罄,你不进货就要关门倒闭。

"当今时代,知识更新周期大大缩短,各种新知识、新情况、新事物层出不穷。"在齐善鸿看来,干部所掌握知识的"保质期"也越来越短,"折旧率"越来越低,产生"本领恐慌"的可能性也会越来越大。

有关资料表明,近50年来,人类社会创造的知识比过去3000年的总和还要多。联合国教科文组织出版的《学会生存》一书指出:"未来的文盲,不再是不识字的人,而是没有学会怎样学习的人。"

"学习是干部消除'本领恐慌'的重要途径。"中国好人网创办人、华南师范大学马克思主义学院教授谈方对《瞭望》新闻周刊记者说,"干部'本领恐慌'是长期存在的。随着形势的变化、问题的出现,过去的本领如果不及时更新,必将落后于时代。"

中央党校教授辛鸣指出,快速发展变化的时代,迫切要求着重提高干部推动科学发展的能力、维护社会稳定的能力、解决民生突出问题的能力、开拓创新的能力、依法办事的能力、应对突发事件的能力、引导舆论的能力等。

历史经验表明,中国共产党人依靠学习走到今天,也必然要依靠学习走向未来。干部要上进,国家要上进,民族要上进,就必须大兴学习之风,坚持学习、学习、再学习,坚持实践、实践、再实践。

把脉学风"漂浮症"

4月25日,中共中央政治局就维护国家金融安全进行第四十次集体学习。近年来,中国共产党人在学习制度上不断完善。其中,中央政治局集体学习制度化、长期化,便是一种学习方式的重大创新。

党的十八大以来,中央更是在全党倡导大兴学习之风,且中央领导人率先垂范,但有些干部依然存在学风不正的现象。

"偌大的豪宅里,却遍寻不见一本书。"深圳市委原常委、政法委书记蒋尊玉落马后,广东省纪委办案人员搜查其住所时有这样一个深刻印象。

据办案人员透露,作为一名正厅级领导干部,蒋尊玉家中书柜里摆放的并非图书,而是名贵烟酒、玉器、字画等。放在床头的唯一一本书刊还是"少儿不宜"读物，甚至还布置了一间佛堂，供奉了十几尊佛像。蒋尊玉作为"不读书干部"的典型，值得警醒和反思。

干部学风"漂浮症"，表现在工作繁忙"不愿学"、碌碌无为"不爱学"，或装点门面"不真学"、急功近利"不深学"。虽然有些干部学历年年看涨，文凭越拿越高，但解决问题的能力并没有相应提高。

在现实中，大部分干部能够通过认真学习，不断提升自身的理论素养、文化知识水平和服务群众的本领。但是，也有的干部文凭与自身能力、本领并不相匹配，"大跃进"地戴上了"硕士帽""博士帽"。对这类干部来说，学历只是他们被提拔任用的"垫脚石"，而腹中"存货"并未增加多少。

比如，云南省原副省长沈培平，系云南保山师范专科学校中文系专科毕业，其后就读中央党校函授学院在职研究生班。2004年至2007年，沈培平在北京师范大学资源学自然地理学专业在职研究生学习，获理学博士学位，5个月后获聘该校兼职教授，其学历和职称的"速成"颇受人关注。

这也再次提醒，干部任用要防止年龄和学历搞"一刀切"，对干部能力的考察应重于对学历的考察。

"能上能下"倒逼加压

多位受访专家认为，对干部要本着"缺什么补什么"的原则，有针对性地及时补齐干部能力上的"短板"，这既需要干部自身勤奋努力，有提升自身的强烈愿望，同时单位和组织也应提供更多培训机会。

首先，干部自我施压。"智能之士，不学不成，不问不知。"谈方说，"干部要增强学习的自觉性和主动性，通过各种方式和途径学习，并把每一次学习，包括自学、集中学、外出培训等，都当作是充电的机会。"

"干部在工作中，宜以学促干，学干结合。"谈方说，博学才能多识，干部既要精于学习书本上的各种理论知识，又要善于向群众多学习、向实践学习，在学习过程中，要甘当小学生，"不耻下问"，以谦恭的态度，真心向基层群众要经验、要方法，才能"积跬步而致千里"。

其次，增加培训机会。要对干部开展有实效性、针对性的培训，采取请进来和走出去等灵活多样的方式，突出干部需要什么就学什么，基层干部素质缺什么就补什么，补精神之"钙"，开思想"总开关"，创工作"新实效"。

谈方建议，有针对性地将有培养前途的基层干部、年轻干部安排到经济发展和急难险重岗位一线经受锤炼。把经济社会发展的一线，作为培养锻炼干部和选拔任用干部的主战场。

"应建立干部在职读书的报批制度,严格审查其学费支出及学习情况。"谈方说,"对于想在职攻读学位的干部,须上报上级组织部门审批备案,对整个学习情况进行跟踪。同时,对拟提任干部应严查其学历真实性。"

第三,健全考核评价体系。"在干部选拔任用中,要结合'德能勤绩廉'等指标全面客观地综合考核评定,重学历但不能唯学历。"齐善鸿说,干部工作能力,不是体现在有高学历,更多体现在有工作业绩。

"对干部考核,宜更为细化、科学。"齐善鸿建议。

一要考核综合素质,全面考量干部的综合素质、能力水平。

二要考核工作业绩,建立体现科学发展观要求的政绩考核指标体系,促使基层干部扎根基层、务求实效。

三要将评判标尺交给群众,切实发挥群众的监督作用。

四要考核责任,强化责任分解和责任落实,对于不履职、不尽责的干部要严厉问责。

五要逐级开展由上级领导主持、相关群众参加的定期公开述职,用具体指标和工作事实说话。

在齐善鸿看来,只有常用"群众"这把尺子量一量,从正面的表扬、经验推广和树立标杆,到反面的提醒、警示、警告和严重警告等,让干部真正"能上能下",才能避免庸官懒官长期在位而无察的现象发生。

(文/李松,选自《瞭望》新闻周刊,2017年第26期)

硬实力、软实力,归根到底要靠人才实力

硬实力、软实力,归根到底要靠人才实力。

"牢固确立人才引领发展的战略地位,全面聚集人才,着力夯实创新发展人才基础。"在中国科学院第十九次院士大会、中国工程院第十四次院士大会上,习近平总书记着眼党和国家事业长远发展,提出了培养造就大批优秀科技人才的明确要求,在广大科技工作者中引起热烈反响,对于推动我国科技事业发展、实现建设世界科技强国目标必将产生重大而深远的影响。

人是科技创新最关键的因素,创新的事业呼唤创新的人才。党的十八大以来,以习近平同志为核心的党中央坚持创新驱动实质是人才驱动,不断改善人才发展环境、激发人才创造活力,大力培养造就一大批具有全球视野和国际水平的战略科技人才、科技领军人才、青年科技人才和高水平创新团队。从"天眼"探空到"蛟龙"探海,从页岩气勘探到量子计算机研发,众多重大科技成果的问世,莫不源于

科技工作者的忘我投入、奋力攻关。实践证明，广大科技工作者为我国科技事业发展提供了源源不断的智力支持，是建设世界科技强国最为宝贵的财富。应当看到，要贯彻落实党的十九大做出的"加快建设创新型国家"的战略部署，实现成为世界主要科学中心和创新高地的目标，目前我国高水平创新人才仍然不足，特别是科技领军人才匮乏。牢固树立人才是创新第一资源的理念，培养造就大批优秀科技人才，十分紧迫，极为重要。

培养造就大批优秀科技人才，就要健全激发人才创新创造活力的激励机制，用好用活人才。解决人才评价制度不合理，人才管理制度不适应科技创新要求、不符合科技创新规律等问题，关键是按照习近平总书记的要求，创新人才评价机制，建立健全以创新能力、质量、贡献为导向的科技人才评价体系，形成并实施有利于科技人才潜心研究和创新的评价制度；注重个人评价和团队评价相结合，尊重和认可团队所有参与者的实际贡献；完善科技奖励制度，让优秀科技创新人才得到合理回报，释放各类人才创新活力；通过改革，改变以静态评价结果给人才贴上"永久牌"标签的做法，改变片面将论文、专利、资金数量作为人才评价标准的做法，不能让繁文缛节把科学家的手脚捆死了，不能让无穷的报表和审批把科学家的精力耽误了。

培养造就大批优秀科技人才，就要完善我国人才发展体制机制，创造人才发展的良好环境。"创新之道，唯在得人。得人之要，必广其途以储之。"加快形成有利于人才成长的培养机制、有利于人尽其才的使用机制、有利于竞相成长各展其能的激励机制、有利于各类人才脱颖而出的竞争机制；解决人才队伍结构性矛盾，构建完备的人才梯次结构；营造有利于创新创业的政策环境，构建有效的引才用才机制，才能让人才根系更加发达，让创新发展的人才基础更加坚实。

全部科技史都证明，谁拥有了一流创新人才，拥有了一流科学家，谁就能在科技创新中占据优势。全党全国全社会共同努力，形成天下英才聚神州、万类霜天竞自由的创新局面，我们必将赢得中华民族的美好未来。

（选自《人民日报》，2018年6月4日，原题《培养造就大批优秀科技人才》）

乡村产业发展需要抓好"四个结合"

推动产业发展是实现乡村振兴的关键和核心问题。如果产业得不到持续壮大，群众生活富裕将无从谈起，乡村振兴也就失去了坚实基础。

近些年，各地乡村产业发展取得了巨大成绩，但也不同程度地走过一些弯路。当前，站在新的历史起点上，要实现"产业兴旺"的目标，需要抓好"四个结合"。

小农户生产与规模化经营结合起来

小农户生产与规模化经营长期并存，是当前和今后一个时期我国广大乡村生产主要组织形态。

我们要清醒认识这一基本国情，纠正"农业现代化就是农业生产规模化"的错误认识，尊重产业发展规律和农民个人意愿，不盲目"垒大户"，在各种生产组织形态发展过程中，实现小农户生产向规模化经营有序转化。

一是进一步完善农业服务体系。为农业生产提供迅捷的信息、技术、金融等方面服务，是小农户生产仍占主体情况下推进农业现代化的有效举措。

当前，我国农业社会化服务突出短板是生产、销售信息获取不足，金融服务支持不到位等，必须在这些方面下大功夫。可利用大数据分析等先进技术，提供准确及时的生产、市场以及天气等信息，推出更为便捷的金融惠农政策，为现代农业生产提供准确、及时、强大的支持和保障。

二是着力提高专业合作社管理的现代化水平。实践证明，专业合作社是将小农户有效组织起来，实现生产经营规模化的有效途径，能够达到"形散而神聚"的效果。为此，农村专业合作社要改变低层次、粗放式管理现状，着力在提高管理规范化、精细化上下功夫，推动专业合作社向现代农业企业方向发展。

三是为小农户生产向规模化经营转化创造条件。在农民进城务工、居住的同时，要进一步建立健全进城农民、无劳动能力农民土地退出相关机制，为致力于农村产业发展的新型农业经营主体产生、发展和壮大创造条件，实现小农户生产向规模化经营的平稳转化。

"三变"改革与三产融合结合起来

"三变"改革是指农村资源变资产、资金变股金、农民变股民的改革。

具体来讲，资源变资产，是指村集体对集体土地、森林、山岭、草原、荒地、滩涂等资源性资产以及房屋、建设用地等经营性资产使用权进行评估折价，入股到新型经营主体，享受股份权利；资金变股金，是指在不改变用途的前提下，将各级财政投入农村的支持农业生产、生态保护补助、扶贫开发以及支持村集体经济发展等资金，作为集体股金投入新型经营主体，按股参与分红；农民变股民，是指农民将个人的资产、资金、技术等，入股到新型经营主体，成为股东并参与分红。

"三变"改革和一、二、三产业融合发展都是农村产业发展的重要思路方法。深刻认识"三变"改革和三产融合本质内涵，并将两者综合起来考虑，对于推动农村产业提质增效、稳步发展有着重要意义。

一是正确认识"三变"改革和三产融合。"三变"改革主要是通过盘活农村资源、资产、资金，激活广大农民的土地承包权、住房财产权和集体收益分配权，最终实现增加农民财产性收入、农村集体经济不断壮大目的；三产融合则是在第一产业充分发展基础上，大力发展与之相关的二、三产业，强化三产之间利益连接，形成一、二、三产业相互促进、协调发展的良好态势。

因此，"三变"改革是盘活农村资产、资源、资金的具体方法，而三产融合则体现了产业发展的长远思路。

二是大力发展新型经营主体。实施"三变"改革的关键是新型经营主体的蓬勃发展；三产融合同样离不开新型经营主体，没有新型经营主体的广泛参与，一、二、三产业的发展以及相互融合也就无从谈起。因此，必须大力支持和推动新型经营主体，为实施"三变"改革、不断推动农村产业发展创造条件。

三是在产业融合发展过程中运用好"三变"改革。乡村产业发展过程中，需要结合实际、因地制宜而又不失时机地推行"三变"改革，为三产融合提供强大助推力。

政府宏观指导与农户自主生产结合起来

近年来，个别地方政府对乡村产业发展管得过死、抓得过细，影响到村集体、村民主观能动性的发挥，需要进行适当调整，使政府、农户之间形成有利于产业发展的良好关系。

一是进一步厘清职责义务。政府主要职责是为农村产业发展提供服务、保障以及建议，形成良好外部环境和提供有力支持；村集体、农户主要是选好产业，推动产业发展壮大。如果界限不清，政府使用行政手段干预具体产业发展过程，势必挫伤农户生产积极性，最终结果往往事与愿违、适得其反。

二是充分尊重农户意愿。发展产业必须紧紧依靠农户，最终成果惠及广大农户。要进一步突出农户主体地位，充分调动生产经营积极性，尊重农户种植、养殖意愿，使广大农户在市场经济环境中摔打磨砺，积累经验，产业才会做大做优做强。

三是发挥村两委班子引领示范作用。在政府和村民之间，村两委班子起着承上启下、沟通衔接的作用。村两委班子应充分考虑上级意见与群众意愿，选好产业后，要做好种植养殖示范，为产业发展蹚路子、寻方法，探寻出适合本村的产业发展之路。

产业长远发展与扶贫现实需求结合起来

打赢脱贫攻坚战是各级党委政府面临的艰巨任务，而发展产业则是增加贫困群众收入、实现脱贫致富的根本举措。

在实施乡村振兴战略过程中，要将产业长远发展与扶贫现实需求结合起来，统一筹划、稳步推进。

一是产业发展需要考虑扶贫现实需求。2020年是完成扶贫任务的最后时限，产业扶贫必须考虑这一时限因素，重点选择生产周期短、受市场波动影响小、见效快的产业，确保贫困群众能够按期稳定脱贫。

二是精准扶贫要为产业长远发展奠定基础。在精准扶贫过程中，要把提高贫困群众的生产经营能力作为重点，确保一旦脱贫就不会返贫。同时通过产业扶贫，不但增加贫困群众收入，而且要培养技术力量，强化党组织建设，探索产业发展方式等，从而为产业长远发展铺平道路。

（文/王海全，选自求是网，2018-06-01）

我连续两年评论获中国新闻奖，有啥绝招？

我的评论《为敢担当的干部担当》获第二十七届中国新闻奖文字评论二等奖，获奖后有人问怎么会连续获奖，因为在第二十六届中国新闻奖评选中，我的另一篇评论《看摊混事之风当刹》获得三等奖。

连续获得中国新闻奖，既高兴又意外。如果非要说对我有所触动的话，那就是这两篇稿子都是来源于现实生活，有感而发。

紧贴实际，善于观察，多动脑子，不愁找不到好线索、好素材

《为敢担当的干部担当》刊发于2016年3月14日的《宝鸡日报》，成稿前考虑的时间比较长。因为在接触实际中，我发现一些干部面对从严治党、从严治吏的全新政治生态，思想上或多或少存在种种担忧，工作起来不敢大刀阔斧，时不时流露出害怕"洗碗多了，可能失手打破碗而遭受指责"的顾虑，致使一些地区的工作局面难以打开，具体表现是主动性不够、点子少、思路窄，甚至个别人抱着守摊子、混日子的打算，不求有功，但求无过。这种精神状态与全面深化改革，稳增长、调结构、促发展、惠民生的总要求相去甚远。

通过学习有关文件、政策，并与一些人交谈后，我对这种现象有了比较明晰的看法，觉得一些人既然有这种"求平安""怕惹麻烦"、不敢主动作为的想法，除了极个别甘当懒汉、庸人外，主要的疑虑恐怕在于：一是对从严治党的新常态理解不够深刻、不够透彻；二是现行的干部激励和纠错机制可能不完善，缺少为敢干者、会干者、能干者遮风挡雨的创新性机制设计。反复思考，我觉得应当写一篇稿子，倡导每个党员干部都要勇于为敢担当的干部担当，尽力营造一种宽松宽容的氛围，使他们打消顾虑，卸下包袱，挺直腰杆，轻装上阵。随后我将想法汇报给社领导，领导不仅大力支持，还鼓励尽快动手。

评论发表后，由于及时提出了为敢于担当者做后盾，本身就是对敢于担当者的一种担当的观点，干部群众反响比较好，认为很及时，针对性强，导向明确，起到了激发激情干事，消除思想误区的作用。

随后，陕西省出台了"干部激励、容错纠错、能上能下"的"三项机制"，一个鲜明提法就是要为敢于担当者担当，评论的观点与之高度合拍，说明这个问题抓准了，也抓对了。

吃新闻饭已20多年了，其间一些作品也得过陕西新闻奖和中国地市报好新闻奖。我觉得作为身处基层的地市党报工作者，只要紧贴实际，善于观察，多动脑子，就不愁找不到好线索、好素材。

写好党报评论要合时宜、有新意、讲导向

新闻评论是报纸的旗帜，党报引领社会热点、发挥舆论导向功能的一个重要方面就是依靠评论明辨是非、激浊扬清、弘扬正气。自己的两篇小稿子能在全国得奖，使我对党报评论又有了新的认识，觉得在今后的工作中应当更加注意以下几个方面：

一是合时宜。文章合为时而著，评论更是如此。上述两篇小稿是我为《宝鸡日报》评论版撰写的，却都得到中国新闻奖的认可，除了运气，更多的可能还是"问题"抓得准。我们常说评论要有的放矢，而要扣住这个"的"却不是易事，需要下一番功夫。既然评论的作用是扶正祛邪、鼓劲加油，就要用一双善于发现的眼睛去捕捉瞬息万变的踪迹，透视光怪陆离的现象，寻求隐藏其中的本质。发现新闻源后，用深思熟虑洞悉现象，提出令人信服的解决办法，用道理还原事实、用论述打动读者，让不明真相者知其原委，不辨是非者知道对错，彷徨观望者坚定信心。如此，评论才会摆脱无的放矢的尴尬。社会现象大都具有共性，这里发生的，那里可能也有，将这种一时、一地之现状放在一个大背景下考量，就有普遍意义，具有"靶向"治疗的功效。

评论中论及的情况，对许多人而言并不生疏，很可能已经看到，只是没有联系现实深入思考罢了。发现问题后不撒手，深究其理，就能把人人眼中有、个个笔下无的东西变成文字，不惧其小，因为来自现实生活，小视角就窥见了大问题、小题材就折射出大道理，警示提醒的效用不言而喻。从这个层面讲，评论一定不能人云亦云，而要说别人没说过的话，道别人没论过的理，有了这种底蕴，社会效果就不会差。因此，党报评论只要因时选题、应时而作、为时献策、替时答卷，就不会空洞无物，枯燥无味。就会小中见大，虽短小却有张力，能留下比较深刻的印象。也正因为紧贴时代脉搏，党报的评论才有了旺盛的生命力，引导社会舆论的正能量才得以充分释放。

二是有新意。新闻本身是求新的事业，新闻评论同样离不开"新"，只有紧紧抓住现实生活中的新问题，言新事、发新声、述新理，才能为解决新困惑、新矛盾提供妥帖的路径，更好地为改革开放服务，为营造团结向上的良好氛围助力。如果视野不开阔，不能触及社会热点和痛点，跟着别人的节拍走，说出来的话、论出来的理自然有似曾相识之感，总是隔着一层，这种不痛不痒的稿子，读者不买账，预期的效果也就大打折扣。

评论以"新"当家，道理人人都懂，但要严丝合缝做到，也并非信手拈来那么简单。要体现新，就要当有心人，时时注意观察，发现一些倾向性、苗头性的现象后，善于运用自己所掌握的理论知识加以分析甄别，在一般中把握特殊，在普遍中寻求个性，用深入思考得出的结论为破解难题提供参考。因为是自己发现的问题，加上独立思考，肯定有不一样的火花。这也符合从实践中来，再到实践中去的逻辑。有了这些铺垫，写出来的评论自然不会放空炮，论出来的道理就更容易引起共鸣。用好"新"字，高高在上不行，端起架子也不行，怕麻烦更不行，只有耐得住寂寞、受得了辛苦，才能获取新线索、开出新药方，让人产生耳目一新之感。

三是讲导向。党报评论的一个重要功能就是引导社会舆论，通过透析社会现象，用正理引领大众的关注点和兴趣点，以此达到调适情绪、化解纠纷的目的。百姓在日常生活中会遇到各种各样的矛盾，当理不出头绪时，就希望有权威声音表达他们的诉求。值此之时，作为党报的评论，就应当大胆地站出来替百姓立言。社会上一段时间里往往会形成一些焦点问题，由于关注度高，就需要不回避、不推诿，责无旁贷地发出主流声音，有理有据、客观公正地解析，提倡什么，反对什么，旗帜鲜明，既不拖泥带水，又不遮遮掩掩，释放这种高亢的主旋律，不和谐的杂音就会被湮没，注意力就会更集中，才不会打横炮、出乱子。

党报评论讲导向，并不是板起面孔，居高临下提要求、发号召，一样可以用公众乐于接受的方式、充满温度的语言、娓娓道来的论述，和风细雨滋润心田。值得注意的是，尽管写作方式千差万别，但选题一定要准，最好抓住带普遍性、方向性的新事物、新问题立论，选有可能成为社会焦点的问题研究，选在公众中有争议而又亟待释疑解惑的问题聚焦，选大多数人尚未察觉而又有可能生成一种趋势的问题剖析，有了这些前期准备工作，写出来的才是人所盼言、欲言、未言、该言之言，也就会言之有物、言之成理，不会给人留下以势压人的不快，而是产生以理服人的愉悦。

写评论不忘导向，务必心中有全局。只有从大处着眼，才能对宏观形势有精准的把握，才会起到正向激励作用，而不是泄气冷场。服从服务于大局，需要较高的政策理论功底，这就要求作者注重平时的学习积累，想方设法不断丰富自己，无论是从知识储备上还是从个人阅历、思辨能力上，都要有所提升。只有当一个勤奋的蜜蜂，才能采撷到沁脾的琼浆。

讲究度是最不能忽视的，凡事都要有个尺度，这就要求无论是选材还是立论，无论是行文还是警示，都不能以偏概全、以点代面，而要客观公允地判断推理，切忌说过头话，更不能情绪化地宣泄，时刻注意分寸，不能用臆想代替事实，更不能凭空杜撰，而要放眼全盘，小处落笔，准确恰当地表达主题。评论是说理的产品，更应以理性见长，因为表述的方式、阐释的幅度都隐含在字里行间，平和沉稳，读者就不会排斥，不知不觉中受到教益。如果文章充满戾气，一副吓人的做派，就会适得其反。

（文/刘建斌，选自搜狐网，2017-11-27，题目有改动）

为敢担当的干部担当

2016年是"十三五"开局之年，更是全面建成小康社会决胜阶段的开局之年，任务艰巨，时不我待。无论是抓发展还是促改革，都要有敢于啃硬骨头的气魄、勇于涉激流险滩的胆略。当此之时，只有健全激励机制和容错机制，才能使各级干部积极发挥主观能动性，主动作为、奋发有为，进一步营造愿干事、想干事、干成事的浓厚氛围。集中到一点，就是要为敢于担当的干部担当，旗帜鲜明地为他们撑腰鼓劲。

当前倡导为敢于担当者担当，具有极强的现实针对性。在从严治党的新常态下，一些干部为了求平安，抱着宁可不干也不要出错的想法，担心一不留神惹下麻烦，做起事来总是心有余悸，放不开手脚。因为要干事，就难免会有这样那样的疏漏，产生各种各样的说法。根治这些富有进取心、不愿碌碌无为者的心病，最好的药方就是为他们打气壮胆。用允许试验、容忍错误的鲜明导向，消除他们害怕因"洗碗多可能失手打破碗而遭受指责"的顾虑，放下包袱，挺直腰杆，轻装上阵。

事业是干出来的。干事创业，离不开敢打头阵的开路先锋，少不了攻城拔寨的勇士。这些敢蹚"地雷阵"的人，因为专注于工作，势必会出现失误或差错，只要不违纪不违法，顾全大局一心为公，组织上就应当采取包容、宽厚的态度，勉励他们吸取教训，越走越稳；不惧艰辛的创业者，极有可能会因棱角太分明得罪人，并因此受到非议，组织上就应当毫不迟疑地竭力支持，让他们有底气，能够豁出去做事，而不必缩手缩脚；埋头苦干的人，往往不事张扬，甚至不懂人情世故，不会润滑关系，对他们更要高看一眼、厚爱一分。只要各级组织都能建立为敢于担当者担当的正确导向，用关爱为他们遮风挡雨，用行动为他们提供后援，就能使探路者专心谋事、开拓者奋勇前行，有助于形成争先创优的良好局面。

为敢于担当者做后盾，本身就是对敢于担当者的一种担当。做到并坚持这一点，就必须打破固有的思维模式，以宽阔的胸襟和坚定的态度鼓励大胆试、放开闯、安心干，不求全责备，多点赞喝彩，少横加干涉。最为关键的是在体制机制上取得新的突破，用超前意识着力健全完善容错机制，为敢于担当者兜住底线，大力弘扬敢想、敢干、敢担当的正能量，凝聚人人都要有担当、个个都是担当者的共识。还要健全完善考评机制，让敢于担当者吃得开、吃得香。奖勤罚懒，赏罚分明，让常挑重担、善解难题的同志充分感受到组织的关怀和温暖。更重要的是健全完善保护机制，让敢于担当者无牵无挂，既不提心吊胆，又不畏首畏尾。不但要大力褒奖担当者，还要把目光更多地投向苦干实干、无私奉献的干部，积极发现，主动关心，大胆使用。勇担当、敢负责的干部得到重用，就有利于形成想干事者有机会、能干事者有舞台、干成事者有地位的良好风尚。

"坚持原则、敢于担当是党的干部必须具备的基本素质，担当大小，体现着干部的胸怀、勇气、格调，有多大担当才能干多大事业。"敢于担当既是共产党人的优秀品格，又是真抓实干、大干快干的现实呼唤。勇于为一马当先者担当，乐于为率先发展者担当，敢于为推进改革者担当，善于为无私忘我者担当，就能最大限度地激发干部创新创造的无穷潜能，干出无愧于时代、无愧于人民的崭新业绩。

（文/刘建斌，选自《宝鸡日报》，2016年3月14日）

看摊混事之风当刹

当下，因为头顶有高悬的"八项规定"利剑，还有日渐严密的"制度篱笆"，一些人在这一新常态下颇感不适应，认为当干部红线多、要求严、风险大，导致该干的不干了，该快的变慢了，甚至把甘居中游当成为官做人的"秘诀"，出现"为官不为""廉而不勤"等现象。这种出工不出力、跟着干吆喝的行为，是典型的看摊混事，对稳增长、促发展、保民生有百害而无一利，必须鉴之戒之、革之除之。

看摊混事这种"聪明哲学"，表面看是一种慵懒作风，骨子里却是缺乏责任意识。习近平总书记指出，我们做人一世，为官一任，要有肝胆，要有担当精神。如果在其位而不谋其事、出其力、尽其责，抱着守摊子的想法，不求有功，但求无过，任何风险都不冒，任何责任都不负，只图太太平平，安安全全，看起来稳稳当当，实则却贻误了发展良机，愧对一方百姓的信任。作为领导干部，首先应该清楚规矩是政治纪律，是带电的高压线，每个人都不能触碰，凡事都要遵规守矩、依法行政，这是原则，更是底线。倡导守规矩并不表明任何时候都畏首畏尾，裹足不前，而是要在艰巨繁重的改革发展任务面前，更加履职尽责，迎难而上。如果一味地明哲保身，怕担责任，不思进取，就会耽搁改革大业，愧对党和人民的厚望。

"为官避事平生耻。"严明纪律不是消极地守，而要积极主动地为，说透了就是既要严守规矩不偏移，又要激情干事不动摇。因为任何事情，只有全身心投入去干，才能成事。瞻前顾后只会坏事、误事。真抓实干的前提是勇于担当。无论古今中外，成事者必有担当。面对百舸争流的发展态势，不进是退，慢进也是退，因为改革发展没有局外人，更容不下患得患失。在这种争速度、比发展、讲奉献的氛围中，看摊混事者应提早醒悟，不做隔岸观火人，争当发展先行者，走出无所事事混日子的封闭小圈子，融入干事创业的大潮流，向善跑者看齐，向会干者取经，沉下心来，扑下身子，深入一线，摸透实情，迎头赶上。领导干部的精神状态、思想水平、工作作风是无声的命令，如果自己只是守摊子，不一马当先，却奢望别人挥汗如雨，无异于痴人说梦。只有一级做给一级看，一级带着一级干，才能形成上下联动、齐心协力、比学赶帮超的生动局面。

事业是干出来的，不是混出来的。以种种理由作消极推诿、懒政不为的挡箭牌，这种心理安慰其实很虚弱，党纪政纪不允许，人民群众不欢迎。因为畏惧规则而偷奸耍滑，实质上是为懒惰找借口，为散漫找台阶。肩负一定职责的领导干部，摊子要守住守好，这是本分。更要充分发挥主观能动性，以大气魄谋大事创大业，为官一任造福一方，是本职。如果浑浑噩噩，惜力如金，看起来自己轻省，却是丢了本分，辱了本职，成为纪律不容忍、百姓不待见的庸官、懒官，对不起党的培养，辜负人民群众的期待。

看摊混事之风当刹。这些人尽管是"小众"，但影响却不可小觑。因为拿着俸禄不干事、占着位子不谋事、守着摊子图省事、闭着眼睛混世事，极易带坏风气，成为反向标的。如不及时纠正，就容易使善干者受伤、会干者心凉、想干者惆怅。治理这种"不严不实"的弊端，从实问效、从严问责是一剂良药。只要用抓铁有痕的韧劲、踏石留印的毅力勤查严督，考核不讲情面，评比揭丑亮短，慵懒之人就混不了日子，守不住摊子，更保不住位子。只有让真干实干苦干成为必然选择，不干慢干混干者就没有了市场，就会自觉完成懒散到勤快的转变，就会眼中有活、心中有数、脑中有方，并且积极干、主动干、抢着干，干出一番无愧于天地良心的事业。

(文/刘建斌，选自《宝鸡日报》，2015年8月11日)

高考作文应急的六大绝招

对考生而言，十年寒窗，一"文"不慎，就会折戟沉沙，饮恨考场。这是所有考生不能承受之重。

那么，面对考场作文中出现的一些突发状况，究竟该如何应对？相信这不仅是学生考场作文的万一之需，更是提高他们应对高考的信心之所在。作者拿出了压箱底的六大绝招，下水示范，助广大学子一臂之力。

第一招——借力打力

——当考生作文写着写着，突然发现自己例子举反了，正好是自己打自己的嘴巴。高考作文中，这种情况并不鲜见。

那么，一旦发现自己观点和材料相反，究竟该如何变废为宝，化险为夷呢？

譬如有一年高考作文是写《近墨者未必黑》。

有一个考生举了"孟母三迁"这个材料。但孟母之所以三迁，就是因为"近墨者黑"的缘故。写完后，考生才猛然清醒例子举反了。这个时候的紧张自不待言。那么该怎么补救？

其实，不就一个例证嘛，想明白了，就什么也不要怕。反例正说，说不定由于强大的思辨能力，反而成为作文的一大亮色。我们常常说，要选择典型的事例来证明论点。

但例子能够证明论点吗？本质上，无论什么例子也证明不了论点，例子只能表明论点、说明论点，不能够证明观点。因为当我们选择典型例子的时候，就意味着把不典型的例子、反例子给筛选掉了。这样片面的例子怎么能够证明论点吗？

想想看，如果把被我们筛选掉的反例子拿出来，岂不就证明了我们反面观点了吗？

所以说，例子只能够证伪，不能够证明。

之所以这样说，并非是让我们不重视例子的作用，而是告诉我们，任何例子都有两面性。既然这样，就算不小心举了一个反面例子，我们照样可以左右逢源。

比如在叙述完《孟母三迁》故事后，考生马上就可以这样写：

> 孟母三迁的故事，表明的自然是"近墨者黑"的道理，但却在无意中泄露了"近墨者黑未必黑"的真相。
>
> 孟母三迁了，孟子出息了。但谁能告诉我们，这个出息一定就是孟母三迁的结果？实践是检验真理的标准，但谁的实践是检验真理的标准？由于历史经验的不可重复性，有人获得了实践的检验权，别的实践就没有了检验的机会；但谁能保证它不是真理？譬如孟母没有三迁，孟子照样会取得成就，甚至会取得更大的成就。

进一步来看，孟母三迁之后，孟子成为"亚圣"，那么肯定有无数母亲效法孟母，有的三迁、四迁、五迁……为什么真正成名的只有一个孟子？

由此看来，一个人会不会变黑，并不在于他的周围如何，而在于他的内心怎样。矛盾总是通过内因来起决定作用，否则，我们就无法理解战斗在敌人心脏里的余则成们，如何在漆黑中保持自己的铁血丹心。

第二招——斗转星移

——当考生作文写到一半，才发现已写的内容离题了，那么应如何把话题及时扭转回来？或者说，如何让已写的文字化腐朽为神奇？

比如2009年高考江苏卷《品味时尚》，很多考生写到一半发现，自己品的其实不是"时尚"，而是"经典"。

时间如此宝贵，错误如此严重，照理说，文章这是病入膏肓，无力回天了。其实，大可不必如此悲观，文章本天成，妙手偶得之，只要有那一双妙手，顷刻之间就可以让你斗转星移，万事大吉。

江苏作文评审组对"时尚"的界定为：审美；有创意；时兴；有人认同和追求。必须同时具备这四大特征，才是时尚。

任何经典注定都不是时兴的，把品味时尚换成品味经典，文章明显偏题了。

但是，请注意，所有的偏题作文，都不是无缘无故的。两者总有着千丝万缕的联系，因此紧紧抓住这点联系，剖析两者的差别，恰好就变成了对文章概念的厘清和深入阐释，简直妙不可言。

比如，针对上面的这个过失，你完全可以这样弥补：

> 以上，我花了大量的笔墨来品味经典，但遗憾的是，经典并非是时尚。尽管经典也是审美的，有人认同和追求，但时尚却是时兴的，创意的，在这一点上，两者可谓大相径庭。因为经典是永恒的。它经历了时间漫长的淘洗，尘满面，鬓如霜。有趣的是，经典不是时尚，但时尚却有可能转化为经典。

文章此后转入对时尚有可能转化为经典的论述。时尚的特点，时尚的内涵，在和经典的比较中显得更加清楚，而时尚的趋向，又使得文章更深入一层。这些，岂不都是对时尚的品味？

这样一变，斗转星移，不仅切题了，而且因为有了这一层对比，文章还有了张力，有了更深的意蕴和内涵。

第三招——聚沙成塔

——对于一则多义性的材料，考生在写作过程中，不知不觉把自己对材料的多种理解都进行了论述，此时应如何赶紧突出中心？

比如，2008年福建高考作文，三个人进商店，分别买饮料，一个买甜的，一个买苦中带甜的，一个买淡的。根据此情景写一篇作文，题目自拟。

对于这样的材料，很多考生会把三种不同含义的细节都进行论述，漫无目的，面面俱到。这就成了"两只黄鹂鸣翠柳"不知所云，"一行白鹭上青天"不知所往。

那么，如何把纷繁的论述聚集起来，聚沙成塔，更上层楼，中心鲜明突出？

结构主义指出，世界不是由物组成的，而是由物与物之间的关系组成的。这时候有必要找出这三者之间本质上的联系，分析其关系，或者是对比关系，或者是映衬关系。再分析这些关系之间的转化，或者是在这三者之上，再拔高一个层次，让它能够统摄前三者，使得文章高屋建瓴，识见不凡。

比如上面详细写了三种饮料选择之后，马上就要聚沙成塔，收束全篇：

> 有人说，三种人三种选择，岂不太繁琐了？我的观点恰恰相反，"三"乃虚指，一生二，二生三，三生万物，三种人三种选择，乃无数人就有无数种选择之谓也。
>
> 让喜甜者选择果汁，喜淡者选择矿泉水，喜苦甜者选择咖啡，让所有的人各取所需，各尽其宜，各得其妙，有什么不好呢？参差百态，乃是幸福本源；和而不同，方是和谐之道。
>
> 更进一步说，不说不同的人有不同的喜好，同一个人随着时间的变化，也会有不同的选择。
>
> "少年读书，如隙中窥月；中年读书，如庭中望月；老年读书，如台上玩月。"世界是丰富多彩的，人生是瞬息万变的，我们又岂能一以贯之、抱残守缺？

第四招——亡羊补牢

——考生忘记了对核心话题的分析，只把话题当作一个概念，整体打包，囫囵吞枣，乱贴标签，这样的作文，得分一定惨不忍睹。如果在中途忽然醒悟，这时候如何调整，才能转危为安？

其实，整体打包问题最为严重，因为没有形成论证。但就算中途醒悟也不要着急，抓紧亡羊补牢，条分缕析，犹为晚矣。这个时候，可以这样挽回：

刚才所说的是品味时尚，那么，何为时尚，我们又该如何品味、咂摸时尚呢？

"时尚"是时兴的，是审美的，是一部分人的独特创意和个性化追求，在模仿和流行中形成。

时尚追求与众不同的个性，但希望有人模仿，又惧怕所有人模仿。时尚源于独有的创意，但希望一时流行，又惧怕长期流行。

时尚永远在路上。时尚总是在高潮中"灿烂地死去"，时尚的极致就是时尚的消亡，但说不定过几年"又在灰烬里重生"……

第五招——绝处逢生

——如果材料作文审题的难度太大，头绪太多，一团乱麻，根本抓不住要点，此时应该怎么办？

哈哈，孩子们，一旦出现这样的问题，恭喜你得高分的机会就要来了。

比如南京、盐城二模作文题：

> 俄罗斯著名作曲家格拉祖诺夫听两个年轻人弹奏勃拉姆斯《第二交响乐》。他们弹得很糟。格拉祖诺夫问他们过去听过没有，他们老实回答说："没有，没听过。"格拉祖诺夫叹了口气说："你们真幸运，年轻人，有那么多美好的事物等着你们去发现，而我呢，什么都已经涉猎了，不幸啊。"

此题头绪太多，你抓不住要点，不妨根据对象，把你所有的困惑写出来。困惑越多越好，而且找到逻辑，一层一层地追问，就是绝妙好文。

譬如格拉祖诺夫为何叹气？觉得自己不幸。一般人会不会觉得自己不幸？这位艺术家觉得不幸的背后究竟是什么？可以从认识问题的角度来谈，从艺术家的追求角度来谈。

年轻人真幸运，为什么说他们是幸运的？把理由说清楚。

但问题又来了。如果一无所知都是幸运，那么我们这些凡夫俗子岂非都是幸运者？这不是太荒谬了吗？

于是问题又来了，既然一无所知并非一定是幸运者，格拉祖诺夫为何这么说？其语言的背后隐藏着什么？

当你一点点分析你的困惑、展示你的挣扎的时候，或者不管高明不高明，在提出困惑之后，给出你自己的解释，不管这个认识是否高明，一篇好的议论文已经呼之欲出，因为议论文所考的是你的分析阐释的能力，不在于你的观点是否高明。

第六招——一步登天

——当考试时间只剩下几分钟,可是文章还没有写完,应该怎么办?

首先肯定要抓紧完篇,完篇没完篇是两个概念。就江苏省而言,高考评分标准为:

完篇而字数不足,正常赋分之后,再扣字数不足分,每少50字扣1分,扣满3分为止;明显未完篇的文章,视篇幅和内容的实际情况而定,但最高分不能超过46分(参考赋分如下:不满100字,0~5分;200字左右,6~10分;300字左右,11~20分;400字左右,21~30分;500字左右,31~40分;600字左右,41~46分)。

可能很多学生也知道要抓紧完篇,但究竟怎样才能快速完篇呢?我提供几种方式。

第一种是直接式。一句话独立成段,可以换一个角度,成就另一篇天空。

> 他们,终将会成为我们。
>
> ——《他们》

第二种是总结式。用一组排比句总结分论点,再一句话收束,画龙点睛。

> 只有启程,才会到达理想和目的地;只有拼搏,才会获得辉煌的成功;只有播种,才会有收获;只有追求,才会品味堂堂正正的人。
>
> ——《追求》

第三种是哲理式。运用相关哲理名言,既概括全篇,又有余音绕梁之感,言已尽意无穷。

> 我伸出手遮挡夕阳刺入眼睛的光线,仿若明暗相间的幻象,想起这一路跌跌撞撞,忍不住眼泪灼热地流淌下来。仰头喝下最后一口咖啡,生活的余香留于齿间。伍尔芙微笑着说:"让我们记住共同走过的岁月,记住爱,记住时光。"
>
> ——《我于咖啡中看见》

第四种是精短小诗。只需点题,无需押韵,凝练、朴实、意味隽永即可。

> 想起了彼得拉克的一首经典的小诗:
> 我充满思虑
> 信步闲游

对我自己深厚的同情袭击了我
如此浓厚
我禁不住放声大哭

——《同情》

第五种是幽默。诙谐洒脱,智慧聪明,谈笑间主旨突出,让人会心一笑,喜上眉梢。

买之时尚,唱之时尚,头之时尚,博之时尚,咱们也品出了那么一点味出来了,剩下的,就是咱们自己去消化了。记住,品味时尚,所谓的时尚,可以咀嚼,可以回味,但万万不可以下咽,就像嚼口香糖!

——《品味时尚》

(文/王开东,选自搜狐教育网,2017-05-24)

第十二章
功夫在"诗外"

"汝果欲学诗,功夫在诗外。"其实不光学诗的功夫在"诗外",学申论的功夫也在"诗外"。申论的"诗外功夫",是指表达技法之外的"立德""读书""阅历"等方面的修养,它们是提高写作能力的根本。要写好申论,必须了解社会热点,洞察世象人心,熟悉政策法规,做到"世事洞明""人情练达"。如果忽略"立德""读书""阅历"方面的修养,只在操作层面的"怎样写"上下功夫,就会出现舍本逐末的问题。

1."写什么"比"怎么写"重要

概括说来,申论写作和一般文章写作一样,都面临着"写什么"和"怎样写"的问题,其中,前者指的是题材内容,后者属于体裁和表现形式。而且相比一般文章,申论更注重"经世致用",更强调"合为时而著",所以,更要在"写什么"上下功夫。在"写什么"上下功夫,其实也就是在"立德""读书""阅历"等方面下功夫。

2."以文取士"流传至今

文章是作者思想感情、知识积累、生活阅历、写作技巧等方面的综合反映,古人称之为"立德""读书""阅历""技法"四要。一篇文章,无论篇幅长短,如果把它看作是一个"点"的话,那么,要做好"点"上的文章,作者都须调动起许多"面"上的知识、能力的储备,来支撑这个"点",它是"合力"作用的结果。正因为文章是作者思想、学识、阅历、技法等各方面能力、水平的综合反映,所以历朝历代多采用"以文取士"的办法。现在,检测一个人语文学习的程度,也往往是考"作文"。

3.技法能解决的问题有限

写作活动的这种综合性,与衡量一支球队实力的方法高度神似。衡量某个绿茵豪门综合实力的指标,大体包括体能、智能、技术、战术,其中体能涉及速度、耐力、柔韧性，要能够"满场飞""跑不死"；智能是指理念、意识、足球哲学，缺少对足球的形而上的认识，即便长着两条铁腿，也不一定能赢球，如在不该"跑"的时候疯跑，可能就造成越位，自己瓦解了自己的进攻；技术涉及传球、过人、射门等，许多球迷喜欢巴西队、西班牙队、葡萄牙队，就是因为其流畅、华丽的攻防技术；战术主要指的是教练员的运筹帷幄，决胜千里。这体能、智能、技术、战术，就好像我们说的"立德""读书""阅历""技法"，各个要素相辅相成、优化组合才有望取得理想的结果。如果只突出一个要素、两个要素，比如只强调体能，请来11名马拉松运动员，甚至是铁人三项赛运动员，肯定踢不好球，或者请来11位科学家，智能有了，但没体能，没技术，也踢不好球。落实到文章写作实践，同样需要"齐抓共管"，齐头并进。要坚持几条腿走路，不能有弱项、短板，不能只学习技法，而忽略了其他方面。需知：写作技法所能解决的问题是相当有限的。

"诗外功夫"的内涵

下面，重点从"诗外功夫"的内涵、"诗外功夫"的修炼、"诗外功夫"例析等方面，谈谈申论写作的日常积累问题。

1. 洞察时事热点

所谓"江山代有才人出"，社会也是"时有热点出"。申论写作贵在发现问题、分析问题、解决问题，而所要发现、分析、解决的问题，无一不是一定社会时期的热点问题，有的还是难点问题、焦点问题。这其中的道理非常简单：通常情况下，陈年旧事不会成为热点，热点问题一定是那些正在发生作用的、影响人们切身利益的现实问题。从某种意义上说，申论的"给定资料"，就是一份社会问题清单（当然，不限于具体的社会问题，还有成就、经验等），对社会问题了解多少、多深，常常决定了文章内容的深广度。

相关研究显示，在现代社会中，人们头脑中关于"社会图景"的信息，95%以上是通过大众传媒获知的。换句话说，人们通过亲身实践"拼贴"的"社会图景"，还不到5%。大众传媒是观察世界的窗口，制约着我们了解社会的视野。现代社会被称作媒介社会，现代人是媒介化生存，大众传媒如同阳光、空气、水一样成了我们生态环境的一部分。人们自觉不自觉地生活在传媒所编织的巨大网络之中。有人形象地比方，媒介活动是一日三餐之外的"第四餐"。人们接受媒介的时间已超过了花在其他休闲活动上的时间的总和，接触媒介与工作、睡眠一样，是一项最为耗时的活动。更为重要的是，媒介改变了我们的生活，引起了人们生活方式与价值观念的变化。它改变了人们的知识结构，改变了人类观察世界的方法与思想过程，甚至还在很大程度上改变了人的个性或性格。可以说，大众传媒的价值因素和思潮引领，无时无刻不在发生作用。

传媒的作用与日彰显，传媒已成为现代人社会化的一条重要途径，在这样的社会背景下，要提高申论写作能力，必须培养"新闻敏感"。离开了传媒，不清楚"新近发生事实的变化"，申论写作几乎寸步难行。

最简单地说，申论"给定资料"十之八九就是一条一条的新闻（或新闻摘要、新闻集锦），不了解新闻，不懂得新闻传播的基本规律，可能连入门都做不到，更遑论其他。

近年来，每当高考结束后，有关高考作文的话题都成为舆论的热点。热议的内容之一，是"跟着'新闻联播'学写作文"，"新闻联播"成了作文老师。比如2018年"全国卷Ⅰ"的"中国关键词"："一带一路"、大熊猫、广场舞、中华美食、长城、共享单车、京剧、空气污染、美丽乡村、食品安全、高铁、移动支付。要求考生从中选择两三个关键词来呈现你所认识的中国。这些关键词，聚焦现实问题，大多是时事热点。如果关起门来死读书、读死书，是无论如何写不到"点子"上的。

网友说：写好高考作文，想成为栋梁之材，必须多看新闻联播；看新闻联播，写高考作文；押题只服人民网……高考作文相比申论，是天生丽质，文艺范、小清新，讲求诗情画意，有的片面追求"美文"，以致无病呻吟，矫揉造作……尽管如此，仍然强调要接地气，有时代感，"合为时而著""合为事而作"的申论，更要膜拜"新闻联播"这位老师了。

2．熟悉政策法规

申论的给定资料涵盖了政治、经济、法律、教育等诸多方面的内容，题材广泛。这些丰富复杂的背景材料，无论是分析归纳还是解决问题，都离不开政策法规。在开展具体工作时，政策常常是指挥棒；申论写作过程中，政策也常常发挥指挥棒的作用。没有政策这个指挥棒，申论写作就会无"章"可循，无"法"可依，无"计"可施。

具体说来，"政策"有时就是申论要分析、判断、解决的那个问题，是申论写作实实在在的内容，比如2016年国家公务员考试申论试卷（地市级）"给定资料1"便是："某市市政府组织召开了一次专题研讨会，邀请了相关专家及政府部门工作人员，以'好政策'为话题展开讨论。以下是与会人员的发言摘要……"作文主题是"好政策滋养公民理性德性"（"从某种意义上说，好的政策不仅仅是对公民意愿的满足，更是对公民理性乃至德性的滋养"）。其中，"政策"是话题，是"靶子"，是第一重要的关键词，写作的重心就是"好政策"如何（怎样）"滋养""公民理性德性"，政策成了贯穿文章的中心"线索"。

2015年江苏省申论聚焦"惠民政策和百姓民生"，这些政策包括开展重大公共卫生服务、农村产权制度改革、提高退休人员养老金等，而"惠民政策和百姓民生"，其着眼点在二者之间的关系，正如一篇参考范文《让百姓分享政策红利》中所说的，"在有些地方，政策始终'在路上'，服务始终'在嘴上'，实惠也就自然没有真正'落在群众身上'"，因此，如何"让百姓分享政策红利"，就成了思考的焦点。

上述案例，"政策"本身便是内容"实体"，是思考的焦点。"给定资料"中，不带有"政策"字样，但与政策的制定和实施息息相关、密不可分的，更是俯拾即是。宽泛意义上说，任何背景资料，或明显或隐晦，或直接或间接，都会和"政策"有关联。取得工作成果，有成功的经验，原因之一是政策落实得好；一无是处，劳民伤财，未帮忙反倒添了乱，大概和政策执行不到位有关系。所谓"山不转水转"，相关政策就像那座山，只不过，有的时候，那座山被雾霭笼罩着，所看到的是近在眼前的"流水"。如果拨开云雾，溯"流"而上或顺"流"而下，总会发现"青山隐隐"的独特景致，甚至会生发出"相看两不厌""我见青山多妩媚"的感慨。总之，"山"就在那里，"政策"是绕不过去的那道"坎"，它有时是病例标本，有时又是解剖刀。没有政策方面的修养，可能会陷入既不知道"写什么"，也不知道"怎样写"的尴尬境地。

3. 积累社会百科知识

申论的给定资料题材广泛，面广量大，相关要求也不像高考作文那样，螺蛳壳里做道场，强调体验、感悟、哲理和情思。申论是就"某一个或某几个特定的社会问题或社会现象"进行"宏大叙事"，尽管可以"自选角度"，但透过特定角度，展现的仍然是有关"某一个或某几个特定的社会问题或社会现象"的相对宏观的解析。而且是根据客观实际情况，做出评估或权衡，提出解决问题的方案或措施，所以，申论写作更讲求实打实、硬碰硬，更需要"真才实学"，需要丰富的社会百科知识的积累。

几年前，围绕着"旅游日"的设立，国家旅游局委托新浪网进行调查，"3月29日"和"5月19日"这两个与徐霞客有关的日期，遥遥领先于其他选项，但一时间难以定夺。一位旅游专家撰文赞同"5月19日"，他说：

> 有关研究表明，最适于人类活动的气候月均温为15℃—18℃。在该温

度下能使人心情舒畅，精力充沛，即所谓的"康乐气候"……从农时的角度考虑，选江南水稻插秧以后，中原大地麦收以前为宜。综合各种因素，"中国旅游日"的设立当以不误农时、不悖孝道作为立足点，更应充分考虑气候条件对旅游资源的调节作用。在具体时间的选择上，"5月19日"因其特殊的人文意义和合理的气候条件，应该是最佳的选择。

这段话，从气象学、地理学、人文学的角度，非常专业地给出了具体的理由。尽管它不是"申而论之"，但善用百科知识进行多角度解析，却值得申论写作学习。

信息时代，知识的总量在以几何级的速度递增，"知识折旧"的速度也日渐加快。西方白领阶层流行着一个说法："一年不学习，你所拥有的知识就会折旧80%。"知识也有保质期，我们的知识每天都在折旧。十多年前，我们的小学课本上说，长城是唯一能在太空用肉眼看到的人造建筑物。不过，随着更多的宇航员踏入太空，曾经广泛传播的知识被证明是错误的。知识也在不断地衰变，不断地被淘汰，某一领域的知识有一半被淘汰的时间就是这一知识的半衰期。法国巴黎一家医院搜集了50多年内关于肝硬化和肝炎的近500篇文章，组织专家团队评鉴这些成果。结果显示，这一领域的文章发表45年之后，文章中的观点就只剩下50%是正确的了。也就是说，每过45年，就有一半关于肝硬化和肝炎的医学知识被淘汰，这一医学领域的知识的半衰期是45年。

有些知识的半衰期非常短，很快就会变成错误或没用的知识。例如在如何照看小孩方面，每一代人都有着一系列不断变化着的知识或结论；在营养学和养生这一领域，昨天还被津津乐道的生活方式，今天却被证明是对健康有害的。很多医学院都告知学生们，每过5年，他们所学的知识中有一半将变成错误的，而且老师并不知道这一半错误的知识是哪些。

"知识折旧率""知识半衰期"提醒我们，要有一种危机感，要不断学习新知，而且要做到终身学习。善于学习的人，才能更好地适应现实社会日新月异的变化；善于学习的人，才能掌握丰富的社会百科知识，进而具备更为扎实的"分析、判断、解决问题的能力"，为写好申论奠定坚实的基础。

4. 培养问题意识

"问题是时代的声音""问题是时代的口号"。而所谓"问题"，用毛泽东的话来说，"就是事物的矛盾，哪里有没有解决的矛盾，哪里就肯定有问题"。在当下社会转型时期，改革进入"深水区"和"攻坚期"，各种新情况新问题层出不穷，矛盾高发。其中，既有居民收入差距扩大、生态环境恶化的问题，也有贪污腐败屡禁不绝、社会公信力下降的问题，它们无一不对科学发展、和谐发展提出了新挑战。刘云山同志在全国宣传部长会议上强调，要树立问题意识，善于发现问题、提出问题、直面问题、研究问题、回答问题，积极推动问题的解决，集聚推动发展的正能量。这当然是对宣传工作提出的要求，我们认为，申论写作也要培养、强化这种问题意识。因为申论的主要考察目标便是解决问题能力，而要解决问题，先要善于发现问题，尤其是给定资料中那些"隐而不显"的问题。爱因斯坦说过：提出一个问题往往比解决一个问题更重要，解决一个问题也许仅是实践的技能而已，提出新问题却需要创造性的想象力。在申论写作实践中，提出问题和分析问题、解决问题是一脉相承、密不可分的。提出问题是射箭的"靶子"，是万里长征迈出的第一步，没有问题，就好像没有要完成的"瓷器活"，再好的"金刚钻"也派不上用场。

上文我们曾经提到，要培养、强化这种问题意识，尤其要善于发现给定资料中那些"隐而不显"的问题。给定资料中的"问题"，是分不同层面的：从范围上说，有全国性的，有地方性的。从内容上说，有政治、经济、文化、教育、科技等方面的。从表现形式上说，又可以分成显性的、隐性的。显性的，是"秃子头顶上的虱子——明摆着"，比如环境问题、"三"农问题、老百姓看病难看病贵问题，它们长期存在，并且具有一定的普遍性。显性问题的发现并不难，即便不具备问题意识，也能意识到这是"问题"，是生活中困扰人们的"矛盾"。难的是隐性问题的发现，它们可能"隐身"在成绩、经验的背后，和考生"躲猫猫"。也就是说，给定资料不一定是透明的、一览无余的，而是正相反，成绩当中有问题，问题当中有生机。给定资料采用"障眼法"，人为设置了发现的障碍，需要考生披沙拣金、拨云见日……如果在成败得失、荣辱毁誉当中只看到了"成""得""荣""誉"，而看不到各自的另外一个侧面，就可能出现以偏概全的错误。

培养、强化问题意识，也是为了提升临场作文时的写作状态，做到有感而发。许多考生反映，临场作文时，不是"写"作文，而是"挤"作文，明明无话可说，为了完成任务，非要硬着头皮去凑字数，"为赋新词强说愁"。出现这种"挤"作文的问题，原因是多方面的，其中重要原因之一是欠缺"问题意识"，没有找到写文章的"感觉"，没有"灵感"。说白了，申论就是对相关问题（当然也包括成绩和经验），你怎么看、怎么办。而关于怎么看、怎么办，哪怕是对初通文墨的人，都不是"难于上青天"的事情。无话可说，除了无"章"可循（不懂得章法，不懂得文章做法），更主要的原因是"问题"没有拎出来，没有"靶子"，被给定资料的汪洋大海给淹没了。有了明确的问题意识，才会有方向感，有表达的冲动，甚至是如鲠在喉，不吐不快。

"诗外功夫"的修炼

上文中我们提到,要提高申论写作能力,必须培养"新闻敏感",了解、熟悉新闻传播的基本规律。因为申论的给定资料十之八九就是一条一条的新闻(或新闻摘要、新闻集锦),不了解新闻,不懂得新闻传播的基本规律,申论写作几乎是寸步难行。

1. 了解什么是新闻

有关新闻的定义有一百多种,众说纷纭。美国一位学者不无夸张地说:"有一个记者就有一条新闻定义。"在众说纷纭的定义中,比较有代表性的是"新闻是新近发生事实的报道",这是我国流传最广、影响最深远的定义,是陆定一对新闻的解释。它着力强调的是新闻的"新",新闻不是历史,不是陈芝麻烂谷子,它是新近发生、正在发生的事实的报道。有人说,新闻和历史的区别正在于时间性:新闻是明天的历史,历史是昨天的新闻。

关于什么是新闻的另一种代表性说法:"新闻就是广大群众欲知、应知、未知的重要事实。"这是我国著名记者范长江对新闻的解释。与第一种定义强调"新"相比,它突出了"重要性",突出了新闻与读者的关切度。简单说来,新闻的确是新近发生事实的报道,但新近发生的事实并非都值得报道,都是新闻。生活中,新近发生的事实车载斗量、多如牛毛,它们不可能悉数登上新闻的"大雅之堂",新近发生的事实中,群众欲知、应知、未知的重要事实才是新闻。具体说来,欲知表明感兴趣,应知是"重要",关系到人们的切身利益,未知是说"新"。反过来说,就是不想知道的、不该知道的、已经知道的,不是新闻。也可以说,你原先不知道的、你知道以后对你有作用的、你又感兴趣的,就是新闻。

"狗咬人不是新闻,人咬狗才是新闻。"这是一个不成文的解释,是19世纪70年代美国《纽约太阳报》编辑部主任博加特所讲的一句话,也是关于什么是新闻的一个非常流行的说法。这个解释,强调的是反常和变异。新闻是有别于常态的异态,是脱轨而出的信息。对什么是新闻的最高度概括,就是不同寻常。美国一位新闻学者曾说,"传媒的责任不是报道当天所有的飞机都安全降落,而是指出是否有飞机没有安全降落"。所有飞机都安全降落不是新闻,有的飞机没有安全降落就是新闻了。因为飞机未安全降落,是有别于常态的异态,是脱轨而出的信息。

清楚什么是新闻,最直接的好处是提高阅读理解给定资料的效率。新闻这个体裁,是给定资料的"外包装",是给定资料大的具体存在样式。要深入领会给定资料的意义,离不开对什么是新闻的理解。比如上文提到的,它是新近发生事实的报道；是广大群众欲知、应知、未知的重要事实；狗咬人不是新闻，人咬狗才是新闻。它们从不同角度回答了新闻是什么的问题，有助于我们按图索骥，明确给定资料的逻辑线、大方向。比如对照什么是新闻的解释，陈芝麻烂谷子不是新闻，鸡毛蒜皮的琐事不是新闻（与人们的切身利益没有什么关联），常态的、按部就班的、天经地义的不是新闻或新闻价值不高。新闻要"新"，要有重要性，有反常性……带着这样的"新闻眼光"审视给定资料，才会有更多、更深的发现。

报纸上有一篇新闻，标题是《惠山营造"干多干少不一样、干好干坏不一样"竞争环境（引）以干部的辛苦指数提升人民幸福指数（主）》，看了这样的标题，我们大体上就能明白新闻的主要内容了。假定它被组合到给定资料中，是其中的一则具体材料，应该如何领会其"精神实质"？我们的看法是：它固然反映了相关单位、部门的作为，但更值得关注的是干部作风建设要向高标准看齐。

这是因为，"干多干少不一样、干好干坏不一样"，是机关工作作风的底线，也是一般性的社会常识。我们的干部就应该"干多干少不一样、干好干坏不一样"。不光干部，老百姓的工作也概莫如此，常用的"德能勤绩"的考评指标，就含有"干多干少不一样、干好干坏不一样"的意思。现在居然成了稀奇事，成了新闻，成了"致力营造的竞争环境"，这表明，先前的机关工作作风该是怎样的慵懒、不作为。

作风建设，不能以"当和尚也不撞钟"作为参照系。参照的标准太低，凸显的"干部辛苦"就变得滑稽可笑了。

指望这些努力向常识（"干多干少不一样、干好干坏不一样"）看齐的干部，老百姓的幸福指数，能有多大程度的提升？

提炼出"干部作风建设要向高标准看齐"，是一种颠覆性的解读。原消息属于正面报道、成绩报道、经验报道，因为"独具慧眼"，发现了成绩背后的问题，因此才有望见人所未见。

那么，究竟是怎样的思维脉络，渐次展开，以至发现成绩背后的问题？简要梳理，大致脉络是这样的：

新闻是稀奇事；
"干多干少不一样、干好干坏不一样"，平常，不稀奇；
在某些单位、部门居然成了努力营造的"竞争环境"……
这表明：现在还远未做到"干多干少不一样、干好干坏不一样"；
即便真正做到了，营造了"竞争环境"，也不过等同于老百姓的日常水平；

合乎一般的考评标准；

这样的干部不"辛苦"，或者说，这也叫辛苦的话，表明先前太悠闲了；

干部这样的"辛苦"，老百姓的幸福指数高不到哪里去；

所以，"干部作风建设要向高标准看齐"。

一句话：所标榜的"稀奇事"，原本是天经地义的、本该如此的；所夸耀的"资本"太普通了，太缺少含金量了，或者说，努力达到的"天花板"其实是"底线"，是"及格线"，就好像厨师要下灶做菜，司机要开车上路，没什么好称道的。能够进行"颠覆性解读"，这固然需要问题意识、批判性思维，但有关什么是新闻、新闻是脱轨而出的信息等认识，同样不可或缺，甚至还发挥着"路标"的作用，尤其是在刚刚展开思路的时候，直接决定着思路的基本走向。

如果不了解"狗咬人不是新闻，人咬狗才是新闻"，不清楚新闻是有别于常态的异态，看了上面那篇"正能量"报道，难免会本能地"顺杆往上爬"，跟着唱赞美歌，大谈特谈作风建设取得的新成果。当然，高唱赞美歌，也不是跑题，只是太表面化了，太一般化了，不够独到。

这是我们透过一则具体事例来印证"知之（新闻）愈深，论之愈切"的道理。另外需要说明的，"颠覆性解读"只是解读的方式之一，不能以不变应万变。但不管是哪一种解读，先要知道什么是新闻，这是最基本的。

2. 学会用事实说话

用事实说话是新闻报道的基本原则。用事实说话是作者把要表达的思想观点蕴含在事实的叙述之中，以事明理，发表"无形的意见"。比如有关神九航天员后勤保障的报道，提到航天员的饮食，说餐桌上的每一道菜都经过千挑万选：

> 牲畜都是散养，吃的是天然野草；鸭蛋来自纯天然野生鸭子；鱼类不投放任何饲料，鱼种完全是自然生长；专供奶牛需隔离休养一个月，以便把体内药物成分充分排掉；专供猪肉，仔猪是基地自己繁殖，喂猪的玉米和麸皮也是自己种植生产，挑选的待宰猪要观察精神状态（也就是说，如果正好赶上这头猪这两天闹情绪，还不能宰杀它），从吃食、四肢力度、皮肤色泽等方面进行综合考量；为确保零污染，养殖基地禁止任何陌生人进入。

上面这段话，信息量非常大。不光涉及牲畜饲养，还涉及整条食物链，是全方位、多环节的零污染。在表达上，是一句话陈述一个事实，没有任何铺陈和渲染，比如它不用"为了什么什么""根据什么什么""严格把关""层层筛选""高度负责""认真落实""精益求精"这样的句式和词语，而是直陈其事，用事实去说话，毫不拖泥带水，使文章显得扎实、饱满、明快。

这就是一种"无形的意见"，它不是"有形的意见"，不是赤裸裸的意见表达。如果通篇至尾，大而化之地"高度重视""认真落实"……就是空话，或者说是用概念说话，而不是用事实说话。

只陈述事实，让事实"说话"，作者始终隐身幕后，不"指手画脚"，所说的"话"都蕴含在事实的叙述之中，这是用事实说话的最高境界。在申论给定资料中，这种纯粹的用事实说话，也不少见，但更多的是一边陈述事实，一边"说话"。这或许是命题老师想适当降低阅读理解的难度，因为公务员考试，尽管报名的门槛高，但考生的专业背景差别很大，阅读理解能力、写作能力，不在同一个层次上。

我们以2016年江苏省公务员考试中的一则给定资料为例，看看是怎样一边陈述事实，一边"说话"的：

> 尊老的孝行吸引邻里仿效，老人的善举更让社会动容。2016年2月14日，中国年度精神史诗——"感动中国"年度人物颁奖盛典在央视播出，第一个出场的是江苏省南通市家喻户晓的磨刀老人——吴锦泉。88岁高龄的吴老退休后操起了磨刀旧手艺，一干就是26年。起初每磨一把收几毛钱，现在也不过三四块钱，吴老没有其他收入来源，每天仅能赚几十元。他个人生活十分俭朴，自己种菜，几乎没买过新衣服，每个月的生活费不超过300元，省吃俭用积攒下来的微薄收入，吴老统统捐了出去。孤残儿童需要帮助，他就把1000元政府慰问金和316元磨刀收入捐给了红十字会；玉树地震第二天，他捐出1000元；舟曲泥石流，老人又捐出一大堆硬币；慈善博物馆筹建，他捐款3000元；雅安地震，他又将两大罐硬币捐给了灾区，近2000元。哪里有困难，哪里总能看到吴老匆匆的脚步。近年来，吴老共向灾区、孤残儿童、贫困家庭捐款达4万多元。4万多元对大慈善家来说，也许微不足道，但对于靠磨刀为生的老人来说，几乎是倾其所有。老人的善举，一次又一次感动着社会，指引着无数胸怀善意的爱心人士。有吴老为榜样，老人所在的五星村成立了"锦泉一元爱心社"，吴老带头捐款3000元，他的儿子紧紧跟上，一些普通村民纷纷加入爱心捐献

中来。目前爱心社救助资金达到5万多元，已救助39人次，向伤残、重症、贫困家庭发放救助款1.4万余元。"更多的人不一定像吴老一样去捐款，但可以在自己的工作中做贡献，他给村里带来一种精神，可以感染每一个家。"五星村党支部书记说。

这是材料1中的一段话。我们把"说话"的句子摘录出来：

"'尊老的孝行吸引邻里仿效，老人的善举更让社会动容。''哪里有困难，哪里总能看到吴老匆匆的脚步。''4万多元对大慈善家来说，也许微不足道，但对于靠磨刀为生的老人来说，几乎是倾其所有。老人的善举，一次又一次感动着社会，指引着无数胸怀善意的爱心人士。''更多的人不一定像吴老一样去捐款，但可以在自己的工作中做贡献，他给村里带来一种精神，可以感染每一个家。'五星村党支部书记说。"

我们仅以第一句话为例，它既是承上启下，也是在"说话"，其中的"孝行""善举""仿效""动容"等词语，都在鲜明地表达"观点"，表达态度和倾向。据统计，这些"说话"的文字有179个字，整个片段609个字，占比29.39%，差不多占三分之一的比例。

这些"说话"的文字，明显有别于那些只是陈述事实的语句。它们一个是在"摆事实"，一个是在"讲道理"，仿佛是"血肉"和"骨骼"之间的关系，"画龙"和"点睛"之间的关系。"讲道理"即"说话"的语句，好像是在"破题""指引"着构思行文的大方向，因此在很大程度上降低了考生阅读理解的难度。

我们强调"学会用事实说话"，其主要含义包括：谙熟新闻用事实说话的技法，善于破解、破译给定资料的蕴涵。资料中的"说话"内容，就像"路标"，像GPS，它能引导我们更加顺利地走出迷途；另外一层意思是，我们依据给定资料，最终所写成的议论文，它本身也是一个"摆事实""讲道理"的过程，其中"摆事实"是"讲道理"的前提和基础。没有事实，所谓的道理，就成了无源之水、无本之木；"讲道理"是对事实的升华，没有讲道理，事实可能只是散乱材料的堆砌。

给定资料中的"说话"，能降低阅读理解的难度系数，让我们更快捷高效地领会、把握材料的内涵，但这样说不是让我们不假思索、放弃思索。如果给定资料中的"事实"和"说话"不协调、不统一，即有三分事实，说八分话、九分话，我们要善于发现其破绽，或者说，这可能正是我们做文章最有利的突破口和"生长点"。比如《钱桥中学引导学生亲近民俗文化、弘扬民族精神（引）记得住乡愁（主）》，这是报纸上的一篇新闻。其中的"引导学生亲近民俗"是陈述事实,"弘扬民族精神"是在"说话","记得住乡愁"既在陈述事实,也在"说话",若明若暗。仔细辨析,我们会发现,"引导学生亲近民俗""记得住乡愁",已经表意完整、清晰,就是该说的都说了(比如标题拟制为《引导学生亲近民俗、记得住乡愁》,这在表达上一点也没有歧义);"弘扬民族精神"好像是半路杀出了程咬金,这是因为亲近了不一定就是弘扬了,弘扬了的也不一定是标题中所强调的那个民族精神,让一群中学生通过参观民俗景观弘扬民族精神,也不太靠谱,因此给人以说大话、漂亮话的感觉。这其实也是当今不良文风的一种表现。如果将这样的材料组合在给定资料中,我们完全可以在"陈述事实"和"说话"的夹缝中求生存,即抓住事实和"说话"之间的裂隙,提出务实求真的观点,而不一定跟着唱高调。

总之,用事实说话贯穿给定资料的始终。考生的大作文写作,也离不开用事实说话。用事实说话既涉及思想,也涉及表达,还与材料的储备有关系,是一项需要长期修炼的能力。

3. 善于"词化"传播

"词化"传播是以单词或词化短语指称某一社会事件或现象的传播样式。换言之,它是采用缩略语,以浓缩、"打包"的方式,进行高效率的传播。在新闻传播中,这种"词化"传播的现象非常多见。它是"人人都有麦克风"时代,海量信息与注意力稀缺之间的博弈,是信息过载时代,媒体为保障最大限度的信息供给,实现信息最大到达率的一种必然选择。有人曾高度概括,"我们似乎已经迎来并生活在一个新闻不断被'词化'传播的时代"。

有学者对新闻"词化"的主要类型进行了概括,包括:

摘取事件相关人只言片语。典型的例子有"很黄很暴力""打酱油""我爸是李刚""躲猫猫""俯卧撑"等,所摘取的事件相关人的只言片语,成了某一事件或某种态度的标志性表达。

延用已有构词方式。套用已有构词格式创造一个新词语,如局长"手表门"、苏州"秋裤门"……类似的表达还有"被××""××哥""××姐""天价××""最美××"等。

改造艺术作品名称。《中国式离婚》热播后,"中国式××"的表达,也是忽如一夜春风来,一时间成为媒体上的高频用语,比如"中国式过马路""中国式讨薪""中国式相亲"等。另外像《舌尖上的中国》《江南STYLE》《私人订制》等出现后,都曾经引发改造热。

生成新鲜语汇。伴随北京等多个城市持续的雾霾天气,"北京咳"这一词语成为描述国内环境污染和雾霾天气的指代用语，"北京咳"就是现实环境所生成的新鲜语汇。还有像"火箭提拔""萝卜招聘"等，也较为密集地被媒体和公众所使用，表达了公众对官员选拔程序的质疑，对相关单位招聘公正性的质疑。

网络文体。这里指的是狭义的网络文体，即借助于某一流行元素，创造并流行于网络的一种新的书写形式，具备一定的词化特征。近年来流行的"凡客体""咆哮体""淘宝体""元芳体""且行体"，都曾引发不同程度的造句热潮。

"词化"传播顺应了信息化时代，人们碎片化、"小屏化"接收信息的需求，它是性价比最高的一种新闻传播和言论表达方式，最大限度地发挥了词语实时记录社会生活的功能，很多热词成了时代社会发展变化的晴雨表。

现实生活中，新闻正不断地被"词化"传播。在我们写作此书稿时，就见到许多"词化"传播的案例，比如前文所说的"'彗星式'调研"。这是2017年7月16日新华社记者在一篇文章中提到的现象。用一位乡镇干部的说法：省里下来个分管副厅长调研，市里要安排副市长陪，副市长叫上副局长，副局长又拉上业务科长。到了县里，再加上县委书记、县长、副书记、分管副县长……一进村，人连成一串、车排成一队，从头到尾望过去，可不就像拖着一个长长尾巴的彗星？这就是记者在采访中发现的一些干部的"彗星式"调研。文章指出："彗星式"调研的出现有接待陋习作怪，更是干部底气不足、作风不严的表现。这些干部吃不透中央精神，不了解基层情况，面对基层问题既下不去手，也开不了口，就想拉熟悉情况的下级"壮胆"，没想到下级也要"壮胆"，这样一层层"壮"下来，"胆"有了，却生出长长的"怪尾巴"。"彗星式"调研是典型的形式主义，为人民群众所诟病。从根源上斩断"彗星"尾巴，领导干部必须练好调研的基本功。

调查研究是我们党的传家宝，是领导干部的基本功。调查研究中的问题、根源和危害也是各式各样。"'彗星式'调研"以"大尾巴"而得名，用"词化"传播的方式写气图貌，言语简化，内涵却相当丰富。可以想见，这样讽喻性的、符号性的简化传播，一定能不胫而走，引起警戒，收到预期的传播效果。

新闻本身的这种"词化"传播，要求我们在借助大众传媒这个窗口观察世界时，也要"与时俱进"，善加提炼和概括，也就是有意识地对相关报道进行二度加工，用"词化"的形式，予以归纳和总结。再换句话说，就是将媒体报道的热点事件或社会现象，浓缩为一个个关键词、短语，以"标签化"的语言呈现。这是在海量信息与注意力稀缺的矛盾中，努力寻求的高效积累和高效表达。打个比方，它们就像电脑文件夹中的标题，检索时，只需输入关键词，顺蔓摸瓜，就一定会连带出相当丰富的内容。这其实也是善于学习的一种表现，学习要有学习力。学习力的表现之一即化繁为简，举一反三。"词化"传播，"词化"记忆，正是化繁为简、举一反三的具体方法。

结合考生作文情况，"词化"传播有着更为广阔的用武之地。据知情者透露，一些考生分数特别惨淡的原因之一，是不善于"词化"传播，"拎不清"。比如作文中提到铁杵磨成针，它原本是说理的论据，点到为止，或者说"铁杵磨成针"这五个字就已经充分说明问题了。但有的人却刹不住车，绘声绘色地讲故事：

> 唐代大诗人李白，小的时候很贪玩，不爱学习。有一天，李白没去上学，跑到一条小河边去玩。忽然他看见一位白发苍苍的老婆婆蹲在小河边的一块磨石旁，一下一下地磨着一根铁棍。李白好奇地来到老婆婆身边："老婆婆，您在干什么？""我在磨针。"老婆婆没有抬头，一边磨一边回答。"磨针！用这么粗的铁棍磨成细细的绣花针，这什么时候能磨成啊！"李白脱口而出。而老婆婆这时抬起头，停下手，亲切地对李白说："孩子，铁棒虽粗，可挡不住我天天磨，滴水能穿石，难道铁棒就不能磨成针吗？"李白听了老婆婆的话，很受感动，心想："是呀，做事只要有恒心，不怕困难，天天坚持做，什么事都能做好。读书不也是一样吗？"

上段话，将近300字，有人物、有情节、有故事，场景、细节、对话方面的描述不厌其烦，仿佛试图在"证实""铁杵磨成针"，实际上，"铁杵磨成针"作为人类的一个认识成果，已经上升到"经验"的高度，成了共通的"知识"，它是我们认识新问题的工具，而不是从头再去论证的目标。考生的写法，相当于"脚踩西瓜皮，滑到哪里是哪里"。如果转念一想，这些考生考取了公务员，在相关的工作岗位上处理某项事务，解决某种纠纷，其"贯彻执行能力"一定是大打折扣。一般的阅读心理，是见了"铁杵磨成针"之后，急切地想知道所要论证的那个核心观点。它是"过河拆桥"中的那座桥，彼岸才是要抵达的目的地。讲故事的写法，相当于只在桥上"看风景"，流连忘返，而忘记了此行的出发点和目的。从某种意义上说，它还不如信马由缰——信马由缰的话，还可能被"识途"的"老马"引领到芳草鲜美、落英缤纷的桃花源，这种写法是背道而驰，离目的地是渐行渐远。

究其根由，我们认为：不善于"词化"传播是主因。而不善于"词化"传播的背后，是文体感的缺失，是表达效率的缺失，也就是说，它看着是小问题、局部的问题、表层的问题，实则是大问题、全局的问题、深层次的问题。另外一个原因是没什么可写的，无米下锅，"死活凑不够800字（1000字）"，于是以讲故事的方式敷衍。毫不夸张地说，即便"死活凑不够800字（1000字）"，也不要这样原地打圈，没完没了地讲故事。因为篇幅少于规定的字数，所扣除的分数是有限的，如果结构完整，扣除的分数更是可以忽略不计。但如果像上述"铁杵磨成针"那样开故事会，分数常常就是"腰斩"了。

基于新闻"词化"传播的客观性，以及考生作文也要追求表达效率的主观因素，我们提出要学会"词化"传播。"词化"传播有望能收到事半功倍的传播效果。

4．训练新闻述评

了解什么是新闻，学会用事实说话，善于"词化"传播还远远不够，从某种意义上说，它们主要是"藉人之功夫"（清人唐彪说："多读乃藉人之功夫，多做乃切实求己功夫，其益相去远也。"），多写才是"切实求己功夫"。

关于多写，一般人首先想到的是多写"大作文"，即申论中最为华彩的乐章。这种直奔终极目标的想法、做法，并非全无益处。比如它有益于做好"顶层设计"，有益于宏观布局，但不足之处也相当明显：会忽略"扎实的基础性工作"，另外也不合乎量变的渐进性原理。我们的经验体会是，集腋成裘、聚沙成塔，先确立一个"小目标"，从小处落笔，再扩展成"鸿篇巨制"。也就是不要急于求成，不能贪大求全，要由简到繁、由点到面地去积累、提高。

亨利·福特曾说：只要把事情拆分成一个小任务，就没有什么是特别难办的。福特汽车的流水线生产，本质上就是把复杂的汽车制造工艺拆成一个个小任务。汽车制造是个复杂问题，但拆成一道道工序，没有专业技能的人也可胜任。

写作也是一个复杂的问题。但如果把给定资料拆分开，把作文内容拆分开，进行"重组"，它们不外乎一则一则的具体材料（或称一个一个具体案例）、一个层次（段落）一个层次（段落）间的起承转合，叙事、说理。我们如果善于单兵作战，各个击破，不断进行分解训练，那么千里之外的"终极目标"，也会在"跬步"当中渐渐抵达。

分解训练或称单项训练，是有别于综合性训练的一种作文训练方式。根据学员的实际情况和作文能力诸项指标，训练的内容、形式和具体诉求，也会有差别。我们认为，在诸多可供选取的训练内容和方式中，新闻述评写作训练是最佳的路径、最高效的方式。

新闻述评，顾名思义，是对新闻的"叙述"和"评论"，它不是一种严格意义上的写作体裁，是新闻传播中对相关事件的综述，常见的是"一周综述"。其最大特点是对近期发生的那些海量的随机性事件，进行整合、梳理，找出头绪，理出诸多新闻事件之间的关系，"连缀"成篇。也可以理解为是对新闻事件的盘点，但不是面面俱到，条分缕析，而是提炼出一个主题，用这个主题统摄那些各自独立的新闻事件，进而创设一定的意义空间。

我们以近期的热点事件为例，直观体验什么是新闻述评：

洛阳跳广场舞的大叔大妈与年轻人争夺篮球场，大打出手；

"郑州大妈烈士陵园旁边跳广场舞"引网友热议；

临沂市以大叔大妈为主的"晨练团"在机动车道上"暴走"，被一出租车冲撞，一死两伤。

上述案例是前不久发生的影响全国的事件。它们原本是随机性出现的，在时空上相隔一定的距离。但是它们又有共性，即老年人、健身、冲突。"老年人""健身""冲突"是其中的关键词，或者说，如果能够高屋建瓴，拎出这几个关键词，那么原本"相距甚远"的几件事，就有了相关性，就生成了更深广的意义，这便是对相关热点事件的"综述"。"综述"也就是概括，是对那些散乱的原始事件的梳理，让它们"各就各位"。或者说，像做数学应用题一样，合并同类项。合并同类项之后，再思考其成因、影响等。

再回到老年人、健身、冲突问题上来，在"综述"之后，需要进一步探究的问题是：老年人健身，这本该正常不过的事情，为什么就起了冲突呢？顺着这个思路去"评论"，我们会透过这组新闻事件发现另外一个侧面：

群众健身的硬件条件先天不足。我国平均每万人拥有体育场地12.45个，人均体育场地面积1.46平方米。曾经夺得群众体育"国家'金牌'"的无锡，人均体育场地面积也不过2.51平方米。而在美国相应数值为16平方米，日本为19平方米。

软件上的管理、维护不到位。比如健身器材"缺胳膊少腿"，健身路径长满荒草，体育场年久失修变成菜地等。在有些地方，还面临着"'健身路径'有人建没人管"的窘境。近几年，有关"健身路径"成为"伤人凶器"的报道时有耳闻，日常维护和管理成为"老大难"问题。

相关资料显示，截至2016年年底，我国60周岁以上的老年人已达2.22亿，成为世界上老龄人口最多的国家。到2050年，我国60岁以上老年人口将增加到4.8亿，占全球老年人口的四分之一。

日前，广州老年大学与老年干部大学招新生，计划招收5000个名额，不到1小时即报名额满。老年人已不是简单地满足于老有所养，更追求老有所为。

面对提前到来的老年社会,如何加强社会治理,为银发族创造一个更为广阔的"生活空间",考验着政府的智慧。

这延展开来的"评论"的内容,试图在解析老年人、健身、冲突背后的深层原因。具体包括:硬件、软件方面的不足;老年人口数量的激增;老年人"不甘寂寞",追求老有所为;政府职能部门面临着考验。如果说"综述"的三个问题是冰山的一角,那么这评论和解析则是海平面以下冰山的山腰和山基,是另外一个世界,是更为广阔的意义空间。能够达到这别有洞天的新境界,展现更丰富的意义,首先得益于对热点事件的挖掘,其次依赖于日常的积累(与该话题相关的材料,能够信手拈来),再次是表达上的举重若轻。因为我们这里偏重于介绍新闻述评的写法,所以只就表达上的举重若轻作简要的说明。

上述"评论",在表达上,明显有别于一般说理文章的一个特点是"以事明理",也应了前面提到的用事实说话的方法。它不是长篇大论,而是"根据事实'评论'事实"。马克思曾说新闻要"根据事实描写事实",不能"根据希望描写事实"。套用这句话,新闻述评中的"评",也要突出事实,即"根据事实'评论'事实"。以老年人、健身、冲突的"评论"为例,我们发现,五个段落中,前四个段落都是在援引"旧闻",都是在"增补"信息,是在"旧闻"的组合中,"不言自明"地显现、印证相关事理。只有第五个段落"卒章显志",表达"观点"。

经常进行这样的训练,有什么好处呢?或者说为什么不是直奔申论,而是曲线救国?回答:它是大作文的零部件、有机组成部分,若干篇这样的新闻述评融会贯通,就能呈现大作文的格局和面貌,这是一种"量"上的积累;写法套路上,它与"依据给定资料又不限于给定资料"的大作文高度神似:对热点事件进行梳理,概括其相关性,再提炼关键词、主题词,它们的写作"套路"如出一辙。另外,它有助于积累素材。按部就班地演练那些有代表性的"真题",固然有其不可替代的作用,但所进行的训练,相当于炒一盘"回锅肉"。炮火连天的战场上,炮坑里更安全,因为下一发炮弹恰好落在刚刚爆炸的炮坑里的概率极低。就像下一发炮弹几乎不可能落在刚刚爆炸的炮坑里,下一次考试也不可能重复曾经使用过的资料。训练新闻述评,可以常写常新,而且在写作训练中,可以囤积大量素材。

需要说明的,功力不同或时间精力难以保证,新闻述评的深广度也可以不一样。还是用上述案例说明问题,在"综述"热点事件基础上,"评论"可长可短,灵活自如。具体说来,"综述"可以随意地和"评论"的某个或某几个段落组合,都不影响意思的表达,区别只在于深广度上的差异。比如:

洛阳跳广场舞的大叔大妈与年轻人争夺篮球场，大打出手；"郑州大妈烈士陵园旁边跳广场舞"引网友热议；临沂市以大叔大妈为主的"晨练团"在机动车道上"暴走"，被一出租车冲撞，一死两伤。

　　面对提前到来的老年社会，如何加强社会治理，为银发族创造一个更为广阔的"生活空间"，考验着政府的智慧。

这是"综述"和前面"评论5"（第5个段落）的组合。没有延展，直接"扣题"。

　　洛阳跳广场舞的大叔大妈与年轻人争夺篮球场，大打出手；"郑州大妈烈士陵园旁边跳广场舞"引网友热议；临沂市以大叔大妈为主的"晨练团"在机动车道上"暴走"，被一出租车冲撞，一死两伤。

　　日前，广州老年大学与老年干部大学招新生，计划招收5000个名额，不到1小时即报名额满。老年人生活已不是简单的满足于老有所养，更追求老有所为。

这是"综述"和"评论4"的组合。它们看似跨界最远，最不搭，但实际上，因为跨界远、不搭，材料间形成了巨大的"张力"，仍然可以摇曳生姿。

其他组合方式，包括"综述"和"评论1""评论2"、"综述"和"评论2""评论3"的组合等，都能收到异曲同工之妙。其他组合方式不再详细列举。总之，它丰俭由人，方便易行。

5. 研读相关政策

我们在"诗外功夫的内涵"中，曾提到要熟悉政策法规。因为面对丰富复杂的给定资料，无论是分析归纳还是解决问题，都离不开政策法规。政策法规是开展具体工作的指挥棒，也是申论写作的"压舱石""定盘星"（这里是借用一些考生申论中的惯用语）。研读、熟悉相关政策、法规，下笔行文才会有分寸感，更好地"明断是非"。

2015年12月8日，一辆救护车在通过成都市限高1.8米的九眼桥下的辅路时，被卡在了桥下，整个车顶被削平。不管司机猛轰油门还是给轮胎放气，被卡死的救护车就是出不来，僵持了足足一个小时。最后，一位过路的货车司机伸出援手，用绳子系住车身，两辆车同时发力，救护车才被"解救"出来。这是生活中的一起突发事件。在这起事件中，是车之过还是桥之过？一篇习作认为："此次事故将九眼桥的设计弊端暴露无遗，显然应该由桥梁设计单位负责更为合理。"做此"明断"

的主要依据是我国《城市道路工程设计规范 CJJ37－2012》和《国家公路工程技术标准》，按照行业标准，城市公路桥涵最低限高为3.2米，远在1.8米之上。这是一个利用现成的政策法规"断案"的典型例证。"车刮桥，是车之过还是桥之过？"如果没有权威的依据，是"清官"也无法判别的。

　　上述事例属于偶发的个案，有些问题，面广量大，带有普遍性。要"明断"带有普遍性问题的是非，做到有"章"可循，有"法"可依，有"计"可施，更离不开相关的政策法规。例如在相当长的时期里，基层社区忙于开证明、做台账。据新华社消息：一社区居委会要开具100多项证明，其中不乏"证明你家有多少钱""证明残币不是自己破坏的""证明你没犯过罪"……还包括"做人流手术——证明是自愿的""开出租——证明三年没有重大交通事故""居民在家注册开网店——证明不扰民""单位录取新人——证明人格""医药报销——证明自己扭伤脚脖子"，居委会成了"万能居委会"。另外，在南京某社区，一位基层负责人反映，上面考核，一看牌子挂了多少块，二看台账做了多少本，结果导致社区耗费大量精力做台账，有的社区台账上半年做了30多本，写了1万多页。

　　上述现象，是成绩、经验，还是问题、教训？不排除一些人看到的是基层工作人员"5+2""白+黑"，践行群众路线，打通最后一公里……实际上，2018年6月13日民政部举行专题新闻发布会，介绍《中共中央国务院关于加强和完善城乡社区治理的意见》有关情况。民政部相关负责人说，社区组织行政负担日益加重，"万能居委会""社区万能章"问题凸显，社区工作者难以将主要精力用于服务居民群众，严重制约了社区自治和服务功能发挥，一定程度上影响了党群干群关系，社区工作要减负增效，要规范社区考核评比活动，清理社区工作机构和牌子，精简社区会议和台账，严格社区印章管理使用，整合社区信息网络，增强社区服务能力。

　　这就是政策的"一锤定音"，如果说具体的工作实践是乱云飞渡，政策就是拨云见日。在现实生活中，有些现象矛盾丛生，纷繁复杂，成绩经验和问题教训常常纠缠在一起，剪不断理还乱。比如消防队员出警，除了救火，有时候是帮人捅马蜂窝、取钥匙、爬树救猫……仅以捅马蜂窝为例，相关数据显示，在9个月的时间里，杭州消防出警1371次，广州消防出警1722次，119报警电话一度成了"马蜂窝热线"，而且每次出警至少一辆消防车，五六名消防员。怎样看捅马蜂窝这件事？是便民服务还是浪费警力？或者是利弊得失兼而有之？这好像是在"定性"，定性出了问题，在构思行文上就会犯南辕北辙的错误。比如透过捅马蜂窝这件事，看到的都是成绩经验，大谈特谈群众利益无小事，急群众之所急、想群众之所想，平均一天捅了六七次马蜂窝……就会太片面。

要提高申论写作水平，必须加强政策法规方面的修养。学习政策法规，从实用的角度讲，大可不必从理论到理论、从政策到政策，可以由实到虚、由感性到理性。也就是由解决问题入手，活学活用相关政策。我们以"公交出行"这个话题为例，直观"演示"如何由实到虚、由感性到理性，活学活用相关政策（而不是从理论到理论，死记硬背相关政策）。

报载，南宁市在实施城市交通畅通工程过程中，制定、实施"五大政策"提高公交出行率：优化公交线网、加强公交场站建设、加大公交车辆更新力度、加快公交候车亭建设和对公交行业进行服务质量考评。

济南实行城市公共交通低票价政策，提高公交出行分担率。

天津市65岁以上老人免费乘公交政策实行首日，30余万天津老人公交出行。

深圳为了加快地面常规公交发展，将建设完善公交专用网，构建"轨道公交"快速通勤网络，保障绝大部分通勤交通高效率出行。开行定制班车、定制公交，大力推进公交车电动化，丰富公共交通服务品种，满足市民多元化、个性化的出行需要，推动"大公交"体系完善。

泰安市公交公司在全省率先推出公交一小时免费换乘政策。

宁波公交推行一系列公交惠民政策：率先实施"常规公交一小时换乘优惠"。针对不同人群发放各类优惠卡：普惠卡乘公交享受六折、地铁九五折优惠；学生卡可享受乘坐公交三折、地铁五折优惠；并实现了残疾人公共交通出行免费全覆盖。

包头市公交运输集团大力推进公交智能化项目建设，微信查询、手机刷卡、GPS智能调度、3G视频监控，公交智能系统的建立，让公交驶上"智慧"快车道。

《南京市2017年城市管理工作实施意见》规定：今年将试点部分路边停车自助缴费系统和公交系统联网，即路边停车换乘公交将有优惠价，以鼓励市民停车改用公交出行。

另据报道，上海和厦门双双位列"公交都市"排行榜首，领先国内其他主要城市，成为最适宜公交出行的城市。据了解，该排行综合了城市站点覆盖率、城市出行成本、城市线路数量以及城市公交线网密度四个指标，以体现城市公交系统的发达程度和民众乘坐公交出行的便利程度。

浏览上述案例，是不是觉得自己成为"公交出行"方面的准专家了？有句老话，叫"文选烂，秀才半"，意思是熟读了《文选》，就可以成为半个秀才。借用这句话，在公交出行上，是"案例烂，政策半"或"案例烂，专家半"，案例烂熟于心，就差不多熟知了一半的政策，有望成为半个专家。

这涉及学习方法。在学习方法上，既可以由理论到实践，也可以由实践到理论，如果能够不断地由理论到实践再到理论……循环往复，效果会更好。落实到申论诗外功夫的修炼，一般说来，我们无须死记硬背政策理论条款，如果只会死记硬背，不能和具体实践相结合，那些政策理论也只能成为摆设，银样镴枪头。从实践出发，心里装着问题，试图破解这方面的问题，前往相关单位部门调研、取经，我们就会经由做法、经验（包括政策的制定和实施）的路径，发现政策的指导、引领作用，进而对相关政策也会有或深或浅的了解。简单说来，直奔"案例"而去，鲜活的案例当中，便蕴含着我们要了解、掌握的政策。

如果改换思路，再兼以反面案例，即正面经验之外，再增补反面教训，也可以收到殊途同归的效果。例如，为了交通安全，浙江省上虞市曾经发布"红头文件"，严禁公交车超载，规定公交车上坐满人就不再上客，一旦发现超载就要处罚。

我们说，严禁公交车超载这个出发点可能是好的，但不切实际，市民也不会买账：

因噎废食。片面追求交通安全。

脱离国情。公交发展远未达到一人一座的水平。

思维僵化。公交车是个流动的空间，此一时彼一时。

扰民添乱。冬夜、雨天、末班车，站台上两个人，车上只有一个空座，怎么办？该政策表面上是利民，实际上可能是扰民。

过犹不及。凡事都要有个度。所谓真理向前发展一小步，哪怕是相同的方向发展一小步，真理也马上变成谬误。

所以，制定政策要科学，要实事求是，要接地气，要以人为本，要注重调查研究，要讲求可行性。

如果我们把正反两方面的情况综合起来，再参照最适宜公交出行的上海和厦门的经验，就差不多可以"坐诊"，对公交出行问题"望闻问切"了。而且这样由案例入手，相当于幼儿的"看图识字"，所看的图画是具体的工作实践，认读的文字仿佛是要了解、掌握的政策，学习效果可以事半功倍。

我们从"内涵"和"修炼"两方面，概括了"诗外功夫"的相关问题，包括：洞察时事热点、熟悉政策法规、积累社会百科知识、培养问题意识、了解什么是新闻、学会用事实说话、善于"词化"传播、训练新闻述评、研读相关政策等。从严格意义上说，它们不完全是"诗外功夫"，比如用事实说话、"词化"传播、新闻述评等，都涉及"诗内功夫"，甚至它们本身就是具体的写作技法。之所以如此，是因为外与内是相对而言的，要讲清楚"诗外功夫"，不可避免地会跨界到"诗内功夫"。另外，为了阐释、印证"诗外功夫"的重要性，也要以"诗内功夫"作为显性的"量化指标"，"诗外"和"诗内"是相辅相成的。我们由"诗外功夫"入手，旨在强调，申论写作能力的提高，是"合力"作用的结果，是作者思想、学识、阅历、技法等各方面能力和水平的综合反映。而作者的思想、学识、阅历等，是需要长期积累、潜移默化的，那种直奔操作层面的"怎样写"，依样画葫芦，也会有一定的成效，但从长远看，还是要稳扎稳打，苦练"内功"。甚至，我们可以暂时放下那些具体的规范和技法，放下结构、论证等条条框框，静下心来，想明白：这是个什么问题？我有什么话要说？怎样说才能让读者（听众）更信服？经常这样"扪心自问"，试着说服自己并且说服读者（听众），就是在提高写作能力的道路上不断提升、修炼"内功"，不断迈出一小步。著名作家叶圣陶说过："看整篇文章，要看明作者的思路，思想是有一条路的，一句一句，一段一段，都是有路的，这条路，好的文章作者是绝不乱走的。"叶圣陶是从阅读和欣赏的角度讲的，从文章写作的角度看，又何尝不是如此呢？在这里，我们所理解的"绝不乱走"，不是"虎步""猫步""台步""凌波微步"，即步态上的"绝不乱走"，而是指旅途的目标、大方向。所谓"思路"，是"思想的路"，明确"思想的路"，所迈出的每一步才能不断接近理想的目标。我们曾说，暂时放下那些具体的规范和技法，放下结构、论证等条条框框，修炼"内功"，经常"扪心自问"一些核心问题、关键问题、要害问题，这其实就是在不断地校正"思想的路"。

梁启超说："教员只能教学生做文章，不能教学生做好文章。"按照我们的理解，这里的"只能教学生做文章"，是能够教会作文的基本规范，使文章有模有样，四平八稳；"不能教学生做好文章"，是因为"好文章"除了合乎基本规范外，还要有思想、有境界、有格调、有棱角，而思想、境界等要靠"诗外功夫"获得，是作者内在修养的综合体现。它们是教师在封闭、静态的课堂上，所不能包办代替的。立德、读书、阅历等修炼，必须靠学生的亲身实践。这也与孟子的"大匠能予人规矩，不能使人巧"，是一个道理。要做到"好"和"巧"，更加依赖个人化的体验。有了个人化的体验，所谓的"文章千古事，得失寸心知"，才是真"知"。

第十三章
真题解析

直奔"题干要求"

拿到试卷，第一个反应是直奔"题干要求"。我们在上一章中曾说，申论的"给定资料"仿佛是"领导意图"，申论的写作过程就是理解、贯彻、落实"领导意图"的过程。相比给定资料，题干要求是"领导意图"的高度概括，是集结号，是动员令。

为什么要直奔"题干要求"，而不是按部就班地依次阅读呢？我们引用一则古代寓言，回答这个问题：

> 人有亡斧者，意其邻人之子。视其行步，窃斧也；视其颜色，窃斧也；听其言语，窃斧也；动作态度，无为而不窃斧者也……

意思是，有个人丢了一把斧子，他怀疑是他的邻居家的儿子偷去了，他看那人走路的样子，像是偷斧子的；看那人脸上的神色，像是偷斧子的；听他的言谈话语，像是偷斧子的；一举一动，没有一样不像是偷斧子的人……

这则寓言旨在说明，主观成见是认识客观真理的障碍。当人戴着有色眼镜去观察世界时，客观世界已不是天然本色了，因此要从客观实际出发。我们这里引用这个故事，是反其意而用之，也就是故意戴着有色眼镜去阅读"给定资料"。

这样做的好处是能增强你的敏感，提高信息搜索的效率，有助于更深刻地认识材料之间的逻辑关系。

以2018年江苏省公务员考试申论真题卷A类为例：请结合对"以百姓之心为己心，以他人之心为己心"这句话的理解，以"有温度的人生更美好"为主题，联系实际，自拟标题，写一篇议论文。

其中的"有温度的人生更美好"，就是我们常说的"主题句"，它是灵魂和统帅。从命题者的角度说，它是通过给定资料最终推演出的"结论"；从考生的角度说，它是迈上征程的"起点"，而给定资料就像是具体的路径，决定着沿途所能见到的风景。

换个角度说，命题者竭泽而渔，搜集了大量的材料，最后组成给定资料，和盘托出"主题句"，这个主题句是认识问题的结果，是终点；考生则是笑纳、全盘接受这个主题句（在这一点上是没有讨价还价的余地的，比如你觉得这个主题句不好，想另立山头，另打旗号……），并以主题句为导航，重新踏上当初命题者走过的漫漫征程。从某种意义上说，命题者完成的是一项"发明"的工作，考生是"发现"的工作，考生所要"发现"的，是命题者的"发明"所蕴含的意义和价值，并加以进一步的阐释和证明。

上述弯弯绕一般的解释，没有全明白也不要紧，我们只需记住：直奔题干要求，抓住主题句。因为心中装着主题句，在阅读材料的时候，看到的每个事例都好像是印证着主题句……就像"人有亡斧者"，所见到的一切，没有一样不像是偷斧子的。

或许有人会说，那则寓言还有后半段：

> 俄而掘其沟而得其斧，他日，复见其邻之子，其行动、颜色、动作皆无似窃斧者也。

意思是，没过多长时间，他挖掘山沟时找到了自己的斧子。之后有一天又看见他邻居的儿子，就觉得他的行为、表情、动作，都不像偷斧子的人。

完整的寓言故事告诉我们：主观猜想不能做出准确的判断，不要多疑，要从实际出发，摆正自己的心态。这番忠告是富有启示意义的，但在对给定资料的阅读理解过程中，带着"亡斧者"的心态和眼光，恰好强化的是"主题"，有利于及时发现材料中"邻人之子"的种种迹象。所以，我们建议：直奔题干要求，抓住主题句，戴着有色眼镜阅读材料，而不是面对给定资料，逐字逐句地、按部就班地阅读。

捕捉核心信息

给定资料中的信息，有核心信息也有一般性的、边缘化的信息，甚至有冗余信息，它们的作用和价值是不一样的。直奔题干要求，抓住了主题句，进入阅读阶段，在快速扫描中，要筛选出核心信息。我们以2018年江苏省公务员考试申论其题卷A类中的给定资料1为例：

"先天下之忧而忧，后天下之乐而乐"，写下这句千古名言的**范仲淹**是北宋著名的文学家,更是一代名臣。他出身贫苦,入仕从政后,十分**关心百姓疾苦**。有一年,淮南等地蝗灾、旱灾蔓延,灾情严重。范仲淹请求朝廷巡察处理,朝廷却置之不理。他十分气愤,冒着丢官之险、杀身之祸质问宋仁宗:"淮南等地百姓流离失所,饿殍遍野,朝廷怎能熟视无睹?"宋仁宗无言以对,便派他去救灾。范仲淹每到一地,就开官仓赈济灾民,发官钱救济百姓,并带领灾民生产自救。和百姓在一起的日子里,他看到饥饿的人们常常挖一种叫"乌味草"的野草充饥,就尝了一尝,感觉粗糙苦涩,难以下咽。回京时,范仲淹特意带回乌味草,呈给宋仁宗,请他传示皇亲国戚、朝廷上下,告诫他们勿忘百姓疾苦,杜绝奢侈恶习。时隔千年,范仲淹体恤民生多艰、心系百姓的道德风范和人格魅力,依然令人钦佩不已。

古人云"感人心者,莫先乎情"。一提起**周恩来**总理,他与人民一家亲的画面就会浮现在人们的脑海中。新中国成立之初,百废待兴,周总理经常坐在老乡家门槛上,向群众了解民情;黄河抢险时,周总理和纤夫一起喊着号子,齐心合力拉纤,保护大堤;1973年,周总理回到阔别20多年的延安,看到群众依然缺衣少食,十分自责:"乡亲们的生活还这么苦,我这个共和国总理没当好,我对不起乡亲们!"翻开周总理的著作,"**为人民服务**"的思想无不闪烁在各个篇章的字里行间。他深情地说,对人民,我们要像孺子牛一样勤勤恳恳、老老实实。他要求干部以人民的疾苦为忧,要**有所爱,有所为**,有所恨,有所怒。周总理的一生,始终满怀**与人民群众亲密无间、心贴着心**的情感,人民的好总理赢得了人民群众的衷心爱戴与拥护。

上述材料中,加粗的文字是我们挑选出的核心信息。高度概括为:

范仲淹关心百姓疾苦;周恩来为人民服务,有所爱,有所为,与群众亲密无间、心贴着心。

为什么这两句话是核心信息?它们是怎么脱颖而出的呢?

回答起来非常简单,就是:谁?怎么样?相当于一句话中的主语、谓语,再精简不过了。至于叙事的其他要素,比如时间、地点、原因等,就属于枝节,皆可以忽略。

按照这样的操作方法,后面几则材料的核心信息分别是:

1. "我家的党员",最是寻常见真情,最是细节显品格。

2. 崔法官入情入理，坚持原则，坚守底线。

3. 县委书记老吕实打实精准扶贫；贫困户挂牌"被温暖"。

4. 李阿姨、刘医生。刘医生医者仁心（微信沟通）。

5. 中国人热情友善，有人情味。对大自然的爱、对国家的爱、对百姓的爱、对家人的爱。

6. 火车站晒谷场，执法部门柔性执法；沟通不畅，工作不细。

7. 小唐，"90后"，佛系生活；要想成为人生赢家，要有积极的人生态度。

8. 生命的温度注入工作和生活，以百姓之心为己心，以他人之心为己心，民族复兴。

或许有人会问，个别细节如原文是"要有所爱，有所为，有所恨，有所怒"，但提取核心信息时，突显的是"有所爱，有所为"，为什么单单突出"有所爱，有所为"呢？

我们曾说，拿到试卷，第一个反应是直奔题干要求。题干要求是"有温度的人生更美好"，这个主题句就是个指挥棒。它强调的是"温度"，而不是"态度"，如果改为"有态度的人生更美好"，那么"有所恨，有所怒"就不能割舍，因为它们也体现人生态度。

透过这个细节，我们能发现，直奔题干要求，明确主题句该有多重要。它就像个路标，不清楚题干要求和主题句，就会迷路。

鉴别含金量

写文章不能"拣到篮子里都是菜"，也就是说，不能事无巨细地把掌握的材料都写进文章。从给定资料中筛选出的核心信息，是我们赖以成文的资本，但也不是照单全收。就好像装修房子，哪怕我们再精打细算，采购回来的装修材料也不可能都派上用场，总会剩一些边角碎料。鉴别材料的含金量是做出取舍的前提。

材料的含金量，是材料的成色、斤两。区分材料的含金量，是所有操作环节中最难的环节之一。因为含金量一方面取决于材料自身的特质，另一方面还要看它与主题的关联度，支撑主题的力度。成色足又能发挥四梁八柱的作用，就是含金量高，反之则是含金量低。

含金量低的材料，也能够表现主题，但不能够充分地表现主题。就好像热量低的食物，也能饱肚子，但不抗饿。只有含金量高的材料，才是"合金钢"，才会发挥以一当十的作用（含金量低的，可能要以十当一了）。所以，我们鉴别含金量，就是在核心信息中，进一步挑选出更有代表性的材料，更有说服力的材料，就是优中选优。

为了说明问题，我们以给定资料2和给定资料4为例，你觉得哪个含金量高？

上文曾说，这是相对说来更难的一个环节。在区分时，可能会带有一定的主观偏好，但也存在着被大家普遍认同的客观尺度，不然的话，就没办法区分好文章坏文章了。

我们先看材料2：

最是寻常见真情，最是细节显品格。相比于历史的宏大叙事，现实的平凡书写更有一种直击人心的力量。目前，平均每16个中国人里，就有1名共产党员。中国共产党引领中国航船驶过90多年之际，无数人都会从自己的视角审视这支队伍，从一件件小事、一个个普通党员身上感受历史的启示和信仰的力量。为此，某报社评论部携手该报新闻网、新闻客户端，发起了"我家的党员"征稿活动，让家人写家中的共产党员。这次征稿活动打开了人们认识身边共产党员的一扇窗口。

大量的稿件如雪片般飞来，让主办方感到惊喜。作者既有知识分子、公务员，也有企业职员、普通农民。很多人表示，投稿不是为了发表，只是为了表达真实的所见所感。正如刘先生所说，投稿是"为了见证家人的红色情怀，书写他们的红色记忆，传承他们的红色基因，传递他们身上的正能量"。

这些文章没有华丽的辞藻，都是真心话、真性情；没有空洞的理论，都是一个个鲜活的人生片段。到目前，该报已经刊发了多篇稿件，其官网及官方公众号上也都选登了若干篇。这些家人眼中的"党员故事"，组成了一幅生动真实、有情有义的共产党人群像。

透过家人的眼睛，读者看到了党员的正义与坚守。"倔牛""'轴'心骨""二愣子"等，在充满生活气息的字里行间，一个个讲原则、有血肉的党员的形象扑面而来：投稿人小杜因拿红头公用信笺写作业而受到父亲训斥，从此记住了"公家的光一点都不能沾"；投稿人何老先生因为女儿坚决不肯走后门办私事而感到自豪，他记住了女儿的话，"现在你找别人帮忙，以后别人叫你办一些不合规矩的事，怎么办？"……日常的细节，让人感到了代与代之间流淌着的一股力量。

透过家人的眼睛，读者还看到了信仰传递的力量。投稿人苏女士说："我丈夫是党员，我看得到他的辛苦，深深地为他的执着所折服，也渐渐明白了，有追求、有信仰，才是真正脚踏实地、令人敬佩的人生。他追求着他的信仰，我自豪着他的信仰。爱他，就支持他。"投稿人小宋是一名中学生，他回忆了爸爸入党那天家里的情形。当晚，见到妈妈为爸爸准备了酒菜，小宋问家里有什么喜事，爸爸回答说："儿子，今天是你老爸的'生日'。从今往后，老爸就有了政治生命。"信仰的种子，就这样在小宋一辈的心中扎下了根。

材料3，"透过家人的眼睛"，通过"一件件小事"，反映了"有情有义的共产党人群像"，他们"讲原则、有血肉""脚踏实地"，细节见真情。

材料4：

2017年12月，52岁的某贫困县县委书记老吕，突发心脏病，倒在了工作岗位上。吕书记生前结对帮扶的贫困户老肖，听到这个消息，眼泪流了下来："简直不敢相信，吕书记好好的一个人，怎么突然就没了！"家住该县D村的老肖，原来生活异常贫困。2015年7月，吕书记走访贫困户时，看到他家徒四壁，便问他："你有什么手艺吗？"老肖回答："我会电焊，但没钱买设备。""只要你勤快，愿意做，钱我可以帮你想办法。你马上列出所需设备的清单，我回县城就给你买，再帮你到路边租间门面。"吕书记随后为老肖购置电焊设备，帮他在街上租了一间门面房，老肖就开起了电焊铺。如今，老肖的日子一天天好了起来，一家人其乐融融。

吕书记平时不太爱说话，可跟群众在一起时，他的话匣子就打开了。在路上碰到乡亲，不管认识与否，他常常停下来，和他们拉拉家常。"吕书记真是个好领导，大家都愿意跟他说掏心窝子的话。他生前给我那么多指导和关心，现在他走了，我永远都不会忘记他……"说着说着，L村种草养羊带头人李大姐已经控制不住自己的泪水。

铁汉也有柔情。吕书记很恋家，总说家里的饭菜最香，即使是剩饭，吃起来也津津有味。他的女儿收拾父亲遗物的那天晚上，到了22点50分，吕书记手机的闹钟响了起来，那是他女儿中学时代下晚自习回到寝室的时间，"爸爸每晚这个时候都会打来电话，从不间断，至今已6年。"在女儿心里，父亲永远令她骄傲，"爸爸虽然很忙，但总是尽量抽时间陪我，他常教导我要树立正确的人生观，让我多读书，还经常向我推荐好书。"

最近，网上一则新闻引人关注。记者在H省某地进行扶贫调研时发现，当地挂在村委会和贫困户家中的"扶贫公示牌"上，除了帮扶责任人姓名、单位、电话以及他们的证件照外，还印有贫困户的基本信息。对这样的"公示牌"，一些困难群众表示，公示信息无所顾忌，这等于是"示众"，让人臊得慌、羞得很。对此，推行这项措施的有关负责人解释说："将被帮扶人员的姓名、照片、电话、致贫原因，以及帮扶人员的帮扶措施印制在公示牌上，公开悬挂，是我们实施精准扶贫的创新举措。这样做，方便了贫困户与结对帮扶党员干部的精准联系，进一步夯实了扶贫责任，推进了扶贫工作进度。"有关职能部门也做出了回应，"公示牌挂出之后，极大地方便了贫困户，让他们在碰到问题和困难时，能快速、简便地联系上帮扶干部"。

网友"大龙"认为，公开贫困户信息，让他们"示众"、上媒体的做法，整得"地球人都知道"，使被帮扶或慰问的群众有"被温暖"的感觉，这让他们情何以堪？

材料4，贫困县县委书记为贫困户买设备、租房子，帮着开电焊铺脱贫；"突发心脏病，倒在了工作岗位上"，群众深深怀念。

贫困户家中的"扶贫公示牌"，"让人臊得慌、羞得很""被温暖"；是"精准扶贫的创新举措"。

我们拎出了两则材料中的主要信息，比较其含金量的高低，你会发现它们就像姚明和一个普通人站一起，反差鲜明：

一个是个体，一个是"群像"；

一个是县委书记，一个是普通党员；

一个是群众在感怀，一个是家人在言说；

一个是帮人脱贫，一个是不能用公家的信纸；

一个是倒在了工作岗位上，一个是皆大欢喜……

知道哪个更有含金量了吧？几乎在所有的比拼环节上，材料4都是完美胜出。在诸多比拼环节中，"谁在说"这个环节非常具有说服力。先进事迹固然重要，但从言说的可信度这一角度看，明显是材料4中的"群众在说"比材料2中的"家人在说"更有分量。

为什么呢？道理非常清楚。如果一对夫妻在一家单位、一个部门工作，年底了，要评先进，老公逢人就说自己的老婆先进，老婆也是逮着谁就跟谁夸耀自己的老公是劳模，他们的公关策略能取得实际效果吗？就像在法庭上作证，证言的信度，除了内容，还取决于是谁做的证，以及证人和当事人的关系。如果他们本身就是一个利益共同体，哪怕所言属实，其效果也难免大打折扣。——这是建立在相当细微的分析基础上所做出的判断。我们写文章不就是在比拼谁分析得更透彻吗？

有人会说：考场上，时间紧迫，哪能这样条分缕析。我们的回答是：这种敏锐的分析和判断，是日常养成的。台上一分钟，台下十年功，瞬间做出的分析和判断，源于年深日久的积累。要解决考场上时间紧、任务重的矛盾，需要我们从日常的积累开始，不断提升、修炼自己的内功。

考场上时间紧、任务重的矛盾，我们后面还会提到。现在再回到两则材料含金量的问题上来。鉴别含金量就是在掂斤两，含金量高的、斤两重的要"上位"，要被"高看一眼"。如果颠倒了轻重，含金量低的被抬举，成色足的遭弃用，文章的"力道"就会差很多。许多时候，我们纠结于文章的得失，对相关分数既有不甘，也有不解。不甘就不说了，不解的是：差在哪里呢？说起来，这是一个不太好回答的问题。作文成绩的评定，是个整体印象、模糊印象，几乎所有阅卷老师都有一个"职业性习惯"，就是打开页面，"瞄一眼"，好像远远望去，打量打量，获取的是某篇文章的整体印象、模糊印象。如果说整体印象、模糊印象是个"面"的话，那么类似于材料含金量问题便是其中的一个"点"，"瞄一眼"时，"瞄"的便是文章中的"点"。一个个"点"上的情况都差强人意，那就是中等的成绩。

另外，我们只是就材料4中的县委书记事迹来比较的，未涉及"扶贫公示牌"。"扶贫公示牌"的问题，我们将在下文"补叙"。

做出取舍

鉴别含金量为的是做出取舍。一般说来，取舍的标准是含金量的高低。我们进一步结合给定资料3、5、6，说明取舍的问题。

材料3：

"老百姓打官司不容易，不能让他们寒心。"这是崔法官经常说的一句话。崔法官是K县人民法院的一名老法官，20年来，经他审结的近千余起案件，无一件错案，无一件被投诉，无一件引发信访。

"他对案子总是一丝不苟，办案严谨、细心，坚守底线。"庭长告诉记者，崔法官办案从来不怕得罪人，有一次，崔法官的一位熟人找到他软磨硬泡，希望能够为其挪用公款的亲友减轻处罚，但崔法官严词拒绝："对他的放纵就是我的失职。"在老家，不少人知道他是法官，权力不小，常想找他走后门，但都被崔法官拒绝了。

2017年9月，法院受理了一起棘手的赡养案件，杨老伯的4个子女拒绝履行赡养义务，庭长将这个案件交给崔法官。崔法官接案后，一夜没睡好，第二天就找来4个子女，对他们晓之以理、动之以情："有一首叫《父亲》的歌说，'人说养儿能防老'。子女小的时候，父母省吃俭用，对子女无微不至地关心，时刻担心他们吃不好、穿不暖，盼望着他们快快长大、成家立业。父母老了，生活不能自理了，按法律、论民俗、讲伦理，子女都应当赡养老人。"经过多次入情入理的调解，一直互相推诿的几个子女都愿意履行赡养义务。

曾经有一桩案件，被告威胁崔法官："要是敢这么判，就有人放你的血，让你横着出去！"面对被告纠集的黑恶势力，崔法官毫不畏惧："我当时也没多想，就觉得这个案子必须这样判，否则对不起庄严的国徽。"他连续工作多日，成功地解决了这起案件。事后，原告诚心诚意地送去了"为民解难，尽心尽责"的锦旗，并且表示，自己会以崔法官为榜样，尽其所能去温暖身边的人。

材料5：

退休职工李阿姨曾是一名"干燥综合征"患者，多年来被口眼干燥、全身乏力、低热等病征困扰，痛苦不堪，家人为此担心不已，女儿小张更是揪心。幸运的是，李阿姨遇到了一位天使般的守护神——W市第一人民医院皮肤科主任刘医生。刘主任担任她的主治医生不久就和她互加了微信，粗略估算，650天的治疗时间里，两人有5000多条微信互动，有问询、有指导、有安慰。李阿姨早已把刘主任当成了朋友和家人，"这两年，要是没有刘医生，我都不知道怎么过。"她红着眼睛告诉记者。

回忆起2017年2月的那天，李阿姨至今仍心有余悸：深夜11点，她正要睡觉时突发胸痛，好像被点了穴一样无法动弹，"那一刻，我害怕极了。"疼痛劲一过，她立即抓起手机，给刘主任发微信："刘医生，我刚才突然胸痛得厉害，疼痛从前胸一直游走到了后背，人像被冰冻了一样。大概30秒钟的样子，现在已经缓解了。这是怎么回事？"刘主任立即回复："我知道了，你别慌，深呼吸，吸气—呼气—吸气，慢慢让自己平静下来。"李阿姨又问："不会是心脏病吧？"刘主任回答："引起胸痛最常见的心绞痛或心梗，不会在短短30秒的时间内就缓解，疼痛时也不会出现冰冻感，更不会在全身游走，况且前不久的检查已经排除了你的心脏病史。干燥综合征影响体内激素引起的过敏性反应的可能性更大。你再观察一下，如果继续出现疼痛，马上去就近的医院；如果没有，你明天来医院，我给你配点药。"刘主任的一席话就像一颗定心丸，李阿姨安心了。放下手机，时间早已过了零点。

李阿姨告诉记者："刘医生建立的病友微信群里有300多人呢，我只是其中的一个。他们和我一样，在这个微信群中得到了很多指导和帮助，感受到了刘医生的医者仁心。"李阿姨说，她总想送点礼物，向刘主任表达感激之情，可刘主任从未接受，"你们健康了，就是给我的最好的礼物。"如今，李阿姨的病已经痊愈，因为生病变得性格孤僻、见人都不愿打招呼的她恢复了原先的开朗，常跟姐妹们一起去唱歌、旅游。

材料6：

美丽的风光、悠久的历史、诱人的美食、友好的人民……如今，在越来越多的外国人眼中，中国是个充满诱惑和机遇的地方。许多外国人来华旅游、上学，流连忘返，有些人干脆留下来工作、生活，融入了中国社会。

刚刚在中国拿到博士学位的迪娜是一位美丽的埃及女孩。迪娜坦言，中国人的热情友善让她爱上了中国。"我们学校里有很多老爷爷老奶奶。当时，我刚学中文，表达能力不是很好，可他们总是很认真地听我说话、教我发音，有时还和我说说笑话。中国人，很有人情味，很有趣。"问她为什么与老人聊得来，迪娜说："因为我觉得，他们是真正的中国人。"当记者请她给"真正的中国人"下个定义时，迪娜笑了："就是觉得他们都很好，很热心，很乐观，特别有鼓励人的感觉。"

来自古巴的马丁内斯有一个很"中国"的名字——王少国。"这是古巴一所孔子学院的老师给我取的，我觉得很好听。"王少国与中国结缘，开始于在孔子学院的学习。"我非常喜欢中国文化，特别是书法与水墨画，那意境是无与伦比的！压力大的时候，我能从王羲之的《兰亭集序》中感到安静、放松，那飘逸潇洒的行书，让人体会到自由自在的情感抒发。"来到中国后，王少国的足迹遍及中国著名的美术馆、博物馆，去过黄山、九寨沟……"我特别爱看《三国演义》。充满情义的刘、关、张，鞠躬尽痒的诸葛亮,敢为天下先的曹操,都让我很着迷。"谈及北京,王少国十分兴奋。"我很喜欢四合院,很喜欢故宫、景山、颐和园,那里充满了历史的味道,散发着中国几千年的人文气息。"王少国说,虽然这些地方之前在书本上也看到过,但身临其境会让人更加赞叹。

  2017年春天,中国古典诗歌配乐朗诵会在Y市大剧院举行。除了国内著名艺术家,还有许多热衷于中国语言艺术和文化的外国朋友登台献艺。他们倾情朗诵了《春江花月夜》《茅屋为秋风所破歌》《念奴娇·赤壁怀古》等经典篇目,美妙的声线在丝丝入扣的配乐中流转。语言、文字和音乐相互交融,渗透出千百年来的厚重。这些外国友人赞叹:"中国诗歌有对大自然的爱,有对国家的爱,有对百姓的爱,还有对家人的爱,情感丰富,感人至深。"

高度概括三则材料的主要信息:

崔法官办案严谨、细心,坚守底线,不怕得罪人,对相关当事人晓之以理、动之以情;

刘医生医者仁心,通过"病友微信群"问询、指导、安慰患者,是一位天使般的守护神;

中国人热情友善,有人情味,爱大自然、爱国家、爱百姓、爱家人。

三则材料两个"个体",一个"总体",具体说来是两个"点"上的材料,一个"面"上的材料。两个"点"上的材料是崔法官和刘医生,一个"面"上的材料是热情友善的中国人。如果用一个字概括其特点,那就是"情",包括对服务对象的"情",对家国社会和外国友人的"情"。而且恰好是"情"这根纽带,把这三则材料和其他材料联结成了一个整体。再结合我们反复强调的主题句——"有温度的人生更美好",可以断定:它们都是可用之"材",都能够证实主要观点。但究竟是用还是不用呢?

哈姆雷特说:生存还是死亡,这是一个问题。上述材料的用还是不用,也是一个问题,它会直接影响到文章的质量。我们说,因为可用之"材"并非都是必用之"材",上述材料最好还是弃用。

为什么要弃用呢?"有温度的人生更美好",围绕这个主题句,我们可以进一步思考:谁的人生?这个主题句没有给出具体说明,需要我们去增补。当然,从广义上说,任何人的人生都会因为有温度而变得更加美好。但在给定资料中,所彰显的是党员干部的人生(如给定资料1、2、4),而上述三则材料,反映的是特殊从业者

（法官、医生）和普通群众，所以在这个意义上，它们属于"后备力量"，不是主力军，主打的应该是给定资料1、2、4，舍弃的（留用的话，也只能是轻描淡写）应该是给定资料3、5、6。就是在前六个给定资料中，三个可用，三个不可用（或者说最好不用）。六个材料照单全收，或者用了不该用的，就会面临"生存还是死亡"的问题。

取或舍，还涉及其他材料，我们这里是将三个有关联的材料放在一组，进行比较分析，所以，我们这里只谈它们不可用。至于题干中要求的"不限于给定资料"和其他材料的用法，我们将在后面的解析中加以说明。

深化主题

深化主题是从广义上说的，申论大作文一般都是议论文，确切的说法应该是提炼论点或深化认识。因为我们在解析中，不局限于考场作文的具体得失，而常常涉及文章写作"面"上的要求、注意事项，所以我们这里仍然采用"深化主题"的说法。

我们说"深化主题"，不说确立主题，是有原因的。申论的主题，题干要求中已经说得明明白白了，命题者已经帮我们确立好了，所以我们所面对的是如何深化的问题。

在这个意义上说，写申论写跑题了，是相当有难度的事情，不是一般人能做到的。比如"有温度的人生更美好"，几乎每个词语都是关键词，板上钉钉，一清二楚。在这种情况下，写跑题，也就是非要和这个主题句唱对台戏，"有温度的人生更不好"或"冷冰冰的人生更美好"，要比一等文的比例低多了。所以我们几乎不用担心写跑题。

"深化主题"，见人所未见，有许多方法。我们这里只是着眼给定资料4（后半部分）和给定资料7，结合材料的含金量、取舍等，谈谈深化主题问题。

我们之所以把"扶贫公示牌"和"晒谷场上的热议"两个材料组合在一起，是因为它们有一个共性，即具有争议性。

材料4（后半部分）：

> 最近，网上一则新闻引人关注。记者在H省某地进行扶贫调研时发现，当地挂在村委会和贫困户家中的"扶贫公示牌"上，除了帮扶责任人姓名、单位、电话以及他们的证件照外，还印有贫困户的基本信息。对这样的"公示牌"，一些困难群众表示，公示信息无所顾忌，这等于是"示

众",让人臊得慌、羞得很。对此,推行这项措施的有关负责人解释说:"将被帮扶人员的姓名、照片、电话、致贫原因,以及帮扶人员的帮扶措施印制在公示牌上,公开悬挂,是我们实施精准扶贫的创新举措。这样做,方便了贫困户与结对帮扶党员干部的精准联系,进一步夯实了扶贫责任,推进了扶贫工作进度。"有关职能部门也做出了回应:"公示牌挂出之后,极大地方便了贫困户,让他们在碰到问题和困难时,能快速、简便地联系上帮扶干部。"

网友"大龙"认为,公开贫困户信息,让他们"示众"、上媒体的做法,整得"地球人都知道",使被帮扶或慰问的群众有"被温暖"的感觉,这让他们情何以堪?

材料7:

2017年11月,J县新建的火车站广场成了晒谷场一事引发了热议。从网民晒发的图文中看出,宽敞的火车站广场见不到什么旅客,反而是铺散在广场上大片大片的稻谷在太阳底下熠熠发光,特别引人注目。除了供旅客和行人通行的道路外,火车站广场成了金色的海洋,俨然是一道风景。

有网友质疑,本应整洁的火车站广场,竟然成了稻谷晒场,令人难以置信。一直以来,火车站给人的感觉就是安检严格、管理规范,广场上别说晒粮食,就是摆个小摊也不行。

面对质疑,当地执法部门做出了回应。这种情况他们其实是了解的,一开始有农民来广场晒谷时,他们就已经指出了这一行为的不妥之处。现在出现的情形是经过允许的,他们考虑到了周边农民的现实需求,进行了充分论证,并采取了相应的管理措施。

该火车站位置较为偏僻,农忙时节旅客较少,晾晒稻谷一般情况下不会给旅客出行和公共安全造成影响。执法部门考虑到农民在秋收时节的确缺少晾晒场地的实际情况,认为通过引导,可以给农民一些方便。同时,执法部门对广场晒谷提出了一系列具体要求,留出旅客进出站通道和必要的活动空间,保证不影响旅客通行;除稻谷外不允许堆放其他物品,保证车站广场的整齐美观;晚上6点之前必须将谷物清理干净,保证场地卫生。对于一些旅客可能会产生的心理"膈应",执法部门表示,会尽力在当地农民与旅客之间寻找平衡点。

但是,火车站相关负责人却表示,执法部门事先没有与他们进行沟通和协调，他们对允许农民在车站广场晒谷的事情并不知情，车站管理人员常因此事跟农民发生争执。

挂在村委会和贫困户家中的"扶贫公示牌"上，印有贫困户的基本信息，一些困难群众表示，这等于是"示众"，让人臊得慌、羞得很，有"被温暖"的感觉。而有关负责人解释：这是我们精准扶贫的创新举措，是为了方便与贫困户的精准联系。

火车站广场晾晒稻谷，受到质疑，执法部门回应是考虑周边农民的现实需求，也采取了相应的管理措施，但火车站方面表示，执法部门未与他们沟通协调，车站管理人员常因此事跟农民发生争执。

两件事，都不大，但都很典型。它们有个共同特点，就是如何把好事办好。如果申论的给定资料，不是六七千字、八九个材料，而像现在这样，就是两件事，即"扶贫公示牌"和"火车站广场晾晒稻谷"，那么我们思考的焦点应该是"如何把好事办好"。它明显比"有温度的人生更美好"更单一，更具体，更有针对性。

现在的情况是，它是系列材料的组成部分。这一部分的认识价值体现在它的"争议性"上。通常说来，有争议性的内容才好确立为议事说理的"靶子"。因为对有争议性的内容的看法，更能显现一个人的见识，相关讨论才有望发挥拨云见日、以正视听的作用。如果已经是普遍接受的常识，就无须再浪费笔墨了，就好像论证"地球是圆的""人是铁饭是钢"……

对"扶贫公示牌"和"火车站广场晾晒稻谷"，各说各的"理"。我们作为"第三方"，正是发表意见的好机会（"作答任务"中的第2题："给定资料4"中展示了帮扶对象对信息公示问题产生的不同观点。对此，请谈谈你的看法。这个小题目，不影响我们在作文里继续谈论自己的看法）。

有人说：贫穷限制了想象力。写文章也会遇到贫穷限制想象力的问题。结合正在讲的"深化主题"，写作中的贫穷限制想象力，是材料的贫穷限制认识上的，也就是主题表现上的想象力。具体说来，如果在选材上，眼睛里只有扶贫的县委书记、细节显真情的普通党员，而看不到"扶贫公示牌"和"火车站广场晾晒稻谷"的特殊价值，那么就相当于自己给自己划定了一个小圈子，其结果是"论域"狭窄，论点也难免失之于肤浅。

既正面突出"有温度的人生活更美好"，又能反面切入，"有温度"不能不"走心"，文章的内容才会摇曳多姿，才会更有说服力。

换言之，好文章的一个简单标志，就是能够结合"扶贫公示牌"和"火车站广场晾晒稻谷",谈人生温度。这两个富有争议性的案例,是我们深化主题绕不开的材料。

入乎其中　超乎其外

材料8:

　　做着一份令人羡慕的工作,小唐却像学生厌学一样有"厌班征"。他说,只要一到办公室,疲惫的感觉就排山倒海般地袭来,但每次到医院检查,身体又查不出任何问题。小唐说,现在不愁吃不愁穿,但是这种莫名其妙的"发病"在他工作不久后就开始了,做什么都提不起劲。"赖在家里挺好,什么都不用操心",小唐说,现在他根本不想上班。眼下,对办事情、写报告、跑下属单位等任何工作都嫌烦,就想整天窝在家里刷刷手机,什么人都不见、什么事都不干的情况发生在不少"90后"年轻人身上。在某些"90后"年轻人中,"一切随缘"的"佛系"生活似乎很时髦。他们认为,接受了"一切随缘",就能撇开快节奏、高压力环境下的疲惫和焦虑。于是,这些"佛系青年"对工作丧失热情,不喜不悲、不怒不嗔。老板骂我,我说"哦知道了";老板鼓励我,我说"哦谢谢";工作量剧增,我说"哦好的"……活成了一个大写的"哦"。

　　然而,对这些"佛系青年"的工作、生活态度,很多"90后"是不认可的。"我是第一批'90后',我眼睛没瞎,头发没秃,不'油腻',而且财务也自由,但是我不打算'佛系',虚度人生。"网民"汤大侠"说,"麻烦那些做新媒体的,不要再用'佛系'的标签消遣大众了。"网民"曹十八"说:"我们只是对无关紧要的事情'佛系',但大事我们都在努力。"网民"友友"说:"万物都是运动的,包括人的心情,人在可控范围内的消沉情绪是正常的。心累了就睡,明天'小太阳'照常升起。"事实上,那些成为人生赢家的"90后",都能以积极的人生态度面对生活和工作。

"佛系",作为网络流行词,大概意思是云淡风轻,放得下,怎么都行。但因为给定资料8,很多考生反倒不"佛系"了,以至于走出考场、考试结束以后很长时间还在纠结:面对"佛系青年"的工作、生活态度,写作文的时候,究竟应该"佛系"还是不"佛系"?

回答这个问题,可以参照"做出取舍"部分对相关材料的解析。在给定资料中,有的是"主力军",有的是"后备役"。在我们看来,这"佛系青年"就属于

"后备役"。可以上战场，但最好不让它当主力，不让它当尖刀兵。如果非让它当主力、当尖刀兵，难免杀敌一千自损八百。

为了说明问题，我们先看一篇网上的范文（括号内的点评，是相关公众号推介范文时做出的）：

关心民生冷暖，感受人生温度

无可无不可，随遇而安，随便都行，不求输赢，这是时下流行的"佛系"青年的生活方式，表面上看无欲无求，实际上是青年的干劲正在萎缩（现状）。青年一代有理想、有本领、有担当，国家就有前途，民族就有希望，这才是中国青年该有的人生格言（过渡）。

鲁迅先生曾说："愿中国青年都摆脱冷气，只是向上走，不必听自暴自弃者流的话。有一分热，发一分光。"（名言）新时代的青年只有将生命的温度注入工作和生活中，以百姓之心为己心，以他人之心为己心，才能真正享受到其中的欢乐（论点）。

关心民生冷暖，以百姓心为己心，营造温暖干群关系（分论点）。"衙斋卧听萧萧竹，疑是民间疾苦声。些小吾曹州县吏，一枝一叶总关情。"（引用名言）古有范仲淹心系百姓，甘冒杀身之祸质问宋仁宗，让他的道德风范和人格魅力流传千古；今有廖俊波同志拥有一颗热乎乎的"百姓心"，舍小家、顾大家，让群众觉得他是"和农民坐一条板凳的人"。凡此种种，不胜枚举（古今两个事实例证）。正如习总书记所说："我们要坚持'以百姓心为心'，倾听人民心声，汲取人民智慧，始终把实现好、维护好、发展好最广大人民根本利益作为一切工作的出发点和落脚点，让发展成果更多更公平地惠及全体人民。"（过渡句）对于新时代的青年来说，只有时时处处将群众的安危冷暖放在心上（对策），才能够同老百姓打成一片，才能够使干群关系破冰，使群众变成我们的亲人，才能够让我们在今后的工作中充满信心与力量（意义）。

关心民生冷暖，以他人之心为己心，共创温暖生活空间（分论点）。近些年，被让座者不言谢、救人者反被诬告、捐助者被纠缠的现象屡见不鲜，这让"好人难做"的感叹声此起彼伏。《中国青年报》曾开展的一项相关调查显示，在受访的人群中有70%以上的受访者，痛感当下做好人的成本高、环境差。这就使得现在人们的言行处于一种矛盾的状态，大家明知道做好人才是正确的，但是却又不得不裹挟其间，成为一名旁观者（现状问题)。因此,若想要破解"见义勇为"的困局,一方面需要健全相关的制度设计,使之成为弘扬正气、褒奖善举的助推器和保护伞;另一方面则需要营造温暖的社会环境,让"行善"与"感恩"成为一对相辅相成、互为因果的道德行为,让法治的阳光照进每一人的心中,驱散人与人之间的猜忌、淡漠,让社会充满温暖(对策)。

"感人心者,莫先乎情"(名言),每一个青年都需要不忘初心,以满足人民日益增长的美好生活需要为目标,切实地感受民生的冷暖,让我们的工作和决策更加识民情、接地气,才能享受温暖的干群关系和生活空间,社会才会更加和谐温暖,才有助于实现中华民族复兴的伟大目标(总结全文,回扣论点)。

很明显,这是用"佛系青年"的材料打头阵,当主力。

这样做,有一个解不开的死结,就是文中所强调的"营造温暖干群关系""同老百姓打成一片",不是或者说主要不是"青年"的责任。年轻人中,更多的是"群众""老百姓",不是要同"群众""老百姓"打成一片的领导干部;另外,整个倒数第2自然段,即"关心民生冷暖,以他人之心为己心,共创温暖生活空间",就更难和"青年"挂钩了(如果说"营造温暖干群关系"还可以生硬地解释为,有的"青年"位高权重,面临着"干群关系"的问题……)事实上,"共创温暖生活空间"这个段落,干脆就没出现"青年"这个词语。这是审题立意上的拎不清给自己带来的麻烦,简单说来,就是不能自圆其说,写着写着就会发现底气不足了。

怎样破解呢?把打头阵、当主力的"青年",换成"党员干部",矛盾就会迎刃而解了。

"有温度的人生更美好",谁的人生?党员干部的;怎么算有温度?责任、担当、奉献;对谁有温度?对群众;为什么会更美好?因为能够给老百姓带来幸福感……这样思考,就不会纠结"青年"问题了。

"佛系青年"就是给定的一则材料,就像我们不一定突出"崔法官"和"刘医生"一样,也不该突出"佛系青年"。对待"佛系青年"这则材料,就该"佛系"一点。

材料9:

> 鲁迅先生曾对青年寄予殷切的期待,他希望中国青年都摆脱冷气,只是向上走,不必听自暴自弃者的话,能有一分热,就发一分光。新时代的青年只有将生命的温度注入工作和生活中,以百姓之心为己心,以他人之

心为己心，才能真正享受到其中的欢乐。小到细微之事，大至重要之举，近在一朝一夕，远到世世代代，一颗热心、一份牵挂，连着你我他，更连着中华民族复兴的伟大事业。

材料9和材料1，具有异曲同工之妙。它们是用来"点题"的，材料1是开宗明义，材料9是卒章显志。好像生怕有人写跑题，在不断地耳提面命，要围绕"一颗热心、一份牵挂"做文章。

着眼全部给定资料，我们可以把它们可以分成不同的层次：

材料1、4、2、9，是第一个层次；

材料7、4（后半部分）、8，是第二个层次；

材料3、5、6，是第三个层次。

当然，每个层次还可以细分下去。分层是为了更好地认识其价值，发挥好各自的作用。比如第一个层次的材料，是基础性的，是必用的；第二个层次，是锦上添花的材料，但使用时要有所节制；第三个层次没有什么用途，可以割爱。

分层的过程，是一个入乎其中，超乎其外的过程。入乎其中能帮助我们进行具体分析，入情入理；超乎其外可以让我们站在一个更高的立足点上，一览众山小，防止钻牛角尖。

总之，能把给定资料掰开了、揉烂了，应该写什么、怎样写，自然会一清二楚。但在考场上，我们做不到这样精读、研读，补救的办法是：平日里做好案头工作，做好日常训练。

几点说明

在上面的解析中，我们曾说：考场上时间紧、任务重，难以采用掰开了、揉烂了的办法，深入解析给定资料。这里给大家一个建议：不能精读、研读，就"连滚带爬"地读。"连滚带爬"地读是曾任北京大学中文系主任的温儒敏教授说过的一种读书方法，这种方法也非常适用于对申论给定资料的阅读。

阅读方法上，有浏览、快读、猜读、跳读、群读等。在给定资料中，不是每一则材料都需要抠字眼，都要精读。作为一种应急的策略，"连滚带爬"地读也就是快速浏览，是情急之下的无奈选择。"连滚带爬"地读是"不求甚解"，只抓要点。我们以给定资料为例：

材料1："先天下之忧而忧，后天下之乐而乐""感人心者，莫先乎情"；

材料2：最是寻常见真情，最是细节显品格；

材料3："老百姓打官司不容易……"

材料4：某贫困县县委书记，铁汉也有柔情；

材料5：有位医生给人看病……

材料6：外国人觉得中国好……

材料7：火车站广场上晒稻谷……

材料8："佛系"生活……

材料9：鲁迅寄语青年人……

这样囫囵吞枣地读下来，有10分钟足够了。依据上面有限的信息，能不能写文章呢？

夸张一点说，给定资料一个字都不看，只抓住主题句"有温度的人生更美好"，就可以写了，相当于完成一篇命题作文。当然这样仓促应战，内容上肯定会空泛、不具体。但假如会"做"文章，也能得到一个相当体面的分数。类似于国家公务员考试的"以谁为师"，不看给定资料，也能"蒙"对要点。

我们不是提倡"走捷径"，这里说的是应急策略，是没有办法的办法。

另外，"有温度的人生更美好" + "先天下之忧而忧，后天下之乐而乐" + "最是寻常见真情"，是不是更容易入手了？接续上面的内容，还可以进一步发挥：贫困县县委书记做出了榜样，各行各业的从业者都要有爱有温情，"佛系"生活要不得，所以……

你看，从"止损"的角度讲（意思是不求最好，但求不是最坏），这"连滚带爬"地读也能发挥实际效用。我们再强调一遍上文曾说过的：直奔题干要求，明确主题句。它就像个路标，不清楚题干要求和主题句，就会迷路。防止迷路，必须先明确题干要求和主题句。

我们在"做出取舍"部分，针对题干中要求的"不限于给定资料"，曾说过将在后面的解析中加以说明。这里简要解说一下：

"不限于给定资料"意味着可以增补相关材料，我们在前几章所解析的范文，大多都超越了给定资料，增补了相关案例。这里提示大家：增补新的材料，是一把双刃剑，而且如果运用得不是特别纯熟（比如不够确实、不够典型），可能会弊大于利。阅卷老师通常是在阅卷的第一时间很在意是否增补了新材料，但随着阅卷进程，会越来越不在乎这一点。相反，因为给定资料里的事例被无数次反复引用，已经混得"脸熟"了，阅卷老师一瞥之间就发现了作文中的"老面孔"，心理会本能地判断：该生引用了原材料，在这一点上是合格的、没问题的。至于是否扩展了空间，有没有新材料，一般不会影响得分。

最后想补充说明的是，给定资料1中的"有所爱，有所为"，是重中之重。围绕"有温度的人生更美好"这个主题，把"有所爱，有所为"说明白，才有望得高分。其中，尤以"有所为"更关键。"有所爱"是"虚"的，要善于化虚为实，"有所为"就是"实"。温度和爱，不能挂在嘴边上，要落实在行动中，它是对"有所爱"的诠释和证实。许多人的大作文成绩不理想，最大的可能就是这个门槛没过关，空谈"有所爱"（这个大道理谁都懂）。"有所为"才是重点和难点，顺着"有所为"的思路才会联系到生活中部分干部的不作为和"本领恐慌"，这一内容是最有时代感和现实意义的。通俗说来，"有所爱，有所为"，就是要"走心"和"出力"，"走心"和"出力"，犹如鸟之双翼，缺一不可。

附一：

2017年江苏省公务员考试申论真题

作答要求：

1.【ABC类】请围绕"给定资料7"中的基层文化供给侧改革的要求，以"激发群众参与热情，创新文化服务方式"为主题，联系实际，自拟标题，写一篇议论文。（40分）

要求：不必拘泥于"给定资料"，符合议论文写作要求。篇幅1000字左右。

2.【ABC类】"给定资料"呈现了当前基层群众参与文化活动的一些新现象，请对此进行归纳概括。（20分）

要求：紧扣"给定资料"，准确全面，条理清楚，语言流畅。篇幅不超过250字。

3.【A类】如果你是"给定资料1"中J省文化部门的一名工作人员，请你借鉴H省评选"最美基层文化人"的成功做法，拟订一份本省开展类似活动的工作方案。（25分）

要求：结合"给定资料"，联系实际，条理清楚，语言流畅。篇幅350字左右。

4.【A类】"给定资料4"中的"网红"现象引起社会热议，请针对文中的不同观点，谈谈你的见解。（15分）

要求：分析透彻，观点正确。篇幅250字左右。

5.【B类】如果你是"给定资料4"中的民警小邢，请你结合文化部的通知要求，给辖区内的年轻人写一份以"远离网络'三俗'，共建网络文明"为主题的倡

议书。(25分)

要求：针对性强，条理清楚，言辞贴切，篇幅350字左右。

6.【B类】"给定资料5"中J市城市管理执法支队所开展的春联春贴专项整治活动，遭到网民质疑和民间舆论的抵制，请你对这一事件做出评析。(15分)

要求：分析透彻，观点正确。篇幅250字左右。

7.【C类】"给定资料5"中，对于叫停老潘免费放电影一事，当地政府部门给出了三点理由，谈谈你对此事的看法。(15分)

要求：分析透彻，观点正确。篇幅250字左右。

8.【C类】假如你是一名村文化工作者，请针对"给定资料3"中村基层文化中存在的问题，就如何进一步提升基层文化的精准服务，提出对策和建议。(25分)

要求：措施具体，针对性强，条例清楚。篇幅250字左右。

材料1：

在祖国的山山水水间，有这么一群人。他们或俯首案前，呕心沥血研究民间文化；或献身舞台，孜孜以求编演老百姓喜闻乐见的精彩节目；或走村串寨，把精神文化食粮播撒在田间地头……他们有一个共同的名字——"基层文化人"。

2017年1月9日晚，"最美基层文化人"颁奖典礼在H省音乐厅举行，H省"最美基层文化人"名单正式出炉。以下是几位"最美基层文化人"的简要事迹。

欧阳老师是M县僻远山区一名普通的文化辅导员。2014年退休后，他走乡串户收集改编民谣，为留守儿童编写了一本《十里山童谣》，融文明礼仪、法治安全、良好习惯、环境保护与资源节约等内容于一体，易读易记易懂，深受孩子们的喜爱。为了留守儿童的教育和成长，欧阳老师捐出自己的全部藏书和住房公积金创建"十里山留守儿童文化街"和"十里山书香文化社区"，为留守儿童建造了一个精神"粮仓"。

D市文化馆的王先生只有小学学历，自学成才。数十年来，他利用节假日和工作之便，自费跑遍了该市100多个乡镇村组，收集地方文化遗产资料三百余万字。利用在当地流传的"孟姜女传说""荆河戏"等资料撰写了五部学术专著，著作的出版在当地学术界和文艺界引起了不小的震动。

Y自治州85岁的田大爷是民间戏曲——灯戏最忠诚的守护者。他14岁开始走上灯戏舞台，70年来坚守传承灯戏文化，将古老的灯戏撒播在家乡秀美的山水间。唱戏成为他生活的一部分，即使褪了青丝，没了牙齿，他依然咿咿呀呀地唱着，颤颤巍巍地舞着……

为群众需求而奔走，为精神食粮而劳作，是基层文化工作者们的真实写照。本次"最美基层文化人"评选活动由H省文化厅、H省委网信办、H省报业集团主办，各市州文（体）广新局承办。活动自2016年3月31日启动以来，共有1568名基层文化人报名，产生了热烈的社会反响。在这些报名者中，既有80多岁默默坚守一线的老艺术家，也有20多岁走时尚路线的文艺新秀，涵盖了基层文化工作者、艺术工作者、文化传承者、文化创意者四大群体。

评选活动打破了以往传统的"自上而下"的单一评奖模式，通过全省各市州、区县文化部门推荐，以及文化工作者自荐、群众举荐等途径，经过专家评审、网络投票、集体决定、社会公示等环节，寻找出"最美基层文化人"候选人50名，最终评选出H省"最美基层文化人"10名、"最美基层文化人"提名奖40名。2016年7月22日寻找"最美基层文化人"活动投票环节全面开始，主办方开通了H省文化厅官方网站、文化江湖微信、微博、华声在线等网络投票渠道，活动期间，共有两千多万人次参与了投票。H省"最美基层文化人"评选活动的成功举办，引起了广泛的社会反响，邻近的J省也计划开展类似活动。

材料2：

G省X县周村有一座古色古香的周氏祠堂。祠堂始建于明代，以前只有在逢年过节时才会有村民去里面祈福祭祖，平时大部分时间闲置。如今，祠堂被改造成了"周村文化礼堂"，门前挂起了"周村关心下一代工作委员会""周村老年人协会"等牌子。放学后，村里的孩子结伴在这里看漫画；周末，老年人相约在这里聚会、看戏……周村的变化，得益于G省农村文化礼堂建设工程的推动。截至2016年年底，该省共建成农村文化礼堂5000余个。一座座文化礼堂的建成，凝聚着乡村的文化底色，从物质形态上保障了乡村文化的栖息与传承。昔日几多落寞的废祠堂、旧庙宇，变成了山里人"快乐村晚"的大舞台。文化礼堂既是村里的荣誉殿堂，也是村史和个人成果的展示厅；既是以"身边人、身边事"为原型的乡村文艺的发源地，也是好婆婆、好媳妇、五好家庭等好人好事的评比场……"旧瓶装新酒"，盘活了资源，传统建筑摇身一变成为新时代的"精神高地"。

"农家书屋+电商"是Y省活跃基层群众文化的一个新形式。为解决基层农民"买书难、看书难"的问题,"农家书屋"文化惠民工程在Y省已开展了8年。近年来,随着农村人口结构、群众生活习惯的变化,"农家书屋"面临资源闲置、门庭冷落的窘境。与此同时,由于Y省农村网络设施落后、人才资源缺乏,电商进入农村"最后一公里"的瓶颈迟迟未打通。能不能让农家书屋和电商的优势结合起来,实现从文化平台到经济平台、从文化惠民到文化富民的转化?Y省有关部门探索通过"农家书屋+电商"的模式,实现基层文化服务与电子商务的融合发展。

"过去冷清的书屋热闹起来了!"2016年11月27日,Y省K市田家镇农民刘阿妹一大早就在网店里忙得不亦乐乎。网店开在镇上的农家书屋里,刘阿妹说:"这里网络免费,桌椅齐全,还有政策咨询、技能培训等服务,定期能参观学习,小书屋就是我的'黄金屋'。"过去,刘阿妹一直在路边摆摊卖水果,收入微薄。市里在镇上搞"农家书屋+电商"服务站点,刘阿妹报了名,经过培训开起了网店,短短几个月,销售额突破5万元。"山里的土特产对接全国市场,前景好着呢!'农家书屋+电商',搅热了农村文化阵地,开辟了农民增收新路,既富'脑袋'又富'口袋'。真是太好了!"刘阿妹发自内心地说。另一方面,那些通过"农家书屋+电商"帮扶起来的电商群体则更为感激,反哺农村基层文化事业的积极性空前高涨。他们有的创办文化实体企业,有的拿出经费为农家书屋新添设备、新购图书,有的直接开辟了新的"农家书屋+电商"服务站点⋯⋯基层文化与强农富农比翼齐飞,赢得了群众的一片喝彩。

"二楼南书房"是N市近年来备受关注的一个阅读品牌。该市保留有大量的民国建筑,是独具特色的文化资源。"二楼南书房"的主人书房君是一位学法律的民间人士,他有一个理想,希望借力民国建筑开展基层文化服务,藉此进一步彰显民国建筑的文化价值和历史价值。2014年4月,书房君在一所1932年建造的民间建筑当中实践了自己的想法,因为该空间处于二楼,朝南,故取名"二楼南书房"。"二楼南书房"立志打造N市首家24小时开放的社会阅读空间,"不灭的理想,不关灯的书房",口号简单而有力。藏书3000余册,并不算多,但每一本图书都经过严格的挑选,力求不让一本烂书上架。现在民国建筑的硬件大多比较好,加上深厚的历史积淀,只要稍加修整,就会有不错的空间体验。自开张以来,不断有人循着书香来到此处,探寻这家仅仅60平方米的书店能源源不断吸引读者的奥秘。

G区江东街道来了，与"二楼南书房"一道探索社区阅读空间——"江东书房"的构建。金鹰商城来了，与"二楼南书房"一道商谈高端商业体阅读空间项目——"百家书房"的合作意向。2016年7月，书房君将"二楼南书房""江东书房""百家书房"关于阅读空间的实践，总结出一套高品质、低成本的社区阅读空间解决方案——书千计划，该方案有很强的植入能力和复制性，可满足各级政府行政中心、商业综合体、住宅地产、大型企事业单位的文化空间需求。书千计划在2016年第三届"紫金杯"建筑及环境设计大赛上荣获公众奖。几年下来，"二楼南书房"作为一个民间基层文化阵地，一直有人陆陆续续地来，也一直有人陆陆续续地走。不变的是，灯光一直亮着，书香一直迷人。

材料3：

崎岖的山路上，清一色的老人，步履蹒跚，他们正翻山越岭赶往相邻的村庄去听戏，那儿有"老杨剧团"在演出！这是春节期间F省某山区真实的一幕。"老杨剧团"是由农民老杨牵头自发组建的农民剧团。2018年春节以来，这个剧团已接到5单生意，有本镇的，也有邻镇的，有私人祝寿的，也有村委会邀请的。演出形式涵盖采茶戏、歌舞、器乐表演等多个门类。尽管只是利用农闲季节、晚上和节假日时间演出，但在当地拥有不少"粉丝"。从2014年5月组建到今天，"老杨剧团"的演员人数从4人发展到了20多人，甚至还有"90后"新鲜血液加盟。"老乡们说我们自己编排的戏有乡土味，比县里剧团的演出都好看。"老杨脸上满满都是自豪。

"打麻将？谁有那闲工夫！年节是村里人聚得最全的时候，大家一起唱大戏、耍社火，都一心指望在全县社火大赛、戏剧大赛里拔头等呢！"2017年2月18日，L县某村综合文化服务中心里，66岁的赵大爷司鼓，他62岁的老伴杨大娘扮演旦角，夫妻俩一唱一和，乐在其中。作为该村业余剧团的发起人，赵大爷不但把自家的服装、道具免费提供给剧团使用，还义务培养年轻人学习表演，一心要让传统艺术后继有人。

"如今，群众自办文化的热情被点燃，县里13个乡镇全部组建了业余剧团，成员达180多人。许多结合本地特色的文艺表演，让人眼前一亮。"L县文广新局局长说，"现在我们县的春节联欢晚会都是群众争着报名上节目，效果很好。以前我们总是花大价钱请些明星来演，人一走，又能留下什么呢?"

农民需要什么样的文化产品?我们能提供什么?是当前基层公共文化服务供给侧改革必须正面回答的问题。K市文化体育旅游局汤处长从事基层文化工作多年,走过不少地方。在他看来,农村大多数地区基层文化活动都缺乏新意,总是停留于传统的唱唱跳跳,搞活动就是喊一喊、凑一凑,花灯、小戏、广场舞居多;国家启动了一些文化下乡工程,但不少内容存在雷同、低质的现象。仔细分析一些农家书屋的书籍,会发现不少都是当地出版企业的库存书。"农村电影放映"工程放映的也多是上不了院线播映的影片。"配送错位,也是农村基层文化中一个潜在的问题。"汤处长介绍说,现代社会城镇化的发展趋势,使得部分农村地区的青壮年已转移到城市,有的举家搬迁到城郊居住,甚至整个村都转移出去了。一些农民工大量聚集的社区、城乡接合部的公共文化服务严重不足,成为"真空地带"。在这些地区,资源配置需要重新定位。2016年汤处长他们为农民工送温暖,选择在城乡接合部放电影,没想到此举受到热烈欢迎,一年放了200多场。"外出打工的人没什么娱乐,文化生活非常单调,需要特别关心。"汤处长补充说,"缺人缺钱,仍是部分边远地区文化供给中存在的问题。在一些地方,尽管硬件配备齐全,但由于人手不足、资金短缺等问题导致基层文化服务无法高效开展。"

材料4:

普通的家居背景中,一位年轻美女穿着家居服,素颜出境,以独白秀的形式,发布原创短视频,大讲时事热点。2016年,某戏剧学院导演系的在读研究生"papi酱"靠每次不到5分钟的短视频在网络平台爆红,迅速积累了800多万"粉丝",获得了1200万元投资,估值上亿,成为炙手可热的"网红"。

"网红"是"网络红人"一词的简称。在当下社会状态下,绝大多数"网红"都具有强大的"吸粉""固粉"能力,并能直接依靠"粉丝"的数量和购买力实现商业变现。"80后"网民"淼淼"称自己是"papi酱"的"脑残粉",已经通过微信公号"打赏"了几百块钱。"短短三五分钟的视频中,'papi酱'设置了强烈的戏剧冲突,还不像家长一样板着脸,嘻嘻哈哈就说到我的心坎里。"像"papi酱"这样依托互联网成长起来的"网红"群体近年来越来越活跃,他们的共性是通过传递价值观和生活态度来潜移默化地影响"粉丝",成为不可忽视的文化现象。如何评价"网红"的社会影响?不同的人有不同的看法。有人认为,"网红"的成名与暴富太过轻巧,他们大多不具备传统文化名人的实力,这种成名方式,将损害"只有依靠才华和努力才能成功"的主流价值观,不值得鼓励,很可能会成为现代社会基层文化的一个隐忧。也有人认为,"网红"不过是"时尚文化"的一种现状,并没有我们想象的那样新奇,它只是"名人效应"在互联网时代的一个变体。对于"网红",不必紧张,听之任之即可,随着时间的推移,会自然沉淀或消亡。

对于大多数"90后""95后"来说,网络已与他们的生活深度融合,在网络直播、网络论坛上,处处活跃着他们的身影。不过,也有一些"90后""95后"因为种种原因在网络世界误入歧途,甚至有些受到法律的制裁。

W市民警小邢,辖区在城郊接合部的大学城,年轻人多,工作三年来接触过不少案例。40多段不堪入目的淫秽视频、5万余人的"粉丝"……为了使自己快速成为"网红",网名"梨花雨"的网络女主播温某伙同他人录制淫秽视频吸引人气,并借此牟利。最终温某因制造、传播淫秽物品罪,被判处有期徒刑4年,并处罚金10万元。邢警官多次拿这个案例去教育年轻人,但就在春节期间,辖区内关于网络赌博的举报就有好几起,邢警官深感责任重大。

2017年年初,文化部发出通知,将对网络表演市场开展执法检查,重点打击"三俗"(庸俗、低俗、媚俗)等违规内容,保持对网络乱象的高压态势,对情节严重的平台依法予以关停。文化部文化市场司负责人表示,近年来,网络表演行业迅速发展,在短时间内形成产业规模,但低俗、色情表演等乱象屡屡出现,负面评价多、行业形象差已经成为制约行业发展的突出问题。在主管部门加强市场监管的同时,从业人员应当有责任意识和担当精神,以身作则,加强自律,推动建设一个健康向上的行业。

在S市从事保洁工作的马女士,2016年成为"文化江海云"App的忠实用户。通过这款App,马女士可以掌握自己感兴趣的文化活动信息,并通过提前预约,和儿子一起观看免费展览和公益演出,参与社区亲子活动等,十分方便。

"文化江海云"作为S市基层文化服务数字化的重大项目,于2014年启动。试点期间,2个月访问量就达600多万人次。目前已建成的12朵云,都遵循统一的技术和运营标准。全覆盖的"文化江海云"除了包括16个区县的资源,还囊括了市级图书馆、博物馆、美术馆、旅游景点等文化场所的数字资源,真正实现一站式服务。据该项目负责人介绍,"文化江海云"正在改变着S市基层文化活动的样貌。比如,由政府买单的众多基层文化配送项目,通过"文化江海云"的数据积累,可以对各类活动的上座率进行分析,更科学地在合适的时间、地点派送合适的活动。市民在平台上点赞、预约的痕迹可作为个性化推送依据,做到文化信息精准投放。开放透明的信息正在倒逼政府改变以往的公共文化尤其是基层公共文化的管理思路。该市文化局陈局长认为,"文化云"最重要的促进作用是让基层文化供给从"上级导向"转变为"用户导向""市民导向"。发布了多少活动,有多少人参加,发布得是否及时,有没有吸引力……一切都可以被市民监督。"这督促我们更加关注民声,开动脑筋靠内容和服务来争取市民的满意。"

材料5:

2017年1月30日,正月初三,家家户户还处在节日的欢乐气氛里,J市城市管理执法支队对辖区道路开展了春联春贴专项整治活动。过年期间上街撕春联,让在节日期间的民众难以理解。网民质疑,城管是不是管得太多了?贴春联这一延续了几千年的习俗被制止,太粗暴了!为此城管部门在官网上做了一个公开解释,回应说:"贴春联贴'福'字,是传统风俗,在带来喜庆的同时,也带来了很大的安全隐患和视觉污染。节日过后,破旧凌乱的春联春贴不但失去了营造节日气氛的作用,还严重影响了市容市貌。因此,城市管理执法支队在尊重传统节日的同时,对辖区商户早宣传,对春联春贴早清理。节后,支队从正月初三起开展了专项整治活动。共清理春联、门贴、'福'字等450余处,大大维护了文明、洁净、清新的城市环境。"让人诧异的是,回应最后还说:"正月初清理春联门贴,得到了绝大多数商户的理解和支持,也吁请辖区内广大市民予以理解和配合。"可从新闻下面的跟帖来看,遭到民间舆论的一致抵制,批评、质疑,甚至咒骂声一片。

今年63岁的老潘是G省一个地地道道的农民,他在当地有一个响当当的称号——"电影大亨"。2007年老潘自费买了一台电影播放机,免费给村民放电影,这一放就是10年。当地媒体多次报道过他的事迹,2013

年他还入选了首届"感动G省人物"的候选人，2016年12月26号，老潘接到一个电话，要他去镇政府二楼纪委办公室去谈话，由于他没有经营许可证，涉嫌非法放映，被告知以后不能放电影了。

由于老潘在当地是个名人，此事引起公众的关注，有人上网查询后得知，所谓经营许可证是指"电影放映许可证"。这个证件，依法由县及县以上电影行政主管部门核发，只有办了证，才能在农村放电影。也有网友分析，目前国家为了丰富农村基层文化生活，正大力开展农村电影放映工程，这项工程有资金配套，每放一场电影会给正规放映队100元的补贴，而老潘免费给村民放电影，触动了正规放映队的利益，所以被叫停。

对于公众的质疑，当地政府部门发出了一个官方反馈，在反馈中，提及了叫停老潘放电影的理由有三个：一是不符合《电影放映条例》；二是他的放映行为不在监管范围，因老潘不服从统一的放映管理，和其他正规放映队相冲突；三是他的放映行为没有在广电局和电影公司的监管下进行，存在知识产权保护、涉黄涉暴的安全隐患，老潘在办理手续和接受培训后，可以恢复其资格。对于这样的结果，倔强的老潘不愿意接受，他说："我是免费的，他规定我，我就不干了。我就不明白，做好事怎么还会被禁止呢？"

材料6：

高手在民间。正在热播的《中国诗词大会》上，有两位草根选手的表现让观众过目不忘。65岁的老王来自N省，做了大半辈子农民，只读过4年书，如今跟女儿生活在城市。为了补贴家用，他平时摆地摊修自行车。老王非常热爱诗词，在过去的三年里写了一千多首作品，修车的间隙也在琢磨写诗。为了提高诗艺，他在自行车摊前挂了一块小黑板，把自己的诗写在上面，和大家探讨。如果有人能帮他改一个字，他就请对方喝一瓶啤酒。对他来说，这一辈子，诗就像荒漠中的一点绿色，总能带给他希望和渴求。

40岁的白女士，X省Q县农民，2011年罹患淋巴癌，在病床上与诗词同行。2017年2月6日，她在《中国诗词大会》的舞台上讲述了自己和诗歌的故事。"我十六七岁时，放学后的任务就是看孩子。弟弟生病了，脑子里长了个瘤，一发作就用手打头。我想办法安慰他，就说一些常见的儿歌，说完没什么可说的了，就想到了诗歌。他听到诗歌或者儿歌，能转移一下注意力，就不打头了。""我 2014 年参加了河北卫视的《中华好诗词》。那时候我刚做完治疗，觉得万一不久于人世了，也可以留个念想。不要让人觉得我们农村人没有文化，我要上去给农民加加劲。今年已经治疗六年了，我觉得身体还行，就想再来交流一下。"当主持人问到诗词对于现实生活有哪些影响和改变时，白女士淡定地说："诗词伴我经历过生死。从里边可以了解古人的生活状态，大漠、田园风光；还可以学到人生态度。输也好，赢也好，只要我走过就好。"

专家评价道：陶渊明有句云"此中有真意，欲辨已忘言"，我们每个人对诗的真意都有不同的理解，但只要它能对我们的内心有催发，能唤起我们对生活的信念，就是一个领会了真意的人。像老王、白女士对诗的热爱，不也是一种真意吗？网友评价道：诗意人生更加精彩！这些草根阶层的文化人才与文化追求正是整个国家基层群众文化活动的灵魂和支撑。

材料7：

文化是民族的精神内核，基层是文化的展现园地。文化之功，如滴水穿石。只有基层文化活起来，百姓精神才能富起来。2017 年 3 月 1 日《中华人民共和国公共文化服务保障法》正式施行，自此人民群众基本文化权益和基本文化需求将实现从行政性维护到法律保障的跨越。基层文化供给侧改革的关键在于文化服务思路的转变，要变政府"端菜"为群众"点菜"。基层文化服务由政府主导，但不是政府包办，只有让群众"点菜"，让群众主动参与进来，才能激发起全社会的文化创造活力。基层文化服务供给侧改革的过程或许漫长，但只要改革围绕群众一步步展开，必能赢得所有基层民众的点赞。

解析：

给定资料内容鲜活，具有易读性、可读性，但真要读出"意味"来，也有相当的难度。换句话说，就是"上手"容易，觉得有很多话要说，但实际上可能没有说到"点子"上，不"精准"。现在我们讲求精准扶贫、精准治理、精准施策，对给定资料的阅读理解，也要力求精准。如果理解、认识不到位，势必出现的情况是：写的时候，文思泉涌，奋笔疾书；写完以后，自信满满，坐等喜讯；但成绩发布下来，可能会与自己的心理预期相差甚远。其原因就是：我们自己对给定资料的理解停留于一般化，是粗线条的，所以写成的文章也只是"表面文章"。

在对给定资料具体解析之前，我们还是按照老规矩，第一步直奔题干要求、直奔主题句：

"请围绕'给定资料7'中的基层文化供给侧改革的要求：以'激发群众参与热情，创新文化服务方式'为主题，联系实际，自拟标题，写一篇议论文。"

很明显，"激发群众参与热情，创新文化服务方式"，是我们思考问题的焦点。

激发——群众——参与热情，创新——文化——服务——方式，每一个词语（词组）都是关键词。应该如何理解题意呢？我们认为：

"服务"是第一重要的；

"文化"是第二重要的；

"创新"是第三重要的；

"参与热情"是第四重要的；

"群众"是第五重要的；

"激发"是第六重要的。

就是越往后越重要，句子的语义重心在句尾。为什么要这样区分轻重呢？我们按着"动宾结构"的方式，对上述关键词进行重组：

激发——群众参与热情，创新——文化服务方式

两个分句中，作为宾语的是"群众参与热情"和"文化服务方式"，二者之间的关系是，"创新——文化服务方式"是大目标，"激发——群众参与热情"是"小目标"，通过"激发——群众参与热情"，更好地实现"文化服务"。

如果把这两个分句的关系弄颠倒了，即"创新——文化服务方式"为的是"激发——群众参与热情"，这样的立意就太低了。"创新——文化服务方式"的目的、意义、作用，怎么能是简单的"激发——群众参与热情"呢？它的目的、意义、作用，比"激发——群众参与热情"大多了。引用材料7中的话："文化是民族的精神内核，基层是文化的展现园地……只有基层文化活起来，百姓精神才能富起来。""文化服务"自然要上升到"文化"层面，阐发目的、意义、作用。

"文化服务"是"重中之重"，要通过"文化服务"让百姓精神富起来。另外，"创新——文化服务方式"中的"创新"，是难点，或称"关节点"。如果照方抓药，用的是土办法，局限于热情、周到、细心，"创新服务方式"的意思就没有体现出来。

如果对每个关键词（词组）的理解认识，停留在一般意义上，忽略了它们之间内在的微妙关联，所写成的文章就会若即若离，给人隔靴搔痒的感觉。

孤立地看，对每一个具体的关键词（词组）的理解认识，达到90%的程度，已

经相当好了。但实际上，"90％乘以90％乘以90％乘以90％乘以90％等于59％"，也就是每个节点都打一点折扣的话，结果将是不及格。这就是我们曾经提到的：写的时候，文思泉涌，奋笔疾书；写完以后，自信满满，坐等喜讯；但成绩发布下来，却和自己的心理预期相差甚远。仿佛是公路上跑冒滴漏的工程车，一路风驰电掣，很拉风，但不停地跑冒滴漏，到最后，存货就不多了。

这是就主题句所作的简要解析，我们接下来再看具体的给定资料。

材料1的主要着眼点是"人"，也就是目中有"人"。这些人有个共同的名字："基层文化人""最美基层文化人"。

这些"基层文化人"及其事迹：

欧阳老师编写《十里山童谣》；

王先生撰写学术专著；

田大爷传承灯戏文化。

"为群众需求而奔走，为精神食粮而劳作，是基层文化工作者们的真实写照。"给定资料中的这句话非常重要，它承上启下，承上是对上述"基层文化人"事迹的总结，启下是自然而然地过渡到"最美基层文化人"评选活动。不要小看这"最美基层文化人"评选活动，它体现了政府的作为、政府的导向。如果说"基层文化人"是民间人士的义举，是自发的行为，那么官方主办的"最美基层文化人"评选，就是对民间义举的表彰和鼓励，旨在彰显其示范效应，引领更多的人参与基层文化活动。在这个意义上，给定资料1中最重要的一句话就是：

"基层文化人为群众需求而奔走，为精神食粮而劳作。"

不同于材料1的以"人"文本，材料2是以"事"文本，主要介绍的是文化活动，具体说来，又包括活动平台、活动形式。

首先，"周村文化礼堂"，"从物质形态上保障了乡村文化"，成了"快乐村晚"大舞台。

其次，"农家书屋＋电商"是活跃基层群众文化的新形式，但有成绩也有问题。成绩是既富"脑袋"又富"口袋"；问题是面临资源闲置、门庭冷落的窘境。

再次，"二楼南书房"打造24小时开放的"不关灯的书房"，不断探索"社区阅读空间"。

三个事例之间的关系是活动空间、活动形式、活动内容三者之间的关系。

"周村文化礼堂"成了"快乐村晚"大舞台，这是说的活动空间。开展基层文化活动，要有一个平台，有相关的物质条件。文化礼堂"旧瓶装新酒"，盘活了资源，传统建筑变成新时代的"精神高地"；给定资料中，特意强调"农家书屋＋电商"是活跃基层群众文化的一个"新形式"（如果倒退若干年，是想都不敢想的），而且提出书屋和电商"融合发展"，进而"实现从文化平台到经济平台、从文化惠民到文化富民的转化"的问题。这些陈述是"点睛之笔"，我们要充分利用给定资料中的这些"闪光"语言，穿插到申论中。比如我们曾说"创新——文化服务方式"中的"创新"，是难点，写不好的话，就会陈词滥调，仿佛是老皇历，看不出"创新"。给定资料中的书屋和电商"融合发展"，既是一种新形式，也是一种"创新性"的服务方式、服务内容。我们要善于总结，善于发现。如果错失了材料中明确告知我们的"农家书屋＋电商"，只是泛泛地说提高认识、加强制度建设等，就太可惜了。最后一个事例主要是"活动内容"，就是打造"不关灯的书房"，探索"社区阅读空间"。

当然"活动空间、活动形式、活动内容"的划分，不是严格意义上的、水火不容的，它们之间也有一定程度的交叉。这里主要是说三个事例分别偏重于"空间""形式""内容"。做出这样的梳理，能帮助我们理清思路、头绪（如果脑海中有"活动空间、活动形式、活动内容"的概念，就不愁没话说了。当然，谈创新文化服务方式，不限于"活动空间、活动形式、活动内容"，但有了它们，明显会更有底气）。

材料3主要讲的是活动效果（正负），它是材料2内容的深化、具体化：

自发组建的农民剧团"老杨剧团"，有乡土味，比县里剧团的演出都好看，在当地拥有不少"粉丝"。

村综合文化服务中心里，大家一起唱大戏、耍社火；乡镇业余剧团结合本地特色的文艺表演，效果好，群众自办文化的热情被点燃。

"农民需要什么样的文化产品？我们能提供什么？是当前基层公共文化服务供给侧改革必须正面回答的问题。"这句话与材料2中的"实现从文化平台到经济平台、从文化惠民到文化富民的转化"，功能、作用一模一样，承上启下，是"点睛之笔"，显示着给定资料的"逻辑脉络"。

活动的影响力和效果，有正面的也有负面的。"老杨剧团"等事例是正面的，接下来从两方面介绍了负面情况，一个是"配送错位"，比如缺乏新意，内容雷同、低质等。一个是公共文化服务严重不足，有的地方成为"真空地带"。其中前者是普遍性的问题，面广量大，后者是个别问题，只存在于农民工大量聚集的社区、城乡接合部。它们的共同表现是"基层文化服务无法高效开展"。

想必看了上面的解析，我们已经化身"老中医"，知道怎样开药方了。最简单的，就是扬长避短。上述事例中，效果好的就是"长"，有问题的就是"短"。如何扬长避短，好像已经昭然若揭了。

在这个意义上说，我们写文章用到的材料和观点，几乎百分百都能在给定资料中找到答案。给定资料的信息是"海量"的，仿佛是个百宝囊，藏着妙计，等着我们去发现。如果通过阅读给定资料，没有发现可用的材料、观点或锦囊妙计，那意味着我们的理解和认识还不够深入。有些风景，只有登临到最高处，才可尽收眼底；而另一些景观，只有曲径才可以通幽，才可以让人豁然开朗，发现柳暗花明的新境界。

材料4是具体案例。主要有两方面内容，一个是"网红"，一个是"文化江海云"。两相比较，理解和认识的难点、疑点是"网红"。

我们一定要明确：基层文化人可以成为"网红"，但"网红"不一定是基层文化人。它们之间不能简单地画等号。以给定资料为例，"papi酱"是某戏剧学院导演系的在读研究生，光鲜亮丽，"高高在上"，不能称其为基层文化人。或者说，"papi酱"的"网红"传播方式，不属于基层文化。我们是"围绕基层文化供给侧改革的要求"，谈"激发群众参与热情，创新文化服务方式"的问题，这里的"文化服务"，显然是"基层文化服务"。如果把"papi酱"也生拉硬拽到基层文化人队伍，想必她会大为光火。我们取舍材料，有一条最基本的原则，就是能不能表现文章的主题，能不能支撑中心论点。如果某一则材料，孤立地看非常精彩，但因为和文章的主题不搭界，也要毫不犹豫地舍弃。敝帚自珍的结果，只能会"遮蔽"文章的主题，令其蒙尘。

这种分辨是个难点，不排除一些人见到了"papi酱"，又惊又喜，忙不迭地用八抬大轿请回了家，无奈一个是"孔雀女"，一个是寒门。山窝里能飞出金凤凰，但金凤凰一飞冲天，就不可能再委身山窝里了。电影《肖申克的救赎》中的一句台词很经典：有些鸟注定是关不住的，因为它们的羽毛太鲜亮了。说的就是这个道理。

【A类】真题有一个小题："给定资料4"中的"网红"现象引起社会热议，请针对文中的不同观点，谈谈你的见解。"网红"材料主要是为这个题目服务的。另外，因制造、传播淫秽物品而被定罪量刑的"基层'网红'"（"基层'网红'"是我们生搬硬套起的一个名字），属不属于基层文化人，也不好说清楚。对这些有疑义、歧义的材料，我们最好敬而远之。给定资料那么多，信息海量，像天涯芳草，"渐行渐远还生"，何苦一定非他不嫁、非她不娶？

"网红"之外，另一个事例是"文化江海云"。"文化江海云"才是我们可以牵手的"另一半"，而且是最佳的伴侣。因为"文化江海云"是基层文化服务数字化的一个项目，正在改变着基层文化活动的样貌（注意：给定资料中的这些话，几乎是在明确告知什么是"创新服务方式"),"倒逼政府改变以往的公共文化尤其是基层公共文化的管理思路",其促进作用是让基层文化供给从"上级导向"转变为"用户导向""市民导向",因此我们要"关注民声,开动脑筋靠内容和服务来争取市民的满意"。这些表述,可谓字字珠玑,价值连城。

还有一个问题,就是"papi 酱"和"文化江海云"怎么组合在一起了呢?我们认为,这可能是命题老师的一种障眼法。由"papi 酱"说到"网红"说到"粉丝",这是顺理成章的,但又跨界到"文化江海云",其间就是断裂的。不过,我们要注意,材料 3 也有"粉丝"("老杨剧团"的"粉丝"),紧承材料 3 的材料 4 即"papi 酱",再接续"粉丝"的话题,好像外在上有关联。实际上是两码事,如果把"文化江海云"组合到材料 3 中,我们会发现毫无违和感。换句话说,是"papi 酱"插足到材料 3 和"文化江海云"中间,挑起了纷争。也可以理解为"文化江海云"就应该是材料 3 的一个有机组成部分,现在活生生地被拆散了。其实这种棒打鸳鸯的做法,也并不可怕,俗话说"打断骨头连着筋",关键是我们要能够让它们各归其位。

材料 5 也是具体案例(和材料 4 一样),而且也是两个案例:"撕春联""放电影"。两个案例的一个共同特点是富有争议性。

关于撕春联,我们需要注意一个细节:从城管开展工作的角度,给定资料中说这是"专项整治活动";但从客观角度叙事时,却改称"撕春联"。这实际上已经流露了倾向性,具体说来,"专项整治活动"表明师出有名,是"褒",而"撕春联"尤其是过年期间上街撕春联,则明显是"贬"。这是"春秋笔法",一字一词中蕴含着叙事者的态度。另外,先说"网民质疑",再介绍"城管部门"的解释,之后又是"让人诧异"和"民间舆论的一致抵制,批评、质疑,甚至咒骂",这样的次序安排,也鲜明地体现了叙事者的好恶(通常说来,越是最后引述的观点、意见,越是叙事者想强调的,或者说是叙事者更加认同的)。

【B 类】真题有一个小题:"给定资料 5"中 J 市城市管理执法支队所开展的春联春贴专项整治活动,遭到网民质疑和民间舆论的抵制,请你对这一事件做出评析。

从主观动机上看,好像无可争议;实际上是有违传统习俗;滥用职权,手伸得太长了,"管得太宽了";在回应舆情时,假借"人民的名义"(实际上是在撒谎),这是对公众的二次伤害。正面主张:尊重传统习俗,反对面子工程、形象工程,拍脑袋决策当止,社会治理要更加科学、民主、和谐。

我们认为,城管撕春联这样的案例,写不写入大作文,要慎重,要综合考虑。这是因为,春联既可以居庙堂之高,也可以处江湖之远;既可以是大家闺秀,也可以是乡野村姑。说它是基层文化的一个侧面,也成立,但它远不止基层文化属性。

城管撕春联所暴露的问题，有"没文化"的一面（缺乏对传统文化、传统习俗的敬重），但主要问题显而易见不是"没文化"。所以，就像材料4中的"网红"一样，撕春联这个案例，不用更好（用的话，要用得巧妙）。

"老潘放电影"的可用价值，明显高于"撕春联"，因为它更有"群众性"，更典型。我们在解析2018年江苏省公务员考试申论真题卷A类时，曾提到"深化主题"的问题。当时我们结合"扶贫公示牌"和"晒谷场上的热议"两个材料，说它们有一个共性，即具有争议性。而具有争议性的材料，更有利于深化文章的主题。"老潘放电影"便是富有争议性的材料，争议的焦点是"免费给村民放电影"和现行管理规章之间的冲突。如何刚柔相济，有效化解矛盾，考验着管理者的智慧。

材料6中，《中国诗词大会》上两位草根选手的励志故事，套用一句流行语：生活不止眼前的苟且，还有诗和远方。诗意人生更加精彩。从作文的角度讲，它的信息量相当微弱。

材料7是"压轴"，所谓好戏在后头。它的作用是"点题"，让考生进一步明确立意的方向。其中"文化是民族的精神内核，基层是文化的展现园地"，强调的是文化和基层的重要性；"只有基层文化活起来，百姓精神才能富起来"，前一句是"表"，后一句是"里"，道出了基层文化"活起来"的作用；既然基层文化"活起来"作用如此之大，那么如何"活起来"呢，文化服务的思路要转变，要变政府"端菜"为群众"点菜"。这段文字仿佛是"临门一脚"，能理顺其逻辑关系，就为破门得分奠定了坚实的基础。

我们再梳理一下给定资料：

"基层文化人"；

基层文化活动平台、活动形式；

基层文化活动效果（正、负）；

具体案例，"网红"和"文化江海云"；

具体案例，"撕春联""放电影"；

诗词大会上的草根选手，诗意人生更精彩；

文化服务变政府"端菜"为群众"点菜"。

最后是题干要求：以"激发群众参与热情，创新文化服务方式"为主题，联系实际，自拟标题，写一篇议论文。

我们不妨由后到前，"连缀成篇"：

"激发群众参与热情，创新文化服务方式"，需要政府在文化服务上变"端菜"为群众"点菜"，"文化江海云"就是数字化的创新服务（需要我们学习），但也存在着活动效果欠佳的问题，比如"配送错位"，我们要进一步丰富内容，拓宽平台，采用灵活多样的活动形式，让"基层文化人"（在基层文化活动中）唱主角。

当然，写文章不一定这样古板，尽可以灵活安排。但我们这样的"连缀成篇"，至少体现了我们对给定资料的理解和认识。那就是：

第一重要的是"文化服务"。不能写科技服务、医疗服务、生活服务……当然也不能泛泛地写文化建设（加强文化建设，是做好文化服务的基础，但给定资料和题干要求不是让我们谈论"文化建设"，"文化建设"是个更宏大的问题，所以它要置身后台，最好不要抛头露面），也不能用老办法去进行文化服务，要"创新"。另外，这句话没有主语，还要知道是"谁"创新文化服务；创新文化服务的题中之义（也是创新文化服务的前提条件之一）是"激发群众参与热情"。

简要概括：政府职能部门要创新——文化服务——方式，创新——文化服务——方式不能唱独角戏，需要激发——群众参与热情。怎样激发群众参与热情呢？要有平台、有内容、有演员、有丰富多彩的活动，要借助"互联网+"……

注意：始终聚焦"服务"（而不是"我"自己跑到台上唱戏，抢了群众的戏），聚焦"文化服务"，力求"创新"服务。写好了"服务"自然就"激发群众参与热情"了。激发起群众参与热情，又会助推基层文化的繁荣，形成良性循环。

范文　创新服务方式　激活基层文化

文化是民族的血脉，而基层则是继承和弘扬优秀民族文化的园地，当前进行的基层文化供给侧改革就是要通过转变文化服务思路，调动群众参与热情，激发全社会的文化创造活力，让基层文化"活"起来。

长期以来，我国基层文化开展的效果并不理想，基层文化活动大多缺乏新意，文化下乡工程内容也雷同低质，乏味单调的基层文化自然难以引起群众的参与热情。而导致这一现象的重要原因在于基层文化长期由政府包办，基层文化供给未能与群众文化需求精准衔接。要走出这一困局，就需要基层文化服务由政府"端菜"向群众"点菜"转变，围绕群众需求创新基层文化服务方式，为基层文化注入活力。

创新基层文化服务形式，既要富"脑袋"也要富"口袋"。基层文化活动的根本目的是为了丰富群众的精神文化生活，实现人民幸福的大目标，对于部分仍处在温饱线上的农村群众而言，提高生活水平是极为迫切的需求。对此，基层文化服务应该从文化惠民向文化富民转变，通过与电商等渠道优势互补，既搅活了农村文化阵地，又开辟了农民增收渠道，实现了"富脑袋"和"富口袋"的双赢。用实际成效赢得群众的喝彩，实现基层文化与强农富农比翼双飞。

创新基层文化供给，要用"技术"更要转"思路"。文化供给方式是将优质文化产品投放到群众面前的关键环节，如何解决"众口难调"的群众精神文化需求，我们不妨借好"互联网+"的东风，通过打造基层文化服务数字化平台，整合各地优质文化资源，通过对用户使用痕迹的大数据分析，实现文化信息的精准投放。更为可贵的是，开放透明的信息技术能够促使基层文化供给从"上级导向"转为"用户导向"，倒逼政府转变传统的基层文化管理思路，引入群众监督，更加关注民生，用心以内容和服务来获得群众的满意。

创新基层文化保障，要抓"硬件"更要抓"软件"。拥有再好的硬件配备，缺人缺钱一样会影响基层文化活动的高效开展。如何对有限的文化资源高效利用，就需要我们用心"盘活存量"。伴随城镇化进程，大量农村青壮年劳动力向城市转移，农民工大量聚集的社区、城乡接合部产生了基层文化供给的"真空地带"，存在严重的"配给错位"问题。对此，我们要在保障硬件设备齐全的基础上，结合城镇化发展趋势对公共文化资源进行重新定位，找准群众需求"痛点"，为群众送去想看、喜欢看的优质文化服务。

群众的需求就是我们改革的方向，在基层文化供给侧改革这场考试中，各级政府要静下心来，答好"群众需要什么""我能提供什么"两道命题，用创新思维激发群众参与热情，让基层文化焕发活力，为丰富精神文化生活，净化社会风气，弘扬时代新风做出更大贡献。

范文　创新文化服务　让基层文化活起来

文化是民族的精神内核，基层是文化的展现园地。如何让基层文化活起来，关键在于转变思路，创新文化服务方式，变政府"端菜"为群众"点菜"，不断激发群众的参与热情。

经济基础决定上层建筑，随着经济发展，现阶段基层文化较以往已经有了一些活跃的现象。如目前大力开展的农村电影放映工程，丰富了农村基层文化生活，深受群众喜爱。再如"网红""papi酱"，具有强大的"吸粉""固粉"能力，并能通过传递价值观和生活态度潜移默化地影响"粉丝"，成为不可忽视的文化现象。

虽然基层文化已经呈现了一些活力，但很多问题仍不容忽视。大多数地区基层文化活动缺乏新意，总是停留于传统的唱唱跳跳；农家书屋的图书不少是滞销的库存书，农村电影放映工程的影片多是上不了院线播映的影片；文化资源配置不合理，配送错位,不少聚集大量农民工的城乡接合部却是公共文化服务的"真空地带";部分边远地区,尽管硬件配备到位,却因人手不足、资金短缺等问题,导致基层文化服务无法高效开展;等等。面对种种问题,只有转变以往政府主导服务的思路,建设服务型政府,变政府"端菜"为群众"点菜",才能有效开展基层文化服务,让基层文化更有活力。

盘活资源,让传统建筑成精神高地。很多地方的农村都有古色古香的祠堂,这些祠堂平时大部分时间都是闲置的,只有逢年过节才会有人去祠堂里祈福祭祖。如今,在农村文化礼堂建设工程的推动下,大多数地区的祠堂被改成了文化礼堂,用于群众日常的休闲娱乐、学习社交等。礼堂里陈列着村史和本村文化名人优秀事迹,不仅凝聚着乡村的文化底色,更从物质形态上保障了乡村文化的栖息和传承。"旧瓶装新酒",盘活了资源,传统建筑摇身一变成了新时代的"精神高地"。

运用互联网优势,让群众既富脑袋又富口袋。"农家书屋"文化惠民工程已开展八年多,但随着农村人口结构、群众生活习惯的变化,农家书屋面临资源闲置、门庭冷落的窘境。某地积极探索"农家书屋+电商"模式,群众在书屋里看书学习时,可依托书屋网络通过电商经营土特产品,增加收入,既富了"脑袋"又富了"口袋"。因此,要结合新形势,跳出文化阵地只能搞文化活动的思维框架,创新文化服务方式,实现基层文化与强农富农比翼齐飞。

扶持基层文化人才,让文化产品更合群众口味。基层文化人才与基层群众接触紧密,能更清楚地了解群众对文化产品的偏好,政府可通过服务外包形式,购买优质文化服务,扶持基层文化人才的发展,激活群众自办文化的热情,从而提供更符合群众需求的文化产品。

文化之功,如水滴石穿。要让基层文化服务彻底活起来,过程或许漫长,但只要始终以群众为出发点和落脚点,创新文化服务方式,激发群众参与热情,基层文化建设定能赢得群众点赞,真正实现服务于民。

评分标准:

一类文:在创新文化服务方式的基础上,进一步阐明与"激发群众参与热情"的关系。分数:35~39分。

二类文:结合基层文化服务,谈"文化服务方式"的创新。分数:28~33分。

三类文:泛泛地谈"文化建设""基层文化建设"的意义、重要性。分数:21~26分。

附二：

2018年江苏省公务员考试申论真题A类

一、给定资料

材料1：

"先天下之忧而忧，后天下之乐而乐"，写下这句千古名言的范仲淹是北宋著名的文学家，更是一代名臣。他出身贫苦，入仕从政后，十分关心百姓疾苦。有一年，淮南等地蝗灾、旱灾蔓延，灾情严重。范仲淹请求朝廷巡察处理，朝廷却置之不理。他十分气愤，冒着丢官之险、杀身之祸质问宋仁宗："淮南等地百姓流离失所，饿殍遍野，朝廷怎能熟视无睹？"宋仁宗无言以对，便派他去救灾。范仲淹每到一地，就开官仓赈济灾民，发官钱救济百姓，并带领灾民生产自救。和百姓在一起的日子里，他看到饥饿的人们常常挖一种叫"乌味草"的野草充饥，就尝了一尝，感觉粗糙苦涩，难以下咽。回京时，范仲淹特意带回乌味草，呈给宋仁宗，请他传示皇亲国戚、朝廷上下，告诫他们勿忘百姓疾苦，杜绝奢侈恶习。时隔千年，范仲淹体恤民生多艰、心系百姓的道德风范和人格魅力，依然令人钦佩不已。

古人云"感人心者，莫先乎情"。一提起周恩来总理，他与人民一家亲的画面就会浮现在人们的脑海中。新中国成立之初，百废待兴，周总理经常坐在老乡家门槛上，向群众了解民情；黄河抢险时，周总理和纤夫一起喊着号子，齐心合力拉纤，保护大堤；1973年，周总理回到阔别20多年的延安，看到群众依然缺衣少食，十分自责："乡亲们的生活还这么苦，我这个共和国总理没当好，我对不起乡亲们！"翻开周总理的著作，"为人民服务"的思想无不闪烁在各个篇章的字里行间。他深情地说，"对人民，我们要像孺子牛一样勤勤恳恳、老老实实"。他要求干部以人民的疾苦为忧，要有所爱，有所为，有所恨，有所怒。周总理的一生，始终满怀与人民群众亲密无间、心贴着心的情感，人民的好总理赢得了人民群众的衷心爱戴与拥护。

材料2：

最是寻常见真情，最是细节显品格。相比于历史的宏大叙事，现实的平凡书写更有一种直击人心的力量。目前，平均每16个中国人里，就有1名共产党员。中国共产党引领中国航船驶过90多年之际，无数人都会从自己的视角审视这支队伍，从一件件小事、一个个普通党员身上感受历史的启示和信仰的力量。为此，某报社评论部携手该报新闻网、新闻客户端，发起了"我家的党员"征稿活动，让家人写家中的共产党员。这次征稿活动打开了人们认识身边共产党员的一扇窗口。

　　大量的稿件如雪片般飞来，让主办方感到惊喜。作者既有知识分子、公务员，也有企业职员、普通农民。很多人表示，投稿不是为了发表，只是为了表达真实的所见所感。正如刘先生所说，投稿是"为了见证家人的红色情怀，书写他们的红色记忆，传承他们的红色基因，传递他们身上的正能量"。

　　这些文章没有华丽的辞藻，都是真心话、真性情；没有空洞的理论，都是一个个鲜活的人生片段。到目前，该报已经刊发了多篇稿件，其官网及官方公众号上也都选登了若干篇。这些家人眼中的"党员故事"，组成了一幅生动真实、有情有义的共产党人群像。

　　透过家人的眼睛，读者看到了党员的正义与坚守。"倔牛""'轴'心骨""二愣子"等，在充满生活气息的字里行间，一个个讲原则、有血肉的党员的形象扑面而来：投稿人小杜因拿红头公用信笺写作业而受到父亲训斥，从此记住了"公家的光一点都不能沾"；投稿人何老先生因为女儿坚决不肯走后门办私事而感到自豪，他记住了女儿的话，"现在你找别人帮忙，以后别人叫你办一些不合规矩的事，怎么办？"……日常的细节，让人感到了代与代之间流淌着的一股力量。

　　透过家人的眼睛，读者还看到了信仰传递的力量。投稿人苏女士说："我丈夫是党员，我看得到他的辛苦，深深地为他的执着所折服，也渐渐明白了，有追求、有信仰，才是真正脚踏实地、令人敬佩的人生。他追求着他的信仰，我自豪着他的信仰。爱他，就支持他。"投稿人小宋是一名中学生，他回忆了爸爸入党那天家里的情形。当晚，见到妈妈为爸爸准备了酒菜，小宋问家里有什么喜事，爸爸回答说："儿子，今天是你老爸的'生日'。从今往后，老爸就有了政治生命。"信仰的种子，就这样在小宋一辈的心中扎下了根。

材料 3：

"老百姓打官司不容易，不能让他们寒心。"这是崔法官经常说的一句话。崔法官是 K 县人民法院的一名老法官，20 年来，经他审结的近千余起案件，无一件错案，无一件被投诉，无一件引发信访。

"他对案子总是一丝不苟，办案严谨、细心，坚守底线。"庭长告诉记者，崔法官办案从来不怕得罪人，有一次，崔法官的一位熟人找到他软磨硬泡，希望能够为其挪用公款的亲友减轻处罚，但崔法官严词拒绝："对他的放纵就是我的失职。"在老家，不少人知道他是法官，权力不小，常想找他走后门，但都被崔法官拒绝了。

2017 年 9 月，法院受理了一起棘手的赡养案件，杨老伯的 4 个子女拒绝履行赡养义务，庭长将这个案件交给崔法官。崔法官接案后，一夜没睡好，第二天就找来 4 个子女，对他们晓之以理、动之以情："有一首叫《父亲》的歌说，'人说养儿能防老'。子女小的时候，父母省吃俭用，对子女无微不至地关心，时刻担心他们吃不好、穿不暖，盼望着他们快快长大，成家立业。父母老了，生活不能自理了，按法律、论民俗、讲伦理，子女都应当赡养老人。"经过多次入情入理的调解，一直互相推诿的几个子女都愿意履行赡养义务。

曾经有一桩案件，被告威胁崔法官："要是敢这么判，就有人放你的血，让你横着出去！"面对被告纠集的黑恶势力，崔法官毫不畏惧："我当时也没多想，就觉得这个案子必须这样判，否则对不起庄严的国徽。"他连续工作多日，成功地解决了这起案件。事后，原告诚心诚意地送去了"为民解难，尽心尽责"的锦旗，并且表示，自己会以崔法官为榜样，尽其所能去温暖身边的人。

材料 4：

2017 年 12 月，52 岁的某贫困县县委书记老吕，突发心脏病，倒在了工作岗位上。吕书记生前结对帮扶的贫困户老肖，听到这个消息，眼泪流了下来："简直不敢相信，吕书记好好的一个人，怎么突然就没了！"家住该县 D 村的老肖，原来生活异常贫困。2015 年 7 月，吕书记走访贫困户时，看到他家徒四壁，便问他："你有什么手艺吗？"老肖回答："我会电焊，但没钱买设备。""只要你勤快，愿意做，钱我可以帮你想办法。你马上列出所需设备的清单，我回县城就给你买，再帮你到路边租间门面。"吕书记随后为老肖购置电焊设备，帮他在街上租了一间门面房，老肖就开起了电焊铺。如今，老肖的日子一天天好了起来，一家人其乐融融。

吕书记平时不太爱说话，可跟群众在一起时，他的话匣子就打开了。在路上碰到乡亲，不管认识与否，他常常停下来，和他们拉拉家常。"吕书记真是个好领导，大家都愿意跟他说掏心窝子的话。他生前给我那么多指导和关心，现在他走了，我永远都不会忘记他……"说着说着，L村种草养羊带头人李大姐已经控制不住自己的泪水。

铁汉也有柔情。吕书记很恋家，总说家里的饭菜最香，即使是剩饭，吃起来也津津有味。他的女儿收拾父亲遗物的那天晚上，到了22点50分，吕书记手机的闹钟响了起来，那是他女儿中学时代下晚自习回到寝室的时间，"爸爸每晚这个时候会打来电话，从不间断，至今已6年。"在女儿心里，父亲永远令她骄傲，"爸爸虽然很忙，但总是尽量抽时间陪我，他常教导我要树立正确的人生观，让我多读书，还经常向我推荐好书。"

最近，网上一则新闻引人关注。记者在H省某地进行扶贫调研时发现，当地挂在村委会和贫困户家中的"扶贫公示牌"上，除了帮扶责任人姓名、单位、电话以及他们的证件照外，还印有贫困户的基本信息。对这样的"公示牌"，一些困难群众表示，公示信息无所顾忌，这等于是"示众"，让人臊得慌、羞得很。对此，推行这项措施的有关负责人解释说："将被帮扶人员的姓名、照片、电话、致贫原因，以及帮扶人员的帮扶措施印制在公示牌上，公开悬挂，是我们实施精准扶贫的创新举措。这样做，方便了贫困户与结对帮扶党员干部的精准联系，进一步夯实了扶贫责任，推进了扶贫工作进度。"有关职能部门也做出了回应："公示牌挂出之后，极大地方便了贫困户，让他们在碰到问题和困难时，能快速、简便地联系上帮扶干部。"

网友"大龙"认为，公开贫困户信息，让他们"示众"、上媒体的做法，整得"地球人都知道"，使被帮扶或慰问的群众有"被温暖"的感觉，这让他们情何以堪？

材料5：

退休职工李阿姨曾是一名"干燥综合征"患者，多年来被口眼干燥、全身乏力、低热等病征困扰，痛苦不堪，家人为此担心不已，女儿小张更是揪心。幸运的是，李阿姨遇到了一位天使般的守护神——W市第一人民医院皮肤科主任刘医生。刘主任担任她的主治医生不久就和她互加了微信，粗略估算，650天的治疗时间里，两人有5000多条微信互动，有问询、有指导、有安慰。李阿姨早已把刘主任当成了朋友和家人，"这两年，要是没有刘医生，我都不知道怎么过。"她红着眼睛告诉记者。

回忆起2017年2月的那天，李阿姨至今仍心有余悸：深夜11点，她正要睡觉时突发胸痛，好像被点了穴一样无法动弹，"那一刻，我害怕极了。"疼痛劲一过，她立即抓起手机，给刘主任发微信："刘医生，我刚才突然胸痛得厉害，疼痛从前胸一直游走到了后背，人像被冰冻了一样。大概30秒钟的样子，现在已经缓解了。这是怎么回事？"刘主任立即回复："我知道了，你别慌，深呼吸，吸气—呼气—吸气，慢慢让自己平静下来。"李阿姨又问："不会是心脏病吧？"刘主任回答："引起胸痛最常见的心绞痛或心梗，不会在短短30秒的时间内就缓解，疼痛时也不会出现冰冻感，更不会在全身游走，况且前不久的检查已经排除了你的心脏病史。干燥综合征影响体内激素引起的过敏性反应的可能性更大。你再观察一下，如果继续出现疼痛，马上去就近的医院；如果没有，你明天来医院，我给你配点药。"刘主任的一席话就像一颗定心丸，李阿姨安心了。放下手机，时间早已过了零点。

李阿姨告诉记者："刘医生建立的病友微信群里有300多人呢，我只是其中的一个。他们和我一样，在这个微信群中得到了很多指导和帮助，感受到了刘医生的医者仁心。"李阿姨说，她总想送点礼物，向刘主任表达感激之情，可刘主任从未接受，"你们健康了，就是给我的最好的礼物。"如今，李阿姨的病已经痊愈，因为生病变得性格孤僻、见人都不愿打招呼的她恢复了原先的开朗，常跟姐妹们一起去唱歌、旅游。

材料6：

美丽的风光、悠久的历史、诱人的美食、友好的人民……如今，在越来越多的外国人眼中，中国是个充满诱惑和机遇的地方。许多外国人来华旅游、上学，流连忘返，有些人干脆留下来工作、生活，融入了中国社会。

刚刚在中国拿到博士学位的迪娜是一位美丽的埃及女孩。迪娜坦言，中国人的热情友善让她爱上了中国。"我们学校里有很多老爷爷老奶奶。当时，我刚学中文，表达能力不是很好，可他们总是很认真地听我说话、教我发音，有时还和我说说笑话。中国人，很有人情味，很有趣。"问她为什么与老人聊得来，迪娜说："因为我觉得，他们是真正的中国人。"当记者请她给"真正的中国人"下个定义时，迪娜笑了："就是觉得他们都很好，很热心，很乐观，特别有鼓励人的感觉。"

来自古巴的马丁内斯有一个很"中国"的名字——王少国。"这是古巴一所孔子学院的老师给我取的，我觉得很好听。"王少国与中国结缘，开始于在孔子学院的学习。"我非常喜欢中国文化，特别是书法与水墨画，那意境是无与伦比的！压力大的时候，我能从王羲之的《兰亭集序》中感到安静、放松，那飘逸潇洒的行书，让人体会到自由自在的情感抒发。"来到中国后，王少国的足迹遍及中国著名的美术馆、博物馆，去过黄山、九寨沟……"我特别爱看《三国演义》。充满情义的刘、关、张，鞠躬尽瘁的诸葛亮，敢为天下先的曹操，都让我很着迷。"谈及北京，王少国十分兴奋。"我很喜欢四合院，很喜欢故宫、景山、颐和园，那里充满了历史的味道，散发着中国几千年的人文气息。"王少国说，虽然这些地方之前在书本上也看到过，但身临其境会让人更加赞叹。

2017年春天，中国古典诗歌配乐朗诵会在Y市大剧院举行。除了国内著名艺术家，还有许多热衷于中国语言艺术和文化的外国朋友登台献艺。他们倾情朗诵了《春江花月夜》《茅屋为秋风所破歌》《念奴娇·赤壁怀古》等经典篇目，美妙的声线在丝丝入扣的配乐中流转。语言、文字和音乐相互交融，渗透出千百年来的厚重。这些外国友人赞叹："中国诗歌有对大自然的爱，有对国家的爱，有对百姓的爱，还有对家人的爱，情感丰富，感人至深。"

材料7：

2017年11月，J县新建的火车站广场成了晒谷场一事引发了热议。从网民晒发的图文中看出，宽敞的火车站广场见不到什么旅客，反而是铺散在广场上大片大片的稻谷在太阳底下熠熠发光，特别引人注目。除了供旅客和行人通行的道路外，火车站广场成了金色的海洋，俨然是一道风景。

有网友质疑，本应整洁的火车站广场，竟然成了稻谷晒场，令人难以置信。一直以来，火车站给人的感觉就是安检严格、管理规范，广场上别说晒粮食，就是摆个小摊也不行。

面对质疑，当地执法部门做出了回应。这种情况他们其实是了解的，一开始有农民来广场晒谷时,他们就已经指出了这一行为的不妥之处。现在出现的情形是经过允许的,他们考虑到了周边农民的现实需求,进行了充分论证,并采取了相应的管理措施。

该火车站位置较为偏僻,农忙时节旅客较少,晾晒稻谷一般情况下不会给旅客出行和公共安全造成影响。执法部门考虑到农民在秋收时节的确缺少晾晒场地的实际情况,认为通过引导,可以给农民一些方便。同时,执法部门对广场晒谷提出了一系列具体要求,留出旅客进出站通道和必要的活动空间,保证不影响旅客通行;稻谷外不允许堆放其他物品,保证车站广场的整齐美观;晚上6点之前必须将谷物清理干净,保证场地卫生。对于一些旅客可能会产生的心理"膈应",执法部门表示,会尽力在当地农民与旅客之间寻找平衡点。

但是,火车站相关负责人却表示,执法部门事先没有与他们进行沟通和协调,他们对允许农民在车站广场晒谷的事情并不知情,车站管理人员常因此事跟农民发生争执。

材料8:

做着一份令人羡慕的工作,小唐却像学生厌学一样有"厌班征"。他说,只要一到办公室,疲惫的感觉就排山倒海般地袭来,但每次到医院检查,身体又查不出任何问题。小唐说,现在不愁吃不愁穿,但是这种莫名其妙的"发病"在他工作不久后就开始了,做什么都提不起劲。"赖在家里挺好,什么都不用操心。"小唐说,现在他根本不想上班。眼下,对办事情、写报告、跑下属单位等任何工作都嫌烦,就想整天窝在家里刷刷手机,什么人都不见、什么事都不干的情况发生在不少"90后"年轻人身上。

在某些"90后"年轻人中,"一切随缘"的"佛系"生活似乎很时髦。他们认为,接受了"一切随缘",就能撇开快节奏、高压力环境下的疲惫和焦虑。于是,这些"佛系青年"对工作丧失热情,不喜不悲、不怒不嗔。老板骂我,我说"哦知道了";老板鼓励我,我说"哦谢谢";工作量剧增,我说"哦好的"……活成了一个大写的"哦"。

然而,对这些"佛系青年"的工作、生活态度,很多"90后"是不认可的。"我是第一批'90后',我眼睛没瞎,头发没秃,不'油腻',而且财务也自由,但是我不打算'佛系',虚度人生。"网民"汤大侠"说,

"麻烦那些做新媒体的,不要再用'佛系'的标签消遣大众了。"网民"曹十八"说:"我们只是对无关紧要的事情'佛系',但大事我们都在努力。"网民"友友"说:"万物都是运动的,包括人的心情,人在可控范围内的消沉情绪是正常的。心累了就睡,明天'小太阳'照常升起。"事实上,那些成为人生赢家的"90后",都能以积极的人生态度面对生活和工作。

材料9:

鲁迅先生曾对青年寄予殷切的期待,他希望中国青年都摆脱冷气,只是向上走,不必听自暴自弃者的话,能有一分热,就发一分光。新时代的青年只有将生命的温度注入工作和生活中,以百姓之心为己心,以他人之心为己心,才能真正享受到其中的欢乐。小到细微之事,大至重要之举,近在一朝一夕,远到世世代代,一颗热心、一份牵挂,连着你我他,更连着中华民族复兴的伟大事业。

作答任务:

问题一:"给定资料3—5"列举的工作中的事例体现了心系他人的一些优良品质,请分别概括这些优良品质的具体表现。(15分)

要求:紧扣给定资料,准确全面,条理清楚。篇幅不超过200字。

问题二:"给定资料4"中展示了帮扶对象信息公示问题产生的不同观点。对此,请谈谈你的看法。(20分)

要求:准确全面,分析透彻,观点正确。篇幅250字左右。

问题三:请以"给定资料5"中李阿姨女儿名义,给刘医生所在的W市第一人民医院写一封感谢信。(25分)

要求:

1. 内容完整、条例清晰;
2. 结构严谨、语言流畅;
3. 情感真挚,有感染力;
4. 篇幅400字左右。

问题四:请结合对"以百姓之心为己心,以他人之心为己心"这句话的理解,以"有温度的人生更美好"为主题,联系实际,自拟标题,写一篇议论文。(40分)

要求:

1. 观点明确,见解深刻,内容充实;

2. 结合给定资料，但不拘泥于给定资料；

3. 思路清晰，结构完整，语言流畅；

4. 符合议论文写作要求，篇幅1000字左右。

（本章理论部分以该篇作文为例，故解析与范文此处不再复述）

评分标准：

一类文：突出温度背后有为的重要性，即责任担当等，是文章的精髓。分数：35～39分。

二类文：能够着眼于有温度和人生更美好的内在联系，但针对性不强。分数：28～33分。

三类文：泛泛地谈要有温度，平面静态地展开。分数：21～26分。

附三：

2018年江苏省公务员考试申论真题C类

注意事项：

1. 申论考试是对应考者阅读理解能力、综合分析能力、贯彻执行能力、提出和解决问题能力、文字表达能力的测试。

2. 参考时限：建议阅读资料40分钟，作答110分钟。

3. 仔细阅读"给定资料"，按照后面提出的"作答要求"依次作答。

4. 请在答题卡指定的位置上作答，在草稿纸上或其他地方作答一律无效。

5. 所有题目一律使用现代汉语作答。未按要求作答的，不得分。

给定资料：

材料1：

"故乡"是一个温馨的词语，那里的山水草木、乡音乡俗、饭食茶饮、家人亲友，都会在内心深处留下"月是故乡明"的亲切记忆，凝聚成"悠悠天宇旷，切切故乡情"的思念和盼望。在中华文化传统中，"离乡""望乡"往往包含着无奈和感伤，眷恋家乡被喻为"胡马依北风，越鸟巢南枝""羁鸟恋旧林，池鱼思故渊"，而还乡归来总是令人兴奋、喜悦。特别是回报故土、造福乡梓的善行，一直受到高度赞誉。进入新时代，心怀故土的悠久传统又增加了新的内涵、新的形态。

材料2：

　　Y县16万在外务工人员，最近几天收到了由县委书记、县长共同署名的返乡就业邀请信。这封信不但有明明白白的返乡就业政策介绍，还有情真意切的呼唤；不但有实实在在的岗位供选择，更有亲情的感召。"年初外出年尾回，妻儿老小盼亲归……"Y县常年在外务工人员达15.92万人，占全县总人口的14.7%，占全县劳动力人口的45%，留下10多万个留守家庭和近2.5万名留守儿童。近年来，随着大企业、大项目不断入驻，Y县就业岗位更加丰富，仅开发区和产业园就有各类企业近700家，已吸纳8万余人就业，预计2018年上半年，全县100多家企业将缺少1.2万名工人，信中还说到了留在家乡就业的诸多好处，如，与在外打工相比，实际收入更实惠，生活成本更低，一家人团聚可以更好地照顾孩子和父母等。这封信在当地媒体及朋友圈中迅速传播，引起了极大反响。春节刚过，已有2500余人到该县各类企业应聘，其中1300多人签订了意向就业协议，860多人已上岗。

　　据《人民日报》报道，2016年，中国农民返乡创业人数累计已超过450万，还有约130万城镇的科技人员、中高等院校毕业生等下乡创业。在中国社会科学院某研究中心万主任看来，过去由农村到城市的单向流动格局已开始发生改变。"这是中国城乡结构调整的过程。要吸引更多人回乡、下乡创业，除了要有产业，还要有'情感引力'。"万主任说。

　　近期，S县组织35名本地籍重点高校大学生开展"桑梓情深　放飞梦想"家乡行活动。县委书记说，县里每年都有数百位学子考入本科院校，这对家乡而言是一笔宝贵财富。一方面，乡亲们乐见他们走出大山，在更广阔的天地展翅高飞；另一方面，也期待着有朝一日，这些青年才俊愿意回归故里，发挥专长，干事创业。他寄语学子们："希望大家能够记住这份桑梓之情，关注家乡、关心家乡、关爱家乡，跟家乡的联系不要断，对家乡的感情不要淡，回馈家乡的心意不要变。家乡为你们而骄傲，也请你们努力成为家乡的骄傲！"县委书记说，家乡对在外的学子，除了提供良好的环境，一定要打好情感牌，让他们乐于回乡贡献才智。

材料3：

　　在某网络社区上，一位网友留言说：为了孩子不再走我的老路，纠结了一年，终于还是决定回农村。我应该是"80后"第一批留守儿童，我7岁的时候，爸爸妈妈就外出打工了。成长过程中的辛酸，只有我这样曾经的留守儿童才能真切体会。没有爸妈陪伴的童年，我特别害怕黑夜的来临，我害怕村子里那些老人口中所说的神神鬼鬼；没有爸妈陪伴的童年，别家的孩子回来是热饭热菜，我回家都是冷锅冷灶；没有爸妈陪伴的青春期，来例假了，我以为得了羞死人的绝症……我大专毕业后在外打工多年，也成了家，孩子依然像我当年一样留在家里。经过一年的思考，已经当了妈妈的我，心里只有一个最基本的想法：想陪在孩子身边，想等她放学回来有热饭热菜，不想错过她成长的每一个时刻……

　　2018年春节，家住西部某县西乡镇的小郝，一直在老家和附近的小山村里忙活。除了去医院照顾爷爷，帮父母在小超市里卖菜，他还参加了几场返乡青年的论坛。小郝说，在参加"文化认同·乡情故土——大美西乡青年论坛"的时候，全镇许多在外地的青年都来了。"团县委、乡镇、各村干部的讲话，都在鼓励召唤我们回乡创业就业，我心里挺激动的，希望能为家乡做点贡献。"今年24岁的他，2017年大学毕业后考上了北京某科研院所的农业工程专业研究生。然而，这个好不容易飞出山沟沟的"金凤凰"，却打起了毕业后飞回家乡的主意。小郝说，大城市对年轻人的诱惑真的很多，但作为一个从山村走出来的学农的研究生，美丽的家乡承载着自己太多的回忆。他留恋这里的乡音，热爱这里的一草一木，怀念这里的老人，喜爱这里的孩子……他对记者说："当年向往到城市读书，是为了实现人生价值，现在回乡发展同样也能让青春闪光。而且，远离家乡所疏远了的乡情、亲情都可以再找回来，对家乡的爱心也接上了地气，这样的人生不是得到的更多吗？"

材料4：

　　"在外漂泊这么久，一直觉得自己是个'孤独人'，口袋里多了点钱，总是想着回来为家乡做点事。"西南某省H县大岩村村民老杨对记者说。他初中毕业后就外出务工，在沿海多个省份辗转了多年。父母老了，孩子大了，思念家乡的心情越来越强烈。2016年，在沿海家具厂打工的老杨，发现来自本省的订单越来越多，原来，家乡旅游业的发展带动了餐饮业的新需求，具有复古风又环保的碳化木餐桌椅很受餐馆青睐。这让他看到了巨大的商机，毅然决定回乡创业，当地生产，就近销售。当年，老杨通过政府贴息贷款，投入30万元开办了木制品厂，生产加工专为餐馆设计的碳化木餐桌椅，员工全是当地农民。短短三个月的时间，工厂每月利润就达2万元。处于创业起步阶段的他，对这样的成绩很满意，也看到了未来更大的发展空间。

2008年，已经在G市拥有线路板产业的E县人涂先生开始将目光转向家乡，投资7500万元成立了覆铜板有限公司，成为当年E县最大的一笔投资项目，吸收了数百名本地人来企业就业。十年后，已发展为西南地区最大的覆铜板生产企业，很多打工乡亲已被培养成生产加工线上的技术能手。涂先生说，电子信息产业是支柱产业，他计划未来追加2亿元投资，打通电子信息产业的前端配套产业链，成为当地最重要的原材料供货商，而且准备把厂房建设和维修、产品运输、外包装制作等相关业务承包给当地乡亲。E县劳务产业办公室袁主任说，涂先生的企业扩大规模后，不仅可以再吸纳1500名当地人就业，而且将在E县形成一个贯通上下游产业的产业链。

K县人武先生20世纪90年代怀揣60元钱只身远赴M市，从服装厂的学徒做起，吃尽千辛万苦，一步步发展到自己建厂并闻名当地。2015年，迫于东部外向型劳动密集型产业遭遇寒冬，他敏锐地将眼光投向家乡，在K县赵家产业园区投资建厂。原以为西部农村拥有大量劳动力，但他没有想到，在160多万人口的老家竟然招不到工。他在一番调查后发现，虽然K县每年返乡农民工超过1万人，但回来的大多是五六十岁的"第一代农民工"，他们主要是为了照顾家庭，不会再离开村镇到园区打工。武先生想出奇招：为了享受物流、财税等服务便利，公司总部放在园区，厂区"前靠"劳动力所在的乡镇，直接把缝纫机、布料打包给工人带回家生产，实行"闲时务工、忙时务农，想来就来、想走就走"的灵活用工制度。这一下，用工问题不但迎刃而解，而且用工成本比沿海低一半，这种"总部在县城、车间在乡镇、作坊在家庭"的全新产业组织模式已经在不少地方的农村普遍出现。

小刘是M县某畜禽养殖有限公司总经理，他曾在Z市的一家轨道建设公司担任技术总监。2009年，小刘到荷兰参观了全欧洲最先进的养鸡场。他发现，养殖规模达40万只的养鸡场一共只有5名员工，上料、温度湿度控制以及捕杀全部实现自动化，这让他萌生了返乡创业的想法。如今，返乡养鸡的小刘十分自豪，他的养鸡场达到了年产5万只无公害生态鸡的规模。他的养鸡技术在当地是最先进的，不仅做到了给饲料、给水、孵化的自动化，还联合原本分散的养殖户，探索出了技术共享的联合体运营模式。

在近日举行的中国经济发展高层论坛上，某著名经济学家指出，好产业加新技术的组合必将在农村产生从量变到质变的生产力革新效应，中国过去的人口红利渐渐消失，新的人口红利正在形成。

材料5：

"村民的所需所盼，就是指引我努力工作的方向。"全国人大代表、L省N县小市村党支部书记小程立志带领村民逐步改变全村贫穷落后的面貌。小程是土生土长的小市村人，大学毕业后在沿海G市有一份高薪工作。2014年5月，她辞去了在G市的工作，回村参加村党支部书记的选举。这让乡亲们和乡镇组织换届的干部既盼又忧：盼的是小市村当时有25名党员，绝大多数年龄都超过了50岁，村里急需年轻党员挑大梁，组织开展工作；忧的是一个"90后"女孩能否有恒心扎根农村，是否有能力带领村民脱贫致富。为此，乡镇相关领导连续找小程谈了五次话，反复征求她的意见。小程说："我回来的原因很简单，我热爱家乡，想为改变家乡面貌做点事。我是个执着的人，主意拿定，不会改变。"

当时的小市村基础设施薄弱，集体经济空白，是有名的贫困村。小程在竞选时向村民承诺，将完善村里的各项基础设施建设，加强环境保护，做好民生工程，为村民多办实事。成功当选为小市村党支部书记后，她提出将兴建一个党群服务中心，打造村民精神文化乐园，还要寻找一个能让小市村振兴和发展的支柱产业。她对村情作了分析：小市村人口资源不占优势，1700多人的村子，平时常住人口只有五六百人，年轻人都外出打工了，留在村子里的以老人、妇女和儿童居多。但村子也有优势，自然风光优美。有山有水，还有地下溶洞；历史上曾是繁华的商贸市场，出土过2000多年前的古代铜鼓，还有象征着工匠精神和愚公精神的小市渡槽及一些古民居、古树等文化资源，发展旅游业应该会有不错的效果。有了旅游产业的支撑，村民们就可以就近做生意，年轻人也不用再外出打工了，在家门口上班，能照顾家人，免去了亲人间的相互牵挂。经过调研论证，小程和村民们坚定了发展旅游业的信心。他们还请专家制定了旅游发展整体规划，并主动和一些有意向的企业联系，争取早日吸引企业前来投资。

2018年，小程当选为全国人大代表。"两会"召开前夕，她早早就开始准备材料，打算把村民的期盼带到"两会"上去，希望能让更多的代表委员看看小市村的旅游发展规划，让他们为小市村的旅游发展出出主意、提提意见，也希望有意向的企业能到小市村投资发展。"我当初承诺村民要发展一个好产业，就一定要做到。"谈到将来的工作，小程书记信心满满。

材料6：

"这两年，我们村能有这样的变化，都是靠了'青农创客空间'带来的新思维。"鸣雁村村支书说。鸣雁村地处C市尚田镇西南，这里山清水秀，空气清新，但几年前还鲜为外人所知。那时走进村里，一片"空心"老房子显得特别"破旧"。2016年3月，村里第一家民宿开业，"破旧老屋"成了"美景古宅"。现在，鸣雁村变成了一个拥有3座主题公园、充满魅力的花园森林村庄。

"青农创客空间"是当地几位回乡大学生创办的一个综合性平台，负责人小赵是位"90后"小伙子，大学毕业后在外地做了多年乡村旅游策划。两年前，他怀着对家乡的眷恋，联合了同村几位在外工作的青年伙伴，一起回村里创业，这群年轻人认为，原先乡亲们一直觉得深山里的农村奔小康只有一条路，即离开大山出去闯荡市场，其实，家乡的山水、森林就是珍贵的审美资源。但长期"藏在深闺人未识"，如果绿水青山与都市里的消费需求相对接，深山老林也可以形成旺盛的市场。小赵说："我们爱这里的山山水水、乡情民俗，也要吸引外面的人来领略山村美好的风景风情。"他们做的第一件事情就是梳理尚田镇和鸣雁村的特色，对几个有潜力的村庄进行提升。他们对鸣雁村的两幢破旧农房进行了修整，刷白了墙面，铺起了鹅卵石小道，配上木材和竹子装饰，"拾贝""海归""鹭溪"等极具文化气息的民宿令人眼前一亮，月营业额也突破了10万元。

小赵向记者介绍说，在试运营的一年里，不仅是鸣雁村，尚田镇许多小村庄都有了大变化：冷西村的草莓，变成了一个个精致的"草莓礼盒"和一把把漂亮的"草莓花束"，提升了农产品的附加值，也火爆了当地人的朋友圈；拥有3D立体化墙体的王家岭村成为小朋友节假日最喜欢去的"童话村"；"姿色平平"的鹤岙村，在创客们的妙想下，一方"四季花海"呼之欲出。知识青年的回归，激活了乡野的创业热情，也让住了大半辈子的村民恍然大悟——原来老房子也能挣钱！一场激烈的"化学反应"

开始在乡民内心涌动。经过一个多月的策划,"青农创客空间"又在2018年春节组织了"中外友人尚田过大年"活动,主场就设在鸣雁村。活动以富有乡土风味的形式,穿插舞龙大赛、年味集市等传统民俗文化节目,不仅让游客们尽情尽兴,还将鸣雁村推向了更宽阔的平台。小赵兴奋地告诉记者:"刚才就有一位外国友人对我说,要向家人朋友们推荐我们这里的乡村旅游呢!"

据尚田镇团委书记小金介绍,目前镇人才库中已收录返乡创业青年109人,他们分散在各个村庄,用创意妙招激活乡村,用知识助力农村发展,就像星火燎原,青年创业风潮席卷了整个尚田镇。"青农创客"们的创业项目盘活了尚田镇的乡村资源,农民的生活随之变得红火起来。谈到对乡村民居环境的改造出新,小赵向记者表达了创客们的共同愿望:"爱家乡,就是要让它更美好!"小赵说,<u>我们回家乡,不仅要"塑新貌",更要"塑新人"</u>,要让越来越多的乡亲们意识到,老村镇、老房子所承载的乡村文化是有重要价值的。

材料7:

近日,《人民日报》对B市的机关干部回老家开展群众工作进行了报道并给予高度评价:"回老家开展群众工作是服务群众的创新举措""回老家看看是联结、加深干群关系的活宝典!"

高先生是该市A县政府部门的一名干部。以前,每逢春节或父母生日,他才回一次老家,每次都来去匆匆,很少与邻居、村组干部交谈。他在电视里看到一位省级领导退休回原籍帮助乡亲走致富之路的事迹,深受感动,决定落实为实际行动。现在,每到节假日、休息天,他常常回老家,在前后邻村串门、和乡亲聊天,走访贫困户,记录下一些情况,回县城帮助乡亲办一些事情。他了解到同村罗婆婆因病瘫痪,就给罗婆婆送去棉被、衣服、食用油、大米等生活物资。回县城后,还帮她办了残疾证。高先生还把自己所见、所感写成专题发到网上,发动网友帮助罗婆婆家度过困境。"我以前还和他妈妈吵过架,但他一点都没放在心上。现在我瘫痪了,他还这么关心我、帮助我,这份情我到什么时候都忘不了!"罗婆婆激动地说。

该市F县农林局干部老杜的老家在本县偏远山区;以前家里来人到县城,他总是喜欢问家乡张家如何、李家怎样等等。这几年,用他的话说,人年龄越大，越能体会到古人所说"君自故乡来，应知家乡事"的心情。但是这两年他改变了做法，不再是坐在县城"听人说"，而是回到家乡"现场看实况""田头话桑麻"。除了特殊情况，基本保证每月抽出一个双休日回老家一趟。他的家乡还不通公交车，每次都是推上自行车就出发了。他对记者说，只有实地看了、谈了，才能真正摸到家乡发展的脉络，知道优势在哪里、"堵点"在哪里。经过调研，他发现家乡的黄豆产量大、质量好，是一张好牌。以前家里人带给他黄豆，他和同事们分享，大家都夸磨成豆浆特别香。但只卖黄豆没有附加值，老杜想到了黄豆制品加工这个产业，于是他与县里的一家食品企业联系，由企业垫资，在家乡建立了榨油、腐竹生产、豆腐干加工等工厂。企业在技术标准上给予指导，产品检验合格后由企业收购外销。现在，"F县金色大豆系列产品"已经给他的家乡带来了丰厚的收益，乡亲们赞扬他一辆自行车骑来骑去，"把老家的黄豆变成了黄金"！

材料8：

"为什么我的眼里常含泪水？因为我对这片土地爱得深沉。"半个多世纪前，诗人艾青对国家之情作了最生动的诠释。<u>因乡情而渴望归来，因机遇而选择留下，因"落地归根"而获得更多幸福……</u>在中国广袤的乡野大地上，这样的归乡故事还在继续上演。通过发挥地缘、人缘、血缘优势，利用乡情、亲情、友情资源，乡土人才回乡创业，奉献自己的聪明才智，带领乡亲致富，已经成为一股新的热潮，归乡者的爱乡护乡之情正成就着乡村的美好。

作答要求：

一、"给定资料4—7"展现了归乡者们给乡村带来的可喜变化，成效显著。请对这些成效分别加以归纳概括。（15分）

要求：紧扣给定资料，准确全面，条理清楚。篇幅不超过200字。

二、"给定资料2"中，Y县县委书记、县长联名给16万在外务工人员发出了返乡就业邀请。如果你是该县县委办公室的一名工作人员，请拟写该邀请信。（25分）

要求：（1）内容完整，条理清晰；

（2）结构严谨，语言流畅；

（3）情感真挚，有感召力；

（4）涉及人名用"×××"代替，篇幅350字左右。

三、请就"给定资料6"中"我们回乡，不仅要'塑新貌'，更要'塑新人'"这句话，谈谈你的理解。（20分）

要求：理解准确，分析透彻，条理清晰。篇幅250字左右。

四、根据你对"给定资料8"中画线句子的理解，以"乡情是心中永难割舍的牵挂"为主题，联系实际，自拟标题，写一篇议论文。（40分）

要求：（1）观点明确，见解深刻，内容充实；

（2）结合给定资料，但不拘泥于给定资料；

（3）思路清晰，结构完整，语言流畅；

（4）符合议论文写作要求，篇幅1000字左右。

解析：

我们在范文解析时，曾经谈到"易读性"的问题。"易读性"是指文章易于阅读或理解的程度，也就是尽量降低读者的阅读成本，强调用户观念，优化"用户体验"。其实，不光考生的申论存在着"易读性"的问题，申论的给定资料也有易读和不易读之分。

与2018年江苏省公务员考试申论真题A类相比，C类的给定资料就不易读。我们依照给定资料的次序，对C类真题进行解析。另外，在解析方法上，采用"零敲碎打"的方式，穿插在给定资料的字里行间，不像A类真题那样，在宏观上对相关给定资料进行集中阐释和概述。这样做，一方面是从C类给定资料的具体情况出发，突出针对性；另一方面也是为了引导大家，所谓解析，没有固定的路径，条条大路通罗马。

材料1：

"故乡"是一个温馨的词语，那里的山水草木、乡音乡俗、饭食茶饮、家人亲友，都会在内心深处留下"月是故乡明"的亲切记忆，凝聚成"悠悠天宇旷，切切故乡情"的思念和盼望。在中华文化传统中，"离乡""望乡"往往包含着无奈和感伤，眷恋家乡被喻为"胡马依北风，越鸟巢南枝""羁鸟恋旧林，池鱼思故渊"，而还乡归来总是令人兴奋、喜悦。特别是回报故土、造福乡梓的善行，一直受到高度赞誉。进入新时代，心怀故土的悠久传统又增加了新的内涵、新的形态。

【材料1通常都是定调子的。凸显的"话题"是"故乡"，所定下的情感基调是"眷恋"和"喜悦"，引用"月是故乡明""切切故乡情""羁鸟恋旧林"等诗句，突出了文艺色彩、"文艺范"。"故乡情"是我们的文化传统,"进入新时代",要有"新的内涵、新的形态",不能在故纸堆里谈"故乡情"。】

材料2：

Y县16万在外务工人员,最近几天收到了由县委书记、县长共同署名的返乡就业邀请信。这封信不但有明明白白的返乡就业政策介绍,还有情真意切的呼唤;不但有实实在在的岗位供选择,更有亲情的感召。"年初外出年尾回,妻儿老小盼亲归……"Y县常年在外务工人员达15.92万人,占全县总人口的14.7%,占全县劳动力人口的45%,留下10多万个留守家庭和近2.5万名留守儿童。近年来,随着大企业、大项目不断入驻,Y县就业岗位更加丰富,仅开发区和产业园就有各类企业近700家,已吸纳8万余人就业,预计2018年上半年,全县100多家企业将缺少1.2万名工人【数据本身是一把双刃剑,它既能增强内容的可信度,又因为枯燥而让人不堪卒读。我们在范文解析"力求叙事精简"一章中,结合《留住心中那团火焰》,指出："说得太细"是没有意义的,比如"李保国完成山区开发研究成果28项,推广了36项林业技术,示范推广总面积1080万亩,累计应用面积1826万亩,累计增加农业产值35亿元,纯增收28.5亿元……"这句话一口气使用了6个数据,不一定有实在的意义,如果大笔一挥,改为：李保国完成山区开发研究成果26项,推广了38项林业技术,示范推广总面积980万亩,累计应用面积1328万亩,累计增加农业产值43亿元,纯增收32.7亿元……也不会有谁发现破绽。一般人没有办法也没有时间精力去验证某个数据的真伪。数据主要是用来陈述事实的,我们尽可以大刀阔斧,删除枝蔓,直奔最后的事实。具体说来,我们不要纠结于上述文字中的具体数据,完全可以"忽略不计",只需关注县领导、邀请信、就业政策、就业岗位就足够了,它们才是"干货"】,信中还说到了留在家乡就业的诸多好处,如,与在外打工相比,实际收入更实惠,生活成本更低,一家人团聚可以更好地照顾孩子和父母等【这几句话,看似一笔带过,但不可小觑,因为这几句话增补了新的信息——家乡就业的诸多好处】。这封信在当地媒体及朋友圈中迅速传播,引起了极大反响。春节刚过,已有2500余人到该县各类企业应聘,其中1300多人签订了意向就业协议,860多人已上岗。

据《人民日报》报道,2016年,中国农民返乡创业人数累计已超过450万,还有约130万城镇的科技人员、中高等院校毕业生等下乡创业。在中国社会科学院某研究中心万主任看来,过去由农村到城市的单向流动格局已开始发生改变。"这是中国城乡结构调整的过程。要吸引更多人回乡、下乡创业,除了要有产业,还要有'情感引力'。"万主任说【如果说Y县的情况是个"点",则这个段落是着眼于

"面"。上一则材料介绍的是一个县的情况,这段话是"中国农民"的整体情况。另外,需要注意,Y县的情况说的返乡"就业",这里说的是返乡"创业",一字之差,意思明显不一样。"情感引力"这个词语,也不可错过】。

近期,S县组织35名本地籍重点高校大学生开展"桑梓情深 放飞梦想"家乡行活动【大学生家乡行;"桑梓情深 放飞梦想"这样的句子,可以有意识地写进文章中】。县委书记说,县里每年都有数百位学子考入本科院校,这对家乡而言是一笔宝贵财富。一方面,乡亲们乐见他们走出大山,在更广阔的天地展翅高飞;另一方面,也期待着有朝一日,这些青年才俊愿意回归故里,发挥专长,干事创业。他寄语学子们:"希望大家能够记住这份桑梓之情,关注家乡、关心家乡、关爱家乡,跟家乡的联系不要断,对家乡的感情不要淡,回馈家乡的心意不要变。家乡为你们而骄傲,也请你们努力成为家乡的骄傲!"县委书记说,家乡对在外的学子,除了提供良好的环境,一定要打好情感牌【这层意思,上面的材料已经出现过了,是重复。反复强调意味着它很重要,仿佛在不断地提醒着读者】,让他们乐于回乡贡献才智。

【材料2的主要信息:县领导写了一封邀请信,邀请外出务工人员返乡就业,有很多就业岗位,政策好,收入实惠;返乡创业渐成潮流,返乡就业、创业在于"情感引力"。】

材料3:

在某网络社区上,一位网友留言说:为了孩子不再走我的老路【阅读给定资料的过程,从某种意义上说,就像户外运动的爱好者,跋涉在一条崎岖的山路上。有经验的驴友,一定会密切关注周边情况的变化。我们在阅读中,也要注意行文上的变化,比如材料3开头的这句话,实际上它明显与上文不同。不同点在于,它是第一人称叙事、微视角叙事,是亲历者讲述自己的经历。与材料2的"官方"话语,形成互补】,纠结了一年,终于还是决定回农村。我应该是"80后"第一批留守儿童,我7岁的时候,爸爸妈妈就外出打工了。成长过程中的辛酸,只有我这样曾经的留守儿童才能真切体会。没有爸妈陪伴的童年,我特别害怕黑夜的来临,我害怕村子里那些老人口中所说的神神鬼鬼;没有爸妈陪伴的童年,别家的孩子回来是热饭热菜,我回家都是冷锅冷灶;没有爸妈陪伴的青春期,来例假了,我以为得了羞死人的绝症……【这些细节,如果是纯粹的叙事作品,是不可或缺的,甚至是需要尽情挥洒的,但作为申论的给定资料,我们不要被这些细节迷惑,也就是说不能太在意这些细节。就像材料2中提到的数据一样,瞄一眼就过去,不要驻足。换句话说,它也是乱人耳目的。特别是在写作文的过程中,千万不要引用这些细节】我大专毕业后在外打工多年，也成了家，孩子依然像我当年一样留在家里。经过一年的思考，已经当了妈妈的我，心里只有一个最基本的想法：想陪在孩子身边，想等她放学回来有热饭热菜，不想错过她成长的每一个时刻……

2018年春节，家住西部某县西乡镇的小郝，一直在老家和附近的小山村里忙活。除了去医院照顾爷爷，帮父母在小超市里卖菜，他还参加了几场返乡青年的论坛。小郝说，在参加"文化认同·乡情故土——大美西乡青年论坛"的时候，全镇许多在外地的青年都来了。"团县委、乡镇、各村干部的讲话【这句话容易被忽略，我们在上面的解析中曾说，阅读时要像驴友跋涉在崎岖山路上时一样敏感。有敏锐感觉的标志之一，是能够洞悉这句话的潜台词，那就是"政府的作为"，返乡就业、创业，不完全是返乡者、创业者自己的事，政府要搭台，才能唱好戏】，都在鼓励召唤我们回乡创业就业，我心里挺激动的，希望能为家乡做点贡献。"今年24岁的他，2017年大学毕业后考上了北京某科研院所的农业工程专业研究生。然而，这个好不容易飞出山沟沟的"金凤凰"，却打起了毕业后飞回家乡的主意。小郝说，大城市对年轻人的诱惑真的很多，但作为一个从山村走出来的学农的研究生，美丽的家乡承载着自己太多的回忆。他留恋这里的乡音，热爱这里的一草一木，怀念这里的老人，喜爱这里的孩子……他对记者说："当年向往到城市读书，是为了实现人生价值，现在回乡发展同样也能让青春闪光【"当年向往到城市读书，是为了实现人生价值，现在回乡发展同样也能让青春闪光"，这句话可看作是金句，它在历史性的对比中，揭示了回乡的必要性和现实意义】。而且，远离家乡所疏远了的乡情、亲情都可以再找回来，对家乡的爱心也接上了地气，这样的人生不是得到的更多吗？"

【材料3的主要信息：换一种眼光、换一个角度，以在外打拼者的口吻讲述回乡发展的必要性和现实意义。想表达的意思是回乡发展，可以双赢。】

材料4：

"在外漂泊这么久，一直觉得自己是个'孤独人'，口袋里多了点钱，总是想着回来为家乡做点事。"西南某省H县大岩村村民老杨对记者说。他初中毕业后就外出务工，在沿海多个省份辗转了多年。父母老了，孩子大了，思念家乡的心情越来越强烈。2016年，在沿海家具厂打工的老杨，发现来自本省的订单越来越多，原来，家乡旅游业的发展带动了餐饮业的新需求，具有复古风又环保的碳化木餐桌椅很受餐馆青睐。这让他看到了巨大的商机，毅然决定回乡创业【继续使用我们曾经打过的比方：阅读的过程就像驴友行走在崎岖的山路上，行走中能发现什么，取决于自己的立足点。另外，自然景物本身也有山高水低，山高或者水低展现了山川的不同景象。老杨回乡创业开办工厂，较之于先前的材料，就相当于"山高"。其余的材料，仅限于"说"，政府部门"说"，打工者"说"，还没有落实在行动上，老杨回乡创业开办工厂，是具体的行动。在这个意义上讲，这是给定资料内容上的一个深化，不可错过】，当地生产，就近销售。当年，老杨通过政府贴息贷款，投入30万元开办了木制品厂，生产加工专为餐馆设计的碳化木餐桌椅，员工全是当地农民。短短三个月的时间，工厂每月利润就达2万元。处于创业起步阶段的他，对这样的成绩很满意，也看到了未来更大的发展空间。

2008年，已经在G市拥有线路板产业的E县人涂先生开始将目光转向家乡，投资7500万元成立了覆铜板有限公司，成为当年E县最大的一笔投资项目，吸收了数百名本地人来企业就业【套用驴友行走的说法，又发现了什么新的景象？上一个例子老杨回乡创业开办工厂，重点说的是"老杨自己办厂"，尽管也提到"员工全是当地农民"，但叙事的着眼点，明显是"老杨"。涂先生的例子，进一步强调了"数百名本地人来企业就业"，体现了连带效应】。十年后，已发展为西南地区最大的覆铜板生产企业，很多打工乡亲已被培养成生产加工线上的技术能手。涂先生说，电子信息产业是支柱产业，他计划未来追加2亿元投资，打通电子信息产业的前端配套产业链，成为当地最重要的原材料供货商，而且准备把厂房建设和维修、产品运输、外包装制作等相关业务承包给当地乡亲。E县劳务产业办公室袁主任说，涂先生的企业扩大规模后，不仅可以再吸纳1500名当地人就业【仍然是突出连带效应】，而且将在E县形成一个贯通上下游产业的产业链。

K县人武先生20世纪90年代怀揣60元钱只身远赴M市，从服装厂的学徒做起，吃尽千辛万苦，一步步发展到自己建厂并闻名当地。2015年，迫于东部外向型劳动密集型产业遭遇寒冬，他敏锐地将眼光投向家乡，在K县赵家产业园区投资建厂。原以为西部农村拥有大量劳动力，但他没有想到，在160多万人口的老家竟然招不到工。他在一番调查后发现，虽然K县每年返乡农民工超过1万人，但回来的大多是五六十岁的"第一代农民工"，他们主要是为了照顾家庭，不会再离开村镇到园区打工。武先生想出奇招：为了享受物流、财税等服务便利，公司总部放在园区，厂区"前靠"劳动力所在的乡镇，直接把缝纫机、布料打包给工人带回家生产，实行"闲时务工、忙时务农，想来就来、想走就走"的灵活用工制度。这一下，用工问题不但迎刃而解，而且用工成本比沿海低一半，这种"总部在县城、车间在乡镇、作坊在家庭"的全新产业组织模式已经在不少地方的农村普遍出现【灵活用工制度，解决了用工上的难题，出现了全新产业组织模式】。

小刘是M县某畜禽养殖有限公司总经理，他曾在Z市的一家轨道建设公司担任技术总监。2009年，小刘到荷兰参观了全欧洲最先进的养鸡场。他发现，养殖规模达40万只的养鸡场一共只有5名员工，上料、温度湿度控制以及捕杀全部实现自动化，这让他萌生了返乡创业的想法。如今，返乡养鸡的小刘十分自豪，他的养鸡场达到了年产5万只无公害生态鸡的规模。他的养鸡技术在当地是最先进的，不仅做到了给饲料、给水、孵化的自动化，还联合原本分散的养殖户，探索出了技术共享的联合体运营模式【联合体运营模式与上文的灵活用工制度有一定的关联，都属于经营方面的。但给定资料中有关"联合体运营模式"的解释，不够充分，或者说，这方面的内容不是很重要，简要了解即可】。

在近日举行的中国经济发展高层论坛上，某著名经济学家指出，好产业加新技术的组合必将在农村产生从量变到质变的生产力革新效应，中国过去的人口红利渐渐消失，新的人口红利正在形成。

【材料4的主要信息：老杨回乡创业开办工厂；涂先生在家乡建企业，"数百名本地人来企业就业"；武先生采用灵活用工制度，解决了用工上的难题；小刘返乡创业开办养鸡场，探索出了技术共享的联合体运营模式。较之于前几则材料，这则材料内容有扩展，但可用价值并不高，主要原因是这些材料都是"硬性"的材料，与主题句"乡情是心中永难割舍的牵挂"与关联，但不是特别紧密，"情"的色彩不突出。】

材料5：

"村民的所需所盼，就是指引我努力工作的方向。"全国人大代表、L省N县小市村党支部书记小程立志带领村民逐步改变全村贫穷落后的面貌【凭直感，这个事例应该更有价值。因为这个人物身份显赫，与众不同。套用"名人显要出新闻"的说法，给定资料中如果涉及"名人显要"，一般说来会更有认识价值。我们要养成这样的敏感】。小程是土生土长的小市村人，大学毕业后在沿海G市有一份高薪工作。2014年5月，她辞去了在G市的工作，回村参加村党支部书记的选举【有别于前面几则材料的回乡办厂】。这让乡亲们和乡镇组织换届的干部既盼又忧：盼的是小市村当时有25名党员，绝大多数年龄都超过了50岁，村里急需年轻党员挑大梁，组织开展工作；忧的是一个"90后"女孩能否有恒心扎根农村，是否有能力带领村民脱贫致富。为此，乡镇相关领导连续找小程谈了五次话，反复征求她的意见。小程说："我回来的原因很简单，我热爱家乡，想为改变家乡面貌做点事。我是个执着的人，主意拿定，不会改变。"

当时的小市村基础设施薄弱，集体经济空白，是有名的贫困村。小程在竞选时向村民承诺，将完善村里的各项基础设施建设，加强环境保护，做好民生工程，为村民多办实事。成功当选为小市村党支部书记后，她提出将兴建一个党群服务中心，打造村民精神文化乐园【打造村民精神文化乐园，也是前面几则材料从未出现过的。我们常说要物质精神双丰收，回乡办厂是追求物质丰收，兴建一个党群服务中心是追求精神丰收】，还要寻找一个能让小市村振兴和发展的支柱产业。她对村情作了分析：小市村人口资源不占优势，1700多人的村子，平时常住人口只有五六百人，年轻人都外出打工了，留在村子里的以老人、妇女和儿童居多。但村子也有优势，自然风光优美。有山有水，还有地下溶洞；历史上曾是繁华的商贸市场，出土过2000多年前的古代铜鼓，还有象征着工匠精神和愚公精神的小市渡槽及一些古民居、古树等文化资源，发展旅游业应该会有不错的效果。有了旅游产业的支撑，村民们就可以就近做生意，年轻人也不用再外出打工了，在家门口上班，能照顾家人，免去了亲人间的相互牵挂。经过调研论证，小程和村民们坚定了发展旅游业的信心【利用自然风光、文化资源等方面的优势，发展旅游业。所谓尺有所短，寸有所长，乡村也有后发优势】。他们还请专家制定了旅游发展整体规划，并主动和一些有意向的企业联系，争取早日吸引企业前来投资。

2018年，小程当选为全国人大代表。"两会"召开前夕，她早早就开始准备材料，打算把村民的期盼带到"两会"上去，希望能让更多的代表委员看看小市村的旅游发展规划，让他们为小市村的旅游发展出出主意、提提意见，也希望有意向的企业能到小市村投资发展。"我当初承诺村民要发展一个好产业，就一定要做到。"谈到将来的工作，小程书记信心满满。

【材料5的主要信息：村党支部书记小程立志带领村民逐步改变全村贫穷落后的面貌，筹建党群服务中心，打造村民精神文化乐园；利用自然风光、文化资源等方面的优势，发展旅游业。】

材料6：

"这两年，我们村能有这样的变化，都是靠了'青农创客空间'带来的新思维。"鸣雁村村支书说。鸣雁村地处C市尚田镇西南，这里山清水秀，空气清新，但几年前还鲜为外人所知。那时走进村里，一片"空心"老房子显得特别"破旧"。2016年3月，村里第一家民宿开业，"破旧老屋"成了"美景古宅"。现在，鸣雁村变成了一个拥有3座主题公园、充满魅力的花园森林村庄【这个段落的内容几乎全是要点，概括说来：鸣雁村变成了花园森林村庄，"破旧老屋"成了"美景古宅"，这得益于"青农创客空间"，"青农创客空间"带来了新思维。从给定资料的关系上看，这是新的深化。前面的材料主要讲的是做什么、怎样做，这里说的是工作成果】。

"青农创客空间"是当地几位回乡大学生创办的一个综合性平台,负责人小赵是位"90后"小伙子,大学毕业后在外地做了多年乡村旅游策划。两年前,他怀着对家乡的眷恋,联合了同村几位在外工作的青年伙伴,一起回村里创业,这群年轻人认为,原先乡亲们一直觉得深山里的农村奔小康只有一条路,即离开大山出去闯荡市场,其实,家乡的山水、森林就是珍贵的审美资源【与材料5的自然风光优美,发展旅游业的内容相重复】。但长期"藏在深闺人未识",如果绿水青山与都市里的消费需求相对接,深山老林也可以形成旺盛的市场。小赵说:"我们爱这里的山山水水、乡情民俗,也要吸引外面的人来领略山村美好的风景风情。"他们做的第一件事情就是梳理鸣雁村和尚田镇的特色,对几个有潜力的村庄进行提升。他们对鸣雁村的两幢破旧农房进行了修整,刷白了墙面,铺起了鹅卵石小道,配上木材和竹子装饰【这些细节性内容,可"连滚带爬"地阅读,即一目十行】,"拾贝""海归""鹭溪"等极具文化气息的民宿令人眼前一亮,月营业额也突破了10万元。

小赵向记者介绍说,在试运营的一年里,不仅是鸣雁村,尚田镇许多小村庄都有了大变化【仍然突出"变化"这个关键词】:冷西村的草莓,变成了一个个精致的"草莓礼盒"和一把把漂亮的"草莓花束",提升了农产品的附加值,也火爆了当地人的朋友圈;拥有3D立体化墙体的王家岭村成为小朋友节假日最喜欢去的"童话村";"姿色平平"的鹤岙村,在创客们的妙想下,一方"四季花海"呼之欲出。知识青年的回归,激活了乡野的创业热情【这是一个总结、概括性的语句,通常说来,这样的句子都是画龙点睛之笔,抓住了这样的语句,也便抓住了给定资料的"脉络"和逻辑】,也让住了大半辈子的村民恍然大悟——原来老房子也能挣钱!一场激烈的"化学反应"开始在乡民内心涌动。经过一个多月的策划,"青农创客空间"又在2018年春节组织了"中外友人尚田过大年"活动,主场就设在鸣雁村。活动以富有乡土风味的形式,穿插舞龙大赛、年味集市等传统民俗文化节目,不仅让游客们尽情尽兴,还将鸣雁村推向了更宽阔的平台。小赵兴奋地告诉记者:"刚才就有一位外国友人对我说,要向家人朋友们推荐我们这里的乡村旅游呢!"

据尚田镇团委书记小金介绍,目前镇人才库中已收录返乡创业青年109人,他们分散在各个村庄,用创意妙招激活乡村,用知识助力农村发展【与"知识青年的回归,激活了乡野的创业热情"一样,都属于概括性语句,"点题"的语句。如果把细节性材料比作血肉,这样的语句就是骨头】,就像星火燎原,青年创业风潮席卷了整个尚田镇。"青农创客"们的创业项目盘活了尚田镇的乡村资源,农民的生活随之变得红火起来。谈到对乡村民居环境的改造出新,小赵向记者表达了创客们的共同愿望:"爱家乡,就是要让它更美好!"小赵说,<u>我们回家乡,不仅要"塑新</u>

貌",更要"塑新人"【第三题要求我们谈谈对这句话的理解,表明它有蕴涵,认识价值高。用创意妙招激活乡村,用知识助力农村发展,盘活了乡村资源,"破旧老屋"成了"美景古宅",改善了农民生活,改变了农民的思想观念】,要让越来越多的乡亲们意识到,老村镇、老房子所承载的乡村文化是有重要价值的。

【材料6的主要信息:"青农创客空间"带来了新思维,"破旧老屋"成了"美景古宅"。知识青年的回归,激活了乡野的创业热情。创客们不仅要"塑新貌",更要"塑新人"。】

材料7:

近日,《人民日报》对B市的机关干部回老家开展群众工作进行了报道并给予高度评价:"回老家开展群众工作是服务群众的创新举措。""回老家看看是联结、加深干群关系的活宝典!"【服务群众、干群关系几乎是一个永远也绕不开的话题,或者说是出镜率最高的一个话题。在外打拼者回乡发展,哪怕已具备了再多的条件,干部服务,仍然不可或缺】

高先生是该市A县政府部门的一名干部。以前,每逢春节或父母生日,他才回一次老家,每次都来去匆匆,很少与邻居、村组干部交谈。他在电视里看到一位省级领导退休回原籍帮助乡亲走致富之路的事迹,深受感动,决定落实为实际行动。现在,每到节假日、休息天,他常常回老家,在前后邻村串门、和乡亲聊天,走访贫困户,记录下一些情况,回县城帮助乡亲办一些事情【与A类真题中的贫困县委书记的事迹,有几分相像】。他了解到同村罗婆婆因病瘫痪,就给罗婆婆送去棉被、衣服、食用油、大米等生活物资。回县城后,还帮她办了残疾证。高先生还把自己所见、所感写成专题发到网上,发动网友帮助罗婆婆家度过困境。"我以前还和他妈妈吵过架,但他一点都没放在心上。现在我瘫痪了,他还这么关心我、帮助我,这份情我到什么时候都忘不了!"罗婆婆激动地说。

该市F县农林局干部老杜的老家在本县偏远山区,以前家里来人到县城,他总是喜欢问家乡张家如何、李家怎样等等。这几年,用他的话说,人年龄越大,越能体会到古人所说"君自故乡来,应知家乡事"的心情。但是这两年他改变了做法,不再是坐在县城"听人说",而是回到家乡"现场看实况""田头话桑麻"。除了特殊情况,基本保证每月抽出一个双休日回老家一趟。他的家乡还不通公交车,每次都是推上自行车就出发了。他对记者说,只有实地看了、谈了,才能真正摸到家乡发展的脉络,知道优势在哪里、"堵点"在哪里。经过调研,他发现家乡的黄豆产量大、质量好,是一张好牌。以前家里人带给他黄豆,他和同事们分享,大家都夸磨成豆浆特别香。但只卖黄豆没有附加值,老杜想到了黄豆制品加工这个产业,于是他与县里的一家食品企业联系，由企业垫资，在家乡建立了榨油、腐竹生产、豆腐干加工等工厂。企业在技术标准上给予指导，产品检验合格后由企业收购外销。现在，"F县金色大豆系列产品"已经给他的家乡带来了丰厚的收益，乡亲们赞扬他一辆自行车骑来骑去，"把老家的黄豆变成了黄金"！【这个事迹更典型，注重调查研究，打通"堵点"，取得明显的成效】

【材料7的主要信息：干部服务，深入基层，调查研究，帮助乡亲解决实际问题。】

材料8：

"为什么我的眼里常含泪水？因为我对这片土地爱得深沉。"半个多世纪前，诗人艾青对国家之情作了最生动的诠释。因乡情而渴望归来，因机遇而选择留下，因"落地归根"而获得更多幸福……在中国广袤的乡野大地上，这样的归乡故事还在继续上演。通过发挥地缘、人缘、血缘优势。利用乡情、亲情、友情资源，乡土人才回乡创业，奉献自己的聪明才智，带领乡亲致富，已经成为一股新的热潮，归乡者的爱乡护乡之情正成就着乡村的美好。

【材料8的主要信息：卒章显志，归纳给定资料的主要寓意，其中"因乡情而渴望归来，因机遇而选择留下，因'落地归根'而获得更多幸福……"突出"乡情""机遇""幸福"，这也正是回乡发展的动力。】

几点说明：

1. 直奔"题干要求"

根据你对"给定资料8"中画线句子的理解，以"乡情是心中永难割舍的牵挂"为主题，联系实际，自拟标题，写一篇议论文。这是"题干要求"，我们说过，拿到试卷，第一个反应，是直奔"题干要求"，直奔"主题句"。

抓住"乡情""机遇""幸福"等关键词，明确"乡情是心中永难割舍的牵挂"这个主题，我们在阅读给定资料时，就有了方向感。这也印证了磨刀不误砍柴工的道理。

2. 把握给定资料的精髓要义

我们依照给定资料的次序，采用寻章摘句、"零敲碎打"的方式，穿插在字里行间进行解析，就是试图在把握给定资料的精髓要义。包括：

材料1："故乡""故乡情"。"故乡情"是我们的文化传统，"进入新时代"，"故乡情"有"新的内涵、新的形态"。

材料2：县领导邀请外出务工人员返乡就业；返乡创业渐成潮流，返乡就业、创业在于"情感引力"。

材料3：在外打拼者讲述回乡发展的必要性和现实意义。

材料4：乡土人才回乡创业的具体事例。

材料5：打造村民精神文化乐园；利用自然风光、文化资源等方面的优势，发展旅游业。

材料6："青农创客空间"带来新思维，激活乡野的创业热情；创客们不仅要"塑新貌"，更要"塑新人"。

材料7：干部服务，帮助乡亲解决实际问题。

材料8："因乡情而渴望归来，因机遇而选择留下，因"落地归根"而获得更多幸福……"

3．理出"逻辑线"

"故乡情"—返乡就业、创业需要"情感引力"—在外打拼者渴望归乡—乡土人才回乡创业—不光打造"实体经济"，还要打造精神文化乐园—"塑新貌""塑新人"（提升了精神文化）—干部也要"归乡"，服务群众—"乡情""机遇""幸福"。

高度概括，其"逻辑线"是：围绕"故乡情"，着眼"归乡"；"归乡"既是政府的倡导，也是乡土人才的自觉选择；归乡创业物质精神双丰收；乡村更美好，生活更幸福。

4．加深对主题句的理解

"乡情是心中永难割舍的牵挂"，我们一定要注意审题，明确"牵挂"的含义。据《现代汉语词典》解释：牵挂的意思是"挂念"。挂念是因想念而放心不下。之所以这样咬文嚼字，是要明确：我们写文章的诉求对象是谁？或者说，是在跟谁谈"乡情是心中永难割舍的牵挂"的问题。透过词典的解释，我们知道："牵挂""乡情"的，是那些"因想念而放心不下"的人。哪些人会"因想念而放心不下"呢？显而易见，是在外漂泊的人，我们写文章是呼唤这些人归乡。

因为给定资料中，有许多是陈述已经归乡者的创业实践的，我们只能用创业者的成功实践，去感召那些在外漂泊的人，而不该是把议事说理的焦点锁定在已经归乡者的创业实践上。

5．力求软硬兼施，虚实相生

我们曾说，C类真题的给定资料缺少易读性，换言之，是这些给定资料太"硬"。人们喜欢看小说，因为小说讲故事（人物、情节、环境是小说的三要素，一篇文章易读性差，主要表现为人物性格不鲜明、情节不生动）。C类真题的给定资料，像A类真题里的贫困县委书记、法官和医生，甚至像火车站晒稻谷的人物和事例,太少,大多是干巴巴的就业、创业经历,所以显得硬邦邦。而"乡情是心中永难割舍的牵挂",明显又是主打感情牌,这就出现了一个矛盾。怎样利用硬邦邦的材料,写出"软"文,这是对作者的考验。我们建议:力求软硬兼施,虚实相生。关于软硬兼施,在新闻传播中,特别讲求的一个传播策略是"硬新闻软着陆"("软着陆"的意思就是不能硬碰硬,就像药物胶囊,良药苦口,需要用胶囊这个"软包装",有了胶囊,就可以囫囵吞枣而不觉其苦了),我们可以从中借鉴,活学活用到申论写作中,这里不展开解释。虚实相生的意思是,泛泛地谈"乡情",容易"虚",一定要结合具体事例,在化虚为实上下功夫。

范文 乡情在,乡土兴

"月亮高高挂在了天上,为回家的人照着亮……"民谣歌手李健的一首《月光》道出了乡外游子对故乡的思念与渴望。近些年来,无论外出务工的乡亲,还是离乡创业的老板,无论在外求学的学子,还是他乡就职的干部,接连踏上了返乡创业的归程。

创业何处不圆梦,游子归来是乡情。过去的"他乡高就处、衣锦还乡时"是人们回归家乡的一种喜悦、一种荣耀;新时代的"回报故土、造福乡梓"为心怀家乡赋予了新的内涵、新的形态。

是什么力量,催动了返乡创业的热潮?是什么力量,坚定了常驻故里的决心?是什么力量,绽放了落叶归根的幸福?

他们因浓郁乡情渴望归来。乡情是一种奇妙的"情感引力",一边是离乡、望乡的无奈和感伤,一边是返乡、守乡的坚定与渴望。从乡村走出的务工人员、大学生、企业家、党政干部……他们在乡土都有根有叶、有牵有挂,有天然的联系纽带,他们的返乡创业不同于外来的商业资本,有不一样的利益诉求和不一样的乡土情怀。正是这种力量,催动了人们返乡创业的热潮。

他们因大好机遇选择留下。除了"情感引力",故乡还有新时代的大好机遇:城乡结构调整的过程中,由城市到农村的流动格局开始形成;这里不愿背井离乡、心系家庭的剩余劳动力正在形成新的人口红利,全新的产业技术组合在农村的生产力革新将发生质的飞跃;优美的自然风光和乡土优势是农村不可多得的地理资源,悠久的古树民宅和农业传统是乡村历久弥新的文化资源……面对日益增长的对美好生活的市场需求,这里是"天然的供给侧"。正是这种力量,坚定了人们常驻故里的决心。

他们因落叶归根倍感幸福。家乡的土,是游子的根,家乡有浓浓的不改乡音,家乡有美丽的一草一木,家乡有清晰的儿时记忆,家乡有亲切的老人孩子……一句"过得不好就回家吧"所带来的幸福感,只有离开家乡、渴望家乡的人才能体会到其中的幸福感。正是这种力量,绽放了落叶归根的幸福。

然而,不能回避的是,返乡创业道路曲折而艰辛,申请企业用地、开通融资渠道、培训创业技能、保障相关权益,哪一项都有绕不过去的难关。令人鼓舞的是,政府改革在提速,简政放权在深入,新的系列激励政策也在出台,这都将给返乡创业的人们带来更为充足的自信。

每一片天地,都应该拥有圆梦的机会,更何况是大有可为的乡村;每一份情愫,都可以成为返乡的理由,更何况是难以割舍的乡情。

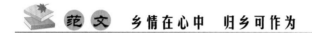

范文　乡情在心中　归乡可作为

改革开放40年,无数人在农村与城市之间奔波不息,有多年打工的农民工,有"跳出农门"的大学生,也有来自农村的生意人等。如今,他们中的很多人重回乡土,反哺桑梓,奉献自己的聪明才智,带领乡亲致富,塑造文明乡风。这既源于归乡者心头那挥之不去的乡愁,也得益于现如今乡村正掀起的创业就业热潮,更重要的是他们在故乡这片土地上看到了实现价值、收获幸福的希望。

乡愁里有热爱、有牵挂、有回忆,这份炽热的故乡情,催促着人们归来。"少小离家老大回,乡音无改鬓毛衰。"千百年来,多少从农村走出的有识之士,或为官治学,或经商习艺,最后多会因莼鲈之思而衣锦还乡、落叶归根。这正源于游子与故乡之间天然的地缘、人缘、血缘关系。越漂泊、越思乡,他们在无数个难眠之夜望月沉思,将这股思乡之情酿造成了点点滴滴、大大小小、厚厚实实的乡愁。在乡愁里,有温馨的回忆,有熟悉的土地,有美好的人事,有故乡的童年……岁月更替、境况轮转、地位高低,心中的那份牵挂始终绵延悠长,永无止境。悠悠的乡愁,难舍的牵挂,时刻提醒着人们要不忘来路、不忘初心,呼喊着归来吧,归来哟,浪迹天涯的游子;归来吧,归来哟,别再四处飘泊!

如果说对故乡的热爱,是归乡者归乡动力的感性一面,那么家乡的发展机遇、收入水平、就业机会和创业环境等现实条件的改善,则是归乡动力的理性一面。

曾经,故乡落后的现实让不少思乡心切的游子"望而却步"。近年来,随着大企业、大项目不断入驻乡村,就业岗位越来越丰富,数百万"城归"群体逆流而动,从城市回到农村,更实惠的收入、更低的生活成本,让他们选择回到亲人身边。

这背后得益于党中央出台各项振兴乡村的好政策和新型商业模式。乡村青山绿水等自然资源、民俗手艺等文化资源得以创新再利用，促进了一、二、三产业的融合发展。乡村旅游业就是一个有力的证明，既吸引了投资人的眼光，更增强了在外务工人员萌发回乡就业创业的意愿。可以说，在农村这片广阔大地上，只要有好产业，外加新技术，必将在农村产生从量变到质变的生产力革新效应，从而积聚成新的人口红利。

机遇能够让在外务工者回乡，但是若想让他们长久地"扎根"，就需要将农村培植成肥沃的"土壤"，让归乡者能够在稳定发展的同时，实现人生价值，收获幸福。

这种"土壤"，实际上就是政府对归乡者的政策支持。对于大部分归乡者而言，回来之后，从事的职业甚至角色都会发生变化，所以我们的政策首先就要让归乡者扎得下根，能够生存下来，这就需要实施精准培训，提升其就业和创业能力。除此之外，还要让返乡人群中创业的"根"能够扎得越来越深，这就要将符合条件的归乡人员的创业创新项目纳入强农惠农富农政策范围，为符合条件的创业项目提供担保贷款等资金扶持，提供更宽广发展空间。

归去来兮，乡愁在心头，机遇可得，幸福可期，田野上升起农耕文明的新曙光，田园将不再荒芜。

评分标准：

一类文：结合乡镇振兴谈乡情，强调双赢。分数：35～39分。
二类文：结合乡镇振兴、乡村发展谈乡情。分数：28～33分。
三类文：泛泛地谈乡情、乡愁。分数：21～26分。

附三：

2017年国家公务员考试申论真题（地市级）

作答要求：

1. 根据"给定资料2"，阐述（简述或概述）城市水系所具有的功能。（15分）
要求：（1）准确、精练，条理清晰；（2）不超过150字。

2. 依据"给定资料2"，阐述画线句子"城市的水系就像城市的指纹"的意思。（10分）

要求：（1）准确、全面，有逻辑性；（2）不超过200字。

3. 假如你是某报社记者，请根据"给定资料3"，以"打造'水清、水活、水美'的'活力水城'"为题，写一篇报道。（20分）

要求：（1）内容具体、全面；（2）语言流畅，有逻辑性；（3）不超过500字。

4. 假如你是L市水务部门的相关工作人员，请根据"给定资料4"，就L市构建城市生态水系的规划特点及其可行性，写一份材料，供领导参阅。（15分）

要求：（1）紧扣资料，内容全面；（2）层次分明，有逻辑性；（3）不超过400字。

5. 请深入理解"给定资料5"结尾画线句子"只要我们能静下心来向水学习，我们的智慧和情操就一定能得到提高"，联系实际，自拟题目，写一篇文章。（40分）

要求：

（1）自选角度，立意明确；

（2）参考"给定资料"，但不拘泥于"给定资料"；

（3）思路明晰，语言流畅；

（4）总字数1000~1200字。

材料1：

两千五百多年前，老子在《道德经》当中就把城市和水的关系揭示了出来："大国者下流，天下之牝，天下之交。"那时的"国"与"城"往往是同义语。老子的意思是说，城市常常处在江河的下游，它像是美丽的女性，又是经济、人文、思想的荟萃之地。这说明，如何做好城市与水这篇文章，自古以来就受到有识之士的关注。

北京市从20世纪50年代起，就很重视水的问题，如1958年建成了十三陵水库，1960年建成了密云水库。近年的南水北调工程更进一步丰富了北京的水资源。"问苍茫大地，谁主沉浮？"从某种意义而言，是"水"主沉浮。有水则城兴，无水则城亡。

流经城市的河流与湖泊就像人的眼睛，如果这眼睛是清澈明亮的，那则魅力无限。人具有天然的亲水性，爱水近水是人本能的习性。但是近几十年来，随着环境污染的加剧，许多地方，不管是城市还是乡村，都难觅一条清澈洁净的河流。如何让被污染的河流重新恢复其青春曼妙的身姿呢？这里面也不乏成功的例子。英国的泰晤士河一度受到严重污染，鱼虾绝迹，臭气难闻。但从20世纪60年代开始，英国政府大力治理泰晤士河，建设了完整的城市污水处理系统，使得泰晤士河沿岸的工业废水和生活污水都实现了先处理后排放。经过20多年时间的艰苦整治，泰晤士河已经变成世界上最洁净的城市水道之一。

"人水共存"理念改变了传统的把洪水逐出城市的抗洪策略，提出城市水系应结合城市土地利用规划和楼宇结构技术，通过不断提高区域水面率，调整雨水径流的下渗和蒸发比例，逐步恢复水系自然循环之路。在维持水体生态平衡的同时，允许部分低洼地区作为洪水期的滞洪区，把洪水纳入城市景观的重要组成部分，强调了人水之间的和谐共存。

材料2：

城市"现代化"的负面影响之一，就是使得城市不透水地表面积不断增加，严重地削弱了地表蓄洪、植物拦截和土壤下渗的功能。对洪水的截流作用的消失，造成的后果就是地下水补给日益不足，地表径流量逐年提高。而且由于城市所产生的空气污染物为降水提供了大量的凝结核，所以一般而论，城市化地区的降雨量要比农村高5%～15%，雷暴雨天气多10%～15%。因此，城市水系应更多地承担起蓄积雨洪、分流下渗、调节行洪等功能。但是由于水系的破坏，这些功能都极大地衰退了，而这些功能绝不是目前城市中广泛采用的管道排水或防洪工程所能取代的。

城市，大都是因为水而兴起，因水而繁荣、发展。绝大多数历史悠久的城市，都是先有河，后有城，许多城市的历史是沉淀在河道、湖泊、海滨和湿地上的。如北京城区所有的河流，几乎都可以找到与其相关的历史文化古迹或典故；杭州城里的浣纱河，传说是西施浣纱的地方。许多城市因水而建，也因水而具有"灵气"。一些原本没有水面的城市，为了创造生态景观而人工修造出一系列的水面。如澳大利亚首都堪培拉的葛里芬湖。葛里芬是一位美国的规划师，他设计的堪培拉规划方案在多个投标方案中胜出，按他的规划修建的堪培拉是非常秀美的，尤其是中间的人工湖，虽为人工开挖，却利用了山谷地形，蜿蜒曲折，调节了城市内部的气候，造就了堪培拉秀丽的景观。所以，堪培拉市民就把这位设计师的名字作为这个城市湖泊的名字。

自古以来，内河船运由于其低成本、高可靠性、安全性和可观赏性，始终受到人们的重视。英国许多地方近几年还纷纷疏通古代运河以满足城市间输送游客和农产品所需。城市水系又是各城市之间的天然隔离带。在古代，所谓的护城河就具有保护城市、阻隔敌人的功效。而在现代，这些天然的河流是城市最壮观的公共空间，在人口日益稠密的现代城市中，城市水系与绿带公园结合在一起，构成了城市最漂亮、最令人流连忘返、最具有生态和文化功能的城市亮点。

城市水系可以成为廉价、有效的净化城市污水的天然场所。如果按照生态的方式而不仅仅是按水利的要求、当地的要求来修建城市水系，使水面与岸边的生态系统相连接，就可以将水系改造为"城市之肾"，大大增强对污水的自然降解能力。城市的许多水生植物、微生物吸收磷化合物等污染物的能力强，而投资成本又很低，如果换算成每吨污水处理费用，通常仅为传统二级污水处理厂的五分之一到二分之一，运行成本只有十分之一到五分之一。由此我们可以得出，什么是环境友好型和资源节约型的城市发展模式，通过这些数据我们就可以找到答案。将这种人工湿地式的城市水系与污水处理厂的尾水回用再处理系统相连接，就可以将四类水净化处理后达到饮用水源取水标准，实现城市水源的循环利用。这是从根本上解决城市缺水的百年大计。

生态学家卡琳·克里斯坦森在《绿色生活——21世纪生活手册》一书中指出，"乡土感情可由本地多种多样特有的生物来增强"，忠告"不可破坏现存的生态系统和荒野"，建议要"在花园和邻近地区提供野生动物活动场所"，"建造一个池塘"并种植本地特有的野花、灌木和树，构建一个因草林多、昆虫长、鸟类聚、小兽生而形成的完整的小水系生物群落。这种生物群落在城市里面尤为宝贵。有专家曾提出西湖整治成功与否的一个简单的生态标准："当野天鹅、野鸭子在西湖里生出蛋而且孵出小天鹅、小野鸭的时候，我可以据此判断西湖的整治是成功的。"我们许多城市的水系远没有达到这个标准，而且有许多城市水系改造更是偏离了这个标准。城市水系作为均质人工城市中的异质斑块，一旦与城市绿地系统相互连接，使野生动物可以通过廊道在斑块间进行迁徙，就可以提高城市生态系统整体抗风险的能力。按这样的思路发展的城市，不仅是人工的，而且是生态的、环境友好的，是资源节约型的。

城市水系是城市最美好的公共空间，是人工建筑之中反映自然景观、田园风貌的主要场所。我们在扬州可以看到，中国古代造园艺术中对水景观的处理，讲究师法自然，虽为人工，宛如天成。城市水系有多种美学功能。城市的特色离不开城市的水系，<u>城市的水系就像城市的指纹</u>。城市的意境美对人的心态有调节的作用。城市水系有动态美，因为城市的水是流动的，它具柔性、运动性，有利于消化污染以及水生物的生成和养育。城市水系有人文美，因为它是文化的载体，历代的名人雅士常在水边留下了他们的痕迹。城市水系当然还有和谐美，因为它是一个整体复合的系统。从一个城市水系可以看到一个城市管理者的抱负，就像我国古代剧作家李渔所说的那样：山水者，情怀也；情怀者，心中之山水也。就是说，要在城市里面造就人工环境和保护自然景观，采用什么样的水环境治理思路是由决策者的美学修养和情操来决定的。什么样的情怀，就会造就什么样的城市山水景观。如果胸中只有"一根"单纯的调水排洪的"竹子"，那么城市的水景观肯定是十分单调枯燥，对历史文化遗存的水生态的"建设性"破坏就难以避免了；如果将美学功能凝聚在治理方案之中，造就出的城市就是美丽的。丽江古城最诱人的就是三条弯曲流动的溪水，这就是拨动心弦的城市水系之美。

如果城市发生火灾，城市水系的储存用水就可以用于灭火救灾。城市水系又是很好的备用水源。如果出现自来水供应安全事故，就可以用地表水作为水源。城市水系是城市生活生产用水的备用系统、防灾系统和城市安全的保障系统。

材料3：

B县县委书记W在几次不同场合所做的讲话中都涉及了打造"活力水城"的话题。

（1）9月15日，在B县县委召开的一次会上，W说：

古语有云："水者，何也？万物之本原也，诸生之宗室也。"择水而居是人类生存的本能，利用水资源又使人类生活更加美好。为此，我县要立足打造"水清、水活、水美"的"活力水城"。要按照"碧波映城，城托青山，人在城中，城在画里"的美好愿景，塑造我县的水系空间，使我们的县城河、湖、湿地合理连接，具有多样滨水公共空间，达到"水丰、水清、水美、水活"，实现"蓝天、碧水、绿地"相互融合，使"水城"真正充满"活力"。

（2）穿城而过的南河，曾因乱排乱放，变成了一条"臭水沟"，市民避而走之。10月1日，B县打响了南河治污战役，W在治污现场会上说：

南河治污，我们要采取"河外截污、河内清淤、中水回用、生态修复"的模式，强化"该停的停，该关的关，该并的并，该转的转"的治污方略，将取缔324家污染企业，使南河变得河水清澈、绿影婆娑、鱼虾畅游，进而推进包括县内其他两条河流的污染整治。为巩固"三河"治理成果，加大对水系的保护力度，我们将要采取的主要措施：一是保护与修复现有水体并适当增加水面，使城市水面率达到10%以上；二是通过工程措施保护"南河""北河""梅江河"的生态需水量与流动性；三是保护并逐步改善中心城区水质；四是为市民提供良好的水体景观和便利的亲水娱乐空间。

(3) 11月5日，W在"'水城'如何建设"的座谈会上说：

"问渠哪得清如许，为有源头活水来。""水城"建设不仅要让城市水系发达，水域面积占城市面积的10%以上、水网密度达到每平方千米5千米以上，还要让城内有"活水"。为让"水活"，通主脉、保供给、建支脉就势在必行。

目前，我县城区水域面积已经达到3400亩，城区水面比例已经达到9%。这些都是"活血化瘀"的效果。我县将强力为水建"安乐窝"。"三河"治理工程，将治愈"南河""北河""梅江河"的"动脉粥样硬化"，以畅通水流渠道。

而各级水库的建设和完善，将保证"活水"有"源头"，供"血"充足。同时，建成"一河三湖九湿地"，加强对现有水体、水系的保护，解决"工程性缺水"问题等诸多举措，都有助于促使总水量"脱贫致富"。届时，"水域面积占城市面积的10%"，将不是梦。

"大动脉"畅通了，"供血"就充足了。水能否"活"的另一关键因素，就是遍布我县城区"全身"的"毛细血管"。只有"毛细血管"畅行无阻，才能把"山在城里留，水在城里游"这一理念转化为现实。按照规划，53平方千米城区，要建设总长约为260多千米的水网，才能达到"水城"水网密度的标准。因此，在"水城"的打造中，我县将加大对水系修建的力度，使水网密度达到每平方千米5千米以上。

(4) 11月18日，在欢迎省作协组织的"水与城市"考察团的见面会上，W说：

古往今来，无数文人骚客都将水作为其作品的意象，如"江作青罗带，山如碧玉簪""水光潋滟晴方好，山色空濛雨亦奇"等。水不仅是人类生存的保障，更是精神的寄托。

水之美，在于其能增色添彩。想象一下，水网密布、"一河三湖九湿地"如一颗颗绿宝石镶嵌于钢筋水泥都市丛林之间，人行其中，耳听"小溪潺潺"，眼见"如蓝绿水"，定会忘记城市的喧嚣，内心获得片刻宁静。水之美就在于以其声、以其色、以其形，让人逃脱樊笼，复返自然。

水之美，在于其能滋养生命。我县将对"靠山吃山，靠水吃水"这一概念做出最新诠释。在满足城市防洪要求的基础上，利用景观、防洪河道等将城中水系连成一体。合理组织水上游览线路，完善"亲水"设施，增加市民参与度。增加城内景观湖面，提高城区水面率，保持并净化水质。采取这一系列举措，打出"水城"名片，发展"周末旅游经济"。借此，发展我县第三产业，增加老百姓的经济收入。

我有一个梦想，希望3年后，我县大多数市民走出家门不远，都能够感受到水的灵气，享受到水生态带来的舒适和愉悦。那时再欢迎诸位作家来我县感受"活力水城"的魅力。

材料4：

下面是某水利专家就构建黄河流域L市生态水系问题所积累的调研材料：

（1）从传承"山水城市"之主题的角度看，L市城市生态水系建设正是贯彻了山水城市的主题思想。通过水系建设，可形成特色山水城市结构，新增城市开发用地，调整城市结构与功能用地，焕发城市活力，使L市传统"两山夹一沟"的城市结构形式升级为黄河之都。

（2）L市黄河段西起西固区的西柳沟，东至城关区桑园峡，东西长约45千米，东西落差近200米，河道宽约300米，流域面积30平方千米，年平均流量约每秒1011立方米，每年流经L市的水资源量为300亿立方米。可以说黄河流经L市段的长度、高度、流量，足以让我们做一篇惊天地、泣鬼神的大文章。

L市南北两山对峙，最宽处约30千米，最窄处约2千米，东西长35千米。其中皋兰山伏龙坪在盆地中部直探黄河河滨，与九州台白塔山夹河相望，形成雄险的关隘之势，山河相对高差500~600米。另外，大山之下广川之上，在局部形成了崖、坪、滩、沟等地貌，且有81条洪水沟，丰富了整个黄河之都的山水格局，为构建城市水系提供了良好的基础。

（3）通过黄河流域治理与保护，可以为L市增加湿地约580公顷，新增绿地面积约330公顷。能促进地下水良性循环，扭转地下水位下降和水质恶化的状况；减少从黄河提水的扬程，降低南北两山的绿化成本，且可以有效调节局地气候，改善城市热岛效应，修复自然生态系统并恢复生态多样性。

（4）通过建设黄河创意文化产业园，举办水博会等活动，挖掘L市文化、民俗、经济社会演进、城市发展、黄河变迁等史料，做足做活黄河水文章，激活L市的文化产业，实现文化产业升级，重塑黄河文明。

（5）通过国家级的经济平台，利用黄河两岸的有利地势，承接东中部的产业，布局科技含量高、经济效益好、资源消耗低、环境污染少、人力资源优势得到充分发挥的项目，实现产业结构的调整和转型跨越发展。

（6）按照世界眼光、西北一流、本省特色的要求，高起点建设城市水系，以路网和水系并重的理念，把L市打造为山水美丽城市。

截至2017年年底，建成1枢纽3水系5喷泉7公园9瀑布24沟溪，提炼"中、根、飞、融、文、桥、水"等理念，展现L市黄河文化底蕴。

到2020年，打造出水随山走、路随河伸、城依河修、楼依山建的城市风格，凸显山高城低、水长山远、山城相依、水城相间的城市特色，塑造拥有高山长河的雄浑壮美。

（7）L市构建城市生态水系的保障措施如下：

第一，成立专门的领导小组。市级领导担任组长，设立专门的办公室，组建核心工作团队，成员包括环境生态、城市规划、水利建设、经济地理、园林、旅游、文史等方面的专家。这些成员要具备较高专业水平，有协作精神。

第二，组建专家顾问组。专家顾问组主要包括文史、社会、经济、环境生态、城市规划、水利建设等领域的专家。专家顾问组负责对各类专题论坛或阶段成果进行广泛探讨，把关工作成果，以提高决策科学性。

第三，集思广益，问计于民。对重大事件及治理方案采取全民征集办法，尊重民意，赢得广大民众的支持。

第四，宣传推广，形成合力。L市生态水系的构建事关全体市民福祉，关乎城市百年发展基业。应该通过广泛的舆论宣传，使社会各界认识到L市河湖水系建设的重要性和必要性。

材料5：

老子说"上善若水"，最好的美善就如同水一样。水不仅仅是一种物质，在伟大的思想家眼中水还是真善美的化身，是哲学的本喻，是道德的载体，是智慧的展现。水，柔而能克刚，静而能映物，动而能变化，滋养万物而从不争夺。水有这么多的美德值得我们人类虚心地去学习和感悟，<u>只要我们能静下心来向水学习，我们的智慧和情操就一定能得到提高</u>。

解析：

阅读真题解析是一项苦差事。解析得不好，味同嚼蜡，就不说了；解析得好，色香味俱全，也不过像《舌尖上的中国》一样，吊足了胃口，但满足不了口腹之欲。而且阅读真题解析的过程，又是一个不断比较、鉴别的过程。所谓比较、鉴别，是基于自己对给定资料的理解和认识，再反复对照"真题解析"的判断，进而发现得失，发现规律性的东西。这就好比负重爬山，迈出的每一步都不会轻松。

为了减轻对"真题解析"理解、认识上的难度，防止出现审美疲劳，我们准备采用有别于前几套真题的另外一种解析方式。具体说来，是大处着眼，进行综述式的解析。这既是尽可能满足大家求新、求异心理的需要，也是从给定资料的具体情况出发，以突出针对性。

既然是综述式的解析，就不像另外几套真题那样分条列项了。

我们先由一个脑筋急转弯说起：

一辆公交车上，出站前，车上有9个人，到了一站，下去一个人，又到一站，下去两个人，又到一站上来一个人，又到一站，下去一个上来一个，又到一站，上来三个下去一个，又到一站，没上也没下，又到一站，上来两个下去一个，又过两站，上来一个……问：公交车一共走几站？

猜想一般人都会关注乘客的数量，上上下下一番折腾，早忽略公交车走几站了。

2017年国家公务员考试真题（地市级），与上面的脑筋急转弯有几分相像。

我们简要梳理一下头绪：

材料1："如何做好城市与水这篇文章"，追求"人水之间的和谐共存"。

材料2：许多城市因水而建，因水而繁荣、发展。城市水系是城市最美好的公共空间，有多种美学功能：动态美、人文美、和谐美。采用什么样的水环境治理思路是由决策者的美学修养和情操来决定的。什么样的情怀，就会造就什么样的城市山水景观。

材料3：水是"万物之本原"，水不仅是人类生存的保障，更是精神的寄托。水之美，在于其能增色添彩，能滋养生命。

材料4：构建生态水系。生态水系建设是山水城市建设的主题，治理与保护好城市水系，能修复自然生态系统并恢复生态多样性。做足做活水文章，还可以激活文化产业，实现文化产业升级。

前四则材料凸显"水与城市"的主题，但材料5却峰回路转：老子说"上善若水"，最好的美善就如同水一样。水不仅仅是一种物质，在伟大的思想家眼中水还是真善美的化身，是哲学的本喻，是道德的载体，是智慧的展现。水，柔而能克刚，静而能映物，动而能变化，滋养万物而从不争夺。水有这么多的美德值得我们人类虚心地去学习和感悟，只要我们能静下心来向水学习，我们的智慧和情操就一定能得到提高。

我们在解析2017年江苏省公务员考试申论真题时曾说，"压轴"的材料，主要作用是"点题"，它可以帮助我们进一步明确立意的方向。仿佛是"临门一脚"，理顺其逻辑关系，就为破门得分奠定了坚实的基础。2017年国家公务员考试真题（地市级）材料5中的这段话，就是"压轴"材料，别看它字数少、题量小，却能起到秤砣虽小压千斤的作用。

我们再看题干要求：

请深入理解"给定资料5"结尾画线句子"只要我们能静下心来向水学习，我们的智慧和情操就一定能得到提高"，联系实际，自拟题目，写一篇文章。

很明显，这题干要求和"压轴"的材料5高度统一、和谐，但和前四则材料却是貌合神离，就像那个脑筋急转弯，有一点声东击西的味道。也就是说，我们几乎可以不用给定资料，就可以完成一篇"命题作文"，或者只用"压轴"的材料5，演一出"双簧"。

这其实也是很多考生实实在在的困惑。我们在给出我们的方案前，也就是如何面对这种给定资料和设问"分离""脱节"的问题前，先看看考生是怎样纠结的。

网上有个"17年国考地市级讨论"论坛，论题是《材料为王还是只看题目?》有人发帖称："如果单纯看题目要求，好像很难跟城市水系建设扯上关系。这时候是不用理会前面材料直接论述水的精神或者向水学习的好处呢，还是要努力去构建水系建设跟向水学习之间的关系？"

下面是一些跟帖：

> 同有此疑惑……说谈水系建设的以水为师都是低分，单纯的写以水为

师，分数还不错。题目要求参考给定资料，到底是通篇材料还是材料5，真是不懂啊。

有啊，有一个76+的，就是说要写单纯的以水为师，别扯其他的。

这个有点意思，最近我也在复习这个，把这个题给我老婆看了下（我大作文不行），老婆医院的，对申论这种完全没有研究，只不过大学是重本，我就想看下她的思路，然后她说按照水具有的优点去写就行了，跟论坛那个大神思路差不多。

其实现在看来，有些东西要灵活处理，题目叫写以水为师，为什么要拜水为师啊？肯定有学习的地方啊。跟水利建设完全没有关系的。

不要写城市水系，也不要和城市水系联系，就按题目问的写。亲身经历，国考申论写城市水系直接跑题了。

这个问题困扰了我几个月了，我的题目《以水为师，凝心聚力共谋发展盛况》，三个小标题分别是，以水为师，就是与……相结合，学习它……的精神。53分，我的价值观崩塌了。对了，顺便说一声，我算是半个写材料的，干党政宣传的。我没有申论复习的方向……请高人解惑。

另有媒体报道，一位女考生告诉华西都市报记者，这道题她已使出"洪荒之力"，但还是觉得答得不够好。

对网友（考生）的上述疑惑，我们是一点也没有"疑惑"。没有"疑惑"的意思是：面对给定资料和题干要求，考生不能不疑惑，即便"袖手于前"，也难以"疾书于后"。

事实上，从阅卷现场传来的消息，也证实了考生的说法：大多数的作文是孤立、静态地写向水学习，比如上善若水、流水不腐、水滴石穿、水能载舟、君子之交淡如水……浏览考生的试卷，洪水滔天，汪洋一片，横无际涯。几乎每一篇作文里至少出现十几个"水"字。阅卷老师的状态，就像是"喝水喝多了"，出现了严重的生理、心理反应。

在网上检索"喝水喝多了"，代表性的问题有：为什么喝水喝多了会导致胃酸？喝水喝多了会不会水中毒？喝水喝多了会不会导致脸肿？为什么喝水喝多了肚子会咕噜咕噜响？喝水喝多了想吐怎么缓解？喝水喝多了反胃怎么办？

夸张一点说，当时现场阅卷的老师，不是简单的一种症状，而是几种症状的叠加：胃酸、中毒、脸肿、肚子咕噜咕噜响……

这也怪不得老师，内心再强大的人，天天盯着电脑屏幕，屏幕上的每一个页面都泛滥着、汹涌着、奔流着、飞溅着……不厌倦才怪。有人说，喜欢一首歌，就设置成起床闹铃……大概是一样的心境，一样的感觉。

这能怪考生吗，考生也很无辜、无奈甚至无助。"以水为师"，就要不断地写到水，正如给定资料里说的，是"水"主沉浮。

想来命题老师也没有更好的办法，无论出什么题，最后都要聚集到一个"焦点"上，都要有关键词，就像江苏省的"端菜""点菜"（2017年），考生和阅卷老师俨然成了跑堂的和食客，卷面上不断出现"端菜""点菜"……遗憾的是这些"菜"都不是我的"菜"，纸上谈"菜"罢了。

这涉及怎样避免"同质化"的问题，不是我们讨论的重点。再回到"水"的话题上来。刚才说到，一时间浪奔浪涌，万里滔滔江水永不休，阅卷老师"肚子咕噜咕噜响"，但这也不至于"浪里分不清欢笑悲忧"，文章的利弊得失还是高下立判的。

那么，阅卷老师究竟怎样判断文章的利弊得失的？或者说，我们在给定资料和题干要求比较拧巴的情况下，怎样冲出惊涛骇浪，驶进安全的港湾并顺利上岸。我们的建议是：

充分挖掘给定资料中的"可用"元素，让它们的价值最大化。我们在解析2017年江苏省真题时说过：在某种意义上，我们写文章用到的材料和观点，几乎百分百都能在给定资料中找到答案。给定资料的信息是"海量"的，仿佛是个百宝囊，藏着妙计，等着我们去发现。结合"以水为师"，我们发现当初在说这话时，"在某种意义上""几乎"等词句的修饰、限定是十分必要的。上述的说法不是绝对意义上的，而且推而广之，写文章没有一成不变的死规矩，也不必恪守固定的套路。写文章不过是我手写我心，"想"得深刻、独到，"写"得清楚、明白，让人一看就知道有这回事，明了这个道理，觉得你说的办法可行，就是好文章。相反，想法平庸，写得磕磕绊绊，云里雾里，相关事理不说倒好，越说越让人糊涂，对策措施也没有针对性，就像堂吉诃德大战风车，那就不是好文章。那么，为什么有那么多的教材、参考资料罗列了那么多的申论写作套路呢？我们认为，这个中的原因，一方面是阅卷时，为了追求主观评判的客观性、可操作性，迫不得已，划分了条条框框，阅卷标准上的条条框框又"倒逼"考生"自投罗网"；另一方面是"教"人写申论时，为了让人易于"上手"，不断体验日有所进的成就感，硬着头皮总结出一二三来。试想一下，如果我们选取的样本数量足够大，比如十万或二十万，它们都是围绕中心论点，再划分三个分论点，进一步穿插领导讲话、名言警句……该有多乏味。作为精神产品的文章写作，最该个性棱角鲜明，板板六十四的结果，就分不出你、我、他了。演员表演的最高境界是看不出表演，看不出在演戏。同样的道理，文章写得好，是看不出套路，看不出模式。当然，这是理想化的，我们一时间难以达到这样的境界，另外，我们毕竟要走向考场，要写出有模有样的考场作文。但明白了这个道理，能帮助自己备考时更加清楚什么是主要矛盾，什么是次要矛盾。简言之，就是教材和辅导资料上的写作套路也是必要的，具有参考价值。它们解决的问题是"入格"，但要知道"入格"之外，还有一个"出格"，如何渐次递进，即善于"入格"再"出格"，正是困扰写作教学的一个难题，想必也是困扰很多考生的难题。一般说来，初学者，基础薄弱的，满脑子都是"入格"的想法，因为还在门外徘徊，想着要登堂入室；一当进了这扇门，成为座上宾，常常想的就是"出格"的问题了，也就是不甘心于被这些条条框框所限制。换言之，如果成绩特别稳定，始终稳定在"入格"的阶段，关于"出格"连想都不敢想，那么除了表明基础打得牢，基础扎实，好像不能表明别的什么了。

　　赶写这部书稿时，正值俄罗斯举办第21届足球世界杯比赛。小学生踢足球，几乎每个人都是见着球就是一个"大脚"，不管前锋、中场还是后卫（如果他们也分前锋、中场和后卫的话，感觉上除了守门员职责明确，其他十个人没什么分工），他们心中都有一个执念，就是球离我们的球门越远越安全，离对方的球门越近就越可能得分，所以，见着球，不管三七二十一，上去就是一大脚，只知道往前踢，而且踢的是直线，这就是不"入格"；年龄稍长，一般到高中了，悟出了其中的一些门道，知道回传球了，知道大范围调动了，比如左边路一脚开到右边路，甚至知道危机时故意踢出边线或端线，这就表明"入格"了，"入格"的标志之一是避其锋芒，乘虚而入。至于世界杯上的踢法，那是时有神来之"脚"，不完全按套路出牌。如果像教科书一样，不分对手、不分场上的形势，始终有板有眼地踢、按部就班地踢，就永远踢不好。很明显，世界杯上时有神来之"脚"的踢法，就是"出格"。

　　另外，细心阅读我们的真题解析，大概也会发现：我们的解析也尽量不走寻常路，或者说，是在"入格"和"出格"之间不断寻找着触及"正题"的最佳路径。如果不"入格"，盲人骑瞎马，半夜临深池，就把人带到沟里去了；如果仅仅是"入格"，像开中药铺一样，不管什么真题，一概甲乙丙丁，则难免令人昏昏欲睡，不得要领。我们仿佛是在现身说"法"，不管是申论还是关于申论的真题解析，都不该太循规蹈矩。

　　我们是顺着文章中的材料和观点，几乎百分百都能在给定资料中找到答案这个思路，延展开来的。再回到"以水为师"的话题上来。我们看过了题干要求，又认真研读了给定资料，居然发现，这给定资料不能充分满足自己的需求，题干要求和给定资料出现一定程度的"分离",面对这种情况,我们给出的建议是:充分挖掘给定资料中的"可用"元素。

我们再回顾一下,从给定资料中拎出来的"干货":

材料1:"如何做好城市与水这篇文章",追求"人水之间的和谐共存";

材料2:许多城市因水而建,因水而繁荣、发展。城市水系是城市最美好的公共空间,有多种美学功能:动态美、人文美、和谐美。采用什么样的水环境治理思路是由决策者的美学修养和情操来决定的。什么样的情怀,就会造就什么样的城市山水景观。

材料3:水是"万物之本原",水不仅是人类生存的保障,更是精神的寄托。水之美,在于其能增色添彩,能滋养生命。

材料4:构建生态水系。生态水系建设是山水城市建设的主题,治理与保护好城市水系,能修复自然生态系统并恢复生态多样性。做足做活水文章,还可以激活文化产业,实现文化产业升级。

上述内容中,哪些是"可用"的元素呢?

我们认为,和题干要求关系更紧密,因此更"可用"的内容:滋养生命、山水城市建设、情怀、动态美、人文美、和谐美……

如何使用上述的"可用"内容呢?"滋养生命"是直接就可以拿来用的,而"动态美、人文美、和谐美"等可以间接使用。直接使用就不需要解释了,间接使用的意思是可以拐弯抹角地使用,比如水的"动态美、人文美、和谐美",可以让我们更端庄,更优雅,更有气质,所以值得我们学习。至于"山水城市建设",我们认为,最好把它作为文章的"框架",也就是在"山水城市建设"这个"框架"里,去谈论向水学习的问题。我们现在常说一个词,叫"站位","站位"要高。选择"山水城市建设"这个"框架",一方面是因为给定资料强调"做好城市与水这篇文章",另一方面是避免钻到个人修养的小圈子里谈论向水学习。从个人修身养性的角度,可以总结出许多需要向水学习的内容,但境界、格局太小了,不像申论,倒有几分像心灵鸡汤了。所以我们提倡在"山水城市建设"这个"框架"里,结合"情怀"去作文。简单说来,就是要建设山水城,需要学习水的品格。

我们曾说,阅卷时能发现许多人完全回避了给定资料,或只针对给定资料5做文章,这样的文章也有得高分的,这个中的原因相当复杂,暂且不表。我们的倾向是:要目光向外,展现宽广的胸怀,不要顾影自怜。

那些撇开给定资料,如网友所讲"单纯的以水为师,别扯其他的",在写法上是自我降低了难度系数。因为类似于滴水穿石、流水不腐……属于老生常谈的话题，很容易发挥。陆游一生没有到过北方，但他有"铁马冰河入梦来"的诗句，他没有见过铁马，也没有见过冰河，他凭借的是奇思妙想。申论不能像诗词那样，合理想象，天马行空，要有根基，有依托。

需要进一步提示的是，一定要养成直奔题干要求的自觉。这是我们反复强调的，为的是提高阅读理解给定资料的效率。就像那则脑筋急转弯，如果我们先知道了问题"公交车一共走几站"，我们在"听题"的时候，就会有意排除上来几个人下去几个人的信息干扰。善于排除信息中的"噪音"，我们才能更快捷地直抵"意义"的彼岸。

实话实说，我们正在解析的这套真题，不是特别好。从最简单的角度说，给定资料突出的是"城市与水"，之后让考生谈"向水学习"。我们如果把"城市与水"的材料，换成"农村（农业）与水"，再接续材料5，并提出：请深入理解"给定资料5"结尾画线句子"只要我们能静下心来向水学习，我们的智慧和情操就一定能得到提高"，联系实际，自拟题目，写一篇文章。是不是也说得通？甚至把"城市与水"的材料，换成"群众的日常生活与水"，仍然说得通。既然都说得通，就意味着那些"给定资料"不是唯一的，并不是非它们不可的。如果不是唯一的，并不是非它们不可，那不是只要和"水"相关的材料，都可以组到里面了？所以，我们觉得，它有待完善，还不够完美。

最后，我们选编两篇例文、一篇写作提纲。两篇例文的一个共同点，是"站位"高，视野开阔，但也存在一定的问题（两相比较，第一篇更好。第二篇的成绩要比第一篇低一到两个档次）。我们可以结合本书前几章有关范文解析的内容，自己体会两篇例文的得失。

写作提纲主要在谈治水，不是向水学习。按照这样的提纲写作，就好像拿着一张画错了的图纸去建楼房，肯定是二等文以下。

让人水之间和谐共存（提纲）

第一段：古代文明因水而出现和发展，水的重要性。

第二段：古代文明因不注意保护水源而衰败和销声匿迹。保护水很重要。

第三段：改革以来，各方面取得的成就显著，但是在保护水资源方面仍有一些矛盾和问题，要大力解决。

第四段、第五段展开论述对策。

第四段：加大治污力度，使水清澈起来。习总书记关于"绿水青山就是金山银山"的论述，企业"三同时"，加大执法力度等。

第五段：实行最严格的水资源保护力度，巩固和固化治理成果。制度问题更具有根本性、全局性、长期性、稳定性。建立健全法律法规，纳入地方考核内容，离任审查、终身追责、河长制等。

第六段：人水共存，离不开营造良好氛围，只要万众一心，撸起袖子加油干，就一定能做到人与水的和谐共存。

范文　向水学习，提高情操

人们都说，只要我们静下心来向水学习，我们的智慧和情操就一定能得到提高。水的的确确有很多美德值得我们学习和感悟，向水学习，提高我们的智慧，陶冶我们的情操。

那么，水到底有哪些优秀品质呢？表面上，水仅仅是一种普通的物质。实际上，对于个人而言，水是真善美的化身，是哲学的本喻，是道德的载体，是智慧的展现。水柔而克刚、静以映物、动而能变，都值得我们学习；对于一座城市来说，城市水系就像城市的指纹，是城市的重要组成部分，承担着蓄积雨洪、分流下渗、调节行洪等功能，体现一座城市的动态美、柔性美、运动美、人文美、和谐美等。而我们的情操与智慧又体现在人水共存理念和政府污染治理上。所以，向水学习，你我同行。

问苍茫大地，谁主沉浮？在我看来是：水主沉浮。向水学习，学习其真诚、善良、美丽，有利于提高个人的认知能力，提高个人的智慧情操，有利于反映政府的行政能力，提高政府的服务水平，有利于淘汰重污染企业，实现企业结构调整和产业的优化升级，走可持续发展道路。

向水学习，需要树立人水共存理念。城市水系应结合城市土地利用规划和楼宇结构技术，不断提高区域水面覆盖率，逐步恢复自然循环之路，注重人水之间的和谐共存。例如，2016年夏季，湖北武汉城市的巨大内涝，造成了经济损失，导致了交通瘫痪，难以出行。这是因为违背了人水共存理念，围湖造田，减弱了排水系统的功能。又例如，北京重视水的问题，建成十三陵水库、密云水库，完成了南水北调，丰富了北京的水资源。这无论是正面镜子还是反面镜子，都折射出人水共存和谐发展的重要性。

向水学习，光有理念还不够，还要落实到行动之中。当污染带来的伤害已经造成时，就需要政府提高治理污染能力，加大治污力度，完善城市的污水治理系统设施，提高治污技术，提高治污网密度。治理污染往往有利于维护城市的形象，形成生态经济文化功能的城市亮点，有利于形成环境友好型和资源节约型的城市发展模式，有利于焕发城市的活力，提高人民的安全感幸福感。英国政府大力治理泰晤士河，建设了完整的城市污水处理系统；深圳市政府利用新技术治理污染，减轻了城市的环境压力；新加坡完善治污设施，整顿了污染企业，赢得了世界的高度评价。近到国内城市深圳，远到海外国家英国、新加坡，都无疑表明了治污不容忽视。

只有向水学习，学习其真善美，树立人水共存理念，提高治污能力，才能提高人民的智慧和情操。当人民的智慧情操和生活水平得以提升，城市得以健康文明发展，那么我们伟大中国梦的实现还会遥远吗？

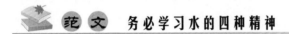

范文　务必学习水的四种精神

老子说"上善若水"，水，柔而能克刚，静而能映物，动而能变化，滋养万物而从不争夺。水的诸多美德对治国理政、干事创业具有重要的启发作用和指导意义。下面具体谈谈。

一要学习滴水穿石的精神。小雨水一滴一滴坚持不懈地滴在石头上，最终滴穿了石头。这体现了雨水坚韧顽强的性格、以柔克刚的智慧、持之以恒的作风、积小胜为大胜的策略。习近平总书记提出的"钉钉子的精神"与"滴水穿石的精神"一脉相承，本质一致。干事业、改作风好比钉钉子，往往不是一锤子就能钉好的，而是要一锤接着一锤敲，才能把钉子钉实钉牢。好的制度需要持之以恒的坚持，好的习惯需要在不断鞭策下养成。"锲而舍之，朽木不折；锲而不舍，金石可镂。"面对形式主义、官僚主义、享乐主义和奢靡之风等沉疴痼疾，只有发扬"钉钉子的精神"，坚持不懈地抓，连续不断地纠，制度和纪律才不会变成稻草人，才能"敲打"出气正风清的政治新生态。

二要学习水的奉献精神。水，滋养万物而从不争名夺利。这充分体现了雨水的无私奉献精神。习近平总书记提出"要大力弘扬焦裕禄精神"，"焦裕禄精神"的重要内涵之一就是"为党和人民的事业任劳任怨、无私奉献"。因此说"焦裕禄精神"与"水的奉献精神"一脉相承，本质一致。我们学习和弘扬焦裕禄精神，就要像焦裕禄同志那样，多想群众少想自己，多想事业少想名利，为党和人民的事业任劳任怨、无私奉献。

三要学习水的创新精神。水动而能变化，在保持化学成分不变的前提下，通过发挥创造性使形式具有多样性——常温下水呈液态，低温下结冰呈固态，高温下呈气态,从而提高了对各种环境的适应性。习近平总书记强调,要在全社会大力弘扬创新精神、提高创新能力,这与学习"水的创新精神"一脉相承,本质一致。具体落实到宣传社会主义核心价值观这项工作上面,就是要在保持社会主义核心价值观内容不变的前提下,发挥创造性,使宣传形式具有多样性,从而强化宣传效果。比如说,针对知识分子可以搞长篇大论,针对农民最好搞成快板、花鼓戏,针对城里大妈最好搞成腰鼓表演,针对小孩最好搞成动画片。

四要学习水的团结精神。一滴水的力量很小,但一滴滴水团结起来汇成江河步调一致奔向大海却力量巨大。习近平总书记多次强调维护党的团结统一的重要性,与学习"水的团结精神"一脉相承,本质一致。我们要学习水的团结精神,强化大局意识、核心意识和看齐意识,紧密团结在以习近平同志为核心的党中央周围,自觉在思想上政治上行动上与党中央保持高度一致,万众一心,步调一致向前进。

总之,"上善若水",我们要像水一样,坚韧顽强、持之以恒,无私奉献,善于创新,紧密团结在以习近平同志为核心的党中央周围,为实现中国梦不懈奋斗。

评分标准:

一类文:结合城市发展理念,谈向水学习,进而使人们的智慧和情操得到提高。分数:35~39分。

二类文:结合干部作风、执政理念谈向水学习。分数:28~33分。

三类文:等同于中考作文,不联系现实,谈做人要向水学习。分数:21~26分。

附四:

2018年国家地市级公务员考试申论真题

作答要求:

1. "给定资料1"和"给定资料2"反映了改革开放以来我国农村土地承包政策的发展过程,请你概述这一发展过程。(10分)

要求:

(1) 准确、全面,有条理;

(2) 不超过200字。

2. "给定资料2"中,L村村支书面对村民土地调整的要求,发出感慨:"这样一来，我们的压力很大，看来村里的土地调整也不是一件简单的事。"请根据"给定资料2"，分析他为什么感到压力很大。（10分）

要求：

（1）全面、准确、有条理；

（2）不超过200字。

3. "给定资料4"提道："城市建设与管理的目的如果仅仅是为满足经济或某种美观诉求，显然是片面的，甚至是短视而危险的。"请根据"给定资料3"和"给定资料4"，谈谈你对这句话的理解。（20分）

要求：

（1）观点明确，分析全面，有逻辑性；

（2）不超过300字。

4. S市将举办"城市样板工程展示会"，请你根据"给定资料5"，就其中地下管廊建设情况撰写一份讲解稿。（20分）

要求：

（1）紧扣资料，内容全面；

（2）逻辑清晰，语言准确；

（3）不超过400字。

5. "给定资料6"中提到了老子关于"有"和"无"的观点，请你围绕给定资料反映的城市建设理念中的问题，联系实际，以"试谈'有'与'无'"为题写一篇文章。（40分）

要求：

（1）自选角度，见解深刻；

（2）参考"给定资料"，但不拘泥于"给定资料"；

（3）思路清晰，语言流畅；

（4）总字数1000字左右。

材料1：

位于R市郊西隅的沙坝村，总面积约10平方千米，山清水秀，历史悠久。

1980年前后，家庭联产承包责任制开始在中国广大农村推行。中共中央《关于加快农业发展若干问题的决定》《关于进一步加强和完善农业生产责任制的几个问题》等有关"包产到户""包干到户"的文件一层层传达下来，但沙坝村却没有变革的迹象，人们还在观望。时任大队书记的杨某回忆说："那时候土地、山林还有各种财产都是国家（集体）的，国家的东西，哪个敢随便动！"

到了1981年年底，沙坝村把耕地按好、中、差进行了搭配，然后按人口平均发包给村民，完成"分田到户"，第一轮家庭联产承包责任制在沙坝村初步落实。从此，在土地所有权不变的情况下，村民对于承包地有了经营权、使用权。当时的规定是：所有承包地土地，不许出租、买卖；不许在承包地上建房、烧砖瓦等。虽然承包时大队已经确定承包期是3至5年，但是，村民中仍有人怀疑分田到户不长久，会不会"今天分下去，明天又收回来"。直到1984年的中央一号文件提出"土地承包期一般应在十五年以上"，村民们的忧虑才初步解除。而后中央提出的"为了稳定土地承包关系，鼓励农民增加投入，提高土地的生产率，在原定的耕地承包期到期之后，再延长三十年不变"，算是给农民吃了"定心丸"。为了给农民稳定的土地承包经营预期，党的十九大报告明确提出"保持土地承包关系稳定并长久不变，第二轮土地承包到期后再延长三十年"。

材料2：

L村位于某省中北部沿海平原区，粮食作物以小麦、玉米为主，冬小麦与夏玉米一年两季轮作，经济作物以苹果为主。L村的土地分为两类，一是"围庄地"，在村庄周边，有较好的水利条件；二是"洼子地"，离村庄远，水利条件较差。与全国大多数村庄一样，L村也在20世纪90年代中后期根据当时的政策完成了"二轮土地承包"。L村把全村土地分成两份，一份为各户承包的人口地，另一份为机动地。机动地主要用于给新增加的人口增地。

与其他村庄二轮承包普遍执行的"增人不增地，减人不减地"的土地政策不同的是，L村在机动地上实行"增人增地但减人不减地"的办法。自二轮土地承包以来，L村的人口增减变化将近百人。L村给新增加的人口分配土地先从位置、水利条件较好的围庄地开始，围庄地分完之后，新增加的人口就只能分到洼子地了。到了2014年，预留的机动地全部分配完了，"增人增地但减人不减地"的办法也就难以为继了。

村民李某在二轮承包时家里只有他们夫妇和未成年的儿子，多年后儿子娶妻生子，都没赶上村里分地，一家6个人种着3个人的地，收入窘迫。

特别是每当看到邻居张某家2个人种着9个人的地时，颇有怨言："明显不公平，就应收回重分。"但张某对他的话却不完全认同："我家地多人少是事实，可二轮续包的时候就是这样，30年不变也是国家规定的。"

与李某、张某想要地、想种地不同，L村还有不想要、不想种地的人。76岁的万老汉，家里有6亩地，儿子和孙子都在外地打工、上学。每年的秋收季节都是万老汉最发愁的时候，繁重的劳动都得雇人帮忙。他想把地流转出去，但因为地比较零散，收益也不高，流转很困难。村里和万老汉情况差不多的还有二十多人。近几年一直在外地打工的王某说："种地费时费力不说，农忙时回家打理，请假还要被扣工资，不合算。这两年一直是托付亲戚来种地，没什么收益，明年也不想这么干了。"此外，村里还有10户完全脱离农业的家庭，因各种原因，他们承包的土地大多撂荒了。

现任村支书告诉记者说，村里二轮承包后一直没进行土地调整，这是因为国家对土地调整有政策，明确提出"小调整、大稳定的前提是稳定"。"小调整"的间隔期最短不得少于5年，而且"小调整"只限于人地矛盾突出的个别农户。2006年因为村民的承包地占用量与家庭人口不均衡，村里曾有过一次调整的打算，村委会研究决定：凡是人口减少以及已经迁往城镇落户的农户，其承包的土地份额一律收回，另行发包给新增人口的农户。村民石某因妻子去世而被收回了2亩地。石某不服，将村委会告上法庭，要求返还被收走的土地。法院经审理认为，2003年实施的《农村土地承包法》确立了"承包土地以户为单位，减人不减地"的原则。根据该法律，家庭承包经营权的主体是农户整体，而不是家庭成员个体。只要承包方的家庭还有人在，土地就不能收回。只有在承包经营的家庭消亡，或承包方全家迁入设区的市并转为非农户口的情况下，发包方才可以收回承包地。如果承包方自愿放弃承包地，则应提前半年提出申请。最后法院判决村委会返还石某土地。石某这一告，那次土地调整就没往下进行。后来，国家对土地调整的限制越来越严格，多次强调"承包期内，发包方不得调整承包地""现有土地承包关系要保持稳定并长久不变"。

2016年春，李某和一些农户以土地承包量有失公平为由找到了当地政府，要求调整。这一诉求得到了政府的支持。面对这种局面，村支书无奈地说："这样一来，我们的压力很大，看来村里的土地调整也不是一件简单的事。"

材料3：

据有关部门统计，截至2016年年底，中国大陆城镇常住人口已达7亿9298万，比2015年末增加2182万人，城镇人口占总人口比例为57.35%。随着中国城市化进程的加快，大量农村人口涌入城市。

李奶奶是几年前从农村来到X市的。离开了广袤无垠的田野，住进了层层叠叠、密密麻麻单元楼的瑞丽花园小区。舒适的住所、单调的生活、陌生的邻里，李奶奶过得并不开心，觉得自己被压得"喘不过气来"，她几乎每天都要坐公交车穿过喧闹的街区到城郊的公园里活动活动筋骨，想法子找人说说话。

瑞丽花园小区是X市近年来新开发的商品房小区，位于市区两大主要交通干线的交汇处。因位置临近商业中心，地价昂贵，住宅楼比较密集。为了体现其景观的生态性，小区内有一条人工河道蜿蜒而过，把小区的空地分割成大小不一的碎片。河边花香草绿，绿柳成荫，不少凉亭假山点缀其间。但仔细观察便可发现，小区里可供居民活动健身的空地却十分有限，最大的一块空地，只能容纳30人共同活动。每次看到"芳草青青、留心脚下"的木牌时，李奶奶总免不了要叨唠一句"景有了，可人没了"。事实上，小区内也建有设备完善、宽敞明亮的室内舞蹈室、羽毛球馆及各类文体活动室。但羽毛球馆和健身房是不对社区居民免费开放的，需要居民办理会员卡。舞蹈室在有对外演出活动时用于排练使用，平时都上着锁。其他文体活动室都有一定的开放时限，利用起来并不方便。

离瑞丽花园小区不远的南平巷地区是一个具有完整元代胡同院落肌理、文化资源丰富的棋盘式传统民居区，迄今还有2万多名居民生活在此。

已经在此生活20多年的康阿姨对记者说，当初这里特别清净，没有商业化，更没有这么多的游客。可是到了2006年进行商业开发以后，南平巷变了样子，喧哗的酒吧，随意改建的建筑物，各种小吃店、水果摊占道经营。人流量和车流量骤增，传统的文化气息荡然无存。近两年，因为这里的居住环境条件每况愈下，商品价格攀升，老住户纷纷外迁，老宅成了外来人口的聚集地。

在如何把握历史文化保护、商业发展和居民人居环境三者之间的关系问题上，业内人士认为，彻底停止商业，或者迁走所有居民，都不是良策。因为，X市的"根"就在这些胡同里，在这里居民的身上。

最近，一则消息让X市居民颇为兴奋。一座包含超大的绿地，融合生态、文化、休闲等多种功能的，面积近2平方千米的文化公园将在中心城区一块被认为最具开发价值的"潜力板块"破土动工。专业人士认为，公园不只是供市民休闲娱乐的实体，同时也包含丰富的人文意义和文化价值。对一个好的城市公共场所而言，"建设"只是一个基础，其塑造和养成不只在"造景"，更要借此"化人"。随着空间的变化，人们对城市的观感会变，对城市的体验度会变，相应地，城市治理的思路要变。拿出黄金地块做公园，提供的是场所，面向的是全体市民，彰显的是城市价值。每个在这里生活、工作的市民，都能感受到这座城市带给他们的幸福感、归属感和安全感。在强调"共享"发展理念的当下，这意味着城市治理观念的一次重大转变。

材料4：

17世纪的巴黎，一座桥梁扮演了今天埃菲尔铁塔的角色，这就是新桥。巴黎人，无论贫富，都很快接受了新桥。王公贵族们突破正统的束缚，在桥上纵情欢乐，贫困的巴黎人也来这里躲避夏日的炎热，不同层次的人在这里交流接触，新桥成为社会平衡器。

新桥就好像是一个"新闻发布中心"。当时的资料显示，只要在新桥张贴消息广告，很快就能聚拢大批人阅览。巴黎人可以在这里了解巴黎发生的大事小事，各种消息都会在人群中迅速传开。此外，一些反映社会现象的歌曲也在此广泛传播，以至于产生了许多"新桥歌手"。作家赛维涅侯爵夫人认为"是新桥创作了这些歌"。而这些歌曲也只是冰山一角。在17世纪30年代专业剧场诞生之前，新桥还一直是巴黎戏剧的中心。正如一幅17世纪60年代的绘画所示，演员们在临时搭建的舞台上表演，各行各业的人聚集在周围，甚至凑到舞台底下。露天表演是造成新桥交通拥堵的一个原因，另外一个更重要的原因便是桥上的购物活动，新桥一竣工，街头市场就出现了，各种新奇的东西这里都可以找到。没有人会预料到，这座桥会成为各色人为不同目的而争夺的空间。

在十几年前的圣保罗，经常可以看到富人区被高高的院墙和铁丝网包围、门口警卫森严的景象。其原因是贫富差异过大，富人为了寻求安全导致居住空间分异。贫困区税收锐减，政府提供的警力、学校、医院等公共服务质量下降，这又促使一些中等收入的家庭迁走，公共空间迅速衰败。

一些人为了生存，针对富人下手，或偷或抢，富人只能选择加强保安防范措施。这样的治安环境，无人敢去投资。于是，政府借助城市设计，恢复城市公共领域的功能，让市民在交往活动中逐渐消解对立情绪，进而吸引投资。

近30年来，西方国家把大量工业化时代遗存的码头、厂房、矿场改造成为向公众开放的公园和文化广场。在城市中心区，"商业步行街"几乎成为城市更新的"标准选项"；在城市边缘地带，提供大尺度、复合化、向公众开放的商业空间，也成为地方政府和私人开发商最乐意采用的策略之一。这些购物中心、主题公园和广告天地，被设计得优雅、别致、生机勃勃，成为日常生活审美化的最典型不过的展示空间。有研究者说，城市建设与管理的目的如果仅仅是为满足经济或某种美观诉求，显然是片面的，甚至是短视而危险的。

材料5：

走进S市独墅湖月亮湾商务区，你会发现，这里的道路格外平整，找不到一条"马路拉链"，天际线由棱角分明的建筑物和绿树组成，空中也看不到一张"蜘蛛网"。这是因为，这里的自来水管、供电电缆、通信电缆全部"住"到了地下宽敞的"集体宿舍"里。这就是S市第一条城市地下公共空间基础设施——月亮湾地下综合管廊。城市地下综合管廊作为地下空间的"生命线"，是城市公共配套建设的重要组成部分。

月亮湾地下综合管廊，自2011年11月建成投入使用，已平稳运行多年。这是一个全长920米、断面3.4米×3米的"T"形长廊。长廊的一侧是一排长长的钢铁支架，如同"超市货架"，从上到下依次放着消防与监控线路桥架、电力线路桥架、两层通信网络桥架，最下面三层空着的"货架"是为未来管线预留的空间。管廊内另一侧是上下两根直径70厘米的集中供冷管道。技术员介绍说："附近商务区的写字楼不用中央空调，夏天由这两根管道集中供冷。"

S市管线管理所负责人在向记者介绍管廊建设的前期准备情况时说，由市长担任组长的市地下综合管廊工作领导小组起到了关键作用，领导小组成员有39人之多，涵盖了辖区各板块、各相关单位主要负责人。专门机构的设立，形成了多元主体的常态化沟通和快速推进机制，有效避免了推诿扯皮、难以协调等问题。在领导小组的组织下，相关部门编制完成了

《S市地下空间专项规划（2008—2020）》《S市地下空间规划整合（2012—2020）》，2018年6月又出台了《S市地下管线管理办法》，统筹加强对地下管廊规划、建设和安全运行的管理。

"地下综合管廊造价和维护可不是一般的昂贵，"管廊开发公司徐总经理给记者算了一笔账，"使用寿命为50年及100年的地下综合管廊，每千米建设运行成本分别为1.6亿元及2亿元。即使S市经济实力不错，但借力社会资本也是现实的必然选择。"市政府授权S市城市建设投资发展有限公司出资组建了S市管廊开发公司，其中城建平台占股45%，水务占股20%，4家弱电单位各占股5%，为供电预留股份15%。管廊开发公司专门负责城市地下综合管廊的投资、建设、运营和管理事务，不仅解决了资金问题，也解决了建设主体的问题。

在记者参观的时候，工作人员介绍：S市地处江南水网区域，地下工程施工难度大，精度要求高。为确保工程的顺利推进和质量安全，S市在前期调研分析基础上，根据国家《城市综合管廊工程技术规范》，组织专家团队反复论证，最终为项目设计施工提供了充分依据。S市在综合管廊规划设计阶段，就确立了系统化、标准化、智慧化的目标，在铺设管线时同步建设全面的监控、感知系统，并为信息系统升级留有接入口，方便日后对大面积地下管线实施统一综合管理。建成的综合管廊囊括消防、照明、排水、通风、通讯、供电、监控感知、火灾报警等系统，可以通过一个终端对所有管线进行实时监控和调度管理，并具有自动检测、定位、提醒等多种功能，真正实现了信息化、一体化、智能化管理。

由于综合管廊建设成本高，入廊管线大多具有公益性，且这一新生事物在使用过程中权、责、利还缺乏有效制衡和匹配，导致社会各方的投融资积极性都不高。为此，S市借鉴国内外经验，特别规定除争取国家试点和省财政支持外，如果项目建成后特许经营期内收费不能实现预期目标，市财政将进行一定补贴，确保股东投资安全且获得基础收益。

根据工程内容、建设成本、运营周期、物价水平等多重因素，制定收费项目和收费标准，明确各单位可以以入廊或租赁的方式获得管线所有权、使用权，让管线需求者根据自身实际情况选择使用方式，调动其入廊积极性，提高管线使用效率和经济收益。

管廊收费之所以困难，很重要的一个原因是缺乏调动入廊单位积极性的有效方式。S市创新性地以打造利益共同体的方式，吸引电力、给排水、通信等单位成为管廊建设主体——管廊开发公司的股东，让各单位根据自身需求充分参与管廊的规划、设计和建设过程。在合理确定收费标准的基础上，为盘活资产、提高综合收益，这些单位均愿以有偿方式使用管线。

材料6：

月亮湾地下综合管廊建设给人们以很大的启示。那里地上道路平整，天空没有一张"蜘蛛网"，城市公共空间发展的潜力倍增。这让人想到《老子》里的话："凿户牖以为室，当其无，有室之用。故有之以为利，无之以为用。"老子以人们居住的屋子为喻，他说，一间屋子，开凿门窗，修建四壁，只有形成虚空部分，它才具有一间屋子的良好功能。据此，老子提出了"有之以为利，无之以为用"的观点，强调"有"与"无"都具有不可忽视的作用。瑞丽花园小区的李奶奶，离开广袤的田野，住进了单元楼，总觉得"喘不过气来"。看来，李奶奶虽不是哲学家，但在感觉上与老子"有""无"之用的理念暗合。

解析：

申论最后一个写作大题让很多考生们有些摸不着头脑，一位考生回忆：该题介绍了古代哲学家、思想家老子"有与无"的哲学思想，题目要求考生结合城市建设情况，理解并应用这句话。考试结束后，不少考生坦言，对这道题一点信心都没有，不知道是否写"跑偏"。

考完试后，仍然不知道是否写"跑偏"，这表明还远未达到"知己知彼"的境界。从考生的角度说，是因为不"知彼"，即不能深刻领会给定资料的含义和作答要求，所以也不"知己"。"知彼"和"知己"互为条件，相辅相成。这和"'有'与'无'"的作文题一样，都带有哲学意味。

颠倒纵横地看

我们先讲两个小故事。

钱钟书《论中国诗》中说，有一次，一个风骚绝代的巴黎女郎发现她爱人的口袋里有一封情书，情书是一位中国公主写给她丈夫的，巴黎女郎不懂汉语，便马不停蹄地拜访法兰西学院的汉学教授，请他翻译。那位学者把这张纸颠倒纵横地看，秃头顶上的汗珠像清晨圣彼得教堂圆顶上的露水，最后道歉说："中文共有八万个字，我到现在只认识四万字；这封信上的字恰在我没有认识的四万字里面的。小姐，你另请高明吧。"

故事中的这位汉学教授，相当精明，他看破不说破，体现了大智慧。他把那张纸颠倒纵横地看，秃头上流下了汗水，猜想他当时不知道该怎样向巴黎女郎解释。幸好，他急中生智，找到了台阶。

汉字繁难，但不会繁难到一封信上的字都不认识的程度。据统计，3500个常用字就覆盖了现代出版物用字的99.48%；《毛泽东选集》四卷，总字数为660273个，使用不同的单字只有2981个；鸿篇巨制的《红楼梦》所用单字也不过4200多个；老舍被称作语言大师，《骆驼祥子》整部小说字数107360个，只用了2413个不同的单字，其中有621个常用单字频繁使用，它们占了总字数的90%，小学生都可以通读全书。

所以，那位汉学教授"颠倒纵横"地看，明显是在故作姿态。

号称"清朝最后一根辫子"的辜鸿铭，是一位怪杰。他自幼赴英留学，精通9种语言（也有说十几种语言的），获13个博士学位，学贯中西。辜鸿铭主张男人要娶小老婆，认为这是社会稳定的基础。他说男人好比是茶壶，女人是茶杯，一个茶壶可以配四只茶杯，哪有一只茶杯配四只茶壶的。有一次，他乘公共汽车，拿着《泰晤士报》倒着看。旁边的英国人笑话他，不认字就不认了吧，还看什么报纸。辜鸿铭用标准的牛津音说：你们的英文才26个字母，太简单，正着看对我的智力是一个侮辱，两眼就看完了，倒着看还行。

怪杰辜鸿铭倒着看，在故作姿态上与那位汉学教授有几分相似，尽管原因不尽相同。汉学教授是读懂了，装着不懂；辜鸿铭也是读懂了报纸，但故意非常夸张地证明自己读得懂。他俩在"读懂"和"颠倒纵横"方面高度一致，区别只在于故作出来的姿态。

我们引述这两个小故事，旨在说明：有大学问的人，一瞥之间就能读得懂，仍然"颠倒纵横"地看。我们考生，为破解题意，更要"颠倒纵横"地看（给定资料）。另外，他们之所以一瞥之间就能尽收眼底，是因为平日里做了大量的功课，是平日里有过千百次"颠倒纵横"地看的积累。这也启示我们：要做好日常积累，苦练内功。内功不到家，想在考场上灵光乍现，是不现实的。新闻中，考试结束之后，不少考生仍然不知道是否写"跑偏"，就是内功不到家的表现。

内行看门道

"颠倒纵横"地看，看什么呢？当然是看"门道"。

以给定资料为例，这里的"门道"多着呢。

首先，是谁在说。"谁在说"就是谁是信源，信源就是信息的来源。它有别于"信宿"，信宿是信息的接收者。而信源则是信息的发出者。

每次看到"芳草青青、留心脚下"的木牌时，李奶奶总免不了要叨唠一句"景有了，可人没了"。

在如何把握历史文化保护、商业发展和居民人居环境三者之间的关系问题上，业内人士认为，彻底停止商业，或者迁走所有居民，都不是良策。因为，X市的"根"就在这些胡同里，在这里居民的身上。

专业人士认为，公园不只是供市民休闲娱乐的实体，同时也包含丰富的人文意义和文化价值。对一个好的城市公共场所而言，"建设"只是一个基础，其塑造和养成不只在"造景"，更要借此"化人"。随着空间的变化，人们对城市的观感会变，对城市的体验度会变，相应地，城市治理的思路要变。拿出黄金地块做公园，提供的是场所，面向的是全体市民，彰显的是城市价值。每个在这里生活、工作的市民，都能感受到这座城市带给他们的幸福感、归属感和安全感。在强调"共享"发展理念的当下，这意味着城市治理观念的一次重大转变。

作家赛维涅侯爵夫人认为"是新桥创作了这些歌"。

有研究者说，城市建设与管理的目的如果仅仅是为满足经济或某种美观诉求，显然是片面的，甚至是短视而危险的。

以上内容摘自材料4和材料5，其中前三段话出自材料4，后两段话出自材料5。

摘引上面五段话，目的和意义是：

首先，它们都是给定资料中的精华，是亮点。我们可以采用"拿来主义"，直接用到作文里。

其次，我们要注意这些话都是谁说的。第一句"景有了，可人没了"，这是李奶奶的话，而且也是唯一一句"草根阶层"的话，说的是大实话、大白话。其余四句，都是专业人士的发言。关于谁在说，在文本中，具体体现为直接引语和间接引语。在写作实践中，使用引语是一门艺术，除了内容上、表达方式上（说话方式上）的独特性之外，还要看说话人在所说问题上的发言权，即权威性。例如，影视明星经常为化妆品、流行时装代言，但他们如果对国际形势、经济状况发表看法，即使是正确的，也难以有说服力。同样，经济学家可以对利率调整、股市震荡等问题表达高见，但他们对疑难杂症的医治、某一种药品的疗效的看法，就"人微言轻"了。从写作的角度讲，这涉及文章的真实性、可信性，因此，要不遗余力地选择某一领域的权威作为信源。从阅读的角度讲，我们要善于发现给定资料中谁在说。法国作家蒙田说："我引用别人是为了更好地表达自己。"同样的道理，给定资料"引用别人也是为了更好地表达自己"。所以，我们读懂了谁在说，也便很大程度上读懂了给定资料的主要寓意。

回到上面那五段话，从说话的人身份上看，有底层，也有高层，或者说，有草根，也有精英；说话内容上，他们共同指向"城市建设理念"问题，只不过有感性和理性区分罢了。就像我们刚才说的，李奶奶的话是大实话、大白话，是着眼感性生活、日常生活；精英的话，则带有鲜明的理论色彩，言之凿凿，而且还带有超越时空的穿透力。给定资料"谁在说"上的特点，启示我们，要善于从日常的感性生活入手，由表及里地思考"城市建设理念"问题。

无为有处还有无

"假作真时真亦假，无为有处有还无"，这是《红楼梦》中的一副对联。这里借用"无为有处有还无"的说法，意思是我们在解析给定资料时，要真正弄懂弄通"有"与"无"，发现"有"中的"无"，"无"中的"有"。

作答要求："给定资料6"中提到了老子关于"有"和"无"的观点，请你围绕给定资料反映的城市建设理念中的问题，联系实际，以"试谈'有'与'无'"为题写一篇文章。

这里的重中之重的问题是"有"与"无"以及二者之间的关系。给定资料6引述《老子》里的话："凿户牖以为室，当其无，有室之用。故有之以为利，无之以为用。"这句文言文，阅读理解的难度系数相当高。大概是担心考生难以领会，引文后，马上解释："老子以人们居住的屋子为喻，他说一间屋子，开凿门窗，修建四壁，只有形成虚空部分，它才具有一间屋子的良好功能。"这其实是说明方法（与叙述、描写、议论、抒情并列的一种表达方式）中的诠释法，是为了让考生更好地领会题意。而且，给定资料进一步说："老子提出了'有之以为利，无之以为用'的观点，强调'有'与'无'都具有不可忽视的作用。"好像生怕有个别考生仍然不明白，又引用李奶奶事例，说李奶奶离开广袤的田野，住进了层层叠叠、密密麻麻的单元楼，总觉得"喘不过气来"。李奶奶虽不是哲学家，但在感觉上与老子"有""无"之用的理念暗合。

这是我们结合给定资料对"有"与"无"以及二者之间的关系的简要说明。如果进一步延展开来，用"诗外功夫"解析的话，还可以增补以下信息：

说白了,"有"与"无"是相辅相成的,意思是两个对立的事物既互相排斥又互相促成。

和"有"与"无"相类似,老子《道德经》中说:"曲则全,枉则直,洼则盈,敝则新,少则得,多则惑。"意思是弯曲可以保全,受压反而伸直;低陷得到充盈,凋敝于是更新;单一因而得到,繁多所以迷惑。这与"凿户牖以为室,当其无,有室之用"具有异曲同工之妙。有和无,虚和实,利和害,都是相对的,相辅相成的。所谓"无用"乃是大用。有无相生,缺一不可。有形的东西,它们给人类带来了便利,带来了利益。但"无"——无形的东西、无形的部分才是最大的作用,正是有了"无","有"才能发挥作用。广而言之,世界上的"有"都是为"无"服务的。正因为悟出了"有"与"无"的哲理,掌握了生活的智慧,所以"不自见,故明;不自是,故彰;不自伐,故有功;不自矜,故长"。

这样说,可能仍然有"谈玄"的味道,我们还是引用李奶奶事例,李奶奶住单元楼,却总觉得"喘不过气来"——是没有或少有自由呼吸的空间,"有"了景,便没有或减少了人的活动空间,美景成了盆景、摆设。李奶奶们置"身"喧闹的城市,"心"却依然孤单冷落。就像房子的四堵墙,围起的空间才是人们活动的场所。风景再美,但公共空间逼仄,就免不了李奶奶的叨唠。城市建设上,要平衡好"有"与"无",现在的问题是重"有"轻"无"。我们要科学设计"有",最大释放"无",让人有安全感、归属感、幸福感。

给定资料说,月亮湾地下综合管廊设施,再造了一个地下公共空间,其溢出效应是商务区里道路平整,找不到一条"马路拉链",空中也看不到一张"蜘蛛网"……这就是"有""无"相生,地下的"有",才产生了地面上的"无"(无"马路拉链""蜘蛛网"),地面上的"无",又进一步让市民"有"了更广阔的公共空间,二者动态转换,相辅相成。

需要进一步提示的是,在给定资料中,有中国的,有外国的;有新开发的商品房小区,有传统民居区;有业界精英,有草根阶层如李奶奶;有地表的,有地下的,有天空的……总之,就好像在积极配合着作文题目"有"和"无",给定资料也是相辅相成。

另外,材料1和材料2是针对农村问题的,而作文要求围绕城市建设理念谈"有"和"无",所以,我们只就材料3、材料4、材料5、材料6做了具体解析。最后,选了两篇例文,它们各有短长,读者可参照我们前几章有关范文解析的内容,自己体会两篇例文的得失。

范文　试谈"有"与"无"

城市的发展，不仅仅在于以基础设施为代表的物质文化建设，更在于以提供人们享有的公共空间为代表的精神文化建设。城市的发展，说到底是人的发展。基础设施等，为人们的生活提供了方便，即城市之"有"；构筑人们享有的公共空间等，即城市之"无"。在城市建设中，"有"与"无"二者缺一不可，共同促进人的全面发展，为人们带来幸福感、归属感和安全感。

当前，在我国城市建设中，存在着一些错误的理念。如有些地方"只重视造景，不重视化人"，有些地方"只重视经济发展，不重视人文建设"，有些地方"只重视物质文化建设，不重视精神文化建设"，有些地方"千篇一律，漠视传统"……这些片面的城市建设理念，终究无法为城市的发展提供持续的动力，无法全面促进人的进步发展，无法为人们带来幸福感。

因此，在城市建设中，当须树立创新、协调、绿色、开放、共享的新发展理念，处理好"有"与"无"的协调发展，为市民共享城市成果提供支持。

"有"构成"无"的基础。在《老子》中，墙壁是房子的"有"，墙壁是房子的基础。类似，城市的基础设施，则是城市的"有"，是城市的骨骼和肌肉。一个城市的基础设施建设，如道路、高楼、医院、学校、住房等，给市民安居乐业提供了条件，为市民便利生活提供了保障。

"无"形成"有"的目的。在《老子》中，空间是房子的"无"，墙壁终究是为了构成房子的空间，为人们饮食起居提供了可能。类似，"无"是城市中的公共空间，是基础设施撑起来的空间，如城市广场等。城市公共空间多了，才能给市民留出足够的场所，满足人们在城市中的各种精神文化需求，促进人的全面发展。

在城市建设中，要充分把握好"有"与"无"的度，既不能过度追求"有"，而导致缺乏"无"，城市公共空间没有了，会导致"景有了，可人没了"，会让"李奶奶"等市民会感到压抑；也不能为了充足的"无"，而导致"有"的缺乏，让"李奶奶"等市民的衣、食、住、行、购、娱等基本需求缺乏必要的保障。

为了促进城市的全面发展，一方面要注重城市规划与设计，通过加强对城市的空间立体性、平面协调性、风貌整体性、文脉延续性等方面的规划和管控，留住城市特有的地域环境、文化特色、建筑风格等"基因"。另一方面，城市工作要把创造优良人居环境作为中心目标，妥善处理好城市空间，实现生产空间集约高效、生活空间宜居适度、生态空间山清水秀，努力把城市建设成为人与人、人与自然和谐共处的美丽家园。

城市发展，终究是人的发展。我们要处理好"有"与"无"的关系，让城市之"有"更好地促进城市之"无"，让人在城市的健康有序发展中得到全面的发展。

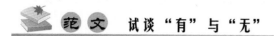

范文　试谈"有"与"无"

"城者，盛民也"，城市建设发展的初衷在于让生活在城中的人安居乐业，享受生活。然而，随着可利用公共空间不断缩减，现有的城市建设理念发生了异化：过分追求商业化、过度压缩发展空间、过于执着发展速度……先哲早已言明："有之以为利，无之以为用"，我们应当学会树立正确城市建设理念，以"无"之有限空间，推"有"之无限发展。

以"无"助"有"，政策为风。好的政策的基本要件在于能够满足公民的意愿。20 世纪 80 年代初，我国开始实行家庭土地联产承包责任制，这一政策解决了农民的温饱问题，更带来了农村的致富发展。但是在基层落实过程中也暴露出一些弊端，如初期执行规划偏差，难以满足不同群众需求等。我们不得不思考：能否通过适当调整以实现合理应用耕地的目标？为此，需要在政策执行时，基层组织保证执行效果，做出宏观规划，以有限土地推动无限发展。

以"无"助"有"，共享为翼。在城市化进程不断推进的大背景下，城市中可利用的公共空间越发有限，一些城市在追求经济发展的同时却忽略了城市中人的感受，从而两极分化严重。富者为了享受优质的资源更是强行划分公共空间，贫者的"抗争"使得环境破坏、治安恶化，如此进入恶性循环。为解决这些问题，城市建设理念中的"共享"被反复提及。分享休闲空间，共筑发展成果，不仅可以保护城市的人文历史，更能让社会环境和谐共进。

以"无"助"有"，未来为巢。什么是未来？未来是人生活的目标，是城市建设的理由。大多城市管理者已经认识到：城市建设不能只重"面子"，忽略"里子"。这里的"里子"就是城市地下管廊建设，它亦被称为"百年大计"，直指城市发展未来。在地下管廊建设过程中，需要统筹规划，在科学调研的前提下确立目标。当然，实现这样的"未来"更应当让多方参与其中，发挥多主体的主动性。唯有如此，方能引有限空间，还未来之巢。

钢筋水泥搭建的石屎森林已经成为我们眼中熟悉的"风景"，却不是人们期望的愿景。有而为利，无亦可用，以政策为风，共享为翼，未来为巢，城市建设理念才能回应人之所想所念，让人在城市中留得下，活得好！

评分标准：

一类文：在更注重"无"的基础上，说明"无"也是"有"，"无"也能促进"有"的创新。分数：35~39分。

二类文：指出"有多无少"的城市发展现状，要平衡"有与无"就要更注重"无"。分数：28~33分。

三类文：泛泛地谈城市建设中"有"与"无"的关系。分数：21~26分。